쉬운 교육사회학

The Easy Educational Sociology

쉬운

교육사회학

장재천 저

동 문 사

PREFACE

머리말

교육사회학은 교직 과목 중에서 필수에 속하지만 여타 다른 과목들보다 더 어렵다고 말한다. 교육사회학을 30여 년 강의해 온 저자도 갈수록 쉬워지기보다는 오히려 어려워지고 있음을 느낀다. 그만큼 사회가 빠르게 변화하고 있고 매우 역동적이기 때문이며, 교육사회학 강좌를 신청하는 수강생들이 해마다 보유하고 있는 지식의 수준도 달라지고, 교육사회학을 바라보는 그들의 시각도 계속 변화되고 있기 때문일 것이다.

그렇다 보니 이전에 출판한 교육사회학 교재들을 살펴보면서 이제는 새롭게 풀어쓰고 보다 쉽게 교재를 만들어야겠다는 생각이 자주 들었다. 하지만 무슨 일이든 마음먹는 것도 어렵지만 실행에 옮기는 것은 더더욱 쉽지 않다. 이런 일 저런 일 등에 쫓기다 보면 언제나 시간은 엄청나게 빠른 속도로 흘러가버리기 때문이다. 그러나 더 이상은 미룰 수 없기에 '늦었다고 생각한 때가 오히려 가장 빠른 때이다'라는 말을 되뇌며 용기를 내었다.

그동안 많은 교육사회학 교재들은 사실 '학문적 결실이랄까? 아니면 욕심이랄까?' 많은 내용들을 넣고 분량을 크게 하다 보니 개성이 뚜렷하게 되었지만, 요즘 세대들이 썩 좋아하지는 않는 그런 모양의 두툼한 책들이 많게 되었다. 그래서 그 많던 욕심들을 다 버리고 정말 꼭 필요하고 이 정도는 알아야 되겠다고 생각하는 수준에서 전체적인 내용들을 구성하였다. 즉, 교육사회학에 대한 기초적인 수준 또는 키포인트 정도만 소개하려고 하였다. 하여튼 출판계의 어려운 사정에도 불구하고 흔쾌히 간행을 결정해 준 동문사 측에 깊은 감사의 말씀을 드린다.

2018년 7월

장재천

CONTENTS

차 례

Chapter 04 한국의 근·현대교육 • 89

Chapter 05 교육팽창 이론 • 105

Chapter 06 교육평등과 불평등 • 121

Chapter 07 교육과 정치·경제·사회·문화 • 151

Chapter 01

교육사회학의 발전

1 교육의 사회적 기능

1) 사회화

인간은 본질적으로 '사회적 존재'이며 사회과정의 산물이다. 사회는 언어, 제도, 관습, 종교, 예술, 윤리, 기술, 지식 등과 같은 생활양식을 가지고 있다. 사회는 그 생활양식을 통해 사회구성원들을 교육시킴으로써 그 사회의 존속과 성장을 확보하게 된다. 사람은 누구나 가족사회, 학교사회, 국가사회 등 구체적인 사회집단에 속해서 그 집단사회의 규범·관습 혹은 도덕에 따라 개인의 생각과 태도와 행동을 만들어가게 된다. 이처럼 한 인간이 사회적 인간으로 되어가는 과정을 '사회화(socialization)'라고 한다.

사회화의 개념정의는 광의의 교육과 같은 뜻으로 해석된다. 그러나 사회화와 교육을 엄격하게 구분하면 교육은 의도적이고 계획적인 성격을 가지나, 사회화는 무의도적인 교육적 영향까지 포함하는 개념이다. 따라서 가정교육, 학교교육, 사회교육 등은 사회화의 한 양태(樣態)이다.

2) 교육의 사회적 기능

교육은 주로 사회가 요구하는 인간을 형성하는 과정이다. 즉, 사회의 성숙자가 미성숙자인 아동을 다음 세대의 사회를 이어받을 수 있는 바람직한 인간으로 형성시키는 일이다.

그래서 교육의 사회적 기능은 과거의 문화유산을 중요시하는 보수주의적 관점, 현재의 사회적응을 중요시하는 진보주의적 관점, 사회변화를 유도하며 촉진하고, 미래를 위한 사회개조를 강조하는 사회개조주의적 관점이 있다. 그러나 교육의 사회적 기능은 많은 학자들에 의해 문화유산의 전달기능, 사회통합기능, 사회구성원의 선발·분류기능, 사회개혁기능으로 분류하기도 한다.

문화유산의 전달 및 창조의 기능은 교육이 사회보존과 진보, 더 나아가 사회재건을 위한 수단으로써 사회는 교육을 통해 이러한 문화내용을 다음 세대에 전달하고, 이를 이어받은 세대는 그것을 토대로 새 문화를 창조하고 확충함으로써 사회발전을 도모하게 된다. 이는 결국 교육의 사회화기능을 말하는 것이다.

사회통합 및 통제의 기능은 사회의 여러 이질적 요소들이 각기 고유의 기능을 유지하면서, 전체적으로는 모순과 갈등 없이 조화를 이루며 발전해가는 것을 의미한다. 사회통합의 기능은 보다 강제성을 띠는 사회적 통제 또는 사회적 규제기능을 수반한다. 사회통합을 형성하는 보다 능동적이고 바람직한 방법은 교육을 통한 공동의 사회의식과 사회적 합의를 형성하는 것이다.

사회구성원의 선발과 충원 및 분류의 기능은 교육이 훌륭한 인재를 길러서 적재적소에 선발, 충원, 분류, 배치하는 기능을 통해 사회발전을 도모하는 것을 말한다. 그래서 교육은 산업구조와 사회구조의 급격한 변화에 대응하는 인력수급의 기능을 담당하고 있다.

사회개혁 및 변화의 기능은 교육이 기존의 사회를 계승 및 유지시키고, 나아가 개혁과 혁신을 통해 새문화를 창조하는 기능을 수행하는 것을 말한다. 이와 같은 교육의 사회개혁기능은 사회발전을 위한 거시적인 개혁과 진보뿐만 아니라 현재의 사회규범이나 가치관을 변화시키고 새로운 변화를 촉진하는 것을 포함한다.

존 듀이(John Dewey)는 학교를 '사회적 환경'으로 만들어야 한다고 주장했다. 우리 사회의 중요 과제 중의 하나는 다양한 가치관이 다함께 중요시될 수 있도록 노력해 금전이 전부가 아니라고 인식을 하도록 하는 일이다. 그래서 성실하고 정직한 사람들이 돈의 노예가 되지 않고도 존경을 받고, 모두가 자아를 상실하지 않고 자아실현을 할 수 있는 사회를 건설하는 일이 중요하다.

학교의 사회적 기능을 정리하면 다음과 같다.

① 비사회적 존재의 인간을 사회적 존재로 만들어가는 언어, 사고, 감정, 가치관 등과 같은 사회화기능이다.

② 일정한 지식, 기술, 문화를 계승·전달하는 문화유산의 전달기능 및 새문화의 보급이다.

③ 학교는 특정한 지위의 문화가 전달되는 곳, 사회충원의 기능, 교육과 훈련을 통해 일정한 사회적 지위를 갖게 하는 사회적 지위의 기능 및 인적자원 개발의 기능이다.

④ 질서와 규범 등 사회가 기대하는 행동을 길러주는 사회통제의 기능이다.

⑤ 복지제도와 복지활동 등과 같은 지역사회의 복지 및 발전기능이다.

2 교육사회학의 정의

교육은 역사적, 사회적 상황에 따라 많은 차이를 만들어낸다. 그래서 이러한 특징을 두고 '교육은 역사성 또는 사회성을 갖는다'고 말한다. 즉, 교육은 역사적, 사회적 조건에 따라 영향을 받고 형성되는 특징을 가진다. 따라서 교육사회학은 교육의 역사성과 사회성에 관심을 두고 탐구하는 학문이다. 오늘날 교육사회학은 연구대상 면에서 접근하면 교육학의 영역이고, 연구방법 면에서 접근하면 사회학의 영역이다.

교육사회학의 개념과 이론을 종합한 프리차드와 벅스턴(Keith W. Prichard & Thomas H. Buxton)은 "교육사회학은 교육에 대한 사회학적 연구이며, 그것은 사회학의 한 하부영역"이라고 한다. 그중에서도 프리차드는 "교육사회학은 교육현상에 대한 사회학적 연구로서 교육체제와 교육과정에서 발생하는 집단관계를 사회학적인 연구에서 이룩된 지식과 기술 및 방법 등으로 연구하는 것"이라고 정의한다.

콜윈(R. G. Corwin)도 "교육사회학은 도덕적 교육사회학으로부터 과학적 교육사회학으로 발전되고 있으며, 과학적 교육사회학의 정립이 앞으로의 과제"라고 말한다. 패럴리우스(A. P. Parelius & R. J. Parelius)도 역시 "교육사회학은 사회학의 과학적 연구방법에 의해 교육현상을 연구하는 것"이라고 정의한다.

한편, 교육사회학은 교육과 사회를 관련지어 연구하는 학문이다. 이와 관련하여 나토르프(Paul Gerhard Natorp)는 교육사회학을 '교육사실과 교육현상에 관한 과학' 또는 '사회적 교육학(social pedagogy)'이라고 정의하였다. 또한 뒤르껭(Emile Durkheim)이나 크리크(Ernst Krieck)는 교육사회학은 교육과학으로서 현대 교육현상을 자세하게 규명하려는 학문영역이라고 해석하였다.

결국 교육사회학이란 '사회현상으로서의 교육에 대한 사회과학적 이해와 탐구를 목적으로 하며, 교육체제와 교육과정에서 발생하는 집단관계를 사회학적인 연구에서 성취된 지식, 기술, 방법으로 연구하는 학문'이다.

3 교육사회학의 전개

1) 초창기

교육과 사회의 관계를 연구하기 시작한 사람들로는 고대 그리스시대의 플라톤(Platon)과 아리스토텔레스(Aristoteles)를 들 수 있다. 플라톤은 그의 명저 『국가론』에서, 아리스토텔레스는 『정치학』에서 각기 접근방법은 다르지만 국가발전을 위한 교육의 역할을 매우 중요하게 생각하였다.

유럽에서는 르네상스기를 거치면서 보헤미아(체코)의 코메니우스(Johann A. Comenius)가 『대교수학』에서 사회와 대중을 위한 교육으로서의 새로운 길을 열었다. 프랑스에서 계몽주의시대의 루소(J. J. Rousseau)가 교육론인 『에밀(Emile)』을 펴내면서 사회변동과 교육에 관한 견해를 피력하였으며, 근대시대에 와서는 스위스의 페스탈로치(J. H. Pestalozzi)가 『은자의 황혼』이라는 자서전에서 사회계층 격차와 교육 격차문제를 잘 묘사하였다.

또 독일의 헤르바르트(J. H. Herbart)가 교육의 목적을 윤리학에서 그리고 교육의 방법을 심리학에서 찾아 교육학을 학문적으로 과학화하였다. 이 무렵 프랑스의 꽁트(A. Comte)가 (실증주의) 사회학을 창시하여 교육학에 많은 이론적 도움을 주기 시작하였다.

영국에서도 스펜서(H. Spencer)가 등장해 다위니즘(Darwinism)의 영향을 받아 사회유기체설을 주장함으로써 영국 사회학의 아버지가 되었다. 독일의 사회적 이상주의자, 즉 사회적 교육학의 건설자인 나토르프(P. Natorp)도 『사회적 교육학(Soziale Pädagogik)』에서 교육이라는 말 대신 도야(陶冶, bildung)라는 용어를 쓰며 사람은 사회를 통해서만 사람이 된다고 하였다. 그는 헤르바르트의 교육학을 '개인적 교육학'이라고 비판하고 '사회적 교육학'을 주장한 것이었다.

그러나 교육에 관한 사회학적인 연구를 체계적으로 시도한 것은 1883년에 출간된 레스터 워드(Lester Ward)의 『동태적 사회학(Dynamic Sociology)』이다. 워드는 이 책의 마지막 장에서 사회변화를 위해서는 교육이 중요하다고 하였다. 1899년에 간행된 존 듀이의 『학교와 사회』도 교육과 사회의 관계를 서술하여 교육을 사회적 과정으로 정의한 것이었으나, 과학적인 접근보다는 도덕철학적인 내용이 많았다.

이러한 것이 바탕이 되어 교육사회학을 만들어낸 창시자는 프랑스의 사회학자 에밀 뒤르껭이다. 그는 1887년에 보르듀대학의 교육학 담당교수로 처음 부임해 사회학과 함께 가르치며 연구하다가, 1913년에는 소르본느대학의 교육학 및 사회학 교수로 부임하였으며, 여기서도 교육학을 사회학과 함께 가르쳤다. 그러나 사실 그의 주된 관심은 산업화 과정에서 발생한 사회적 무질서였다.

그의 강연을 모아 편집한 『교육과 사회학』에서 당시 프랑스에서 볼 수 있었던 사회해체의 현상에 큰 관심을 표시하고, 교육은 사회화의 기능에 의해 사회적 통합에 공헌할 수 있다고 하였다. 학교는 집단생활에서 필요한 단결심을 어린이들에게 불러일으킬 수 있다고 하고, 교사가 이런 목적을 위해 무엇을 해야 할 것인가에 대해서 큰 관심을 표시하였다.

그는 이 책에서 교육을 '사회적 사실'로 파악하고, "성숙한 성인에 의해 익숙하지 않은 세대에게 가해지는 영향, 즉 아동의 사회화, 미성숙한 개인적 존재를 사회적 존재로 변화시키는 것, 자연상태의 이기적이고 비사회적인 개인을 탈자연화시켜서 사회인으로 만드는 것"이라고 하였다.

2) 교육의 사회학

독일의 막스 베버(Max Weber, 1864~1920)는 교육에 대한 사회학적인 연구를 하였는데, 그는 산업기술사회의 맥락에서 교육을 분석했으며, 학교교육은 아동들이 평생동안 종사할 직업을 위해서 준비하는 '분화적 기관(differentiating agency)'의 기능을 수행한다고 보았다. 그래서 미래사회는 교육이 특수하게 전문화된 개인을 양성해야 한다고 하였다. 이런 시각은 학교교육이 사회구성원들에게 사회적 지위를 배분해주는 중요한 역할을 한다고 주장하였으며, 이후의 교육사회학적인 연구들에 많은 영향을 주었다. 뿐만 아니라 그의 관료주의와 사회계층에 관한 연구도 큰 영향을 미쳤다.

미국에서는 월러(Willard Waller)가 1932년에 『교수의 사회학(Sociology Teaching)』을 출간하며 교육사회학적인 연구를 활발하게 진행하였다. 그는 교사의 사회적 지위와 역할을 학생 및 지역사회와 관련해 연구한 첫 학자였다. 교사와 학생 간의 역할 갈등뿐만 아니라 사회계층 이동에서의 학교의 역할 그리고 사회변동이 빠른 상황에서의 문화적 지체(遲滯) 현상을 극복하기 위한 교육의 적극적인 역할을 강조하였다.

1940년대에 와서 '교육적 사회학(educational sociology)'이 침체되고, 이에 대한 반작용으로 '교육의 사회학(sociology of education)'이 부상하게 되었는데, 이는 교육에 대해 사회학적 연구를 계속한 여러 결과물들이 축적된 결과이기도 하다. 이윽고 1950년대에 와서 교육사회학을 '교육현상에 대해 사회학적으로 탐구하는 학문'으로 여기는 학자들이 점점 늘어났다. 물론 이들은 사회학자이거나 사회학적 훈련을 받고 있는 사람들이 대다수였다. 1960년대가 될수록 이런 스타일은 더욱 많아졌다. 따라서 이전의 실천지향적 교육사회학은 여전히 그대로 남아 있었지만, 새로운 성격의 교육사회학이 하나 더 생겨난 것이다. 이른바 사회학 지향적 교육사회학이 탄생한 것이었다.

이후 교육사회학은 사회학과 보조를 같이 하면서 질적인 발전을 거듭하였다. 1970년대 중반까지의 연구들은 대체로 기능주의(functionalism)에 집중하였다. 즉, 제 2차 세계 대전 직후에는 학생의 성적과 태도 형성에 미치는 가족, 이웃, 사회의 영향을 분석하는 사회심리적 연구가 대세였다. 1950년대와 60년대 초에는 교육이 정치적, 경제적, 사회적 국가발전에 기여하는 발전교육론이 유행하였으며, 1960년대 초반에 걸쳐서는 사회조직체로서의 학교에 대한 연구가 주류였다.

미국에서처럼 영국은 제 2차 세계 대전 이후 사회학자들이 교육에 관심을 보이기 시작하면서 교육사회학이 사회학 영역인가 교육학 영역인가 하는 논쟁이 일어났고, 점점 사회학의 하위영역으로 자리를 잡아갔다. 1950년대까지는 대학이나 대학원에 '교육의 사회학'이라는 강좌가 없었으나, 1964년 런던대학의 교육학대학에 교육사회학 석사과정이 설치되면서 본격적인 연구가 시작되었다. 1980년에 와서야 비로소 「British Journal of Sociology of Education」이라는 전문학술지가 창간되면서 학문으로서 자리 잡게 되었다. 독일 또한 비슷한 상황이라고 할 수 있다.

3) 교육적 사회학

교육적 사회학(educational sociology)은 사회학의 지식을 교육실천에 응용하려는 실천지향적인 경향 때문에 등장하였다. 1907년 미국 콜롬비아대학의 수잘로(H. Suzzallo)가 'Educational Sociology'라는 강좌를 개설하면서부터 시작되었고, 1916년 콜롬비아 사범대학에 교육사회학과가 창설되고, 스미스(W. R. Smith)가 1917년에 『교육사회학입문』이라는 교재를 저술하였다. 1923년에 페인(E. G. Payne)이 미국교육사회학회를 조직하였고, 1926년에 전문학술지인 「Educational Sociology」를 창간하였다. 이렇게 됨에 따라 1920년대 말에는 교육사회학 관련 강좌가 개설된 대학이 200여 개에 달하게 되었다.

그런데 이 무렵의 미국 '교육사회학'은 학교의 여러 가지 문제들을 해결하고 학습을 지도하는 데 필요한 사회적 그리고 문화적인 지식들을 모아 놓은 것이었다. 또한 교육사회학 관련 강좌가 사범대학에만 개설된 것은 아니었고, 사회학과에도 개설되어 있었다. 하지만 성격은 비슷하였으며 내용체계는 일정하지 않아서 학문적인 엄격성과 이론적인 체계성은 아주 낮은 편이었다.

이러한 가치판단을 문제로 삼는 응용과학적이며 실천지향적인 교육사회학은 1930년대에서 1950년대 중반까지도 유지되었다. 그러나 이미 1940년대부터 성격이 조금씩 바뀌기 시작하면서 학자들의 관심도가 낮아지기 시작하였다. 그 이유는 '지역사회학교운동'과 '사회중심교육운동'이 영향을 미치기 시작하였기 때문이었다. 그래서 '학교와 지역사회'와의 관계가 강좌의 중심으로 나타나기 시작하였다.

지역사회의 문제해결에 학교가 적극적으로 참여해야 한다고 강조하는 지역사회학교운동은 실천지향적 교육사회학을 더 강하게 필요로 하는 것이었음에도 불구하고, 오히려 미국 사회학의 지역사회 연구경향과 맞물려 지역사회의 구조와 성격을 분석하고, 그 속에서 학교의 기능을 밝히는 일이 중심과제가 되었다. 따라서 실천지향적인 교육연구는 급격히 줄어들게 되었다. 왜냐하면 그것은 사회학적 지식을 학교 장면에 적용하는 일과는 많이 다른 것이었기 때문이다.

하지만 반대로 사회학자들의 관심이 높아져 지역사회의 한 기관 또는 사회조직체로서의 학교에 대한 연구가 활발해졌다. 문제는 사회학자들이 지역사회에 관한 지식을 학교교육 실천에 활용하는 데 있었다기보다는 지역사회와 학교의 사실적 관계를 밝히는 일을 중점으로 삼았다는 데 있었다.

따라서 미국의 실천지향적 교육사회학(교육적 사회학, 교육학적 교육사회학)은 1940~50년대를 전후하여 발달한 과학적 연구방법의 영향으로, 즉 학문의 과학주의(scientism)운동으로 인하여 철학적이며 사변적(思辨的)이고, 규범적인 성격에서 실증과학적인 성격으로 변하여 이론(학문)지향적인 교육사회학(교육의 사회학, 사회학적 교육사회학)으로 바뀌었고, 이제는 교육학보다는 사회학의 한 하위분야로 간주되고 있다. 현재의 미국 교육사회학회지는 그 명칭이 '교육사회학(Sociology of Education)'이며 영국의 경우도 비슷한 실정이다.

4) 신교육사회학

신교육사회학(new sociology of education)은 1970년대 갈등 이론(conflict theory)의 등장과 함께 영국을 중심으로 태동하였다. 이는 종래의 교육사회학이 주로 사회구조가 교육 기회의 분배와 계급문화의 유지에 어떻게 작용하는가를 밝히는 구조기능주의(structure functionalism)적 접근에만 몰두해 왔다고 비판하면서, 학교 내부의 교육과정(curriculum)과 수업진행과정으로서 교사와 학생의 상호작용(interaction)에 관한 연구가 필요하다는 주장과 함께 등장하였다.

특히 영(M. F. D. Young)과 번스타인(B. Bernstein)은 학교 교육내용의 중요성, 지식의 사회성 및 영국 교육사회학의 편파적 연구에 대한 반성을 주장하면서 신교육사회학의 중요성을 주장하였다. 이들이 연구들을 종합하여 교육내용의 중요성을 강조하는 미시적 접근의 새로운 학문 동향을 가리켜 '신교육사회학'이라고 이름을 붙인 이는 고버트(D. Gorbutt)였다. 영은 『지식과 통제: 교육사회학의 새로운 방향(Knowledge and Control: New Directions for the Sociology of Education)』에서 지식사회학적 시각으로, 번스타인은 『계층, 코드(法式) 그리고 통제(Class, Codes and Control) I, II, III』에서 사회언어학적 시각으로 연구하였다.

1970년대 당시는 사회평등 구현수단으로 학교교육에 대한 관심이 높았다. 그래서 이 무렵의 연구경향은 학교교육의 기회분배상황과 분배결정요인을 규명하는 데 집중하였다. 그러나 연구결과 사회계층배경이 주요 결정요인으로 드러났고, 계층에 의한 교육불평등과 사회적 지위상승 수단으로 학교가 교량역할을 하고 있는 것으로 드러났다. 미국에서는 갈등 이론을 통해 문제해결방법을 찾으려고 애썼다. 문제의 원인이 학교나 교육제도에 있지 않고 불평등한 사회제도에 있으며, 전체 사회의 구조적 불평등이 그대로 교육현실에 반영되고 있다고 보았다. 그러므로 미국 교육사회학은 사회의 구조적 특성과 교육구조와의 관계를 규명하는 방향으로 더욱 집중되었다.

영국은 미국과는 달리 번스타인이 중심이 되어 학교교육 내용의 성격과 그것이 전수되는 교사와 학생 간의 상호작용을 규명하여 구조기능주의적 접근의 한계를 벗어나려고 시도하였다. 영국은 원래 전통적인 계급구조를 유지하며 복선형 학교 제도의 정예주의(elitism)교육을 실시해 왔다. 그러나 제 2차 세계 대전 이후 대중교육운동이 일어나면서 상류문화지향의 교육내용을 계층에 관계없이 누구에게나 가르치든가 아니면 새로운 사회가 요구하는 교육내용을 개발해 제공해야 하는 현실에 부딪히게 되어, 교육학자들이 지식의 사회성을 바탕으로 가르칠 교육내용을 연구분야로 선택하게 된 것이다. 하지만 세월이 많이 흐른 지금도 유명한 기숙제사립학교인 9대 퍼블릭 스쿨(public school: Eaton, Harrow, Rugby, Winchester, Westminster, Saint Pauls, Charter House, Shrewsbury, Merchant Taylors)이 건재하고 있는 나라이다.

영국에서는 만하임(K. Mannheim)이 남겨놓은 지식사회학의 유산을 가지고 있는데다가 교육과정을 사회적으로 형성된 지식체계로 보려는 신교육사회학자 및 교육과정사회학자(특히 미국에서)들이 늘어났다. 그리하여 미시적으로 학교 내부 현상을 연구하는 데는 민속방법론(ethnomethodology), 현상학(phenomenology), 해석학(hermeneutik), 상징적 상호작용론(symbolic interactionism) 등이 등장하여 방법론상의 많은 문제들을 해결해 주었다.

4 교육사회학의 연구주제

교육사회학의 연구주제나 연구 영역은 학자에 따라 차이가 많이 존재한다. 뒤르껭을 중심으로 하는 초기의 교육사회학자들은 교육의 사회적 기능과 통제, 교육의 실태와 구조, 사회적 선발과 문화의 전수 등을 위주로 하였다. 1968년 미국의 유네스코 보고서에서는 사회계층과 교육, 교육 기회와 관련된 사회이동, 학교 내에서의 인종차별과 무차별대우, 학교 내에서의 능력별 집단, 사회역할, 교육의 사회적 목적, 사회적 존재로서의 교사, 교사와 학생의 관계, 교사와 행정인의 관계, 지역사회 등 10가지였다.

미국 사회학회의 교육사회학분과위원장인 스나이더(Snyder)가 1968년에 제시한 것은 사회계층과 교육, 교사의 사회적 역할과 직업의 유형, 제도로서의 교육, 사회체제로서의 학교, 문화적 상이성과 교육 기회를 얻지 못한 이를 위한 교육, 사회구조와 조직, 교육에서의 교사와 학생의 역할 등 7가지였다. 1973년 프리차드와 벅스턴은 사회계급, 문화와 교육, 사회조직으로서의 학교, 교육과 사회변동, 교사의 역할과 기능, 사회통제와 교육, 연구방법, 지역사회와 학교, 사회화와 교육 등 9가지로 제시하였다.

할제이(A. H. Halsey)는 1977년에 『교육에서 권력과 이데올로기(Power and Ideology in Education)』에서 교육과 사회구조, 교육과 사회선발, 교육과 인간자본 및 노동시장, 교육정치학, 문화적 재생산과 지식의 전달, 사회변혁과 교육변화 등으로, 1997년에는 『교육: 문화, 경제, 사회(Education: Culture, Economy, Society)』에서 교육과 문화, 교육적 지식, 국가와 교육, 교육개혁, 교육과 경제제도, 교육과 사회선발, 교육과정 등을 제시하였다.

사하(L. J. Saha)는 1997년에 출간한 『교육사회학 사전』에서 교육사회학 이론과 연구방법, 학교, 교육제도의 구조, 학교의 과정, 가족과 학교교육, 교사, 학생, 교육정책과 변화 등을 포괄하고 있다.

한국에서는 지역사회와 교육, 문화와 교육, 가정, 청소년교육, 사회계층, 사회변동, 문화실조, 집단역학, 학교조직, 교육의 사회적 성격, 교육사회학의 성격, 사회화와 교육, 교육평등문제, 평생교육, 사회교육, 학급의 사회적 성격, 학교의 사회적 과정, 교사론, 정치와 교육, 경제와 교육, 대중매체, 사회통제, 교육과정과 사회, 교육개혁, 사회정의와 교육, 인구 및 환경교육, 기능 및 갈등 이론, 근대화 등 아주 다양하다.

이제 교육사회학이 탐구해야 할 주제와 영역은 교육적 심성과 감정에 관한 연구, 평화교육, 국제이해교육, 다문화교육, 특수교육의 사회학, 고등교육의 사회학, 교육의 비교사회학, 교육의 역사사회학, 교육의 정치사회학, 교육의 문화사회학 등의 분야로까지 확대되어야 한다.

5 교육사회학의 연구방법

1) 구조 연구와 행위 연구

구조중심 연구는 거시적 관점 또는 방법론적 전체주의라고 하며, 기능론이나 갈등론 그리고 지위성취 이론과 근대화론 등이 해당된다. 교육현상을 개념화하고 분석하여 설명하는 데 있어서 구조적인 법칙을 추구하는 입장이다. 규범적 패러다임(paradigm)이 바로 구조중심 연구이다. 그리고 칼 마르크스(Karl Marx, 1818~1883), 에밀 뒤르껭 같은 학자들이 구조중심적 시각을 가지고 있었다.

행위중심 연구는 미시적 관점 또는 방법론적 개인주의라고 하며, 막스 베버(Max Weber), 조지 미드(George Herbert Mead, 1863~1931) 같은 학자들이 행위중심 시각을 가지고 있었으며, 개인의 행위에 대한 연구를 중심으로 삼았다. 신교육사회학과 같은 해석적 패러다임이 바로 행위중심 연구이다.

그러나 구조와 행위를 통합하고자 하는 사람들이 있었으니 제 3의 길, 구조화 이론(structuration theory)을 주장한 영국의 사회학자 기든스(Anthony Giddens, 1938~)를 비롯해 프랑스의 부르디외(P. Bourdieu, 1930~2002) 또한 사회학의 오래된 구분인 주관주의와 객관주의, 구조와 행위 등을 극복하고자 노력하였다.

2) 양적 연구와 질적 연구

양적 연구는 실증적 연구 혹은 통계적 방법을 지칭하는 경우가 많으며, 상관관계연구(correlation), t-검증, 회귀분석(regression analysis), 요인분석(factor analysis), 경로분석(path analysis) 등이 교육사회학 연구에서 빈번하게 사용된다. 사회조사나 실험연구에서 주로 사용해 계량화시키고, 특정한 가정(가설)을 검증하는 것이 목적이다. 즉, 교육현상의 원인과 결과를 실증적으로 밝혀 일반화된 법칙을 연역적으로 수립하는 것이다.

질적 연구는 인간행동에 대한 법칙을 부정하며 상호작용을 통해 교육현상이 구성된다고 보기 때문에, 개별적 사례의 내용을 이해하고 기술하는 것이 주가 되므로, 주관적이며 비구조적이고 귀납적이다. 따라서 통계방법보다는 관찰법(observation), 면접법(interview), 민족문화기술지(ethnography) 또는 민속방법론(ethnomethodology) 등의 방법이 주로 사용된다.

3) 비교 연구와 역사 연구

비교 연구는 특정한 현상이 특정한 시기와 사회만의 현상인지 아니면 보편적인 현상인지를 알고자 한다. 다시 말해서 교육현상의 특수성과 보편성을 발견해 교육에 대한 심층적 이해를 도모하는 것이다. 그런데 지금까지의 교육사회학 연구들은 대체로 구미(歐美)를 중심으로 형성된 것들이기 때문에 연구관점이나 결과들이 모두 서양문화로부터 시작하여 비롯된 것이었다. 그렇기 때문에 비판적으로 검토하지 않고 그대로 우리 사회에 적용하는 것은 무리가 있다. 왜냐하면 한국은 한국 나름대로의 교육문화가 존재해 왔기 때문이다.

역사 연구는 교육의 과거 모습과 현재의 모습이 어떻게 다른지 그 의미와 성격을 알아보는 것이다. 즉, 통시적(通時的) 관점에서 역사적 흐름에 따라 여러 시대의 다양한 교육을 비교하는 것이다. 역사 연구의 중요성은 이미 뒤르껭에 의하여 시작되었다. 뒤르껭은 『프랑스교육의 발달(L'Evolution Pedagogique en France, 1938)』에서 르네상스시대부터 19세기에 이르는 동안 프랑스교육사를 사회적 맥락에 기초하여 분석하고 있다. 그는 한 사회의 역사 전체를 가장 잘 반영하고 있는 사회제도는 교육제도라고 보고, 교육의 목표는 역사 분석을 통해서 가능하다고 주장하였다.

역사사회학은 역사학과 사회학을 같은 것으로 보기 시작한 영국의 사회학자 필립 아브람스(Philip Abrams, 1933~1981)를 대표로 들 수 있다. 그의 역사사회학 저서는 사후(1982)에 출판된 『역사사회학(Historical Sociology)』을 들 수 있다. 국내에서는 서울대 사회학과 신용하(愼鏞廈)와 교육학과 김기석(金基奭)을 들 수 있다. 김기석은 1999년에 교육과학사를 통하여 『교육역사사회학』이라는 저서를 펴낸 바가 있다.

6 한국의 교육사회학

새로운 학문으로 성립하려면 첫째 대학에서의 교과목 개설, 둘째 학과의 신설, 셋째 학회의 설립과 발전, 넷째 학술지의 발행, 다섯째 교재의 간행 등의 순서로 발전되어야 한다.

우리나라는 1952년 9월 부산에서 처음으로 서울사대 진원중(陳元重)이 교육사회학 강의를 시작하였다. 교육학과는 이미 1946년 8월에 설립되었으나 교육사회학 강좌는 아직 개설되지 않았었다. 선택과목으로 출발하였지만 1954년에 필수과목이 되었고, 1955년에 와서는 중등학교 교사자격 취득을 위한 교직과정의 한 과목으로 교사론, 중등교육론 등과 함께 선택과목에 포함됨에 따라 10년도 채 되지 않아 많은 대학에서 교육사회학 과목이 개설되었다.

그런데 교육사회학이 교직과정 과목이었기 때문에 대부분 실천지향적 성격이 주를 이루었으며, 사회학적 지식을 모아 놓은 것들이었다. 학회는 1967년 교육사회학연구회로 출발하여 1996~7년 무렵에는 교육사회학회와 교육사회학연구회로 명칭을 혼용하다가, 1998년부터 한국교육사회학회로 명칭을 고정하여 운영하고 있다.

정식 학술지는 1990년부터 『교육사회학연구』를 발간하기 시작하여 2009년 7월 현재 19권 2호를 간행하였다. 교재(교과서)는 현대교육총서편찬위원회의 『교육사회학(대한교육시보사, 1960)』, 황종건의 『교육사회학: 지역사회와 학교(재동문화사, 1961)』, 김선호의 『교육사회학: 한국사회와 교육(선명문화사, 1961)』, 오천석의 『교육사회학(현대교육총서출판사, 1961)』 등이 줄을 이었다.

1970년대에 시작된 박정희 정권의 새마을운동으로 말미암아 교육사회학은 큰 변화를 맞이하게 된다. 1972년 문교부령의 개정에 의하여 교직과정의 필수과목으로 '학교와 지역사회'라는 강좌가 신설되면서 교육사회학이 빠지게 되었다. 실상은 정치적인 이유로 인해 기존의 교육사회학 강좌가 학교와 지역사회로 바뀐 것이어서 강좌뿐만 아니라 교재까지도 모두 명칭이 바뀌게 되었다. 결과적으로 교육사회학의 내용이 지역사회개발에 이바지하는 학교의 역할강화를 위한 원리와 지식 위주로 교체된 것이었다.

이러한 '학교와 지역사회' 강좌는 1985년에 교직과정이 개편되면서 사라지고 '교육사회학'이 다시 부활하였다. 부활한 교육사회학은 1960년대와 달리 실천지향적 성격보다는 사회학(이론)지향적 성격이 매우 강해졌다. 이는 1980년대의 민주화운동, 즉 군사독재 정권타도와 이로 인한 사회구성체 논쟁 등의 영향을 받아 한국교육의 성격을 규명하려는 움직임이 교육사회학 내용구성에 반영이 된 것이다. 따라서 학계의 연구풍토가 보수지향에서 진보지향으로 바뀌었고, 실천지향에서 사회학에 토대를 둔 법칙성 발견에로 그 중심이 변화된 것이었다.

1990년대에 와서는 군사정권의 쇠퇴, 독일의 통일, (구)소련의 와해, 탈근대주의, 여성주의, 세계화, 정보화, 교육개혁, 신자유주의 등으로 인해 외국이론 일변도에서 한국현실을 반영하는 연구들이 많이 나타나 교재에도 포함되거나 읽어보아야 할 책들이 많이 생겨났다. 하지만 자생적 이론구축은 요원하며 한국의 교육사회학은 사회학자들의 참여가 거의 없는 상태에서 교육학자들에 의해 주도되어 외국과 같은 실천지향적 교육사회학과 사회학지향적 교육사회학이 따로 발달하지 않았다.

한국 교육사회학이 과거에 비해 교육활동을 위한 실천적 지식보다는 교육을 이해하는 학문적 지식으로 비중이 높아지기는 하였지만, 두 가지 조류가 절충되는 형태로 현재 계속되고 있는 상황이다.

Chapter 02 교육사회학의 이론

1 기능론적 접근

1) 개요

일반적으로 사회를 설명하는 주요 이론으로서는 기능론과 갈등론이 있는데, 터너(R. H. Turner)에 의하면 그 밖에도 교환 이론, 상징적 상호작용론, 현상학, 민속방법론이 더 있다. 와세이(L. H. Warshay)는 터너가 말하는 5가지 말고도 조직 이론, 생태학적 이론, 다원적 행동주의, 통합 이론 등 4가지를 더 들고 있다.

기능론 또는 기능주의는 교육에 관한 사회학적 접근 이론 중 가장 대표적인 이론으로서 구조기능주의론, 합의론, 균형 이론(또는 평형 모델), 질서 모델 등으로 언급되기도 한다. 이는 오구스트 꽁트(Auguste Comte), 허버트 스펜서(Herbert Spencer), 에밀 뒤르껭(Emile Durkheim), 빌프레도 빠레토(Vilfredo Pareto), 브로니스로우 말리노프스키(Bronislaw Malinowski), 래드클리프 브라운(Radcliff Brown), 탈코트 파슨스(Talcott Parsons), 로버트 머튼(Robert Merton) 등에 의하여 발전되었다.

기능주의적 관점의 교육사회학 주요 이론은 사회화기능론을 주장한 '초기 합의론적 기능주의'로서 뒤르껭, 파슨스, 드리번(S. Dreeben) 등이 있고, 교육을 통해 사회·경제발전에 필요한 인적 자본을 생산한다고 하는 '인간자본론'으로서 슐츠(T. Schultz), 바톤(L. Barton), 워커(S. Walker) 등이 있으며, 사회심리학 측면에서 교육을 통해 근대적 가치관을 형성한다고 하는 '근대화 이론'으로서 맥클랜드

(D. McClelland), 인켈스(A. Inkeles), 스미드(D. Smith) 등이 있다.

기능론은 사회를 유기체(有機體)와 비유하여 설명한다. 사회는 각기 다른 요소(parts)로 구성되어 있으며, 각 요소들은 전체의 존속을 위해 각각 필요한 기능을 수행한다. 따라서 사회의 각 부분은 항상 상호의존적이며 또 사회는 안정(stability)을 유지하려는 속성을 언제나 가지고 있으며, 안정이 깨지면 이를 회복하려고 노력한다. 그래서 자주 등장하는 용어들은 구조, 기능, 역할, 공헌, 상호작용, 통합, 안정성, 질서, 합의 등이다. 그런데 사회의 각 요소들은 우열의 차이는 없고 기능상의 차이만 존재한다. 그러므로 사회계층은 기능 차이에 바탕을 둔 차등적 보상체제의 결과로 형성된다고 보는 것이다.

일반적으로 사회에 대한 기능론의 관점은

첫째, 사회가 생존하기 위해서는 그 사회에 필요한 기능적 요건이 충족되어야 한다.

둘째, 사회는 상호 관련된 부분들의 복합체이다.

셋째, 사회의 모든 요소는 사회 전체에 긍정적인 기능을 수행한다.

넷째, 사회의 모든 요소는 전체 사회에 기능적이기 때문에 전체 사회에 방해가 되는 모든 요소나 현상은 일시적인 것이다.

다섯째, 모든 변화는 외부로부터 체제로 전이된다.

여섯째, 사회구성원들은 사회의 결속을 위한 가치, 규범의 유형, 내용, 합의에 대해 일반적 합의를 지니고 있다.

기능론은 점진적·낙관적 개량주의이다. 각종 사회악이나 불평등 요소가 있다는 점을 인정하지만 이것들은 일시적이고 부분적인 체제의 부조화 혹은 사회병리현상으로 간주한다. 그래서 기능주의는 기존체제 및 현상유지를 옹호한다는 비판을 받는다.

와세이는 기능론을 다음과 같이 8가지로 비판하였다.

① 존재하는 모든 사회조직을 지나치게 기능적인 것으로만 본다.

② 매우 보수적이다.

③ 목적론에 빠져 있다.

④ 실증적이지 못하다.
⑤ 변화를 제대로 설명하지 못한다.
⑥ 구조나 성격과 같은 기본 변수를 소홀히 취급한다.
⑦ 사회적 이념, 목표, 규범 등의 보편성과 합의성 등을 너무 과장한다.
⑧ 권력투쟁, 갈등, 일탈행동 등을 제대로 설명하지 못하고 이런 현상을 범법 행위 또는 병리현상으로만 간주해 버린다.

따라서 기능론은 사회의 역사적 변화과정을 제대로 설명하기가 어렵고, 사회 내의 개인 간 그리고 집단 간의 대립과 갈등을 잘 다루지 못해 변화와 개혁보다는 체제 현상유지를 본의 아니게 도와준다는 비판을 받고 있다.

2) 교육관과 문제점

기능주의는 사회의 존속과 질서유지를 위해 교육이 사회화기능을 수행해야 한다고 본다. 즉, 교육은 전체 사회체제를 아동 및 피교육자에게 내면화시켜 사회 공동체 기능을 강화시켜 나가면서 사회변화에 적응하는 기능을 수행해야 한다고 보는 것이다. 현대사회는 전통사회와는 달리 신분사회가 아니고 능력주의(meritocracy) 사회이기 때문에 계층 차, 지역 차, 인종 차, 남녀 차에 관계없이 누구나 동등한 사회적 성취를 가질 수 있고, 또 가져야 한다는 기회균등의 원리가 있다. 기회는 균등하게 배분되어야 하되 능력에 따라 지위나 신분이 결정되는 사회형태를 추구하는 것이다. 따라서 학교는 기능주의 관점에서 볼 때, 동등한 기회와 공정한 경쟁이 부여되는 장소이며 제도이다. 실력과 능력에 따라 선발·분류·배치하는 합리적인 제도가 바로 학교다. 다시 말해 기능주의 관점은 교육에 관한 선택 및 성공과 실패, 교육 기회의 문제 등이 모두 개인주의 차원에서 개인의 능력 때문에 성공하고 실패한다고 보는 것이다.

학교교육의 목적은 본질적으로 기존 질서 유지와 변화하는 사회에 적응하기 위한 사회화과정에 있다. 따라서 학교교육은 능력 있는 사람들을 분류하고 선발하는 합리적인 방법을 사회에 제공해 업적주의 사회 기반을 튼튼히 하는 데 기여한다.

이러한 입장에서 교육은 전체 사회에서 하나의 하위체제로서 사회의 존속과 결속을 위해 그 기능을 수행하는 것이라고 볼 수 있다. 현존하는 사회의 문화와 가치를 유지, 계승하는 사회화와 사회 각 분야의 역할을 가장 잘 담당할 수 있게 적재적소에 배치하는 사회적 선발과 배치의 기능을 강조한다. 이와 같이 학교교육의 사회화와 선발의 기능은 사회의 통합, 안정 그리고 발전을 위한 역할에 초점을 둔 것이다. 그리고 사회화, 사회적 선발과 배치로 사회의 다양한 직업들이 비록 힘이 들고 천한 일에 종사하는 것일지라도 구성원들에게 다양한 역할이 요구된다는 것이다. 이는 기능주의 관점에서 교육을 이해하기 위한 사회로서 전문가 사회, 능력주의사회, 학력주의 사회, 민주주의 사회, 정보 사회 등 이런 모든 사회를 정당화한다. 즉, 능력주의와 경쟁주의 이념을 토대로 개인의 출세는 능력에 기초한 자유경쟁에 의해 결정된다고 보는 것이다.

따라서 기능 이론은 체제유지적인 논리에 초점을 둠으로써 사회적, 역사적 변화과정을 제대로 설명하기 어렵고, 변화나 개혁보다는 기존 체제를 옹호하고 현상유지를 정당화한다는 한계를 가진다. 즉, 기능 이론이 통합성이나 합의를 지나치게 강조한 나머지 개인 간 및 집단 간의 갈등, 일탈, 분열 등을 간과하고 있다. 또한 교육의 사회화나 선발과 배치가 능력본위와 자유경쟁적인 사회진출을 전제로 하기 때문에 선발과정의 귀속적 측면을 무시하고 있다. 뿐만 아니라 교육을 정치·경제적 구조의 종속변수로만 인식함으로써 교육의 본질을 밝히는 데 미흡하며, 인간이 결정되는 존재이기도 하지만 동시에 능동적으로 결정하는 존재라는 사실을 망각하고, 인간을 세계를 형성하는 존재로 보기보다는 사회적 산물로만 보고 마는 것이다.

한편 뒤르껭을 언급하지 않을 수가 없는데, 그는 프랑스의 기능주의 사회학자이자 교육학자였다. 그의 이론은 당시 프랑스대혁명 후 농촌사회가 붕괴되고 커다란 변화와 갈등이 만연되는 도시산업사회로 이행해 가는 과정에서 형성되었다. 그는 사회행위의 기본 요소가 사회적 결합 또는 연대라고 생각했다. 그래서 교육을 사회적 기원과 기능에 있어서 절대적으로 '사회적인 것 = 사회적 사실'이며 교육학은 이러한 사회학 이론에 근거해야 한다고 강조하였다.

그래서 뒤르껭은 교육을 '사회화'로 보았다. 그가 생각한 교육의 사회적 기능이란 바로 사회화를 말하는 것이었다. 특히 아동들이 성인이 되기 위한 준비로서의 사회화인 '방법적 사회화'를 의미했다. 즉, 교육은 아직 사회생활의 준비를 갖추지 못한 어린세대에 대한 성인 세대들의 영향력 행사이며 사회체제를 내면화시키는 일이 교육목적이라고 강조했다.

뒤르껭에게 교육이란 집합적 삶이 요구하는 본질적 유사성을 아동들에게 준비시킴으로써 동질성을 영속화하고 강화하는 사회화과정으로, 이런 사회화는 특수사회화와 보편사회화로 구분된다. 특수사회화는 개인이 속해 있는 사적(私的) 환경에서 요구하는 특성을 함양하는 것으로, 이를 통해 개성 있는 개인적 존재가 되도록 하는 것을 말하며, 보편사회화는 전체 사회가 요구하는 특성을 함양함으로써 사회적 존재가 되도록 하는 것을 말한다.

그가 이처럼 사회화에 주목한 이유는 무엇일까? 그것은 바로 사회질서에 관심이 있었기 때문이다. 그는 사회를 하나의 도덕적 실재(moral reality)로 이해하였다. 그래서 사회가 살아 있는 유기체처럼 서로의 요소들이 서로를 제한하는 균형상태인데, 이 균형이 파괴되면 불행이나 질병을 초래하게 된다고 보았다. 따라서 교육이 바로 이런 균형이 깨지지 않도록 아동들을 도덕적으로 사회화시키는 일을 담당해야 한다고 주장한 것이다.

뒤르껭이 말하는 사회화의 내용은 공유된(shared) 제도, 문화적 신념, 사회적 사실이다. 사회적 사실은 개인들에 의해 만들어지기는 하지만 개인의 밖에 존재하면서 개인행동을 통제하는 것을 의미하는데, 개인은 이런 사회적 사실을 내면화하고 이를 바탕으로 사회에 적응해 사는 것이 최선이다.

따라서 학교기능이 '아동의 동질화'에 있으며, 학교가 연령별, 학년별, 학급별 등으로 구성되어 있는 것이 바로 사회규범에 대한 순응과 일체감을 조성하기 위한 것이다. 학교교육을 '길들이는 교육(tamed school)'이라고 하는 이유가 바로 여기에 있다. 뒤르껭이 생각하는 '교육받은 사람(educated man)'이란 제대로 사회화된 사람, 즉 공유된 규범과 가치들을 내면화한 사람을 말하는 것이다.

이러한 사회화교육의 기능은 크게 4가지로 정리된다.

첫째, 도덕적 사회화로서 교육을 도덕적 인간형성과정으로 이해한다.

둘째, 정치적 사회화로서 교육을 정치적 질서에 적절히 참여할 수 있는 시민형성과정으로 이해한다.

셋째, 직업적 사회화로서 교육을 미래 노동시장에서 적합한 역할을 담당할 수 있도록 학생들을 훈련시키며, 학교교육 결과들을 바탕으로 노동시장 진입 여부를 결정하는 선발기능을 하는 것으로 이해한다.

넷째, 인지적 사회화로서 교육을 인지적 기술과 실제적 지식습득은 물론이고 탐구능력을 전수해 개인의 지적 능력을 개발하는 것으로 이해한다.

뒤르껭과 같은 기능론자들은 결국 인간을 사회화의 수동적 객체로 놓아 비판을 받는다. 더구나 사회화의 내용에 의문을 제기하지 않았다. 그 사회화의 내용이 왜곡될 수가 있는 사회적 구성물이란 점이 문제이다. 가령 일본제국주의의 침탈과정에서 한국인에 대한 '황국신민화(皇國臣民化)' 식민지교육이 있었는데, '수신(修身-오늘날의 도덕)'교과가 매우 강조되었었다. 이러한 도덕적 규범의 내면화를 의미하는 사회화는 과연 정당한 것이었는가?

기능주의 교육관이 비판을 많이 받는 가장 큰 이유는 기능주의사회 이론이 갖는 보수적 특징 때문에 비판을 받는 이유와 거의 마찬가지이다. 오닐(O'Neill, 1981)은 교육 이데올로기를 크게 보수주의적 교육 이데올로기와 자유주의적 교육 이데올로기로 구분하고, 전통주의적 교육 이데올로기를 기초주의(基礎主義, fundamentalism), 주지주의(主知主義, intellectualism), 보수주의(保守主義, conservatism)의 세 가지 유형으로 구분했다. 이에 비추어 보면 기능주의 교육관은 보수주의와 거의 일치한다. 물론 보수주의와 기능주의를 일치시켜 기능주의를 비판하는 것은 다소 무리가 뒤따를 수도 있다.

기능론은 1950년대까지 주류를 이루다가 1960년대 말부터 1970년대 전반에 걸쳐서 그 세력이 급격히 약해지기 시작하였다. 갈등론의 등장 때문인데, 1980년대 다시 신기능주의(neo-functionalism)가 등장하면서 새롭게 조명되기 시작했다. 제프리 알렉산더(Jeffrey Alexander), 모로우와 토레스(R. A. Morrow and C. A. Torres)가 그 대표 주자들이다. 신기능주의는 제 2차 세계 대전 후의 학교팽창

원인을 설명하는데 있어서 하나는 '생태학적 세계체제 이론(ecological world system theory)'의 관점에서 국제경쟁 증대에 대한 각 국가사회의 적응과정으로, 다른 하나는 스멜서(N. Smelser)와 같은 '구조적 분화론'의 관점에서 초등교육에서부터 대학교육과 그 이후의 교육을 연속적 분화의 결과로 설명을 시도하고 있다.

2 갈등론적 접근

1) 개요

갈등 이론(conflict theory)은 칼 마르크스(Karl Marx), 프리드리히 엥겔스(Friedrich Engels), 막스 베버(Max Weber), 안토니오 그람시(Antonio Gramsci), 게오르그 루카치(Georg Lukacs), 라이트 밀즈(Wright Mills), 게오르그 짐멜(Georg Simmel), 랄프 다렌도르프(Ralf Dahrendorf), 톰 보토모어(Tom Bottomore) 등에 의해 발전되었다.

갈등주의적 관점의 교육사회학 주요 이론은 신마르크스주의(neo-Marxism)적 경제결정론 입장에서 교육을 이해하고자 하는 '사회재생산 이론(social re-production theory)'으로서 미국의 보울즈(S. Bowles)와 진티스(H. Gintis) 그리고 국가권력 재생산론자인 프랑스의 알뛰세(L. Althusser), 문화적 재생산론자인 프랑스의 부르디외(P. Bourdieu)가 있으며, 신베버주의(neo-Weberism)적 지위집단 이론가인 콜린즈(Randall Collins)와 헌(C. Hurn)이 있다.

또 제국주의적 관점에서 교육을 이해하고자 하는 '종속 이론(dependence theory)'으로서 카노이(M. Carnoy), 애플(M. Apple), 파울스턴(C. Paulston), 후르타도(G. Furtado), 산토스(T. D. Santos), 프랑크(A. G. Frank), 바란(P. Baran) 등이 있다. 교육을 통해 의식화 및 인간성 해방을 강조하는 '급진적 저항 이론(radical resistance theory)'으로서 일리치(I. Illich), 라이머(E. Reimer), 윌리암스(R.

Williams), 프레이리(P. Freire), 지루(H. Giroux) 등이 있다. 기타 하버마스(J. Habermas)와 마르쿠제(H. Marcuse)로 대표되는 비판 이론(critical theory)도 있다.

일단 갈등 이론에서 사회는 서로 갈등(conflict), 이견(異見, dissent), 변화(change), 강압(coercion), 불평등(inequality), 긴장(tension), 불일치(disagreement), 분열(disruption), 와해(collapse) 등의 관계를 가지고 계속적인 변화나 새로운 질서를 찾는 데 초점을 두고 있다. 이는 기능론이 사회적, 역사적 변화를 제대로 설명하지 못하고 권력투쟁, 계층갈등, 일탈행위 등을 간과하고 있다고 비판하면서 사회의 강제적인 속성과 사회변동, 혁신에 강조점을 두고 있다.

일반적으로 갈등론자들이 말하는 사회의 속성을 살펴보면 다음과 같다.

첫째, 사회는 경쟁과 갈등의 연속으로 구성된다.

둘째, 사회의 구성요소들 간에는 느슨한 형태의 결속만이 존재한다.

셋째, 사회는 변화가능성과 새로운 방안 모색의 가능성을 지니고 있기 때문에 불완전한 상태를 유지한다.

넷째, 사회구조가 안정되어 있다면 그것은 권력집단에 의해 구성원들의 배치와 기능이 효율적인 양식으로 규정 및 배치되어 있다는 것을 의미한다.

다섯째, 사회적 갈등과 변화에 대한 자연적 수용이 없는 상태에서 야기되는 사회적 변화는 대규모 폭발지향적 성격을 지닐 수 있다.

이런 사회에서 권력투쟁, 갈등은 지배집단이 사회가치의 중심적 역할로써 현 상태를 지속적으로 유지하기를 바라며, 이를 위해 교육을 통해 설득(persuasion), 교화(indoctrination), 선전(propaganda)의 방법으로 피지배집단에게 자기들의 입장을 정당화한다는 것이다. 이는 피지배집단이 그 체제의 안정이나 유지를 항상 위협하기 때문이라고 볼 수 있다.

원래 마르크스는 역사의 발전과정을 유산계급(부르주아)과 무산계급(프롤레타리아)의 경제적 이해관계를 둘러싼 갈등관계로 파악하고 있다. 생산수단을 소유한 자본가계급은 생산수단을 소유하고 있지 못한 비자본가계급의 잉여가치를 착취한다고 보았다. 유산계급은 생산력과 생산관계를 통해 무산계급을 철저히 소외시키고, 그들이 사회질서에 순응하게 하여 불평등한 사회구조를 정당화하게 된다. 따라서 무산계급은 유산계급의 불평등한 경제적 이익의 독점을 막고 그들의 정당한 보상을 위해 유산계급과 적대적 관계에 처하게 된다. 그래서 경제가 사회변동에 중요한 영향을 미친다고 보았다.

이에 반해 베버는 경제가 사회에 중요한 영향을 미치고 있다는 점을 인정하고는 있으나, 경제적 요인이 사회성격을 결정하는 구조적 결정변수는 아니라고 하면서 지위(status), 권력(power), 부(富, wealth) 등과 같은 다양한 사회적 변인에 의해 영향을 받는다고 보았다.

결국 갈등 이론의 사회관은 사회의 모든 요소가 긴장, 갈등, 경쟁을 일으키는 원인이고, 갈등의 원인은 사회계급 간 권력의 차이에서 비롯된다는 것이다. 그리고 사회의 질서유지는 지배집단의 강제에 바탕을 두며 이렇게 해서 지배집단은 피지배집단과의 불일치와 갈등을 보이게 되기 때문에 사회의 분열과 사회의 변동을 초래한다는 것이다.

2) 교육관과 문제점

갈등 이론의 관점에서 보면 교육은 사회적 불평등을 재생산하는 수단에 불과하다. 즉, 지배집단의 지식이나 문화 및 가치를 지지하여 이를 학교의 형식적 교육과정에 주입하고 전수해 기존의 계층구조의 재생산을 정당화한다고 비판한다. 또한 갈등론자들은 통합보다는 갈등, 안정보다는 변화, 합의보다는 강압을 강조하며, 교육불평등, 인간소외, 교육계층화 문제 등에 초점을 두고 있다.

다시 말해 자본주의사회·경제체제에서의 학교는 사회적 불평등을 재생산하는 제도적 장치에 불과하다고 본다. 학교에서 제공하는 교육내용도 특정 지배계층이 가치가 있다고 여기는 그들의 문화와 지식을 학교의 형식적 교육과정을 통해 강압적으로 모든 학생들에게 주입하고 있다는 것이다. 따라서 학교가 객관적이고 중립적인 기관이 아니며 업적주의 이념으로 공정성을 위장하고 있을 뿐이고, 실패의 원인을 사회구조적 측면보다 개인의 능력과 노력의 부족으로 돌리고 있다.

기능 이론이 교육의 사회화기능을 통해 사회구성원들의 지식, 신념, 태도, 이념 등의 공동가치나 시민성 계발에 중점을 둔다고 보는 반면, 갈등 이론에서는 불평등을 영속화하여 하류계층의 학생들로 하여금 그들의 열등의식을 더욱 확인하게 하고, 기존의 불평등한 사회구조와 질서에 개인을 편입시켜 지배집단이익에 기여하도록 하는 도구적 장치 내지는 기제(機制, mechanism)로 학교를 설명하면서 기능 이론에 정면으로 맞서고 있다.

더욱이 이들은 학교교육이 인지적 능력을 기르는 것이라기보다는 계급과 관련된 가치와 태도를 강화한다는 것이다. 따라서 갈등론적 관점에서 볼 때 학교는 인재를 계층에 관계없이 공정하게 선발해 사회에 배치하는 것이 아니라, 오히려 지배집단에 이로운 가치관을 가르침으로써 기존 사회의 계층구조를 정당화하고 지속시킨다는 것이다. 이처럼 갈등 이론은 학교교육이 사회적 불평등 구조를 심화시키고 정당화하고 있다고 비판하는 이론이다.

갈등론자들의 연구는 대개 사회체제 안에서 권력이나 재산분배를 둘러싸고 나타나는 갈등과 긴장 그리고 이들에 의해 결과적으로 초래되는 변화에 그 초점을 집중하고 있다. 교육이 학습자의 자율성이나 인격의 형성보다도 사회체제의 지배적인 지위에 있는 집단의 이익을 위해 존재한다고 하는 주장이나 현재의 체제를 유지하기 위해서 교육이 이용되고 있다는 직접적 재생산 이론(direct reproduction theory), 문화적인 전달을 통해서 현상을 유지하려고 한다는 문화적 재생산론(cultural reproduction theory), 교육기관이 국가권력이 내세우는 지배이데올로기에 학습자들이 자발적으로 동의를 창출하도록 기능한다는 헤게모니 이론(hegemonic theory), 교육내용이 지배집단의 이해관계와 결부되어 있어서 학습자들이 스스로 저항감을 가지며, 학습자들은 교육기관의 의도와는 다르게 어느 정도의 자율성을 가진다는 저항 이론과 상대적 자율성 이론 등이 모두 오늘날의 갈등 이론에 속한다. 경우에 따라서는 급진 이론(radical theory), 비판 이론(critical theory)이라고도 하는데, 마르크스주의자와 신마르크스주의자들이 이에 해당된다.

갈등 이론은 기존 학교제도의 근본적인 문제들을 들추어내었고, 그 문제점들을 학교제도 내에서만 찾기보다는 사회구조적인 문제와 연결시켰다. 또 학교에서 당연시 되었던 문제들에 대해 근본적인 의문을 제기하고 그 허구성을 지적했으며, 학교교육의 사회적 성격을 규명하는 데 있어서 다양한 근거와 이론적 내용을 제공해 주었다.

그러나 더 큰 문제점은 지나치게 구조결정론에 빠져 있다는 것이다. 교육이 경제구조나 문화구조에 의해 일방적으로 그 성격이 결정된다고 하면서 인간의 의지보다는 사회·문화조건을 지나치게 강조하고 있다. 또 갈등 이론은 사회구조를 단순히 이분법에 따라 설명하였다. 지배자와 피지배자, 가진 자와 못 가진 자 등으로 사회구성원을 양분하고 교육이 지배자와 가진 자에게만 봉사하는 것으로 규정하고 있다. 이는 교육의 본질적 모습을 왜곡하거나 지나치게 과장하고 있다는 것을 의미한다.

갈등 이론은 학교교육의 공헌을 전반적으로 무시했다. 학교교육이 전통사회의 구속적인 신분세습제도를 약화시키고 업적주의적 사회이동을 가능하게 해준 공헌을 전적으로 무시하였다. 갈등과 세력경쟁을 너무 강조한 나머지 교육이 사회결속력을 높이고 국가 공동체의식을 높이는 데 기여한 점을 과소평가하였다. 교육선발의 불평등 요소를 너무 강조함으로써 교육을 통한 능력과 재능의 선별을 인정하지 않았으며, 사회적 상승이동에 기여한 학교교육의 공헌도 무시하는 경향이 있었다.

표 2-1 기능 이론과 갈등 이론의 학교교육에 관한 설명의 비교

기능 이론	갈등 이론
학교는 사회안정과 질서에 기여	학교는 기존질서를 공고히 하며 지배계급의 이익을 대변
학교는 기술, 지식, 공동체의식을 전수하고 이를 통해 국가가 발전하며 개인은 자아실현 가능	학교는 기존질서를 재생산하여 사회불평등을 유지 및 심화시키고 피지배계층의 자아실현은 불가
학교교육은 독립적이며 자율적이고 교과내용은 사회구성원의 합의에 의해 구성	학교교육은 지배계급이데올로기를 주입시키는 곳이며 그들에게 맞는 교육내용을 전수
학교는 개인의 능력을 공정히 평가하며 이에 따라 정당한 보상	학교교육의 성취는 개인의 능력보다는 사회구조적 요인 때문에 격차 발생
학교교육을 통해 각종 사회문제 해결	학교교육을 통해 갈등 심화

3 해석적 접근

1) 개요

교육에 관한 기능론과 갈등론은 모두 거시적 이론으로서 규범적 패러다임에 속한다. 이들은 교육을 보다 거대한 사회 내에 위치시켜야 이해될 수 있는 것으로 파악한다. 교사·학생·교육행정가의 교수–학습 활동은 기능론자들이 말하는 사회적 요구나 갈등론자들이 말하는 경제체제나 계급체제 및 이데올로기에 의해 지배된다고 본다. 이런 거시적 접근은 첫째, 인간존재를 사회화의 산물로 이해하기 때문에 창의성이 무시되고 자유가 없는 것으로 분석된다. 둘째, 인간생활의 미묘함과 복합성을 경시하고 학교생활의 실체를 이해하지 못하며, 교사와 학생 간의 상호작용을 파악하는 데 실패하였다. 교육에 대한 일반적 구조는 제공해 주고 있으나, 매일 매일 교실에서의 생생한 만남을 알려주지는 못하였다. 즉, 학교 내부에 관심이 없었기 때문에 다음과 같이 학교를 암흑상자(black box)로 본 것이다.

이러한 기능론과 갈등론의 거시적 접근이 갖는 결함으로 인하여 미시적 접근방법인 해석적 접근(interpretive approach)의 연구가 발전하기 시작한 것이다. 사실 인간의 사회적 행위는 일정하게 공유된 규칙에 따라서 항상 일관되게 이루어지는 것은 아니다. 행위자는 서로의 행동을 의미 있는 것으로 수용하고 그것을 해석 또는 상황정의를 하면서 상호작용을 하는 것이다. 다시 말해 규칙적인 과정이라기보다는 본질적으로 해석적인 과정이라고 파악한다.

표 2-2 규범적 접근과 해석적 접근의 비교

규범적 접근	해석적 접근
교육과 사회관계에 대한 거시적 접근	교육의 내적 과정에 대한 미시적 접근
연역적 접근과 사고	귀납적 접근과 사고
양적 연구	질적 연구
자연과학적 법칙에 의한 교육 및 사회현상 규명	사회적 현상과 관계에 대한 변증법적 규명

이러한 미시적 접근의 해석적 패러다임은 해석학, 현상학, 상징적 상호작용론, 민속방법론 등이 있다. 그중에서 상징적 상호작용론은 미국적 전통이 강하며 낙인 이론(烙印理論, labelling theory)도 여기에 속한다. 나머지는 유럽적 색채가 강하다. 구체적인 측면에서는 차이가 있으나, 해석적 과정으로서 상호작용을 중시한다는 점, 그것에 대해 해석적 기술 방법을 택하는 점, 연구방법 면에서 질적 연구방법을 강조하는 점, 분석수준에서 미시적 분석을 강조하는 점 등이 공통적이다.

참고

낙인 이론

1960년대 등장한 이론으로, 비행이 사회통제를 유발한다는 기존 이론과 달리 사회통제가 범죄를 유발한다는 정반대의 주장을 펼쳤다. 한 사람을 범죄자로 낙인찍고 형벌, 교정, 처분 등의 사회적 제재를 적용하는 것은 범죄를 줄이기보다는 오히려 증폭시킨다고 주장하였다.

요약하면 첫째는 내부자 관점을 강조하는 것으로서 해석적 접근에서는 연구자가 행위자들과 같은 방식으로 관찰하고 해석하며, 그로부터 특정한 유형이나 규칙성을 찾는다. 둘째는 점증주의가 아닌 연역적인 총체(합리)주의로서 관심 대상 사태가 처한 복잡한 상황 중에서 몇몇 요소들을 취해 분석적으로 탐구하기보다는 문제 상황을 전체적으로 인식하고 탐구한다. 셋째는 맥락화로서 모든 자료를 그 자료가 수집된 환경의 맥락 속에서 고려한다. 맥락 의존성이야말로 해석의 본질인 것이다.

가장 많이 거론되는 상징적 상호작용론은 미드(G. H. Mead), 블루머(H. Blumer), 쿨리(C. H. Cooley), 우즈(P. Woods) 등에 의해 발전되었다. 주로 사회심리학적 문제들을 중점적으로 다루고 있으며, 상징적 상호작용의 의미는 언어, 제스처(gesture), 신호(sign), 그림, 음악 등의 상징을 매개로 하여 사람과 사람 간에 상호작용을 한다는 것이다. 이에 문화나 사회도 상징체계를 통해 나온 상호작용의 결과이며, 모든 사회현상은 상호작용에 의해 이루어진다는 것이다.

상징적 상호작용론자들의 이론적 토대는 인간에 대한 이해는 바로 그 인간이 처한 상황, 수준으로 이해되어야 한다. 인간의 행위는 개인의 성격보다는 사회를 연구할 때 보다 잘 설명될 수 있다. 또한 인간은 주어지는 자극에 있는 그대로 직접적으로 반응하는 존재가 아니라는 관점에서 인간의 행위 주체성과 반응성을 동시에 소유한 사회적 존재이다. 그리고 인간은 상징을 창조, 반응, 사용하는 존재로서 상징에 따라 자기의 행위를 수정한다. 상징은 사회관과 세계관을 형성하는 조직자 및 행위자로서 이해된다. 따라서 상징의 의미는 본질적인 것이 아니라 사회적 합의에 의해 부과되는 것이다.

이러한 상징적 상호작용에서 보는 사회는 개인과 집단 간의 상호작용 맥락 속에서 이루어지므로, 상호작용하는 개개인의 주어진 여건과 환경을 이해하고 자신과 상호작용하는 상대방의 행위나 반응에 부여된 의미에 대한 해석이 매우 중요하다고 볼 수 있다.

교육사회학에서 활용되는 두 가지 상징적 상호작용이론은 라벨(낙인) 이론(labelling theory)과 교환 이론(exchange theory)이 있다. 낙인(烙印) 이론은 교사나 다른 학교의 구성원들로부터 받은 기대나 의미에 따라서 학생의 행동이 잘하는 또는 잘못한다는 낙인을 부여한다는 것이다. 교환 이론은 상호작용 속에 내포된 비용과 보상을 가정하며, 교육활동에 있어서 보상행위는 지속되어야 한다. 이러한 상징적 상호작용론은 학교 및 학급의 역동성을 이해하는 데 도움을 준다.

또한 상징적 상호작용 이론은 동료집단, 교사–학생, 교사–교장, 교사–학부모 간의 상호작용, 학생의 태도와 성취, 학생의 가치, 학생의 자아개념과 포부 그리

표 2-3 해석적 접근의 4가지 연구방법론 비교

	해석학	현상학	상징적 상호작용론	민속방법론
관련 학문	철학	사회학	사회학	인류학 사회학
시작	중세(1654)	1920년대	1930년대	1960년대
선구자 및 대표	Dilthey Habermas Gadamer	Husserl Schutz Spiegelberg	Blumer Mead	Garfinkel Geertz
주 관심	前이해	주관적 의식작용 (상호주관성)	상호작용	맥락의 이해
주 목적	이해	이해	해석	기술
연구대상	언어	생활세계 (개방적 공동성)	상징체계	행동
이해의 핵심	의미	의미	의미	의미
방법	이해, 해석	성찰, 관조	탐색, 검열, 자연적 연구방법	참여관찰, 통찰
방법체계	없음	있음	있음	있음

* 이 4가지 연구방법 이론은 신교육사회학에서 많이 사용한다.

고 학생의 성취와 관련된 사회경제적 지위 등에 초점을 둔다. 그리고 학교 및 학급 내의 상호작용, 학교효과, 교육격차, 학교풍토, 교육과정 및 언어, 학교문화, 교사의 기대효과 등을 연구대상으로 강조하고 있다.

2) 교육관과 문제점

해석적 접근에서는 미시적인 교육현상과 인간의 자율적인 행위가 주된 연구대상이었다. 즉, 학급 내 상호작용, 교육적 지식, 학생 범주화 등이다. 해석적 관점에서 가장 관심을 두는 부분은 "학교에서 도대체 교사와 학생 간에 무슨 일이 일어나고 있는가?"이다. 기존의 거시적 접근에서 논의되지 않은 채 암흑상자로 남아 있는 학교의 내적과정을 분석하는 것이다. 해석적 접근은 사회적 세계란 개인들의 상호작용을 통해 구성되는 것이라는 입장이기 때문에 학교와 교실에서 이루어지는 모든 상호작용에 관심을 기울이는 것이 당연하였다.

초기의 연구는 교사와 학생들의 행동을 기술하고 설명하는 것이 대부분이었다. 해머슬레이(M. Hammersley)와 우즈(P. Woods)에 의하여 편집된 『학교교육의 과정: 사회학적 독본(The Process of Schooling: A sociological reader, 1976)』에서는 학급연구의 이론적·방법론적 논의, 교사의 권위와 역할, 교수행위, 떠보기(sussing out) 등과 같이 가르치는 일에 관련된 논의와 학급에서의 상호작용, 웃음, 낙인, 문제행동 등 학생문화를 다루고 있었다.

이러한 미시적 관점을 벗어나 거시적 관점과의 통합연구를 시도하는 움직임이 있기도 하였다. 대표적으로 샤프(R. Sharp)와 그린(A. Green, 1975)은 교사들이 상황이나 행동을 이해하고 해석하는 관점이 사회구조와 독립적으로 형성될 수 없음을 주장하고, 교사들이 내리는 해석의 이데올로기적 성격을 분석하고자 하였다. 교육의 상호작용 또한 사회적 제 관계성 속에서 다루어져야 한다는 점을 분명히 하였다.

해석적 관점은 거시적 분석에 가려져 있던 학교 내의 상호작용, 학교조직, 학교 내의 역할, 교육적 지식의 선택과 구성문제 등을 교육사회학 연구의 전면에 부각시킴으로써, 새로운 연구주제를 제시하였다는 점과 함께 거시적 연구와 미시적 연구의 통합 가능성을 제공하였다는 점에서 긍정적으로 평가할 수 있다. 아울러 해석적 관점은 참여관찰 방법, 담화분석, 내용분석, 인터뷰 등의 새로운 연구방법을 적극적으로 활용하는 계기가 되었다.

그러나 교육적 행위자의 역할을 과장함으로써 사회구조의 영향력을 소홀히 했다는 문제가 있다. 개인은 사회적 영향력과 독립해 존재하는 것이 어렵다는 점을 고려한다면, 개인행위에 기초해 교육현상을 전적으로 설명할 수 있다는 생각은 가능하지 않다. 실제로 해석적 접근에 기초한 많은 연구자들 또한 해석적 관점이 기능 이론과 갈등 이론을 대체한다기보다는 보완적인 성격을 가지는 것으로 이해하고 있었다.

표 2-4 교육사회학 3대 접근법의 특징 비교

접근 특징	기능론적 접근	갈등론적 접근	해석적 접근
관점	구조·기능론적 관점	저항·갈등론적 관점	해석적·상호작용론적 관점
배경	엘리트주의적 배경, 육체적·생리적 훈련을 통한 계몽주의적 교육관	세계주의적 교육, 계몽적 이상주의	실용주의, 이상주의 교육관
목표	계획과 통제의 극대화를 통한 발전 이론	사회변동을 촉진하는 갈등과 지배구조의 이해	사회를 구성하는 사회적 행동의 이해
가정	사회는 유기체적 조직과 유사함	사회는 집단구성원들 간의 경쟁체제	사회에 존재하는 규범·가치·사회변동 형태의 미시적 수준에 초점
방법	실증주의, 역사적 연역법	변증법적 유물론, 역사적 귀납법	해석적 관점, 내적 성찰
유형	사회형태, 사회적 진보	사회구조 형태, 사회진보와 갈등	사회구조의 미시적 형태
쟁점	미시적 환원주의	거시적 결정주의, 환원주의	미시적 환원주의

4 세계화 교육론

신자유주의 경제가 선도하는 세계화(globalization)는 교육사회학 담론(discourse)을 국가 단위로부터 초국가(transnational) 또는 세계 단위로 확장하도록 요구하고 있다. 기존 국가 단위 간의 경계를 넘어 새로운 교육현상이 전개되고 있으며, 교육에서 세계적 동질화 경향까지 부분적으로 나타나고 있다. 그렇다고 국가 단위의 교육사회학 담론이 더 이상 의미가 없어지게 되었다는 말은 아니다. 단지 초국가적 교육현상에 관한 논의가 시급히 증대되고 있다는 점을 강조하는 것이다.

세계화는 기존의 국경을 무의미하게 만들고 있다. 세계화를 선도하는 것은 경제이지만, 이를 신속히 실현시키는 것은 컴퓨터에 의한 정보화의 힘이다. 이 세계화는 경제에만 머무르지 않고 정치, 문화, 교육부문으로 파급되고 있다. 다음과 같이 세계화의 특징을 요약할 수 있다.

첫째, 전 세계가 단일 경제체제로 재편된다. 경제 민족주의에 기초한 국가 단위의 경제구조는 급속히 약화되고 세계 단위의 경제체제로 편입된다. 세계 거대자본들의 규모가 급속히 커지면서 그 영향력이 세계 구석구석에 파급된다. 2008년 9월에 시작된 미국발(美國發) 금융자본주의 위기가 전 세계를 어렵게 하고 있는 것이 그 실증 사례이다.

둘째, 생활공간이 국경을 넘어 지구 전체로 확대되고 인류생존과 직결된 문제가 세계적 차원에서 발생한다. 전 세계적 차원에서 논의하지 않을 수 없는 시대가 된 것이다.

셋째, 국가의 기능과 통제력이 급속히 위축되고 있다. 국제정치, 국제경제, NGO들의 국제연대 등이 국가의 영향력을 잠식하고 있다.

넷째, 문화접촉이 빠르게 증가하고 있어서 문화충돌현상과 아울러 문화동질화 현상이 진행되고, 인터넷과 위성방송이 이를 가속화시키고 있다.

다섯째, 세계자본의 지배가 급속히 강화되고 있다. 부의 양극화 현상은 가속화되며 불안정한 임시직 중심의 고용구조는 계속 늘어난다. 거대자본 중심으로 개편되기 때문에 국경을 초월하는 기업합병과 흡수통합이 빈번하게 일어난다.

여섯째, 세계화는 교육부문에도 불가피하게 일어난다. 1986년부터 시작된 우루과이라운드(UR)는 교육을 서비스 품목의 하나로 포함시켰다. 따라서 교육시장의 국제개방, 국제적 분교설치, 원격교육과 출장교육 방식을 통한 외국교육의 잠식, 학력과 학위의 국제표준화가 시행되고 있거나 추진 중이다. 국가 주도의 국민교육체제가 흔들리고 있는 것이다.

교육을 경제발전의 원동력으로 보는 관점은 경제민족주의 지배 하에서도 국가정책의 기조를 이루었다. 교육이 인간자본인 인력을 양성하고 공급하는 기능을 담당했기 때문이다. 이제 국가의 경쟁력은 교육과 훈련체제의 질에 의해 결정되게 되었다. 따라서 각국은 국가경쟁력을 높이기 위해 교육개혁에 전력을 기울이게 되어 교육은 치열한 변화를 겪고 있다.

그리하여 국민교육제도가 급속히 약화되고 있으며, 범세계적인 표준교육체제가 다가오고 있다. 유럽연합(EU)은 지역 내 국가들의 학력의 호환성을 확보하기 위한 작업을 진행하고 있다. 교육제도의 구조뿐만 아니라 교육내용에 있어서도 환경, 자원, 인구, 인권, 평화 등 세계차원의 문제들이 교과서에 점점 더 많이 포함되고 있으며, 의사소통 수단으로 영어교육이 점점 더 확대되고 있는 현실이다. 이제 기업이 교육기관에 관여하고 주민과 학부모들이 학교교육에 참여하며, 학습자들의 선택권과 발언권 및 학습권도 엄청 커졌다.

교육개혁에 있어서 자본중심 시장원리와 경제논리는 신자유주의적 또는 신우파(new right) 지향의 변화이며, 이는 학교 간 경쟁, 교사 간 경쟁을 몰고 와 전통적 교육관을 무너뜨리며 많은 반론과 저항을 불러일으키고 있다. 시장원리의 적용은 교육 불평등을 더욱 심화시키고 경제생산성 지향은 교육의 본질적 가치를 파괴해 물신사회(物神社會)를 촉진하고 자본에의 인간예속을 더욱 강요한다.

세계화에 대응하는 각국의 교육개혁에 대한 논의도 중요하지만, 세계적 수준에서 일어나고 있는 새로운 교육현상에 대한 교육사회학의 관심이 점점 더 요청되고 있다. 교육과 훈련의 세계적 표준화, 원격교육방식에 의한 학생유치 국제경쟁, 교육내용의 국제적 동질화 지향, 교육과 산업훈련의 국제적 분업화, 국제결혼 증가로 인한 다문화가정의 교육문제 등 새롭게 나타나는 세계적 교육현상에 대한 논의는 교육사회학의 담론을 더욱 확장시킬 것이다.

Chapter 03

교육제도의 발전

1 교육의 제도화

인류가 시작된 이래 인간의 의식적인 생존활동이 제도화된 것 중의 하나가 바로 성년식(成年式, initiation)이다. 이 성년식의 본질적인 의미는 부족의 의식적인 생존활동이다. 인간 사회의 대부분은 경제활동을 효율적으로 영위하는 방법적 지식이나 공동체의 규범을 공유하는 것이 필요했다. 생존을 위해서 주술(呪術)이나 다양한 의식(儀式), 자연현상이나 동·식물의 숭배, 제물로 사람을 바치는 행위 등 여러 가지 방법을 사용했다. 이와 같은 토템(totem)이나 애니미즘(animism)은 소극적인 방법이라고 할 수 있다.

그래서 적극적인 생존전략은 성년식이라고 할 수 있는데, 이는 통과의례(rite of passage)로서 어느 사회에나 있으며 교육과 관련된 행사였다. 일본의 우메네 사토르(梅根梧)는 『세계교육사』에서 성년식을 최초의 의무교육제도로 그 의미를 해석하기까지 하였다. 이렇게 최초로 제도화된 교육으로서의 성년식은 공동체 생존전략의 성격을 가지고 있었기 때문에, 교육의 목적 상 개인보다는 집단의 요구와 가치가 중시되고 교육적 차별도 적을 수밖에 없었을 것이다.

그러나 채취생활로부터 탈피된 인간의 삶은 잉여생산물의 출현과 경제적 축적이 가능해지면서 지배계급과 피지배계급이 나타나게 되었다. 이러한 계급의 출현은 교육의 제도화를 가져오기 시작해 'school'은 '한가로움' 또는 '여유'를 뜻하는 그리스어 'scole'에서 파생되었고, 학교가 지배의 정당화 수단으로서 출발했던 것이라고 베블렌(T. Veblen, 1857~1929)은 『한가한 무리들(The Theory of the

Leisure Class)』에서 주장하였다.

여기서 한가한 무리들, 즉 유한계급(有閑階級)이란 여유가 있는 지배계급을 말하는 것이며, 한가로움은 시간의 비생산적 소비를 의미한다. 즉, 한가로운 계급에게 예절을 가르치고 배우는 학교는 유한계급 생활의 산물이요 전형(典型)이며, 신분제도 하에서만 발달할 수 있다. 베블렌이 보기에 학교는 계급출현의 부산물이며 학교에서 교양 있는 예절과 생활양식을 습득할 수 있다는 것은 과시적 한가로움과 과시적 소비를 드러내는 것에 불과한 것이었다.

문자의 출현과 보급은 구술(口述)로 전해지던 것을 혁명적으로 변화시켰다. 글자라는 기술공학으로 관습, 법, 사회규칙 등을 기록했으며, 기억에 의존하지 않아도 되는 상황을 맞이했다. 4~5세기에 문자가 보편화되면서 보다 형식적인 교육이 중요하게 되었다. 그리고 말과 달리 글은 의식적인 창조물로서 글을 배우기 위해 필요한 규칙과 문법을 익히는 것이 문자 중심의 사회에 참여하는 방편이 되며, 체계적으로 규칙과 쓰기를 익히는 것을 목적으로 하는 교육적 공간이 필요하게 되었다. 문제는 새로운 학습공간이 누구에게나 개방되지 않았다는 점이다.

지배계급에게만 문자학습의 기회가 주어졌던 것이며 문자습득을 통해 권력을 유지할 수 있게 되었다. 그렇다 보니 교육이 차별적이고 특권적인 모습으로 변모하게 되었다. 교육이 공동체 생존과 같은 공공적 활동에서 개인이나 특정 집단의 사적(私的) 이익과 이해(利害)를 추구하는 활동으로 바뀐 것이다. 뿐만 아니라 학습권보다는 교육권이 중요해지게 되었다.

그리하여 지배계급은 자신들의 지위를 강화하기 위해 교육제도를 조직하는 것이 일반적이었다. 그 이유는 첫째, 제사장 훈련, 둘째, 행정관리와 군인양성, 셋째, 기술훈련을 위한 기초 문해 습득, 넷째, 전통적 가치와 신념의 유지 등과 같이 매우 다양했으며, 이것들은 모두 사회의 지배관계를 유지하기 위한 성격을 지니고 있었다.

동양의 경우 교육은 국가적 사업으로 간주되어 정부에 의해 관리되고 운영되었으며, 그것은 지배층을 중심으로 이루어졌다. 교육에 대한 공개념이 사개념보다 철저했으며, 국가가 교육의 전반을 관리하고 통제하였다. 『서경(書經)』「주서(周書)」편에 의하면 왕은 식(食, 양식관리), 화(貨, 재정주관), 사(祀, 제사주관),

사공(司空, 토지와 주거관리), 사도(司徒, 교육주관), 사구(司寇, 죄인관리), 빈(賓, 귀빈접대), 사(師, 군대관리) 등 8가지 정사(政事)를 담당했으며, 그중에 교육이 포함되어 있었다. 따라서 교육은 국가관료를 양성하는 기능을 우선적으로 담당했는데, 그것은 실상 왕권유지와 확보를 위한 것이었다.

이에 반해 서양은 오랫동안 교회(천주교)가 교육을 지배하고 있었다. 교회는 사회 전반에 대해 엄청난 통제권을 가지고 있었다. 서양의 역사가 교권과 세속적 왕권의 치열한 갈등과 경쟁 그리고 때로는 협력으로 점철된 역사를 생각해 본다면 교회의 교육적 위치를 충분히 짐작할 수 있다. 이런 전통은 중세를 거쳐 프랑스대혁명까지 지속되었기 때문에, 서양의 근대교육은 가톨릭의 지배로부터 세속화(secularization)를 의미한다고 할 수 있다. 그래서 공교육은 사교육을 극복하는 새로운 대안이었으며, 교회에 의해 사적으로 행해지던 교육을 공적기관인 국가가 주도적으로 담당하게 된 것이다.

이와 같이 근대국가의 출현과 함께 제기되기 시작한 공교육 이념 또한 동양과 서양 간에 차별적인 의미를 가지고 있었다. 이미 교육의 공적 성격이 강한 동양에서 공교육은 백성들에게 교육 기회를 확대하는 것을 의미했으며, 서양에서는 교회의 지배로부터 교육의 세속화를 의미하였다. 그렇기 때문에 우리나라에서는 근대교육, 즉 공교육의 의미가 교육의 세속화보다는 교육 기회의 확대라는 점에서 접근되어야 하는 것이다.

2 공교육제도의 등장

오늘날의 공교육제도는 19세기 이후에 급격히 발달된 것이다. 1789년 프랑스대혁명으로 절대군주제가 붕괴되고, 새로운 근대국가가 탄생하면서 근대국가가 교육을 장악하게 되고 여기에 산업혁명(1760~1840)으로 시작된 산업사회의 요구가 결합되면서 오늘날과 같은 공교육제도가 자리를 잡게 된 것이다.

교회가 교육을 지배하던 시대의 교육은 공교육사상보다는 사교육사상이 지배적이어서 교육을 시키고 말고는 부모의 전권으로 간주되었다. 그러나 지배력이 세속권력으로 대체되는 절대주의의 등장으로 교육에 대한 국가개입이 이루어지게 되었다. 절대주의가 지배하던 16~17세기에 전제군주들은 종교, 문화, 교육 등을 국가권력의 지배 하에 두고 통제하였다. 지배라는 말은 국민에게 교육 기회를 주거나 주지 않는 결정, 어느 집단에게는 제공하고 어느 집단에게는 제공하지 않거나 방임하는 결정 그리고 교육을 실시하는 경우에 교육의 방향과 내용의 결정을 국가가 장악한다는 뜻이다.

근대국가가 형성되고 나서 교육제도는 새로운 단계에 들어섰다. 라 샬로떼(La Charotte, 1701~1785)가 이미 프랑스대혁명에 앞서서 1763년에 간행한 『국가교육론, 일명 청소년을 위한 교육계획: Essai d'Education national ou Plan d'Etudes pour la Jeuness』은 국민교육사상의 형성과 제도적 구조에 큰 영향을 주었다. 근대국가 초기에는 국민에 대한 국가의 지배권을 주장하는 국민교육론과 시민들의 교육활동의 자유를 주장하는 교육자유론이 대립하였는데, 교회의 지배에서 교육을 독립시키는 일이 우선이었기 때문에 시민의 교육자유론이 설득력을 얻었다.

교육자유화는 '가르치는 자유'와 '배우는 자유'를 동시에 의미했다. 급진주의자 꽁도르세(Marquis de Condorcet, 1743~1794)도 1791년의 '공교육조직법안'에서 같은 주장을 했다. 하지만 신교육제도가 구체화됨에 따라 배우는 자유보다는 가르치는 자유에 관심이 집중되었다. 이렇게 됨으로써 교육현상의 중요한 당사자인 학습자가 주체가 아닌 객체로 취급당하게 된 것이다.

국민교육에 대한 국가의 개입은 사교육사상에 대한 공교육사상의 승리였다. 이는 보편교육사상으로 만인의 교육받을 권리였다. 충성된 유능한 국민을 육성하기 위해 보편교육을 실시할 필요가 국가에 있었음은 물론이었지만, 한편으로는 계급과 빈부를 초월해 누구에게나 평등한 교육 기회를 제공하는 보편교육은 국민 입장에서도 크게 환영할 일이었다.

18세기 말에서 19세기 전반기의 유럽은 '교회로부터 자유로운' 국민교육체제를 확립하는 데 집중한 시기였다. 프랑스에서는 나폴레옹(Napoleon Bonaparte, 1769~ 1821)의 국가통제 교육체제가 자리를 굳혔으며, 영국은 교회와 국가 간의 균형을 적당히 유지하면서 국민교육체제를 형성했고, 독일은 피히테(Johann

Gottlieb Fichte, 1762~1814)의 '독일국민에게 고함'에 나타난 것처럼 통일된 독일의 융성과 발전을 위한 국민교육제도가 구축되었으며, 미국은 각 주의 책임 하에 공교육체제를 발전시켰다.

이렇게 국민교육을 위한 공교육체제의 확립은 새로운 세속 근대국가들의 최대 관심사였다. 왜냐하면 새 정치체제의 수립과 질서유지를 위해 필수적이었기 때문이다. 더욱이 교황에 의한 통일된 유럽시대가 끝나고 민족국가로 분할되는 새시대였기에 국가 간 경쟁에서 승리하기 위해서는 국민 자질을 향상시키고 국가의식을 고취시키기 위한 신교육제도의 창출은 필수적이었다. 결국 교육은 개인의 필요나 종교의 필요에서가 아니라 국가라는 정치공동체의 필요에 의해서 운영되기 시작한 것이다.

모든 국민에 대한 보편교육을 국가가 실시하기 시작하면서 교육내용도 획일화되었다. 사실, 통일된 교육내용의 보편적 시스템은 18세기 중반까지만 해도 존재하지 않았다. 국가관리 하의 공교육체제에 의해 모든 아동들에게 통일된 규범과 지식을 가르치는 초등교육 의무제를 수립하고, 20세기에 들어와서는 모든 청소년들을 대상으로 하는 중등교육 의무제가 확립되었다.

우리나라는 비록 선언적인 성격이 강하였지만, 1894년 갑오개혁부터 모든 백성들에게 교육이 필요하다는 인식이 확산되었다. 갑오개혁은 교육이 특정 집단의 특권적 활동이 아니라 모든 사람이 교육의 대상이라는 것을 선언하는 것이었다. 이런 변화는 프랑스대혁명처럼 자유와 평등의 이념보다는 부국강병이라는 시대상황이 요구하는 국가적 긴급성 때문에 위로부터 주도된 것이었다.

이와 같은 통일된 보편적 교육제도는 대부분 불가피하게 정치와 경제의 도구로 교육을 전락시킨다. 정치적, 경제적, 사회적 동기가 강하게 작용할 수밖에 없기 때문이다. 더욱이 현대는 모든 나라가 산업국가이고, 이는 정치와 경제의 복합체이다. 자본주의, 사회주의는 모두 경제 이데올로기를 말하는 것이므로 국가체제의 이러한 성격은 20세기에 들어와서 더욱 분명해졌다. 이렇다 보니 교육은 정치·경제복합체에 종속되어 도구적 위치에서 벗어나지 못하고 있는 것이다.

3 교육제도의 성장 이론

1) 개인수준의 이론

인간자본론(human capital theory)은 노동경제학자이며 교육경제학자인 슐츠(Theodore Schultz)와 베커(Gary Becker)를 대표로 하는 이론인데, 물질적 이익을 추구하는 경제적 인간관이다. 이는 1960년대 이후 교육정책 결정의 주요 이념으로 나타났으며, 교육팽창을 개인이 경제적 이익을 극대화하기 위해 교육에 투자하는 합리적 선택의 결과라고 본다. 다시 말해서 개인이 보다 좋은 직업을 획득하기 위해 '교육에 대한 투자'라는 합리적 행동을 선택하게 되었고, 그러한 합리적 행위의 집합적 결과로 나타난 것이 교육팽창이라는 것이다.

인간자본론에서는 개인이 교육에 투자하는 행위의 합리적인 근거를 개인이 노동시장에서 얻는데 필수적인 조건이 되는 높은 생산성이 학교에서 배운 지식에 영향을 받는다고 보는 것이다. 따라서 좋은 직업적 기회를 얻기 위해서는 교육에 대한 투자를 보다 증대시켜 나간다는 것이다. 교육수준이 높은 사람이 낮은 사람에 비해 실질적인 소득의 양, 소득이나 승진의 증가속도가 빠르기 때문에, 일반적으로 사람들은 남보다 높은 수준의 교육을 받고자 하는 합리적 선택을 하게 되어서 교육팽창이 계속 일어난다는 것이다.

그러나 학교교육을 남보다 많이 받는 것이 반드시 합리적인 투자라고 볼 수 없는 현상들이 너무나도 많은 것이 오늘날의 현실이다. 과잉학력(over education)으로 인한 고학력 실업사태나 학력수준을 낮추어 취업하는 하향취업이 증가하고 있기 때문이다. 이러한 현상이 많아짐에도 불구하고 문제는 개인들이 교육에 대한 투자를 끝없이 하는 경향이 존재한다.

지위집단 경쟁 이론(status-group struggle theory)은 헌(Christopher Hurn)을 대표로 하는 이론인데, 교육팽창이 경제적 생산성을 높이는데 필요한 높은 수준의 지식과 기능을 얻고자 하는 개인들의 경제적 동기 때문에 나타난 것이 아니라, 비경제적이고 상징적인 '교육자격증'의 취득을 바라는 개인의 의도적 행동 때문에 일어난 현상이라고 보는 것이다.

지위(status)라는 것은 '어떤 집단이 다른 사회집단과 비교해 다른 사람들로부터 인정을 받는 명예(honour)나 위세(prestige)'를 의미한다. 사람들은 대개 사회적으로 높게 평가받는 지위집단에 속하기를 원하며, 특정 집단은 다른 사회집단에 비해 보다 나은 사회적 인정을 받고자 노력하게 된다. 이런 과정에서 교육이 중요한 역할을 담당하게 되는 것이다.

학교교육은 지위가치로 개념화된다. 경제적 가치를 직접적으로 표방하지는 않지만, 그런 가치를 얻는데 유용한 수단으로서의 의미를 가진다. 그래서 개인들은 실질적 지식과 기술을 통해서라기보다는 오히려 '교육자격증'이라는 상징적 증서를 통해 직업적 지위를 결정하게 된다. 이렇기 때문에 직업 서열상의 위치를 높이기 위해 보다 많은 학교교육을 필요로 하게 되는 것이다.

제 2차 세계 대전 후 신생국가에서의 교육팽창은 전통적인 사회제도의 붕괴와도 관련이 있다. 신분사회의 귀속적인 특성에 근거한 여러 조건이 무시됨으로써, 이를 극복하고 대체할 수 있는 다른 실질적인 조건을 찾았고, 바로 학교교육에 대한 투자가 그 역할을 담당한다고 믿었다. 그래서 진학경쟁과 학력경쟁이 초래되어 교육팽창이 일어났다고 보았다.

그러나 여러 나라에서 많은 설득력을 얻고 있음에도 불구하고 강력한 중앙정부에 의해 교육 수요가 통제되고 조정되었던 우리나라와는 맞지 않는 측면도 많았다. 왜냐하면 교육공급이 국가에 의해 전적으로 통제되는 경우에 개인의 교육수요가 직접적으로 교육팽창을 일으킨다고 보기는 어려우며, 이 이론을 모든 교육단계와 시기의 교육팽창에 일률적으로 적용하는 것은 많은 무리가 뒤따르기 때문이다.

2) 집합수준의 이론

통합 이론은 라미레즈(F. O. Ramirez)와 루빈슨(R. Rubinson) 등이 대표자인데, 제 3세계에서는 교육을 통해 국가적 문화나 상징체계 등을 강조함으로써 사회통합을 도모하고, 정치적·경제적 자원배분을 정당화함으로써 정치적 통합을 위해 국가가 교육팽창을 주도한다고 보는 이론이다.

대부분의 국가는 교육제도를 사회화를 위한 제도로 간주하고 사회구성원들을 정치적·도덕적으로 사회화시키기 위해 교육팽창을 주도하였다. 이러한 측면을 보면 교육제도는 개인을 시민과 국민으로 만드는 현대적 의미의 성년식과 같은 기능을 수행하는 면이 있다. 그렇기 때문에 국가의 권위와 권력의 정도가 강력할수록 표준화된 대중교육은 국민들에게 확산되고, 교육에 대한 국가개입이 증대되어 교육팽창은 늘어나게 된다.

예를 들어, 표준화를 위해 국민들에게 국어를 필수로 가르치고, 준수해야 할 윤리·도덕과 시민질서를 창조하며, 수학이나 과학을 통해 공통적인 논리구조를 부여한다. 이를 두고 메이어(J. W. Meyer)는 오늘날의 교육이 사회적 동질성(homogeneity)과 다원적 무지(pluralistic ignorance)를 낳는 데 기여한다고 주장하였다. 이같이 국가적·민족적 문화의 내면화를 통해 시민을 만들어냄으로써 국민적 일체감을 형성하는 메커니즘이 바로 대중교육이기 때문에 국가는 교육팽창을 주도해 온 것이다.

계급재생산론(class reproduction theory)은 구조주의적 마르크스주의자들인 보울즈(S. Bowles)와 진티스(H. Gintis)가 대표적인데, 교육팽창을 계급 불평등, 정치적 지배, 자본축적을 위한 지배계급의 의도에 따라 나타나는 현상으로 보고 있다. 이들은 자본주의사회체제에서의 교육은 순치(馴致)된 노동력의 확보와 사회적 조건의 재생산 기능을 담당하며, 교육팽창도 이런 재생산과정의 부산물로 보았다. 또한 교육팽창은 다양한 계층의 사람들을 임금노동체계로 통합시키고 노동자들의 계층화를 조장하며, 교육을 통해 이런 계층화를 정당화하려는 자본가계급의 요구에 따라 나타난 현상이라고 보았다. 이 주장에 따르면 결국 교육 기회의 증대는 교육평등화가 아니라 교육계층화를 촉진하는 것뿐이다. 특히 미국에서의 자본가계급은 교육에서 소외된 중·하류층을 회유하기 위해 사회적 관계의 위계적 질서를 반영하는 차별적인 교육체제를 설립하게 되는데, 이런 과정을 통해 교육팽창이 발생했다고 보았다.

실례(實例)로 미국대학들의 팽창이 계층화의 속성을 띠면서 발달하였다고 하는데, 아이비리그(Ivy league: Harvard, Yale, Princeton, Columbia, Brown,

Pennsylvania, Dartmouth, Cornell) 소속의 상위권 대학과 규모가 큰 주립대가 먼저 발달했고, 다음으로 규모가 작고 등급이 낮은 주립대와 주립단과대가 그리고 2~3년제인 지역사회대학(community college)이 발달한 것으로 분석하였다. 대학 유형에 따라 학생들의 사회적 출신 구성비가 달랐기 때문에 교육제도가 사회의 불평등한 계급을 반영해 계층화되어 있음을 입증하였다.

그러나 이 이론은 지나치게 이분법적인 경제결정론에 치우쳐 다원적 계층의 사회에서 계급이익과 갈등을 제도적으로 변화시키는 정치적 과정을 간과하고 있다는 비판을 받고 있다.

세계체제론(world system theory)은 원래 예일대 석좌교수인 월러스타인(Immanuel Maurice Wallerstein, 1930~)이 발전시킨 이론인데, 서구중심 자본주의 국가들이 세계의 중심이 되고 나머지 나라들은 그 주변이 된다는 좌파적 이론이다.

교육적인 측면을 분석해 본다면, 앞의 여러 이론들이 교육팽창을 주로 개별국가의 내생적(內生的) 특성에 근거해 설명하고 있는데 반해, 이 이론은 교육팽창의 세계적 현상이 주로 서구 선진국 중심의 세계문화체제로의 통합과정이라는 것이다. 즉, 세계 각국의 정치, 경제, 문화 등이 서로 다른데도 불구하고 교육제도가 매우 비슷한 모습으로 되고 있음에 주목하고 있다. 예를 들어, 의무교육법의 제정이라든지, 교육담당 정부부서의 조직, 교육에 대한 공비(公費)지원, 교육과정의 표준화, 교사양성제도 등은 초국가적 현상이라는 것이다.

여기서 세계적 '교육문화이데올로기'라는 것이 등장하는데 적어도 서구식 근대국가가 되기 위해서는 교육적으로 당연히 갖추고 있어야 하는 것이 있다. 예를 들어, 앞에서 언급한 것처럼 의무교육법 제정, 교육담당 국가부처 설치, 공교육 실시, 문맹퇴치운동 등이 그것이다. 이런 이데올로기의 확산은 개별국가로 하여금 취학률 증가나 문맹퇴치를 위한 교육투자를 자극하였고, 의무교육법령을 구비하는 정책을 펼치게 함으로써 교육팽창을 가져왔다는 것이다.

3) 교육제도의 자율성 이론

이 이론은 교육팽창이 정치제도나 경제제도 등과 같은 교육 외적인 요인에 의해 영향을 받아 발생한 것이 아니라, 교육제도의 자율적인 내적 논리에 따라 일어난 '의도하지 않은 결과'로 해석한다. 여기서 내적 논리란 교육인구 규모를 말하는 것으로, 교육인구의 변화가 교육팽창을 일으킨 주요 원인이라고 세이드맨(R. H. Seidman, 1982)은 해석하였다.

학생 수가 늘어날수록 진학률은 높아지게 되고 진학률이 높아질수록 다른 사람의 진학을 자극하게 되고, 이렇게 되면 상급학교에 가려는 사람이 또 더 많아지게 되어 결국 진학률 상승속도가 점점 증가하게 된다는 것이다. 그래서 교육팽창을 '자기증식과정(self-generating process)'으로도 보고 있다. 이는 교육팽창의 원인을 밝히기보다는 교육팽창이 어떤 성장곡선을 그리면서 진행되는가 하는 점을 밝히는데 중점을 두고 있는 셈이다.

이와 유사한 견해로 교육제도의 '자기영속화(self-perpetuating)' 기능 때문에 교육팽창이 이루어진다는 주장도 있다. 학교가 계속 늘어나게 되자 많은 수의 교사와 교수 및 교육행정가들이 필요하게 되었으며, 이에 따라 교사 양성을 위한 사범대학과 교육대학이 증가하였고, 학문후속세대를 위한 대학원도 늘어났다. 학교에는 많은 수의 사람들이 일하고 있으며, 일부 학교제도는 교육제도 자체를 유지하기 위한 목적으로 생겨나기도 하였다.

대학을 나온 사람들이 모두 교육 관련 분야에서 일하는 것은 아니지만, 많은 사람들은 교육 관련 직종에서 종사하기 위해 다시 상급학교에 진학하게 되고 이런 일들이 반복된 결과, 상당한 규모의 교육팽창이 발생했다고 부동(R. Boudon)은 보았다.

4) 한국의 경우

우리나라의 경우는 사회적 필요성에 따라 출현하고 전개된 서구의 교육제도의 발전과는 다른 점이 많아서, 모든 이론들을 그대로 적용하는 데는 문제점이 많을 수밖에 없다. 기존의 이론들은 교육팽창을 수요 측면에서 분석하는 공통점들이 있는데, 이런 수요중심 이론들은 교육공급이 수요의 증감에 따라 저절로 일어난다는 점을 전제로 하고 있다.

수요중심의 연구는 개인의 의사결정에 따라 학교 등록률이 결정된다고 보는데, 개인의 의사결정이 전적으로 개인의 내생변인에 의하여 결정된다고 볼 수는 없고, 사회구조적인 요인들과의 관계를 반영하고 있기 때문에 구조적 측면에 대한 고려 없이 교육팽창을 논의하는 것은 많은 무리가 뒤따른다. 실상 많은 교육정책들은 교육 수요를 충족시키기 위해 마련된 것이라기보다는 도리어 교육 수요를 조절하고 통제하기 위해 국가에 의해 조직된 성격이 강하다.

이처럼 국가의 역할을 간과하거나 분석이 결여되면 그 결론은 한계를 갖기 마련이다. 교육변화를 주도하는 국가에 대한 분석은 교육정책의 기본적 의도, 목적, 가정들에 대한 이해를 가능하게 하고, 이에 따른 교육변화의 본질을 파악할 수 있게 하는 주요한 관건이 된다. 국가가 분석대상으로서 주요한 위치를 점한다는 사실은 교육이 정치적 활동에 의해 영향을 받고, 바로 그와 같은 정치적 과정을 통해 교육에 대한 국가의 개입이 구체화되기 때문에 국가의 역할이나 성격 등의 논의가 간과된 교육팽창 논의는 한계가 있을 수밖에 없다는 말이다.

또한 교육팽창은 세계 각국에서 발생하고 있는 일반적인 현상이기 때문에 한국을 예외적인 현상으로 놓고 분석하기보다는 한국적인 교육팽창의 독특한 속도와 계기를 초래한 특수성에 초점을 맞추는 것이 바람직하다.

4 교육제도의 분화·발전

1) 학교 간 분화

학제(학교제도, school system)의 분화는 정규학교와 비정규학교를 말하는 것으로, '교육기본법'에 의하면 유치원–초등학교–중학교–고등학교–대학교로 이어지는 6·3·3·4제가 그 근간이며, 이를 기간(基幹)학제라고도 한다. 이에 반해 유치원–공민학교–고등공민학교–고등기술학교–각종학교로 이어지는 비정규학교가 있는데, 이를 방계(傍系)학제라고 한다.

기간학제와 방계학제의 차이점은 기간학제에 속하는 학교를 마치면 학력이 자동적으로 인정되며, 이 학력(學力)을 증명하는 학력(學歷) 증명서인 졸업장을 수여받게 된다. 반면에, 방계학제에 속하는 학교를 마치게 되면 아무리 학력수준이 높아도 저절로 인정되는 것이 아니라 정부에서 실시하는 학력(學歷) 인정 검정고시에 응시하여 합격해야 한다. 그리고 이 둘 사이에는 수업의 연한과 교육내용, 교사 및 건물의 규정에 있어서도 차별적이며 교육대상에서도 차이가 있다.

이렇게 학제는 다양한 학교의 연결고리를 말하는 것으로 학교들이 어떤 방식으로 계통을 이루느냐에 따라 단선형(ladder system)과 복선형(dual system)으로 구분된다. 단선형(單線形) 혹은 계제형(階梯形)은 19세기 말경부터 20세기에 이르기까지 지배계층과 서민계층 사이에 존재하는 교육제도상의 차등을 없애고, 모든 학생들이 구분 없이 동일한 계통에 따라 학교교육을 받게 되는 미국을 중심으로 발달된 대중평등주의적이고 민주적인 학교제도이다. 복선형(複線形) 혹은 유럽형은 지배계급과 피지배계급을 위한 계통이 엄격하게 구분되어 있어서 신분에 따라 진학하는 학교가 서로 다른 엘리트주의적이며 계급적인 학교제도이다.

복선형은 상구형과 하구형의 이질적인 형태로 양자가 상호 관련이 별로 없는 형태로 발전되어 왔다. 즉, 하구형은 지배계층인 귀족계급을 위한 제도이며 상구형은 피지배계층인 일반대중을 위한 초등교육의 학교계통과 보다 잘 사는 계급을 위한 중등교육 및 고등교육의 학교계통을 가지는 형태로, 학교 간 연결고리가 없는 것이 특색이다. 제 2차 세계 대전 후 영국과 프랑스에서 교육제도를 민주형으로 고치고자 하는 운동이 발생했으나, 아직까지 큰 실효를 거두지는 못하고 있다. 우리나라는 광복 이후 미군정(美軍政)의 영향을 받아 단선형을 도입했으나 실업학교가 중등교육에서 중요한 위치를 차지하는 측면이 있어서 일부 복선형적인 성격도 있다.

고등교육의 분화는 대학, 산업대학, 기술대학, 전문대학, 기능대학, 교육대학,

방송통신대학, 각종 학교 등으로 발전되었는데, 이는 교육목적과 기능에 따라 분화된 것이기 때문에 교육대상, 교육특성, 수업연한, 교육내용, 졸업자격 및 학력 수준 등에서 차이가 있다.

한편, 2년제 고등교육기관은 정부수립 후 '교육법'에 규정된 초급대학을 시작으로 하여, 1960년대 초반의 실업고등전문학교(5년제), 1970년대의 전문학교, 1979년의 전문대학, 1998년 전문대학 또는 과학대학 및 기타 용어병행제도로 변화되었다. 전문대학이 전문직업인 양성이라는 명시적인 기능과 함께 4년제 대학에 실패하는 학생들을 대상으로 4년제 대학 진학 열망을 잠재우는 냉각(cooling out)기능을 담당한다는 것은 널리 알려져 있다. 그러나 이제는 전문대학에도 3년제 학과(또는 4년제 학과)가 생겨나고 1998년부터는 교명자율화에 따라 전문을 빼게 되었고, 2009년부터 대학교와 총장 호칭도 사용하게 되었으며, 입시과정에서 4년제 대학과 같은 기간에 전형하게 됨으로써 점점 그 경계가 미약해지게 되었다.

표 3-1 고등교육단계 교육기관의 주요 특징의 비교

구분	교육목적	교육대상	교육특성	연한	설립유형	학위
대학	인격도야, 학문연구	고졸 이상의 일반인	학문중심교육	4년	국·공·사립	학사
산업대학	산업인력 양성	고졸 이상의 계속 교육을 원하는 사람이나 산업체 근로자	재교육, 계속교육	제한 없음	국·공·사립	학사
기술대학	이론과 실무능력을 갖춘 기술인력 양성	고졸 이상의 산업체 근로자	재교육, 계속교육	2년	사립	전문학사, 학사
전문대학	전문직업인 양성	고졸 이상의 일반인 및 산업체 근로자	일반교육, 재교육, 계속교육	2~3년	국·공·사립	전문학사
기능대학(폴리텍)	고급기능인력 양성	고졸 이상의 일반인 및 산업체 근로자	재교육, 계속교육	2년	국·공·사립	전문학사(다기능 기술자 과정)

또 4년제에 비해 여성과 낮은 계층을 위한 고등교육기관이라는 성격도 있었다. 뿐만 아니라 대학입시에서 실패한 학생과 여성 및 낮은 계층 출신 학습자들에게 대체교육 기회를 제공하는 동시에, 4년제 고등교육기관으로의 편·입학 기회를 갖게 하는 가교적(架橋的) 기능도 있다. 영국의 폴리테크닉(polytechnic), 미국의 지역사회대학(community college), 일본의 단기대학(短期大學), 프랑스의 ITU(Institute of Technology) 등도 우리나라의 전문대학과 유사한데, 이는 모두 4년제 대학으로의 전이(轉移)기능, 보수(補修)교육기능, 냉각(冷却)기능, 직업준비기능 등을 복합적으로 담당하고 있다.

최근에는 4년제 대학도 교육의 질을 높이고 국가경쟁력을 강화하기 위하여 '교육중심대학', '교육과 연구병행대학', '연구중심대학(원)' 등으로 분화되고 있다. 그러나 이는 수평적인 기능과 역할의 분화가 아니라 수직적인 서열화를 초래할 가능성이 높다는 것이 문제이다. 우리나라는 학생들이나 학부모들이나 지금까지 성적 차이에 따른 대학선택으로 인해 대학의 위계적 서열화를 고착화시켜 왔기 때문이다. 즉, 자신의 적성이나 대학의 설립목적 및 교육여건보다는 소재지역이나 사회적인 평판도와 같은 외적 기준으로 대학을 선택하는 경향이 아직도 너무나 강하기 때문이다.

그래서 전국 4년제 200여 개(전문대는 140여 개)의 대학들이 속칭 일류대, 명문대, 서울 소재 대학, 규모가 큰 대학, 역사가 오래된 대학, 입학생의 성적수준이 높은 대학들은 (학문)연구중심대학으로, 서울 외곽지역에 있는 대학이나 지방대학, 규모가 작은 대학, 역사가 짧은 신생대학들은 (직업)교육중심대학으로 양분될 가능성이 높아지고 있다.

중등교육의 분화는 일반계 고교와 실업계(전문계, 특성화) 고교를 말하며, 대략 6:4 비율로 분포하고 수평적 기능의 분화가 되어야 하는데, 현실은 일반고에 가기 어려운 학생들이 진학하는 것처럼 인식되는 경향이 아직도 남아 있다. 따라서 신분적 차별기능이 작용하고 있으며 학력차이뿐 아니라 계층 차이도 존재하는 것으로 보인다. 즉, 일반계 고교는 높은 사회계층, 높은 중학교 성적, 학문교과, 전문직, 일반교육으로 인식되고, 실업계 고교는 낮은 사회계층, 낮은 중학교 성적, 실용교과, 기능직, 직업교육으로 인식되고 있는 것이다.

또한 최근 상위권 대학입시에서 내신성적 반영문제 때문에 고등학교 등급화 논란이 일고 있는데, 이는 다양한 형태의 차별을 파생시키는 고교의 서열화와 계층화가 공공연하게 진행되고 있다는 점이다. 등급화를 주장하는 사람들은 평준화가 실패했다고 주장하면서 고등학교 간 실력 차이의 존재와 학생 및 학부모들의 선택권 그리고 사학설립이념 추구를 내세우고 있다. 이명박정부는 반대를 무릅쓰고 이들의 주장과 상위층의 욕구를 수용하기 위해 국제중학교 설립이라든지 특목고 및 자립형사립고(전국단위모집) 설치를 계속 추진하였다. 또, '고교다양화 300프로젝트'의 일환으로 2009년 7월 14일에는 2010년 3월 개교한 자율고, 즉 자율형사립고(광역시·도별모집, 일반고 등록금의 3배)를 서울에 13곳, 부산에 2곳을 지정하였다(추가로 2011년 3월 개교는 서울 5곳). 이외에도 평등성, 다양성, 수월성 및 선택권 확대와 경쟁력을 길러야 한다는 명목으로 기숙형공립고, 마이스터(meister)고, 즉 산업수요 맞춤형(세분화된 전문계 특성화고) 특수목적 고등학교의 설립도 추진했다.

물론 이에 대한 긍정적인 효과로서 조기유학의 사회문제를 일정 부분 해결하고 사학의 독자적인 교육이념을 실현할 수 있으며, 학생의 선택권을 신장시키고 교육혁신이 가능하다고 보고 있다. 또 교육의 책무성을 제고하고 학생과 학부모의 참여를 유도하며 학업성취도를 향상시킬 수 있다고 한다. 부정적인 효과로는 계층 간 불평등이 더욱 심화될 것이며, 교육의 공공성이 점점 더 훼손되고 효율성이 저하될 것으로 보고 있다.

'초·중등교육법' 76조와 91조에 의해 특성화 중학교(1998년 부산국제중학교, 2006년 청심국제중학교, 2009년 대원국제중학교, 영훈국제중학교, 2018년 선인국제중학교)와 기존 실업계고의 대안적인 학교모형으로 특성화 고등학교(37개교 –자동차, 디자인, 원예, 관광, 골프, 영화, 미용, 조리, 피아노, 해양, 인터넷, 애니메이션, 컴퓨터, 테크노과학 등)를 설치하였다. 2012년 이후 모든 전문계고는 특성화고로 통합되었다. 특성화고는 미국의 마그넷학교(magnet school) 개념을 도입한 것으로 획일적인 교육과정 운영을 탈피해 학생들의 적성과 개성 및 소질을 반영한 학교를 운영할 수 있도록 하였다.

2) 학교 내 분화

학급의 분화는 우수반/열등반, 진학반/취업반, 문과반/이과반, 물리반/화학반 등으로 나누어지는 것을 말한다. 이는 학급이 무작위로 편성되기도 하지만 연령이나 성별, 지역이나 흥미, 성적이나 장래계획 등에 의하여 편성될 때 학교 내 자원분배와 관련되는 일이 일어나기 때문에 문제가 되는 것이다. 특히 성적에 따라 동질집단으로 구성하든지, 무작위로 이질집단으로 구성할 때의 갈등문제는 능력별 우열반 편성과 계열별 편성 등이다.

능력별 편성은 유사한 학습태도, 성취, 열망을 기초로 해 학생을 배치하는 학교 내 분화로 교육과정에 의해 학생들을 범주화하는 것이다. 이는 첫째, 속진(速進)반과 학문지향 학급, 둘째, 보통반과 일반교양지향 학급, 셋째, 지진아(遲進兒)반과 직업교육지향 학급 등으로 나누어진다. 대개 동일 학년 내에서나 학급 내에서(분단배치) 일어나며 과목에 따라 수준별 이동수업(심화반, 보통반)의 형태를 보이기도 한다.

그 역사는 1880년대에서 1920년대에 미국에서 이민자가 늘고 학생 수가 전보다 700여배로 증가함에 따라, 미국의 상류계층과 산업자본가들은 사회진화론적 가치관 때문에 원래부터 우월한 능력을 가지고 있다고 믿고 있는 자기자녀들을 특별히 구분해 교육시키고자, 의도성과 차별성을 가지고 학교 내 분화를 특히 1920년대와 1930년대에 적극적으로 도입하였다. 그러나 평등이념이 강조되기 시작해 일시적으로 폐지되었으나, 1957년 구소련의 인공위성 스푸트니크(sputnik)호 발사로 인해 1958년 '국가방위교육법(National Defense Education Act-약칭 NDEA)'을 제정하며, 야단법석을 떨더니 우수아 교육이 필요하다며 다시 고개를 들기 시작하였다.

성별에 의한 분화는 생물학적 이유를 내세워 남녀의 사회적 지위나 역할과 규범 등에서 차이가 있다고 믿기 때문에 분리해 교육하는 것이 오랜 전통이 되어 왔다. 유교적인 사고방식과 남녀공학(Co-Education)으로 인해서 추가로 소요되는 시설설치의 경비부담 그리고 지도 및 교육상의 어려움 등이 성별분화에 따른 남녀별학(男女別學)의 학교조직을 선호하게 만들었다는 것이다.

우리나라 초등교육과 고등교육은 대체로 공학(共學)인데 비하여, 중학교는 약 60%만이 공학이며 고등학교는 약 45%만 공학인 상태로써 남녀평등과 성역할 사회화의 문제 때문에 계속 공학이 늘어나고 있는 추세이다. 물론 공학을 한다고 해도 남녀교실을 분리하는 병학(竝學)을 하는 학교도 있어서 취지를 잘 살리지 못하는 학교들도 있다. 그리고 이미 우리나라는 실업계 신입생 모집에서 '남녀차별금지 및 구제에 관한 법률'에 입각해 2000년 4월 성별 구분을 폐지했으며, 유엔은 1981년 'UN여성차별철폐협약'을 제정해 남녀공학을 장려하기 시작하였다.

성 평등주의자들은 남녀공학을 옹호하고 있지만 남녀공학이 도리어 성 역할을 고착화시킨다는 반론도 1980년대부터 많이 나타나고 있다. 남녀공학의 혼성학급에서 남자아이들이 교사들로부터 더욱 많은 관심을 받았으며, 대체로 많은 학교 활동들을 지배했다는 것이다. 그리고 공학의 여학생들이 그냥 여학교에 다니는 여학생들보다 국어과목과 외국어과목을 더 많이 배우고, 수학과목과 과학과목은 더 적게 배웠으며, 가정과목과 가사를 더 많이 수강하는 등 성역할에서 고정적인 교육을 받고 있다는 것이다.

학교운영 전반에 걸친 교원조직과 학생조직도 남성중심을 벗어나고 있지 못하며, 책무성이 높은 지위에 여성들이 적게 분포하고, 학생회나 동아리활동에서도 대표는 남학생이, 부대표는 여학생이 맡는 등 남성중심의 지도력 구조를 갖고 있다는 것이다. 교육시설 또한 남학생 중심이어서 여학생들을 위한 탈의실이나 화장실 등의 편의시설이 많이 부족하다는 것이다.

특수교육의 분화는 장애아동교육의 문제인데, 일반아동과 분리·교육하여 왔으나 최근 통합교육 논쟁으로 인해 많이 변하고 있다. 통합교육은 사회통합 차원에

표 3-2 특수교육현황 (단위: 개교, 학급, 명)

	특수학교 수	일반학교 내 특수학급 수	특수교육대상학생 수	교원 수
2000	129	3,802	50,829	8,201
2007	144	5,753	65,940	12,249
2017	173	7,622	89,353	19,327

출처: 교육부(2017).

서 특수교육 대상자의 정상적인 사회발달을 돕기 위해 장애아동을 일반학급에 물리적 통합, 학문적 통합, 사회적으로 통합시키는 것을 의미한다.

통합교육 옹호론자들은 통합교육의 장점을 다음과 같이 내세우고 있다. 첫째는 학업성취도를 향상시킬 수 있으며, 둘째는 장애아동이 장애를 느끼는 것으로부터 해방될 수 있고, 셋째는 장애가 없는 아동이 장애를 느끼는 것으로부터 해방될 수 있다는 것이다. 넷째는 최소한의 차별적인 환경을 제공받을 수 있으며, 다섯째는 부적절한 행동이 감소하고 의사소통의 기술이 증가하며 독립성을 증진시킬 수 있고, 여섯째는 취업률을 증가시킬 수 있다는 것이다.

뿐만 아니라 통합교육은 장애아동에 대한 사회적 태도를 긍정적으로 변화시킬 수가 있고, 분리교육이 장애아동에게 미칠 수 있는 부정적인 영향을 막을 수가 있으며, 기존의 교육시설을 함께 이용할 수가 있으므로 부족한 시설 때문에 적절한 교육을 받지 못하고 있는 장애아동들이 많은 현실을 고려할 때 매우 바람직하다는 것이다.

5 새로운 패러다임

1) 학교교육 비판

최근 수요자 중심의 교육개혁과 후기 산업사회 및 정보화사회의 영향으로 말미암아 인터넷, 매스컴, NGO, 홈스쿨링 등과 같은 경쟁적인 학습공간이 많이 출현해 산업사회에서 맹위를 떨쳤던 학교위상이 전과 달리 크게 하락하고 있다. 이미 1960~70년대에 시작된 학교교육에 대한 비판은 굳맨(P. Goodman)의 『빗나간 의무교육』, 일리치(I. Illich)의 『탈학교 사회』, 라이머(E. Reimer)의 『학교는 죽었다』를 필두로, 실버만(C. E. Silberman)의 『학교교실의 위기』 등에서 정점을 이루었다.

우리나라는 위로부터의 수직적 근대화를 하였기에 선진국을 따라잡기 위한 방편으로 교육이 동원되었고, 학교교육은 경제성장, 효율성, 사회통제 등과 같은 도구적 가치관에 따라 관리·운영되었다. 이는 민주적 합의, 사회적 평등, 자율성, 공동체, 환경, 인간성 등과 같은 기본적인 가치들을 심각하게 훼손하고 말았다. 결국 경제성장과 교육수준을 높이는 데는 성공했으나, 과도한 교육열의 왜곡된 발산이 합쳐져서 건강한 교육적 인간상을 길러내는 일은 실패하고 만 것이다.

이러한 학교교육과 도구적 합리성의 밀착은 개인적으로 교육을 사적 이익을 추구하기 위한 소비대상으로 전락시켰으며, 국가적으로 교육을 정치·경제·사회 발전의 수단으로 전락시켜 교육 자체의 발전을 가로막고 말았다. 따라서 교육의 공공성이 중요함에도 불구하고, 학교는 불평등을 재생산하고, 학생들을 비인간화·몰개성화시키고 고학력 실업자를 양산하는 등 다양한 교육적 병리현상을 낳은 것이다. 그런데도 교육에 대한 과잉투자와 소비는 줄지 않고 있다.

이제 학교교육의 급진적인 성장은 취학이나 교육의 부족이 아닌 과도한 교육적 소비가 과잉교육사회를 만들어내고 있는 데 큰 문제가 있다. 프리만(R. B. Freeman)은 『과잉교육 받은 미국인』에서 경제적 이익의 증가를 기대할 수 없는데도 고등교육에 대한 투자를 늘리는 사회를 과잉교육사회라고 정의하였다.

이같이 1960년대에 시작된 학교교육에 대한 비판은 교육의 비인간화, 도구화, 과잉팽창 등으로 정리가 되며, 현대 학교교육의 심각한 문제로 포스트맨(N. Postman)은 『교육의 종말: 학교가치의 재정의』에서 경제적 가치의 중시, 소비지향적 교육, 과학·기술만능주의, 분파주의 등을 들고 있다. 이러한 논의들이 자극이 되어 이제는 학교교육의 건강성 회복과 교육의 질적인 발전 그리고 대안교육을 모색하는 방향으로 전개되고 있다.

2) 대안교육

대안학교(alternative school) 용어를 사용하기 시작한 것은 1995년 김영삼정부의 '5·31교육개혁안'부터이지만, 미국은 대안교육의 기원을 1960년대 각국에서 시작된 교육개혁운동에서 찾고 있다. 즉, 1970년대의 일리치의 탈학교운동이나 1980년대의 슈마허(Ernst Friedrich Schumacher, 1911~1977)의 작은 학교(small school)설립운동 등을 시초로 보고 있다. 특히 『작은 것이 아름답다: 인간중심의 경제를 위하여(small is beautiful: a study of economics as if people mattered, 2002)』의 저자 슈마허의 철학은 1982년 영국의 North Devon의 Hartland에 '작은 학교'를 세움으로써 실현되었고 이는 생태학교형 대안학교의 시초가 되었다.

그러나 이미 20세기 초에 개발중심의 근대적 가치관에 내포된 경쟁적이고 파괴적인 가치관에 반기를 들고 인간성 회복을 내세우며 시작되었다. 이러한 초창기의 대안교육은 오스트리아의 철학자·과학자·예술가인 루돌프 슈타이너(Rudolf Steiner, 1861~1925)가 제창한 일명 영학(靈學)이라 하며, 육체와 영혼과 정신의 조화를 추구하는 인지학(人智學, Antroposophy)과 영국의 알렉산더 닐(Alexander Sutherland Neil, 1883~1973)의 인본주의 심리학(人本主義心理學, Humanistic Psychology)의 영향을 많이 받았다. 이들은 인지중심의 교육과정을 비판하고 체험위주의 노작교육과 공동체중심의 인간화교육을 주장하였다.

이렇게 공교육체제 비판에서 시작한 대안학교는 1920년대를 전후로 하여 독일의 슈타이너가 1919년 발도르프학교(Waldorf Schule), 영국의 닐이 1921년 서머힐학교(summer hill school), 스위스에서는 발도르프학교의 전신(前身)인 스위스 바젤에 있는 1913년의 슈타이너학교(Wazel Steiner), 미국은 1960년대 자유학교(free school), 1960년대 말과 1970년대 초의 열린 교실(open classroom)과 미니학교(mini school) 등이 선보였다. 러시아는 톨스토이학교(뿌리는 톨스토이가 1829년 설립), 태국은 1979년 무반텍(어린이마을), 일본은 1985년 도쿄슈레(Shure: 그리스어로 정신을 자유롭게 쓰는 곳이라는 뜻)와 1997년 기노쿠니 어린이마을학교(서머힐 + 듀이교육론) 등이 탄생해 세계적으로 700여 개에 달하게 되었다. 우리나라는 2017년 말에 185개 정도가 되었으며 계속 여러 가지 형태로 증가하고 있다.

1998년부터 대안학교의 설립인가가 자유로워지면서 정규학교로 개교할 수 있게 되었다. 이 해에 산청의 간디학교, 영산의 성지고교, 광주의 한빛고교, 청주의 양업고교, 합천의 원경고교, 경주의 화랑고교 등이 설립되었으며, 다음 해에는 완주의 세인고교, 광주의 동명고교, 화성의 두레자연고교, 무주의 푸른꿈고교 등이,

2000년에는 국제복음고교가 문을 열었다.

많은 대안학교들은 추구하는 이념과 성격에 따라 다음 4가지 유형으로 나누어 볼 수 있다.

첫째, 자유학교 스타일로 통제, 억압, 교사중심을 비판하고, 아이들의 무한한 잠재가능성을 믿는 것이다. 우리나라의 자유학교 물꼬(영동), 영산성지고등학교, 영국의 서머힐, 독일의 자유대안학교, 일본의 기노쿠니 어린이마을 등이 여기에 속한다.

둘째, 생태학교 스타일로 생태교육, 노작교육, 지역사회와 학교의 결합을 중시하는 것이다. 우리나라의 간디청소년학교(제천, 산청, 금산, 군위), 푸른꿈고등학교(무주), 공동체학교(변산), 영국 하트랜드의 작은 학교 등이 여기에 속한다.

셋째, 재적응학교 스타일로 학교교육에 적응하지 못하는 학생들을 대상으로 하는 것이다. 우리나라의 성지고등학교(영광), 화랑고등학교(경주), 원경고등학교(합천), 양업고등학교(청주), 두레자연고등학교(화성), 일본의 생활학교 등이 여기에 속한다.

넷째, 고유이념을 추구하는 스타일로 신앙이나 사상 등을 중심으로 독특한 교육이념과 교육장식을 추구하는 것이다. 우리나라의 풀무농업고등기술학교(홍성), 독일의 발도르프 학교 등이 여기에 속한다.

또 다른 방식으로 구분하는 방법이 있는데, 전일제 형태로는 특성화고교와 비정규대안학교로, 프로그램 형태로는 계절학교와 방과 후 학교 및 주말학교 등이 있다.

제도교육과의 관련에 따라서는 첫째 제도교육 안 정규학교형이 있는데, 거창고, 영산성지고, 무주푸른꿈고, 광주한빛고, 경주화랑고 등이며, 둘째 제도교육 곁 병행형 대안학교로는 계절학교, 주말학교, 방과 후 학교, 창조학교(성남, 부산), 홍성풀무농업기술고등학교, 실상사 작은 학교, 탈북청소년을 위한 따로 또 같이 학교(약칭 따또학교)와 셋넷학교, 우리들학교, 삼흥학교, 여명학교 등이고, 셋째 제도교육 밖 탈학교형으로는 들꽃 피는 학교(안산), 숲속마을 작은 학교(산청), 공동체학교(변산), 민들레학교(대구), 홈스쿨링(재택교육) 등이 있다.

우리나라는 1980년대까지만 해도 공교육의 정상화가 교육개혁 논의의 중심이었다. 그러나 기성세대들과는 달리 신세대들 중에 획일적이고 억압적인 학교 분위기에 적응하지 못하는 학생들이 늘어나 1990년대 초·중반부터는 총체적 교육위기론이 나타났고, 이 과정에서 해결방안의 하나로 대안교육이 부상하였다. 이로 말미암아 1998년에는 특성화학교가, 2005년에는 <초·중등교육법안>에 대안학교 조항이 신설되기에 이르렀다.

이상과 같이 국내외 대안학교들의 기본적인 특징으로는 사상과 종교정신에 입각한 교육철학의 차별성, 전교생 100명 미만과 20명 내외의 교사진을 갖춘 작은 학교의 추구, 자연교육과 노작교육 및 체험 위주의 다양한 교육과정 강조, 다양한 교육자치회를 통한 투명하고 민주적인 학교운영, 구성원의 철저한 평등의식과 시민의식의 함양, 교사양성과 채용방법의 차이 및 수업료의 차별성 등으로 살펴볼 수 있다.

3) 평생학습

우리나라는 산업사회에서 정보화사회, 즉 지식기반사회로 이동하고 있다. 산업사회는 토지, 노동, 자본이 중요하지만 지식기반사회는 지식이 중요해지면서 사회변화에 대한 적응능력을 위한 평생학습이 점점 더 필요해지고 있다. 즉, 정보화기술, 첨단기술의 혁신, 노동력의 감소, 지식기반경제에 대한 적응은 새로운 교육을 요구하고 있는 것이다. 작금의 글로벌시대와 관련해 산업구조와 고용구조는 개편되고 있으며, 세계화는 더욱 가속화되고 있다. 그리고 급속도로 발전하고 있는 정보화기술에 대한 적응교육은 더욱 시급히 요구되고 있으며, 일의 형태와 내용 및 기회의 변화도 대안적인 교육을 시급히 필요로 하고 있다.

또한 삶의 질과 관련해 자아실현이 강조되고 있으며, 지식의 생산과 사용으로 인한 급속한 경제성장과 인구증가는 도시화, 산업화, 자동화, 대량화, 자본화를 가져왔고, 이는 심각한 환경문제를 만들어냈다. 그리고 사회가 발전함에 따라 문화에 대한 욕구증가와 새로운 사회생활 양식을 필요로 하고 있다. 이런 사회는 성인, 노인, 여성, 장애인 등의 지위도 향상되어 계속 일할 수 있는 기회가 많아지므로 이전보다 교육 기회가 더 풍부해져야 한다. 이같이 지식기반사회는 기존의 공교육이나 형식교육체제로부터 새로운 교육체제인 비형식교육(informal education)이나 학교 밖 교육(out of schooling) 그리고 평생학습(lifelong learning)이 강조되는 등 평생교육이 중요해지는 사회이다.

평생학습은 형식적인 학교교육을 넘어서 스스로 교육을 계속 전개할 수 있도록 기술과 역량을 갖추게 하는 것이 기본 목적이다. 그러므로 평생학습은 다양한 환경에 적응하기 위해 평생에 걸쳐 이루어지는 것이므로 인간의 삶 자체와 변화되는 가치관 모두에게 큰 영향을 미친다. 원래 평생학습의 개념은 미국의 린드맨(Eduard C. Lindeman)이 1926년 『성인교육의 의미』를 출간하면서 처음 제기되었다. 그는 자의식이 강한 성인교육은 반드시 평생에 걸쳐 이루어져야 하고, 삶의 전부가 학습이며 교육은 끝이 없다고 하였다.

평생학습의 개념이 체계화된 것은 1965년 파리 유네스코(UNESCO)회의에서 교육분야의 성인교육분과 책임자인 랭그랑(Paul Lengrand)의 『평생학습의 소개(An Introduction to Lifelong Learning)』에 의해서였다. 그리고 1970년에 유네스코 교육개발 국제위원회 단장인 포오르(Edgar Faure)가 『생존학습(Learning to be)』이라는 보고서를 제출함으로써 평생학습의 필요성과 학습권이 본격적으로 제기되었다. 따라서 아동교육(pedagogy)시대에서 성인교육(andragogy)시대로 접어든 것이다.

이제 학교와 교육을 동일시하는 교육관에서 벗어나, 교육은 국가가 지배해야 한다는 국가주의 교육관에서도 벗어나야 한다. 교육제도의 본질적 기능은 학습을 강요하거나 제한하는 것이 아니라 누구나 자신의 필요와 능력에 따라 학습하는 것을 조장하고 지원하는 데 있는 것이라는 새로운 신념이 필요하다. 민주적인 열린교육, 즉 교육민주화시대가 도래된 것이다. 하지만 평생학습도 낙관적인 미래와는 달리 타율적, 수동적, 암기식 교육을 하는 삶의 학교화와 평생학생화를 초래할 위험성이 있으며, 교육 불평등이 심화될 가능성을 배제할 수 없다. 더욱이 학습 기업들에 의해 교육이 상품화될 가능성이 높아지고 있어서, 평생교육은 이제 전 세계적인 학습산업이 되고 있는 것이다. 따라서 평생학습사회는 배려의 사회가 되는 동시에 억압의 사회도 되며, 평화로운 사회가 되는 동시에 폭력사회도 될 수 있다고 본다.

4) 재택교육

재택교육은 일반적인 가정교육과는 달리 탈학교운동의 또 다른 움직임으로 나타난 '가정에서의 학교교육', 즉 홈스쿨링(home schooling)을 말한다. 이것은 원래 미국의 유타 주 카마스에 사는 모르몬(Mormonism-말일성도예수그리스도교) 교도였던 농부 존 싱어(John Singer)가 1979년 1월 18일 자신의 농장에서 취학연령이 지났어도 자신의 다섯 자녀들을 학교에 보내지 않았다는 이유로, '의무취학법' 위반이 되어 수차례의 벌금형과 행정명령을 받았는데, 이것도 이행하지 않자 자신을 체포하러 온 경찰관 4명과 대치 끝에 사살된 사건이 발단되었다. 그가 자녀들을 학교에 보내지 않았던 이유는 학교폭력, 섹스, 마약, 로큰롤(rock and roll), 욕설, 따돌림, 교내총기사건 등과 같은 공립학교의 열악한 환경과 불안·공포가 자신의 종교적 신념과 배치되었기 때문이었다.

이미 이와 유사한 사례들이 발생하고 있었기 때문에 매사추세츠 주 법원에서는 1978년 퍼첸라이즈 대 프리즐(Perchemlides vs. Frizzle) 소송에서 부모의 교육선택권을 인정했으며, '재택교육 프로그램이 반드시 학교교육과정과 동등할 필요는 없다'고 판결하였다. 그리고 1993년에는 미시간 주 대법원에서 '종교적인 신념(주로 그리스도 재림론자들과 모르몬교도들) 때문에 재택교육을 하는 학생은 주(州)가 자격을 인정한 교사에게 배워야 한다는 요구에서 면제된다'는 판결을 내렸다.

이와 같은 판결 등으로 종교적인 이유가 아니어도 교육적인 목적이나 총기사고 등의 위험에서 자녀를 보호하려는 부모들이 많아져, 미국에서는 그 수가 매년 10%씩 증가해 200여만 명으로 추산되는 초·중등 학령(學齡)의 아이들이 재택학교교육을 받고 있는 것으로 파악되고 있으며, 새로운 교육 형태로 자리 잡아가고 있다. 더구나 이런 교육을 받은 아이들이 '전국스펠링경연대회'에서 기존 학교의 학생들을 물리치고 1등에서 3등까지를 석권해 세상을 놀라게 한 바도 있다.

우리나라는 1999년 1월에 '가정학교'를 소개하며 격월간 잡지 '민들레'를 창간하였고, 3월에 150여 명이 모여 현병호를 대표로 하는 '가정학교모임'을 결성하였다. 이 후 2008년 말로 약 1,000여 가정이 참여하고 있는 것으로 추산되고 있으며, 2017년 현재 홈스쿨링사이트도 10여 개에 달하고 있다. 그들이 홈스쿨링을 선택한 동기는 학교교육의 획일성과 형식성, 학생을 존중·배려하지 않는 학교, 교사의 비교육적 행위, 학교교육의 경쟁지향성, 건강하지 못한 교우관계 등을 들고 있다. 그래서 이들은 교육의 중요한 한 축인 가정의 교육기능 회복을 우선적인 목표로 삼고 있어서, 다음 세 가지 방향을 설정하고 있는 것이 그 특징이다. 첫째는 가정과 학교의 본질적 의미와 기능을 동시에 실현한다는 것이며, 둘째는 마을학교로 발전시킨다는 것이고, 셋째는 사회운동으로 확산시킨다는 것이다.

홈스쿨링은 법적·제도적 한계뿐만 아니라 다양한 문제점을 내재하고 있다. 아이들에게 종합적인 교육경험을 제공할 수 없으며, 자기 자식만을 위한 교육이 된다는 것이다. 또 모든 교육경비를 가정이 부담해야 하며, 교육적인 활동도 부모가 다양한 방식으로 개입해야 하기 때문에 제반조건을 갖추지 못한 가정에서는 이루어지기 어렵다는 것이 문제이다.

5) 사이버교육

정보통신기술의 발달로 새로운 학습공간으로 등장한 것이 컴퓨터와 인터넷인데, 이는 학교교육을 대체하고 보완할 새 패러다임이기도 하다. 인터넷은 기존교육을 오프라인이라고 할 때 대비되는 개념으로 온라인이라 하며, 인트라넷(intranet), 익스트라넷(extranet), 사이버(cyber)라고도 한다.

사이버는 평생학습사회를 실현시킬 수 있는 도구이며 교육 기회를 폭발적으로 확대시키기 때문에 교육혁명의 견인차로도 이해된다. 사이버는 사이버 스페이스(space)의 줄임말로 1948년에 출생한 미국–캐나다인 윌리엄 깁슨(William Ford Gibson)의 소설 『뉴로맨서(Neuromancer), 1982』에서 처음 사용되었으며, 사이버네틱스(cybernetics)와 스페이스의 합성어이다. 그는 이 책에서 처음으로 인터넷과 월드 와이드 웹(World Wide Web)의 개념을 확립하였다.

사이버네틱스, 즉 두뇌공학은 유기체란 엔트로피(entropy)에 저항할 수 있는 정보적 질서를 가지고 있다는 전제에서 출발한다. 아메바도, 인간도, 기계도 우주의 무질서에 저항하는 '반엔트로피의 섬'이라는 점에서 동일하다. 사이버페이스는 두뇌와 컴퓨터-통신이라는 정보처리장치 간의 연결 결과 출현한 새로운 세계라는 개념으로 출발했다. 인터넷의 대중화에 따라 사이버스페이스는 두뇌에 연결하는 장치가 아니라 컴퓨터 간의 네트워크에 의해 열린 공간을 지칭하는 개념으로 변화하였다. 논자에 따라 사이버네틱스의 줄임말로 사이버를 사용하기도 하지만, 일반적으로는 사이버스페이스의 줄임말로 사이버를 사용하고 있다.

사이버보다 상위의 개념인 이러닝(e-learning)은 교육용 CD-ROM, Computer-based 교육, Web-based 교육, 가상교육(virtual education), 협업을 강조하는 디지털 콜라보레이션(digital collaboration) 등을 포함한다. 이러닝보다도 더 상위개념은 원격교육(distance education)인데 1982년 제12차 세계방송통신교육협의회에서 공식 채택되어 사용되기 시작한 용어로서, 흔히 방송통신교육과 같은 의미로 쓰이고 있지만 양자는 동의어가 아니다.

원격교육은 방송과 통신을 교육수단으로 삼는 단순 의미를 넘어서는 전통적 교육방식 및 체제에의 대안으로서, 학습주체 및 대상에 대한 새로운 인식과 새로운 학습매체, 새로운 형태의 의사소통방식을 전제하는 확산적 개념으로 사용되기도 한다. 대안적 교육체제로서의 원격교육 방식은 특히 사회적·경제적·지리적·신체적인 결손집단들을 위한 교육 기회 제공방식으로 매우 적합한 모형이라는 긍정적인 가치평가를 받게 되었다. 학습상황, 여건, 능력이 기존의 정규 전일제 학생과는 달리 매우 다양하고 상당히 제약을 받고 있는 성인학생들에게 학습기회를 많이 넓혀주고 있다.

결국 사이버교육체제는 사이버대학, 가상대학, 인터넷대학, 가상연수원 등을 중심으로 하는 교육 분야에 있어서, 새로운 패러다임의 변화에 적극적으로 대응하기 위해 등장한 새로운 교육체제인데, 1998년 2월에 계획이 발표되고 3월부터 시작되었던 교육부의 가상대학 시범운영 프로그램을 통해 사이버교육방법을 활용한 고등교육의 가능성에 대한 다양한 실험을 해 온 바 있다. 이런 결과는 2000년 3월부터 시행된 '평생교육법'과 더불어 원격대학의 형태로 실현되고 있다. 이런 변화는 평생학습사회의 구현을 가시화하고 새로운 교육체제로서 정체성을 확보하는 계기가 되었다. 2018년 현재 원격대학의 수는 23개에 달하고 있다.

원격교육기술을 활용한 사이버 교육환경은 지역 및 국가 간의 경계를 허물 것이며, 인터넷을 통한 교육서비스는 전 세계가 대상이 될 것이고, 학습자 역시 타국의 교육을 받을 수 있게 되므로 사이버 교육체제를 통해서 교육의 세계화는 가속화될 것이다. 이를 대비해 사이버 교육환경을 구성하는 기술의 국제적 표준화도 마련될 것이다.

이러한 인터넷교육은 인터넷을 통해 제공되는 정보와 지식의 신뢰성 문제가 대두되며, 정보격차와 기술격차로 인한 불평등이 심화될 가능성도 높고, 상업주의의 영향으로 이윤추구가 목적인 상업적인 전략으로부터 자유로울 수가 없다. 따라서 교육을 표준화하고 상품화하며 교사를 주변화시키고, 인간의 일인 교육을 기계의 일로 만들며, 공동체 덕성을 함양하는 일인 교육을 파편화된 개인적 관심사로 변질시킬 수가 있다. 뿐만 아니라 정보화는 세계화와 매우 친화적인 관계를 가지고 있기 때문에, 선진기술을 갖춘 국가들의 세계적 팽창에 의한 교육식민주의가 더욱 강화될 염려가 있다.

6) 시민사회교육

우리나라의 NGO(non-governmental organization)는 1980년대 민주화운동으로 인한 시민사회의 성장과 함께 급속히 증가되었다. 전국적으로 4천여 개가 있으나 순수 시민단체는 그 절반 정도이며, 교육 분야에서도 교육민주화의 진행과 같이 80여 개 단체가 발전·성장하여 그 역할이 크게 증대되었다. 그런데 시민사회의 개념은 역사적으로 국가와 시민사회의 분화가 이루어진 근대 이후의 정치·경제체제를 대상으로 하며, 자유주의적 관점에서는 대중민주주의 이론가인 프랑스 토크빌(Alexis De Tocqeville, 1805~1859)의 재발견을 통한 자유주의 이론의 강화를 목적으로 그리고 마르크스주의자들의 관점으로는 그람시(A. Gramsci)와 하버마스(Jurgen Habermas)의 논의를 통해 마르크스주의의 취약점인 경제환원론(economic reduction theory)과 급진적 공화주의파인 자코뱅(Jacobin)주의(프랑스 대혁명 후 로베스피에르 등이 이끌던 과격한 공화주의 당파인 자코뱅당이 행한 탄압정치)를 피할 목적으로 논의되고 있다.

자유주의적 관점은 시민사회를 개인의 자유와 권리를 보장하기 위해 국가권력을 최소화할 것을 이념으로 하는 국가에 대립되는 것으로 파악하였다. 그러나 마르크스주의자들에게 시민사회란 18세기 유럽의 자본주의가 발전하면서 나타난 부르주아 사회로서, 현상적으로는 자본주의의 억압적이고 착취적이며 불평등한 경제적 관계를 은폐하고 있는 토대로서의 경제사회로 파악하였다.

그래서 시민사회의 마르크스주의적 관점에 의한 개념은 이탈리아 공산당을 창설한 안토니오 그람시(Antonio Gramsci, 1891~1937)의 『옥중수고(Prison Notebook)』로부터 기원하는데, 그에 의하면 국가는 공적 영역의 대표이며 시민사회는 사적 영역의 대표로서 시민사회에서 형성된 질서가 국가를 매개로 하여 공식화된다고 보았다. 즉, 시민사회가 국가를 지배한다고 본 것이다.

시민사회는 다양한 사회집단, 계급이 자신의 이익을 표출하고 조직화하는 영역이다. 따라서 시민사회는 다양한 사적 이익을 추구하는 집단의 네트워크로 구성되어 있다. 국가는 바로 이런 시민사회의 영역에까지 침투, 사회 각계각층의 동의를 창출하면서 헤게모니적 지배를 구축한다. 이런 의미에서 국가는 통합국가이다. 통합국가는 시민사회까지 포괄하면서 정치사회에 의한 강제와 시민사회에 의한 동의(헤게모니)를 구축해 나가는 것이다.

대체로 오랜 세월 동안 학교 밖에서 시민들에 의해 이루어지는 교육활동이란 정부 주도로 조직된 시민단체에 의해 실시된 동원형, 계몽형 그리고 대학생 중심의 의식화형이 있었던 게 고작이었다. 동원형이나 계몽형은 국가의 통치이념을 전달하는 정치사회화의 성격이 강하였던 것들이었으며, 의식화형은 억압적 현실에 대한 투쟁과 해방교육의 성격이 강한 것들이었다.

1990년대 중반 이후부터는 자발적 시민사회가 등장하게 되고, 삶의 전 영역에 걸쳐서 다양한 조직들이 출현하게 되었다. 본격적으로 '삶의 교육'을 담당하기 시작한 것이다. 근래에는 시민단체의 교육활동이 '평생교육법' 테두리에 포섭되어 학교교육과 같은 교육활동으로 인정받기도 한다.

전문적으로 교육문제를 다루는 시민단체들로는 참교육을 위한 전국학부모회, 인간교육실현 학부모연대, 교육개혁과 교육 자치를 위한 시민회의, 참교육 시민모임, 정의교육 시민연합, 교육개혁 시민운동연대, 열린 문화운동 시민연합, 입시폐지 대학평준화 국민운동본부, 21세기 청소년공동체희망, 21세기 미래교육연합,

차세대 바로세우기 학부모연합, 공교육 살리기 학부모연합, 교육과 시민사회, 아름다운 학교운동본부, 학교자치연대, 학벌 없는 사회 만들기, 한국교육연구소, 교육기획력 실천모임, 지역문화연구 사람 대 사람, 놀이미디어센터 등 80여 개가 있다. 이들은 학교교육의 빈한함과 폐쇄성을 극복하고 다양한 삶의 문제에 대한 시민들의 인식과 해결능력을 증대시키며, 궁극적으로 참여시민사회를 가능하게 하고자 한다.

그래도 여전히 많은 단체들이 계몽적 형태로 이루어지고 있으며 '시민에 의한 교육보다 시민을 위한 교육'이 강조되고 있다. 이는 전문가들이 많이 주도하는 탓이며, 자발적이고 적극적인 참여가 저조하고 소극적 수준에 그치고 있는 것이 문제이다. 그러나 시민사회가 발전할 것이므로 그 역량은 더욱 확대될 것이다. 앞으로는 시민교육 프로그램 다양화, 새로운 교육방법개발, 자발적·능동적 학습 촉진 방안모색, 지역사회와 시민사회의 연대강화 등이 강구되어야 할 것이다.

시민사회의 성장은 곧 경제와 국가의 사회적 상호작용의 영역으로서 시민사회의 자율성과 능력이 증대되는 것을 의미한다. 한국 시민사회의 발전을 위해서는 전통적인 권위주의적 정치문화와 다원화된 이익 간의 자유로운 게임을 중시하는 시민문화 간의 혼란과 갈등 그리고 급속한 경제성장과 사회변화 과정에서 나타난 사회·경제적 불평등과 불균형의 심화, 소외계층의 증대, 환경문제 등과 같은 사회문제, 연고(緣故－혈연·지연·학연·직연)주의, 집단이기주의로 인한 집단 간의 긴장과 갈등 등을 합리적으로 조정하고 해결해야만 한다. 이러한 문제들을 합리적으로 해결하며, 공동체의식을 지니고 시민사회의 발전에 비판적이고 책임 있게 참여할 수 있는 능동적인 민주시민을 기르는 것이 시민교육의 과제이기도 하다.

7) 미래교육

① 세계화와 국제이해교육

세계화 또는 전 지구화(globalization)는 그동안 달랐던 사회가 전 세계적으로 서로 밀접한 관계를 갖게 되는 과정을 이른다. 이 과정은 경제적, 과학기술적, 사회문화적, 국제·정치권력과도 맞물려 있다. 역사적으로 보면 국제적으로 문명과 사회는 교류하고 충돌하면서 이익과 손해를 보기도 하였다. 오늘날의 세계화는 강대국 중심의 재편이라는 비판도 있다. 사실 세계화는 강대국 중심의 세계질서의 재편이다. 이미 정치적, 경제적 권력을 지닌 선진·강대국들이 구조적으로 취약한 제 3세계를 비롯한 타 국가들과 장벽을 허물고 시장을 확대한다. 이는 결국 제 3세계의 구조적 취약성을 더욱 강화시키는 측면이 있다.

또한 세계경제와 전 세계를 연결하는 통신혁명이 일상의 삶을 끊임없이 변화시키고 재구성하고 있다. 오늘날 우리는 단순히 한 나라라는 세계 속에서 사는 것이 아니라 모든 세계인들이 서로 영향을 주고받는 세계체제 속에 살고 있다. 그리고 인류는 점점 더 한 국가에 의해서는 해결될 수 없는 문제들로 위협받고 있다. 예를 들어, 인류가 갖고 있는 많고도 시급한 환경문제와 사회문제, 즉 환경오염, 온난화, 세계적 기아, 국제적 테러, 핵위협 등 국제적으로 해결책을 모색해야 하는 문제들을 껴안고 살아가고 있다.

따라서 국가 간의 상호의존성이 증대됨을 보여 주는 구체적인 예들을 접하면서, 교육자나 정책입안자들은 다 같이 학교가 학생들에게 책임감 있는 세계시민으로서의 역할과 세계사회에 효과적으로 참여할 수 있도록 교육을 제공해야 한다는 점을 강조해 왔다. 즉, 교육이 세계화되어야 함을 역설한 것이다. 세계화시대의 교육적 과제는 한 마디로 국제성 함양이다. 다시 말하면 세계와 외국에 대한 지식을 깊게 하는 일, 국제적 감각과 국제적으로 열려진 마음을 함양하는 일, 타문화를 이해하고 존중하는 것과 자기 문화를 올바로 인식하는 일, 국제적 책임성과 외국에 대해서 적극적으로 공헌하는 태도를 육성하는 일, 국제적인 의사전달 기능을 습득하는 일 등이라고 할 수 있다.

이를 위하여 지구촌의 상황과 시대에 따라 변화하는 세계화 시대에 걸맞은 국제이해교육이 필요하다. 오늘날의 국제이해교육은 제 2차 세계 대전 후에 설립된 유엔 및 그 전문기관인 유네스코에 의해 창도된 것이다. 1948년 유엔총회에서 채택된 '세계인권선언' 제26조 2항에서 "교육은 인격의 완전한 발전과 인권 및 기본적 자유의 존중을 강화하는 것을 목적으로 해야 한다. 교육은 모든 나라 또는 인종적·종교적 집단 간의 상호이해, 관용 및 우호관계를 증진함과 동시에 유엔의 활동을 촉진하는 것이어야 한다"고 주장함으로써 유엔의 국제이해교육의 원칙을 천명하였다.

이후 유엔 산하단체들이 많은 노력을 기울여 선진국과 후진국의 격차문제, 즉 남북문제의 해결에 이르기까지 노력하고 있다. 이러한 추세를 바탕으로 한국의 국제이해교육은 인성교육, 평화교육, 인권교육, 민주시민교육, 통일교육, 환경교육, 한국문화 정체성교육, 정보윤리교육 등 창의적 재량활동의 범교과 학습을 두루 망라하고 있다. 또한 국어, 사회, 도덕, 과학, 외국어 교과 등과도 밀접한 관련을 맺고 있다.

이와 같이 국제이해교육의 범위가 매우 포괄적이며 간학문적(間學問的) 기반에서 다양한 목표와 방법으로 실시되고 있기에, 국제이해교육 자료개발은 유네스코에서 강조하고 있는 4가지 주제(① 평화–세계문제이해, UN 등 국제기구이해, ② 인권–인권·민주주의·관용 등의 보편적 가치이해, ③ 문화–타문화이해 및 한국문화의 세계화, ④ 환경–지속가능한 발전)를 중심으로 시대적 상황과 변화를 반영하여 다양하게 개발해야 한다. 더 나아가 각 교과활동, 클럽활동, 동아리활동 시간에도 국제이해교육을 실시할 수 있도록 다양한 교수–학습모형을 토대로 여러 가지 매체를 활용해 창의적인 자료 및 프로그램을 개발해야 한다.

국제이해교육은 다민족 국가를 중심으로 전개되어 오다가 변화하는 세계의 현실과 더불어 학교 및 지역사회에서 이러한 상황에 부응하는 '교육운동'으로서 전 세계적으로 발전되었다. 국제이해와 관련된 개념으로써 다문화교육, 반편견교육, 다민족교육, 평화교육, 국제이해교육 등은 서로 관련되어 있으면서 강조점이 다르거나 시대적 상황에 따라 다르게 정의되었던 개념으로 정리해보자 한다.

국제이해교육은 자기민족중심주의를 극복하고 보다 넓은 시야에서 세계를 포옹할 수 있도록 교육하는 것을 의미한다. 현대사회의 문화적 다양성은 재차 언급할 필요가 없을 정도로 체감되고 있는 상황이다. 원래 '다문화'라는 개념은 다인종, 다민족으로 구성된 사회와 국가에서 나온 개념으로, 문화의 중심을 차지하고 있는 백인문화에 대항하는 개념으로 쓰였던 것이다.

그러나 오늘날 이 개념은 캐나다에서 1960년대 후반부터 대중화되어 지배와 피지배, 중심과 주변이라는 위계관계를 적용할 수 있는 모든 문화에 쓰이고 있다. '다문화주의'는 다양한 성격의 집단이 존재한다는 현실을 있는 그대로 기술하는 용어이기도 하면서, 그러한 다양성이 존중되어야 한다는 이상의 표현이기도 하고, 다양성의 존중에 있어서 차이로 인한 갈등을 적절하게 조정하고 화해하며, 공존을 모색하는 방법 차원에서 쓰이는 용어이기도 하다. 다문화주의는 이처럼 한 마디로 정의하기가 쉽지 않은 개념이지만 다양성의 사회가 직면한 현실을 설명하는데 이를 대체할 용어를 찾아보기 힘들다.

타미르(Tamir)의 경우 다문화주의를 크게 두 유형으로 나누어 개념화하고 있다. 첫째는 자유주의 내의 문화적 차이로 인해 생겨난 이해의 갈등에 초점을 두는 단순한(thin) 다문화주의이다. 둘째, 자유주의와 비자유주의라는 전혀 상이한 문화 간의 대립에 초점을 두는 복잡한(thick) 다문화주의이다. 자유민주주의라는 모델로 국한지을 때, 빈번하게 직면하는 문제는 단순한 다문화주의의 문제이다.

상이한 문화적 이해에 근거한 다문화주의의 문제에 대해 타미르는 그 해결책으로 '이해집단의 정치학'을 제안하였다. '이해집단의 정치학'은 상이한 문화집단에 대한 중립을 유지하면서 각 다양성들이 조화를 이루어야 한다는 이상을 가지고 있지만, 사실상 그리 쉽지 않은 일이다. 그는 실제적으로 가능한 방안은 오히려 갈등해결의 다양한 방법들을 고려해보고, 사회의 근간이 되는 자유민주주의 모델의 이점을 인정하면서 이를 발전시키고 유지하는데 필요한 교육적인 도구를 만들어내는 것이라고 말하고 있다.

② 민주교육과 인권교육

역사적으로 민주주의는 매우 다양하게 사용되어 그 의미를 명백하게 규정하기 어렵다. 일상적으로 사용하는 민주주의는 자유민주주의를 의미하고 있다. 자유민주주의는 (부르주아적)자유주의와 민주주의의 이념이 통합된 것으로 볼 수 있다. 자유주의는 자유를 통한 개인의 내재적 잠재능력의 개발을 기본적 가치로 삼음으로써 개인의 자율성과 합리성에 대한 신뢰에서 출발한다. 민주주의는 정치적 의미에서 볼 때 선거제도, 의회제도, 합리적 이성과 이유에 근거한 정치적 권위의 획득 등을 포함하는 정치제도와 정치이념의 실현으로 상징된다. 자유민주주의는 개인의 정당한 자유와 자율적 능력을 존중하고, 이를 보장하고 실현하기 위한 사회제도의 구성과 운용을 요구한다.

모든 교육적 가치는 민주주의 정신에 어긋나서는 아니 되며, 학교의 교육활동도 민주주의의 가치를 실현하기 위한 노력으로 볼 수 있다. 민주주의는 민주주의에 적합한 인간형성에 의해 발전할 수 있으며, 민주적 인간의 발달을 조성하는 사회, 경제, 문화적 조건의 성숙을 필요로 한다. 그러므로 민주주의는 이러한 인간적·사회적 조건의 형성에 직결되는 학교교육의 과업에 의해 더욱 유효하게 기능할 수 있다.

존 듀이(J. Dewey)도 교육과 민주주의는 사실상 구별할 수 없다고 보며, 학교를 민주적 지역사회와 동일시하였다. 그리고 교육과 민주주의는 개인의 능력을 확대하고 증가시키기 위해 사회생활에서 당연히 준수해야 할 준거조건을 제시한다는 점에서 규범적 개념이며, 교육과 민주주의는 밀접한 개념적 관련을 갖게 되는 것이다.

민주사회가 지향해야 할 이상적 상태에는 정의사회와 복지사회가 있다. '진리가 사상체계의 최고 덕목인 것처럼 정의는 사회제도의 최고 덕목'이라는 『정의론(A Theory of Justice, 1971)』의 저자 롤즈(John Rawls)의 말은 인간이 사회를 형성한 이후 사회활동과 사회제도의 정당성을 판단하는 제 1차적인 기준으로서 정의가 작용함을 나타내고 있다. 민주적인 방식으로 운영되는 사회의 특징은 사회구성원이 공유하는 공동의 관심사가 많고, 상호관심사의 인정을 사회통제의 방법으로 더 중요시하는 것을 의미한다. 또한 여러 집단 사이의 자유로운 상호작용을 통해 새로운 사태에 맞추기 위해 끊임없이 적응한다는 것이다.

민주적인 사회에서는 여러 관심들이 서로 긴밀하게 관련되어 있고, 진보 또는 재적응이 중요한 고려대상이다. 따라서 민주적인 사회는 의도적이고 체계적인 교육에 관심을 가지게 된다. 그러나 민주주의는 단순히 정치적 복종을 위한 자발적인 성향과 관심이 아니라 공동생활의 형식과 경험을 전달하고 공유하는 방식이다. 이것은 동일한 관심사에 참여하는 개인들의 수가 점차 확대되며, 다른 사람들의 행동을 고려하여 자신의 행동·목적·방향을 결정하는 것이다. 즉, 계급, 인종, 국적 등 자신의 행동목적이나 의미를 파악하지 못하도록 막는 장애물이 철폐되는 것으로 개인 행동의 다양화를 촉진하는 것을 말한다.

공동관심의 범위가 확장되고, 개인이 가지고 있는 다양한 능력들이 충분히 발휘되는 것은 의도적으로 노력해서 생기는 것이 아니라, 생산양식의 발달, 과학의 힘, 상업, 교통, 이주, 통신의 발달로 초래된 것이다. 그러나 민주적인 사회를 유지하기 위해서는 의도적이고 의식적인 노력이 필요하다. 이것은 구성원의 지적인 기회를 균등하게 할 수 있도록 배려해 주는 것, 구성원들 모두가 독창성과 적응 능력을 가질 수 있도록 교육하는 것이다.

세계인권선언에서는 인권을 '인간답게 살아가기 위해 마땅히 누려야 할 권리, 즉 인간이면 누구나 가지는 천부적인 권리'라고 정의하고 있다. 노직(R. Nozick)은 인권에 대해 '인간이 인간인 한 공통적으로 가지는 양도할 수 없는 권리가 있으며, 이는 스스로가 자명하기 때문에 직관적으로 알 수 있다'고 하였고, 블라스토스(G. Vlastos)는 '사람들은 각자가 원래 인간으로서 가지는 가치나 존엄성을 가지며, 스스로가 목적 그 자체이기 때문에 이에 타당한 도덕적 권리를 가진다'라고 각각 정의하고 있다.

이러한 정의에서 드러난 중요한 특징들을 보면, 첫째, '인간이라면'이라는 말 속에 인권의 근거가 들어 있는데, 바로 인간이라는 사실 자체가 인권의 근거이기 때문에 인권은 제도적 권리가 아니라 도덕적 권리라는 점이다. 즉, 인권은 인권선언이나 국제규약, 헌법에 의해서 부여되는 것이 아니라 이미 그 이전부터 인간이기 때문에 존재하는 권리라는 의미이다. 그래서 천부적인 것으로 정의된다. 둘째, '누구나'라는 말이 함축하고 있듯이 인권의 개념은 보편성을 가지며 동시에 평등사상을 내포하고 있다. 이렇듯 보편적이고 도덕적인 만큼 당위적인 권리이다.

그런데 문제는 인간이 원시적인 자연 상태로만 존재하는 것이 아니라 사회·국가적 범주의 구성원으로서 위치하고 있다는 점이다. 이 경우 개인은 자연 상태에서 보유하고 있는 권리 중 일부를 양도하거나 혹은 자연권을 보호받기 위한 부가적인 세부적 권리를 갖게 된다. 그렇다면 인권이 단순히 인간에게 부여된 도덕적이고 당위적인 생래적 자연권만으로 이해되는 것은 미흡한 정의 방식이라 할 수 있다. 왜냐하면 인권의 개념 속에는 사회·국가적 존재로서의 인간이 행사할 수 있는 권리목록도 포함하고 있는 것으로 이해되어야 하기 때문이다. 따라서 인권이란 인간이 인간이기 때문에 갖는 생래적인 권리와 개인이 사회·국가와의 관계에서 행사할 수 있는 권리의 총합이라고 할 수 있다.

이러한 인권에 대한 초기의 논의는 왕의 자의적 권력을 제한하려는 것, 국가의 권력으로부터 민중의 권리를 보장하려는 것에 초점을 맞추었다. 따라서 그 사회에서 영향력을 행사하는 귀족, 남성, 백인 등의 인권은 보장되었지만, 상대적으로 열등한 위치에 있는 일반 민중, 여성, 어린이와 청소년, 흑인 등의 인권은 충분히 보장되지 못하였기 때문에 이들의 인권을 보장해야 한다는 운동으로 발전하였다. 그래서 초창기 인권의 개념은 주로 법적·정치적 권리에 맞추어져 왔으나, 점차 사회적·경제적 권리로 확대·발전했으며, 최근에는 여기에서 한 걸음 더 나아가 재난구호, 평화, 환경 등의 인류 전체의 문제에 관한 권리로 발전하고 있다.

③ 다민족교육과 반편견교육

다민족교육(multiethnic education)은 다민족 국가인 미국에서 1960년대 소수민족의 권리와 가치를 존중하며, 이를 반영하기 위해 법을 제정하면서 시작되었다. 다양한 종족이나 민족 등의 고유한 문화 그리고 특성을 서로 이해하고 존중하는 과정을 배우는 내용에 그 초점을 맞추었다. 다인종 또는 다민족으로 인하여 만들어지는 다문화 문제는, 우리나라도 외국인과 외국인 노동자 및 그 가족 그리고 국제결혼의 증가 등으로 인해 매우 중요한 문제로 부각되었다. 로드리게즈(F. Rodriguez)는 우리가 가져야 할 인식으로써 다음 세 가지를 제시하였다.

첫째, 한 나라 내에 인종·종교 등을 달리하는 집단이 존재하는 문화적·사회적 다원성의 가치를 인식한다. 둘째, 사회생활의 사실로서 문화적 다양성을 인식함과 동시에, 다문화적 다양성을 보호하고 확장하는 데 가치 있는 귀중한 자원이라는 것을 인식한다. 셋째, 어떤 집단도 고립된 상태에서는 생존할 수 없고 상호관계를 맺으면서 전체의 일부로서 존재한다는 것을 인식한다.

이러한 인식이 결여될 때 이질적인 것의 존재와 그것과의 공존을 부정하고, 방해자로서 적대시하거나 배제하고자 하는 심리와 행동을 유발하게 된다는 것이다. 오늘날의 교육은 보다 적극적으로 위의 세 가지에 대한 인식을 아동들에게 육성하는 것을 목표로 내용을 구성해야 한다는 것이다. 세계화의 진전에 따라 문제가 되는 것 중의 하나는 언어장애와 문화적인 장벽이다. 각종 커뮤니케이션 장벽을 극복하기 위해서는 커뮤니케이션 기술을 개발함과 동시에 타 문화와의 접촉을 통해서 배우는 마음과 자세가 필요하다.

외국적 주민이 내국인과 더불어 건강하게 사회·문화적인 생활을 영위할 수 있도록 하는 것이 점점 더 중요한 과제가 되고 있으며, 불가피하게 외국적 주민의 학습권 보장이 사회복지문제로까지 대두되고 있다. 국제결혼으로 인한 2세들의 교육문제는 말할 나위도 없이 매우 어렵고도 복잡한 문제가 되고 있다. 따라서 이러한 문제들은 이제 평생교육 차원에서 접근해야 하는 문제이다.

외국인 노동자들이 직면하는 문제들은 언어문제이며 각종 정보의 부족, 즉 의료와 사회보장에 관한 정보, 행정서비스에 관한 정보들도 큰 문제이다. 많은 외국인 노동자들은 성인병 예방을 위한 건강진단이 어느 정도 행해지고 있고, 도서관 등 사회교육시설이 지역에서 어떻게 기능하고 있는지를 잘 알지 못한다. 외국인들이 갖는 건강에 대한 불안은 익숙하지 못한 타국에서 생활하는 해외생활자들에게 공통되는 것인데, 그들이 불안을 느끼는 것은 소위 3D업종의 노동에 종사하고 있는 것에도 그 원인이 있다. 또한 그들은 가족에 대한 걱정, 모국사정의 불안정, 실업에 대한 불안, 외국인에 대한 차별과 편견 등 여러 가지 해결해야 할 과제를 안고서 살고 있다.

그들이 해결해야 할 학습과제는 첫째가 한국어 문해교육이며, 둘째는 한국에의 적응교육이다. 또한 자신의 문화적 정체성 유지를 위해 자국 문화와 관련된 문화적인 활동이 필요하다. 그래서 문화적인 활동에 대한 원조와 함께 도서관 등에서 다문화 서비스를 실시하는 등의 사회교육활동이 요구된다. 그리고 직업기술교육도 아주 중요하다. 왜냐하면 노동시장에서 단순노동자로만 고정화되는 것이 아니기 때문이다. 자신의 흥미·관심과 능력에 따라 직업기술을 습득하고, 또 모국에서 가지고 있던 직업능력과 경험을 활용할 수 있어야 하기 때문이다.

다민족·다인종·다문화교육의 주요 목적은 편견과 인종차별을 줄여서 인종 간 관계를 개선하는 것이다. 따라서 반편견교육(anti-bias education)은 성, 인종, 민족, 장애, 사회계층 등에 대한 편견, 정형화, 선입견 등에 도전해 이러한 편견 없이 존중할 수 있는 개방성과 감수성을 높여주는 교육이다. 사회 속 편견과 고정관념을 벗어나게 함으로써 공정하고 개방적인 의식을 갖게 하는 것이다.

편견은 근거가 없거나 잘못된 정보에서 비롯된 판단이나 보통 부정적 신념으로부터 형성된 태도이다. 이러한 태도는 부모 및 또래집단과 같은 우리에게 중요한 영향을 미치는 사람, 학교의 경험, 영화·TV·뉴스 등 사회가 주는 메시지 등으로부터 배운 것이다. 편견은 특정 집단에 대한 것일 수도 있고, 집단에 속해 있는 특정개인을 향한 것일 수도 있다. 또 편견은 인종, 성, 나이, 종족, 계층, 종교 등에 관련된 것일 수도 있다.

태도는 어떤 대상이나 상황에 대한 상호연관된 신념의 체제로, 상대적으로 지속성을 가지며 행동을 이끌어 내는 특성이 있다. 그러므로 편견은 하나의 태도이기에 행동으로 이어지기가 쉽다. 편견은 비슷한 생각을 가진 사람 혹은 처음 보는 사람과 특정 민족과 관련된 농담을 하거나 특정 집단에 대해 수군거리는 것으로 나타나는 경우가 많다. 사람이 어떤 집단에 들어오지 못하도록 한다거나 원하는 활동에 참여하지 못하도록 할 때 편견은 차별이 된다. 극단적인 경우 신체에 해를 입히거나 살해를 하기도 한다.

인종차별주의는 개인의 인종적 편견과 인종차별로 인해 발생한 행동이 지속됨으로써 사회구조 내에서 체계적인 억압이 나타나는 것이다. 인종차별주의는 한 인종이 다른 인종보다 우월하다고 보는 태도, 소위 열등하다고 여겨지는 인종의 사람을 억압하는 제도적 힘, 광범위한 민족중심주의 또는 문화적 우월주의 이데올로기를 포함하는 복잡한 개념이다. 인종차별주의는 어떤 인종 집단을 해롭게 하거나 억압하는 행동과 정책이다.

개인적 인종차별주의는 자신이 속한 인종이 다른 인종보다 우월하다는 믿음(인종적 편견)과 열등하다고 생각하는 인종의 사람을 억압하는 행동(인종차별)이다. 인종차별주의자는 자기와 다른 인종의 사람은 열등하다고 믿는다. 이런 믿음은 인종의 신체적 특성이 그들의 사회적 행동과 심리적·지적 특성을 결정짓는다는 가정에서 비롯된다. 인종차별주의자의 믿음은 드러나지 않고 잠재된 인종적 편견으로 남아 있을 수도 있다. 하지만 소수인종이 열등한 사회적 대우를 받는 것은 그들이 열등하기 때문이라고 믿는다.

제도적 인종차별주의는 체계적으로 인종 간 불평등을 반영하고 만들어 내는 법, 관습, 관례를 만드는 사람에 의해 생기는데, 이를 실행하는 사람은 인종차별주의적 의도를 가지고 있을 수도 있고 그렇지 않을 수도 있다. 가해자를 알 수 있는 개인적 인종차별주의와는 대조적으로 제도적 인종차별주의는 오랫동안 자연스럽고 정상적이라고 받아들여 온 정책에 내재되어 있다. 억압받는 집단이나 반인종차별주의자인 비소수 집단이 인종차별주의에 대해 도전하지 않으면 차별적인 정책이 어떤 영향을 미치는지, 자신이 그로 인해 어떤 혜택을 누리는지 혹은 다른 사람이 얼마나 피해를 입는지를 인식하지 못하는 사람이 있다. 반면 정책에 변화가 생기면 권력이나 특권을 잃게 된다는 것을 알고 있는 사람도 있다.

문화적 인종차별주의는 인종우월주의나 인종 억압을 개인적 혹은 제도적으로 나타내는 것 모두를 포함한다. 문화적 인종차별주의의 흔적은 시험, 교육매체, 제공되는 수업 등 공식적인 교육과정에서 볼 수 있으며, 비소수민족 교사가 소수민족 학생에게 가지는 낮은 기대, 교사와 학생이 갖고 있는 민족적·인종적 신화나 고정관념, 낯설고 비우호적인 학교환경과 같은 잠재적·비공식적 교육과정에서도 찾을 수 있다.

학교는 진공상태에서 존재하는 것이 아니다. 모든 사람에게 사회정의가 구현되도록 변화가 이루어지고 있지만, 학교는 여전히 백인의 특권을 옹호하며 인종차별적인 사회의 모습을 반영한다. 이러한 상황에서 우리가 어떻게 변화를 이끌어 낼 수 있을 것인가? 우리는 학교가 중요한 역할을 할 수 있으며, 중요한 역할을 해야 한다는 것을 확신해야 한다. 인종차별주의를 반대하는 것을 고상한 설교쯤으로 보는 사람에게 인종차별주의가 반미국적, 반한국적, 반민주적, 반인간적이라고 말해주어야 한다.

④ 환경교육과 평화교육

환경교육은 인간으로 하여금 생물학적·물리적·사회적·경제적·문화적 요소들 간의 상호관련성을 이해하게 하고, 동시에 환경문제를 발견하고 해결하며, 환경의 질을 관리할 수 있는 지식·가치관·태도·기능 등을 습득하게 하는 일이다. 환경교육은 지식의 전수뿐만 아니라 의식의 변화, 습관과 기능의 개발, 가치관의 함양, 문제해결능력 및 의사결정능력을 배양하는 목표를 동시에 강조해야 하며, 기존의 교과목에 추가되는 분과적인 새 교과서가 아니라 전통적인 학문분야 간의 새로운 관계를 정립하는 학문의 일환으로서 새로운 개념·방법·기술을 요구한다. 또한 환경교육의 대상은 모든 연령집단, 즉 취학 전 아동, 초·중·고·대 학생, 직장인, 가정주부, 노인 등 전 국민에 해당하며, 개인의 경우 가정·학교·사회를 통한 평생교육의 일환으로 교육이 시행되어야 한다.

환경교육이 추구하는 주요 목표는 인간은 인간과 문화 및 생·물리학적 환경으로 이루어진 체계에서 분리될 수 없는 일부분이며, 이러한 체계의 상호관계를 변화시킬 수 있는 능력을 지녔다는 것에 대한 명확한 이해, 자연과 인공의 생물·물리학적 환경 및 현대사회에서의 환경역할에 대한 폭넓은 이해, 인간이 직면한 생·물리학적 환경문제, 이 문제를 해결할 수 있는 방법과 문제해결을 위한 시민과 국가의 책임감에 대한 기본적인 이해, 시민이 생물·물리학적 환경문제를 해결하기 위해 노력하도록 동기를 부여하는 생물·물리학적 환경의 질을 유지하기 위한 태도 등이다.

환경교육의 원리는 환경에 관한(about) 교육, 환경 내에서의(in) 교육, 환경을 위한(for) 교육 등이며, 통합적 환경교육을 강조하고 있다. 즉, 현장체험중심의 환경교육으로 주변 현장의 활용을 통한 환경교육 동기부여, 직접체험의 기회제공, 환경에 대한 감수성의 향상, 자연에 대한 심미적 이해의 복원 등의 목적을 달성할 수 있다. 환경 이론은 근본(심층:deep)생태주의, 환경개량주의, 생태사회주의, 환경결정주의 등이 있다.

환경교육 분야는 약 반세기 전에 환경교육학이 성립되면서 선진국을 중심으로 발전했으며, 최근에는 UN과 UNESCO를 비롯한 국제기구와 여러 관련기관에서 공동으로 환경교육을 위한 노력이 이루어지고 있다. 한국의 경우 1970년대 초부터 환경교육에 관한 논의가 시작되어, 1974년 서울대학교 환경대학원 주최의 '인간과 환경 학술발표회', 1983년 UNESCO 한국위원회 주최의 '에너지 및 환경교육 워크숍', 환경청 주관의 '환경교육에 관한 심포지엄', 1989년 한국교육개발원 주최의 '한·독 환경교육 학술회의' 등의 활동을 벌였다. 1989년 9월에는 전국의 초·중·고등교육기관, 사회교육기관, 환경교육 관계의 행정·연구기관의 인사들이 모여 '한국환경교육학회'를 개최했다.

한국교육개발원은 환경처의 연구지원을 받아 환경교육에 관한 정책연구와 교육자료 개발연구를 수행했으며, 1991년 1월에는 학교 환경교육의 활성화를 위한 이론과 실천연구를 전담하는 '환경교육연구부'를 설치하였다. 환경처는 학교 환경교육의 활성화를 위해 1985~90년 24개교의 시범학교 운영을 마쳤으며, 1991년부터 2년간 운영되는 시범학교로 초등학교와 중학교 각각 4개교를 선정했다. 그리고 6차 교육과정에서 '환경'이 독립교과로 설정(중학교는 1994년 '환경', 고등학교는 1995년 '환경과학')되었으며, 7차 교육과정에서 초등학교는 3학년부터 학교재량시간으로 연 34시간을 설정하였고, 중학교는 환경교과를 선택교과로, 일반계 고등학교는 교양 선택교과에 '생태와 환경'과목이 개설되었다.

사회환경교육을 실시하는 기관은 그 성격에 따라 전문 환경단체, 일반 사회단체, 종교기관, 기업, 지방자치단체 등으로 나누어 볼 수 있다. 환경교육을 실시하는 기관들은 청소년 및 국민을 대상으로 일정 기간 지속성을 유지할 수 있고, 청소년들의 환경에 대한 이해와 실천의식 전환효과를 기대할 수 있으며, 지역적 특성을 고려하여 지역의 환경보전활동 및 환경문제 해결을 위해서 지역실정에 맞고, 국민의 환경의식 제고와 실천의지 강화를 위해 환경교육 효과가 나타날 수 있는 프로그램을 개발하여 다양한 교육을 전개하고 있다.

평화는 평화학(노르웨이 출신의 갈등론자 겸 심층생태론자 요한 갈퉁이 창시자임)이나 UN 및 UNESCO 등에서도 단순히 전쟁이 없는 상태라고 이해하지는 않는다. 평화는 전쟁, 인권억압, 빈곤, 기아, 자연파괴 등 구조적 폭력이 없는 상태의 적극적 평화로 정의되고 있다. 이런 인류적 과제를 해결하기 위해 평화교육은 1970년대와 80년대 성인교육의 국제적 동향 중에서 가장 강조되었다.

다시 말해서 평화교육은 전쟁과 폭력에 의해 인간의 존엄성이 위협받는 상태를 극복하고자 하는 교육이다. 즉, 평화와 협력을 이끌어내는 태도와 행동, 사고방식, 가치관을 길러주는 교육을 의미한다. 평화롭다는 것은 종종 수동적인 것으로 여겨지고, 평화로운 상태는 갈등이 없는 상태라고 생각된다. 그러나 잠깐 동안만 생각해 보아도 갈등이 없는 세계는 따분하고 단조로운 곳일 것이라는 것은 쉽게 알 수 있다.

평화교육은 갈등이 간혹 성장을 위한 도약대가 될 수 있다는 것을 인식하고 있다. 평화교육은 갈등의 제거를 주장하는 것이 아니라, 갈등을 해결할 수 있는 창의적이고 덜 폭력적인 방법들을 모색한다. 어떤 일이든지 그 일을 하는데 있어서 좀 더 나은 방법이 있을 수 있다는 생각은 새로운 해결방법을 찾게 만드는 중요한 자극이 될 수 있으며, 평화로운 환경을 조성하는데 있어서 결정적인 역할을 한다. 평화교육은 생명의 존엄성을 자각하고, 전쟁의 원인 및 본질에 대한 과학적 인식을 깊게 하며, 전쟁을 반대하고 군비철폐에 의한 새로운 국제질서의 창조를 실행할 역량을 형성시키려는 교육이다.

17세기 체코의 교육자 코메니우스(John Amos Comenius)가 30년에 걸친 종교전쟁을 바탕으로 인류 전체의 평화를 염원하고, 이를 위한 교육을 중시한 데서 그 유래를 찾을 수 있다. 핵전쟁의 위기가 높아지는 가운데 UNESCO가 1972년 '국제이해·국제협력·국제평화를 위한 교육 및 인권과 기본적 자유에 대한 교육에의 권고'에서 교육은 확장·침략·지배를 목적으로 하는 전쟁을 용납할 수 없음을 강조하고, 평화에 대한 각자의 책임을 이해시켜 실행하는 것이 아니면 안 된다고 규정하였다. 또한 국제협력에 의한 평화교육의 강화를 제창, 구체적으로는 가맹국 상호 간에 역사와 지리 등의 교과서를 교환하여 국제관계의 개선을 위한 조치를 취할 것을 권고하였다.

UN은 1986년을 세계평화의 해로, 매년 9월 셋째 화요일을 세계평화의 날로 선포하였다. 평화의 의미에 관해서는 '소극적 평화'와 '적극적 평화'로 구분할 수 있다. 직접적 폭력, 즉 물리적 폭력이 없는 상태를 평화로 보는 것은 '소극적 평화'에 속한다. 개인 또는 사회가 잠재가능성을 마음껏 발휘해가는 과정을 '적극적 평화'로 본다. 우리나라에서는 북한과의 평화적 통일을 위한 문제 해결을 위해 그리고 일본과의 과거사 청산 문제를 위해서도 평화교육이 반드시 필요하다.

물론, 항상 새로운 해결방법을 모색하는 것이 결코 쉬운 일은 아니다. 그러나 역동적이고 매력적이며 흥미 있는 일임에는 틀림없다. 따라서 평화란 각 개인이 현 상황을 수동적으로 받아들이는 사람들이 되어버린 상태를 의미하는 것이 아니라, 현 상황과 관련을 가질 수 있는 비폭력적이고 창의적인 방법들을 모색하는 능동적인 과정인 것이다.

Chapter 04

한국의 근·현대교육

1 개화기교육

19세기 말엽까지 조선은 유교적 교육제도가 존속되어 왔다. 근대화의 불가피성에 직면하게 되는 개화기에 들어서면서 교육 근대화의 필요를 가장 절감하였던 곳은 바로 개항지였다. 외국 상인들을 가장 일찍 접하게 됨에 따라 근대적인 경영방식, 국제무역, 외국어, 신학문, 외국에 대한 지식 등의 필요성을 내지(內地) 사람들보다 훨씬 빨리 느낀 것이다.

그래서 자생적으로 나타난 것이 정부나 선각자 또는 외국선교사에 의한 것이 아니라, 원산지역의 덕원읍민(德源邑民)들이 외세의 도전으로부터 나라를 지키고자 하는 애국적 동기에서 자발적으로 기금을 모아, 향중부로(鄕中父老)와 지방관료인 온건개화파 덕원부사(德源府使) 정현석(鄭顯奭), 서북경략사(西北經略使) 어윤중(魚允中), 원산항 통리기무아문(統理機務衙門) 주사(主事) 정헌시(鄭憲時)와의 협력 하에 서당을 개량하여 1883년 '원산학사(元山學舍)'를 설립하였다.

원산학사는 조정의 윤허까지 받은 학교로서 교육과정을 문예반과 무예반으로 나누었다. 문예반은 상업과 해외무역 및 행정에 필요한 내용을 가르치고, 무예반은 치안유지에 필요한 군사훈련을 중심으로 가르쳤으나, 영향력이 미미하여 민간영역에 의한 근대교육의 도입은 여러 가지로 역부족이었다. 그마저도 일본 제국주의에 의해 좌절되는 운명에 처했다.

정부는 근대교육제도 도입을 위해 1883년 8월 동문학(同文學) 또는 통변학교(通辯學校, government school)를 설치하여 영어를 통역할 수 있는 관리와 실무자

양성을 위한 외국어교육을 실시하였다. 이는 1882년 조미통상조약이 체결되어 외국과의 교섭이 활발해지자 통리교섭통상사무아문의 협판 겸 총세무사로 부임한 독일인 묄렌도르프(P. G. von Möllendorf, 穆麟德, 1848~1901)가 통상아문의 부속기관으로 설립한 것이었다.

묄렌도르프는 구한말 정부에 차관벼슬로 고용된 사람인데, 공적으로 우리나라에 건너와서 살게 된 최초의 서양인이었다. 그는 1882년 12월 13일 서울에 도착해 1884년 우리나라를 떠나기까지 2년도 채 안 되는 사이에 아직도 잠에서 깨어나지 못한 한국의 개혁방향을 제시하는 등 많은 영향력을 행사하였다. 동문학도 폐쇄된 한국을 근대국가로 변혁시키기 위해 이루어진 것이다.

동문학은 학교라기보다는 일종의 영어 통역관 양성소였으며, 젊고 총민한 어학생 40여 명을 뽑아 오전반과 오후반으로 나누어 영어와 일어 및 서양의 필산(筆算)을 가르쳤다. 개화사상가 한서(翰西) 남궁억(南宮檍, 1863~ 1939)이 동문학이 설치되던 해에 입학하여 1884년 최우등으로 졸업하기도 하였다.

동문학의 교장에는 김윤식(金允植)의 종형인 김만식(金晩植)이, 교사에는 중국인이 임명되었다. 처음에는 중국인 오중현(吳仲賢)과 당소위(唐紹威)를 교사로 채용했다가, 1883년 음력 7월부터는 영국인 할리팩스(T. E. Halifax)가 주무교사로 있으면서 주로 영어를 가르쳤다. 할리팩스는 한국에 온 최초의 서양인 교사이기도 하다. 소요 경비의 일부만을 통상아문에서 부담했으며, 3년 뒤인 1886년에 육영공원이 세워지자 문을 닫았다.

그리고 1886년(고종 23년) 9월 23일에 신식학교인 관립 육영공원(育英公院, Royal English School)을 세워 35명을 선발했다. 교수로는 미국인 길모어(G. W. Gilmore), 벙커(D. A. Bunker), 헐버트(H. B. Hulbert)를 임명하였다. 벙커가 사임한 뒤에는 영국인 허치슨(W. F. Hutchison)과 할리팩스가 있었다. 육영공원은 현직관료 중에서 선발된 학생을 수용하는 좌원(左院)과 양반자제 중 선발된 학생을 수용하는 우원(右院)을 두었다. 그러나 신분의 제한과 영어교육을 주로 하는 문제 그리고 외국인 교수들에 의해 교육되는 특수학교였기에 뿌리내리지 못하고 8년 후인 1894년에 폐교되었다.

육영공원을 두고 단순히 서양문명을 수용하기 위한 것이었다는 주장(이광린)과 영어교육만을 목표로 한 것이었다는 주장(이해명)이 있으나, '조미수호통상조약' 체결 이후 미국에 파견되었던 보빙사(報聘使) 일행의 제언으로 설립된 육영공원의 교육과정이나 기록들을 살펴볼 때, 육영공원은 단순한 영어교육을 넘어서 정부가 이용후생(利用厚生)을 위한 서양의 과학기술문명을 도입하기 위해 설립한 것으로 보아야 한다는 주장(류방란)이 있다.

참고

보빙사는 조선에서 최초로 서방세계에 파견된 사절단이다. 1871년 신미양요로 미국과 교류가 시작된 것이 1882년 5월 조미수호조약의 체결로 1883년 주한공사 푸트(Lucius H. Foote)가 조선에 부임했다. 이에 고종은 임오군란 이후 비대해진 청나라의 세력을 견제한다는 뜻에서 7월 하순에 정사(正使)에 민영익, 부사(副使)에 홍영식, 종사관 서광범, 그 외에 수행원으로 유길준, 고영철, 변수, 현흥택, 최경식 등 8명을 대동시킨 친선사절단을 서방세계에 파견했다. 사절단은 외국인 비서관 오예당(청), 퍼시벌 로웰(미), 미야오카 츠네지로(일)의 인도 하에, 태평양을 건너 샌프란시스코에 도착했고, 미국대륙을 횡단한 다음 워싱턴을 거쳐 뉴욕에서 미국 대통령 체스터 A. 아서와 회동하고 국서를 전달했다. 대통령과의 회동에서 보여 준 한국식 전통 예법은 아메리카 문화에 다소 충격을 주기도 했다. 이후 보스턴 등지를 순회하고 대서양을 건너 유럽 각지를 여행한 다음 귀국했다. 수행원 중의 한 사람인 유길준은 보스턴에 남아 유학했다.

1894년 7월부터 1896년 2월까지 진행된 갑오개혁 기간에 조선시대의 예조가 폐지되고, 학무아문(1년 후 학부로 개칭)을 설치했으며 과거제도를 폐지하였다. 1894년 12월에는 고종황제가 한국 최초의 헌법인 홍범14조를 선포했으며, 1895년 2월 2일에는 '교육입국조서(詔書)'를 공포하였다.

1895년 3월에는 '학부관제(學部官制)'를 반포하고 학무국과 편집국을 두었다. 4월에는 최초의 근대적 교육법규인 '한성사범학교관제'를 비롯해 '외국어학교관제', '소학교령', '중학교관제' 등과 같은 10여 개의 교육법규가 제정되어 국·공립 초등학교들이 설립되기 시작했다. 이 해에 민영환(閔泳煥)은 사재(私財)를 들여 흥화학교(興化學校)를 설립했으며, 기독교 선교사를 중심으로 하는 외국인 설립학교는 이미 1885년의 배재학당(培材學堂)을 필두로 하여 1895년까지는 전국에 10여 개가 설립되었다.

그 후 1910년 2월까지 설립된 미션학교(mission school)는 장로교파 501개, 감리교파 158개, 천주교파 46개로써 모두 796개였으며, 도별로는 평안남도가 261개, 황해도가 183개, 평안북도가 121개 순이었다. 또 이 무렵에 급증한 민간사학들은 조선총독부의 통계로는 관립과 사립을 합쳐 5천여 개의 학교가 생겼다고 하였고, 황현(黃玹, 1855~1910)의 『매천야록(梅泉野錄)』에 남아 있는 기록으로는 사립 3천여 개, 황성신문(皇城新聞)의 보도자료는 1907년과 1909년 사이에만도 민중사학이 3천여 개가 되었다고 하니, 신교육에 대한 열망을 짐작할 수 있었다.

이와 같이 19세기 말에 진행된 교육개혁은 급변하는 시대상황에 대응하기 위한 노력의 표현이었다. 군주제도를 벗어나 시민사회로 가기 위한 노력, 폐쇄적 은둔국에서 개방적으로 국제사회에 진출하기 위한 노력, 유교교육 일변도에서 서구의 새로운 과학주의를 수용하려는 노력 그리고 이런 노력을 통해 한반도 지배권을 차지하려고 투쟁하는 열강의 무력한 희생물이 되어서는 안 된다는 필사적인 국력배양의 요청 등 이러한 시대적 요청이 교육개혁을 조야(朝野)가 한 마음으로 추진하게 만든 원동력이었다.

2 일제 강점기교육

식민지는 제국주의(imperialism)의 산물이다. 제국주의는 우월한 군사력과 경제력으로 다른 나라나 민족을 정벌해 대국가를 건설하려는 침략주의 경향으로, 19세기 후반부터 시작된 자본주의의 최후 단계이기도 하다. 레닌이 처음 사용한 용어로 독점체제와 금융자본의 지배가 이루어지고 자본의 수출이 특히 중요성을 갖는다. 국제 트러스트(trust)에 의한 세계 분할이 시작되어 자본주의 열강 사이에 영토분할이 완료된 단계이며, 자본가계급과 노동자계급 사이, 자본주의 열강

들 사이, 자본주의 열강과 식민지 종속국 사이의 모순이 심화되는 것을 주요 특징으로 한다.

이러한 식민지 경영은 식민지 민족을 철저히 파괴한다. 역사를 파괴하고 문화를 파괴하고 혈통까지도 파괴한다. 일제는 '식민사관'으로 우리 민족의 자주적인 역사발전 과정을 부정하고, 한국사에서 타율적이고 정체적인 측면만을 부각시킴으로써 우리 역사와 민족의식을 말살하려 했다.

식민지배가 가능하려면 군대와 경찰 등에 의한 무력적 폭력장치가 필요하며, 교육과 선전에 의한 기만적인 허위의식(false consciousness) 주입장치가 필요하다. 따라서 교육은 식민지를 유지하기 위한 필수요인이다. 식민지교육은 식민지 민족에게 열등의식을 심어주고 민족의식을 소멸시키며, 정체의식(正體意識)과 고유문화를 파괴하고 개인의 정상적 발전을 왜곡시킨다. 그렇기에 식민지 교육은 참된 의미의 교육이 아니며 쉽게 말하자면 노예교육이다.

일제는 1905년 강제로 '을사조약'을 체결한 후, 통감부를 설치해 민족교육을 탄압할 목적으로 1908년 '사립학교령'을 공포하였다. 그때까지의 많은 학교들을 통제하기 위해 모두 인가를 받도록 규정하고, 언제든지 학부대신의 결정으로 폐쇄할 수 있게 하여 탄압의 길을 만들어 놓았다. 그리고 1910년 강제합병한 후, 1911년에 '조선교육령'을 만들어 한국인을 모두 충성스러운 일본인으로 만들고, 일본어와 일본문화를 주입해 민족문화를 말살하고, 보다 효과적인 식민지 경영을 위하여 한국인에게는 초보적 실업교육만 실시하였다.

민족교육이 어려워지자 개량서당이 증가하기 시작하였는데, 1911년에 14만 명이던 생도수가 1921년에 와서는 30만 명으로 늘어났다. 그러나 1918년에 '서당규칙'을 만들어 탄압을 강화하고, 아예 없앨 목적으로 1929년에는 '규칙'을 개정해 거세게 탄압하는 바람에 1930년대에 와서는 개량서당이 거의 말살되다시피 하였다. 따라서 일본 제국주의가 '교육'이라고 한 것은 모두 '바보 만들기'와 '길들이기'에 지나지 않았다.

일제에 의한 조선교육은 중앙집권적 통제를 의미하는 국가주의, 충직한 군인을 만드는 군국주의, 입신출세의 사적 이익을 얻는 도구주의로 그 특징이 귀결되기 때문에, 개인의 자율성과 개성보다는 국가이익, 인권과 평화보다는 억압과 전쟁, 교육의 목적과 본질보다는 출세수단으로서의 교육, 전통문화와 전통지식보다는 서구중심의 문화와 가치의 우월이라고 하는 열등의식과 패배의식의 부정적인 심성을 형성시켰다. 이렇게 식민지 지배를 통해 내재화된 부정적이고 권력지향적인 심성과 학력 차별화 의식이 해방 이후 미군정기와 이승만 정권 그리고 장기간의 군사정권 기간 동안 전혀 청산되지 못해 우리의 현대교육을 엄청난 질곡에 빠지게 만들었던 것이다.

참고

오늘날 사용하고 있는 초등학교 명칭의 경우 1895년 갑오경장기에 소학교라고 했는데, 1906년에 통감부에 의해 보통학교로 고쳐지고 1938년에 (심상)소학교로 통일되었으며, 1940년 3월 국민학교령이 제정되어 1941년 3월부터 황국신민(皇國臣民)의 줄임말인 국민학교의 이름이 사용되기 시작한 이후, 1996년 3월에 와서야 초등학교로 바뀌었다. 그만큼 일제잔재 청산이 쉽지 않다는 것을 알 수 있다.

그러므로 일제 식민지 교육정책의 전반적인 성격은 동화교육과 민족말살 교육정책, 일본어 보급과 한국사 왜곡정책, 노예교육과 문맹정책, 중앙집권제와 학벌주의, 신도사상(神道思想) 보급과 신사참배(神社參拜) 강요, 황도사상(皇道思想=유교사상)과 어용(御用) 유교정책 등으로 결론내릴 수 있기에, 일제통치가 한국 근대화에 기여했다는 주장은 너무나도 터무니없는 이야기가 되는 것이다.

다면적 독립투쟁의 중요한 부분인 교육을 통한 독립투쟁의 문제인데, 먼저 민족 독립의식을 고취하고 군사적 투쟁능력을 양성하는 등 독립투쟁의 핵심적인 방편으로 교육을 활용하는 것과 동시에, 교육활동 그 자체를 식민지 지배로부터 독립시켜 민족교육을 계승·발전시키는 교육 그 자체의 독립투쟁도 포함된다. 교육투쟁은 우리 민족교육이기 때문에 일제 강점기에도 중단하지 않고, 국내·외에서 많은 곤란을 겪으며 주체가 되어 실시한 교육이다.

수많은 탄압과 폭력에 맞서 다양한 방식으로 비판하고 저항하며 투쟁했는데, 그들의 눈을 속여 가며 지하에서 야학(夜學), 위장서당(僞裝書堂), 비밀학습조직

등을 운영하거나, 농촌계몽운동 등을 통해 민족교육을 계속하였다. 이러한 교육 투쟁은 크게 4가지 방식이 있는데, 첫째는 총독부 교육정책에 적극 대항하는 투쟁, 둘째는 사립학교를 통한 투쟁, 셋째는 지하에서의 비밀 민족교육, 넷째는 해외(만주, 중국, 연해주 등)에서의 민족교육 등이다.

3 미군정기교육

해방정국은 이념 대립이 극심했는데, 좌익계열인 조선공산당은 일제교육 청산을 주장하고 균등한 민중교육과 9년 이상의 의무교육 그리고 학원자치와 연구 및 학생의 정치적 활동의 자유를 주장하였다. 이를 계승한 남조선노동당은 1947년에 성인의 문맹퇴치, 5년제 초등 의무교육, 기술자교육 4년, 의학교육 5년 등을 주장하였다. 우익계열의 한국민주당은 성인 문맹퇴치, 초등의무교육, 중등 공민 육성을 위한 6년제 중등교육, 고등교육 실시 등을 주장하였다.

두 진영의 주장은 국가가 관리하는 것을 전제로 하는 의무교육, 교육 기회 평등의 실현, 성인교육 중시 등과 같은 유사한 특징들이 있기 때문에 새로운 국가 건설을 위해 교육에 거는 기대가 컸었다는 것을 알 수 있다. 결국 곧바로 미군정이 시작되는 바람에 실현되지는 못했지만, 새로운 국가건설 과정에서 교육을 국민형성의 수단으로 바라보았던 것이다.

1945년 9월부터 1948년 8월 15일까지 미군정청은 일제 총독부 학무과를 개편한 학무국을 중심으로 미국식 교육이념과 제도 및 방법을 한국에 이식하였다. 우선 학무국장 락카드(E. L. Lockard) 대위는 김성수(金性洙, 1891~1955)를 고문으로 취임시켰지만, 실제로는 총독부 학무국장이었던 엄상섭(嚴祥燮)의 자문을 많이 받았으며, 나중에 학무국 차장이 된 오천석(吳天錫, 1901~1987)의 추천으로 최현배(崔鉉培, 1894~1970)와 최승만(崔承萬, 1897~1984) 그리고 유억겸(俞億兼, 1895~1947) 등과 같은 교육지도자들을 16명이나 만난 후, 9월 16일 '한국교육위원회'를 설치하였다.

그리하여 초등교육 김성달, 중등교육 현상윤, 전문교육 유억겸, 고등교육 김성수, 교육전반 백낙준, 여자교육 김활란, 일반교육 최규동, 의학교육 윤일선, 농업교육 조백현, 학계대표 정인보 등을 위임하여 일을 추진했다. 그 후 다시 1945년 11월 23일에 교육계와 학계의 권위자 100여명을 초청해 '조선교육심의회'를 구성했고, 10개의 분과위원회를 두어 각 분과를 7~10명으로 일하게 했는데, 미군장교들을 제외한 62명의 한국인 위원 중 44명이 해외 유학자로서 일본 26명, 미국 14명, 독일 2명, 중국 1명, 캐나다 1명 등이었다.

이들은 분과별로 105회, 전체회의 20회를 거듭한 끝에 1946년 3월 7일 전체회의를 마지막으로 과업을 완수하였다. 주요 결정사항은 홍익인간의 교육이념 채택, 6·3·3·4제의 신교육제도, 의무교육, 교육행정기구 개편, 학교설립기준, 한자 폐지 등이었다.

약 3년 동안의 미군정은 우리 국가의 성격을 규정하고, 교육의 제반사항을 결정했다는 점에서 중요한 의미를 가진다. 왜냐하면 이전의 선교사들의 활동이나 미군정기의 교육활동은 서구중심 교육체제로의 편입을 의미하는 것이었기 때문이다. 근대교육의 자율적인 맹아(萌芽)를 꽃피우기도 전에 일본 제국주의에 의하여 왜곡되었던 교육이, 해방과 더불어 미군정에 의하여 청산되지 못한 채 우리 민족의 기대와는 판이하게 변형되고 말았다.

이미 미군정 당국은 1945년 10월 '교육원조추진심의회'를 설치하고, 본국으로부터 교육조사단을 내한토록 하였다. 교육조사단의 권고에 따라 교육연구소를 설립하고 여기에서 수천 명의 교사를 양성하였다. 또한 미국식 교육 이론과 방법을 소개하는 교사재교육을 통하여 7,800여 명의 교사들을 정치적으로 사면하여 현장에 투입하였다. 이와 동시에 조선교육위원회, 조선교육심의회 등의 자문기구를 통해 친일인사들을 교육주도세력으로 양성하였다. 이 두 기구를 통해 학제와 교육과정 그리고 교육이념이 결정되어 현재까지 그 영향을 미치고 있는 것이다.

미국식 교육은 1950년 6·25 한국전쟁 이후에도 '교육원조'와 '교육사절단'이라는 이름으로 우리 교육에 지대한 영향을 미쳤다. 미국에서 유행하는 사조는 10여년이 지나면 미국유학파에 의해 우리나라에 그대로 이식되어 겉과 속이 다른 스타일이 진행되었다. 이로 인해 외래문화지향적인 교육, 친미주의교육, 반공

이데올로기교육이 되었으며, 결과적으로 한국교육은 미국교육의 축소판이 되어 버린 것이다.

미군정 당국은 한국을 '문화적 차이'의 입장에서 보지 않고 자기들 기준에 못 미치는 '결핍상태'로 본 것이었다. 우리의 문화, 역사, 철학, 전통에 대한 이해가 없었기에 이와 같이 된 것이다. 그래서 지식은 물론이고 모든 삶이 대미종속으로 방향지어지고, 그들의 노력이 한국인을 위한 시혜적(施惠的)인 것으로 풀이되었다. 이렇게 되다 보니 친일인사들과 미국유학 경험자들은 새로운 질서에서 우위를 점하게 되었고, 계속적으로 지배세력이 된 것이다.

물론 이 과정에서 우리의 교육열을 수용하고자 하는 방법으로 '초등교육 의무교육 실시 계획안'을 수립했으나, 열악한 재정문제로 실현되지는 못했다. 또 교육원조를 통해 교육시설과 재건에 기여한 것은 큰 공헌이기도 하였다. 결과적으로 학교를 사회적 출세를 위한 통로로 각인시켜서 교육의 도구화를 더욱 가속화시켰다는 점은 오늘날까지도 큰 부작용을 만들어 내고 있다.

4 국가주도교육

1948년 정부수립 후 1949년에 와서 제정된 '교육법'은 학교중심 공교육제도의 확립을 명백히 하였다. 철저한 국가관리의 교육제도가 채택된 것이며, 확고한 국민교육제도를 형성한 것이다. 분단과 전쟁은 남북이 확연히 구분되는 길을 걷게 했으며, 피차 적대시하는 폭력과 반목(反目)교육이 주가 되었다. 우리의 반공교육은 학도호국단 설치, 교련교육과 같은 학교병영화 그리고 금서(禁書)정책과 검열을 통한 이념과 사상통제로 서로를 공존대상이 아닌 타도대상으로 교육하였다. 반공은 군사정권이 장기화될수록 승공차원으로 높여지고, 나중에는 멸공차원으로까지 강화되었다.

교육은 국가와 권력의 통제대상이었으며 교육의 내적 자율성보다는 국가의 필요성에 따라 재단되었다. 교육통제는 경제적 발전 이유와 북한의 위협과 같은 정치적인 이유로 이루어졌다. 경제개발을 위한 산업화 과정에서 교육은 효율성이 최고의 가치가 되었으며, 정권의 지배구도를 철저히 뒷받침하도록 동원되고 지도받았다. 그래서 지금까지도 교육은 국가권력으로부터 자유롭지 못하게 된 것이다.

다시 말해 국가는 그동안 과도하게 성장했는데 시민사회는 상대적으로 너무 과소하게 성장한 것이다. 한국전쟁 시기에 탄생한 사친회(師親會)와 그 후신이라고 할 수 있는 육성회 그리고 1980년대의 어머니회 등은 국가의 취약한 교육재정을 지원하기 위한 후원적 성격이 강했기 때문에, 관변적인 학부모단체라고 할 수 있다. 이로 인해 진짜 시민사회 단체는 국가에 적대적인 것으로 받아들여졌다.

경제근대화는 수출지향 산업화, 농업국가에서 공업국가로의 산업구조 개편, 선성장 후 분배, 이로 인한 계층 간 불균등 발전, 수도권 집중 등을 주요 특징으로 하였다. 이렇다 보니 교육도 이에 맞춰 정원정책, 실업계와 인문계의 정원관리 등과 같은 국가인력 수급계획이 이루어질 수밖에 없었다.

표 4-1 한국 현대교육에서 경제와 교육의 관계

시기	경제	교육
1950년대	원조경제·소비재 중심 경공업수입 대체경제	초·중학교 보급
1960년대	경공업수출 중심 경제	초·중등교육 확장 중등실업교육 확대
1970년대	중·화학공업 중심 경제 수출과 성장 중심 경제	실업고와 전문대학 육성, 지방대학특성화, 공업계학과 중점육성, 대학정원관리
1980년대	수출지향 중·화학공업 중심 전자 및 자동차산업	고등교육 확대 전문대학교육 강조
1990년대 이후	반도체 및 정보통신산업 금융·서비스산업, 생명공학	정보통신기술과 생명공학중심교육개편, BK21

이와 같은 진행은 교육의 도구화를 더욱 강화하는 부정적인 결과를 낳았으며, 사회공학에 근거한 사회적 공리주의와 발전교육 논리들은 교육 불균등과 여성, 특정지역, 특정분야, 장애인 등에 대한 차별교육을 정당화할 수 있는 위험성을 내재하는 것이었다. 왜곡된 성장 중심의 발전과정에서 농업사회의 가치관과 노동

관은 붕괴되고, 산업사회의 가치관이 새롭게 내재된 것이다. 처음에는 경제적 동기로 시골을 떠났으나, 점점 교육과 같은 사회적 동기가 강해지게 된 것이다. 따라서 1990년대 이후 시골학교의 폐교, 학교통합, 시골인구의 고령화, 시골인구의 과소화 문제들이 부정적인 결과들로 급격히 나타난 것이다.

'수익자 부담원칙'의 교육에도 불구하고 폭발적인 양적 팽창은 국민 전반의 교육수준 향상도 가져왔지만, 저급한 학력주의(學歷主義)를 키워오기도 하였다. 출세의 지름길로 학교가 인식되었으며, 좋은 학교와 좋은 학과가 주된 관심사가 되었기 때문에 학교의 위계적 서열화와 고착화가 이루어졌다. 이 모든 것이 교육에 대한 국가주의와 함께 개인주의가 심화되어 교육열이 왜곡·발산되었으며, 교육기회에 대한 열망 못지않게 이제는 고학력 실업문제가 중요한 사회적 이슈로 대두된 것이다. 왜냐하면 교육자격이 직업자격화가 되어서 공직과 사기업의 보편적 현상으로 발전되었기 때문이다.

반공이데올로기는 이승만 정권과 군사정권에 의해 고착화되었는데, 이러한 것은 분단교육의 강화를 뜻하는 것이었다. 이렇게 타율적, 수동적, 객체적으로 길들여지는 인간형은 교육의 본래 목적인 자율적, 능동적, 주체적, 창조적인 인간형 형성과는 애초부터 거리가 먼 것이었다. 1968년 12월 선포되고 1994년 11월에 폐지되기까지 교육활동 지침으로 활용되어 온 '국민교육헌장'이 그 대표적인 사례이다.

1960년 4·19혁명은 학교가 저항공간이기도 한 것을 보여 주는 사건이었다. 즉, 권위주의 국가가 예기하지 못한 교육성장의 효과였다. 그래서 정치적 저항공간으로서의 대학을 봉쇄하기 위해 정부는 정원결정 정책, 대학교련 실시(1969년 필수, 1989년 대학교련 폐지), 전방입소교육, '학원질서 확립을 위한 특별명령(1971년)', 긴급조치(1974.1.8 제1호~1979.12.8 제9호), 졸업정원제 채택(1981~88) 등을 강력히 실행하기도 하였다. 1980년대에는 급격히 팽창한 대학들이 가장 강력한 정치적 저항집단으로 성장했으며, 정치적 민주화의 선봉역할을 담당하기도 하였다. 이런 과정에서 시민사회도 빠른 속도로 성장하게 되었던 것이다.

1980년대에 시민단체 및 교육민주화운동 단체들이 기존의 교육을 반민족교육,

반민주교육, 비인간화교육 등으로 규정하고 '참교육운동'을 시작하였다. 그동안의 국가주도적인 교육성장이 국가발전과 개인성장에는 기여했으나, 교육 받은 엘리트들에 의해 자행된 사회적 무질서와 반목, 지역갈등의 심화, 정치적 불안과 공적 신뢰의 상실, 부정과 부패 등은 부정적인 결과들이었다.

한국교육의 부정적인 특징은 간판과 학력주의, 도구주의와 몰가치, 폭력과 야만, 신속·간편주의와 대충주의, 차별주의 등으로도 요약된다. 즉, 사람을 판단할 때 무엇을 할 수 있느냐보다는 어느 학교나 어떤 대학을 나왔느냐 하는 간판 위주의 학벌중시풍조, 학교교육을 출세나 돈벌이 수단으로 생각하는 경향, 못 배운 사람들에 대한 멸시와 천대, 학교교육을 많이 받은 사람들에 의해서 저질러지는 부정부패와 도덕적 불감증, 경제적 급성장에 편승된 신속한 목표달성과 결과주의, 강자에 의한 약자 차별의식문화 등이 개선되어야 할 우리의 교육문화가 된 것이다.

이제 21세기인 지금 한국교육을 깊이 성찰하고 반성해 건강한 시민교육 쪽으로 방향을 설정해야 한다. 공적 신뢰(social trust)와 자율성 및 책임성교육, 덕성교육과 인간교육, 민주주의교육, 생명윤리교육, 정보화교육, 환경교육, 평화교육, 국제이해교육, 공동체적인 삶의 문제 등을 교육내용으로 구성해야 한다. 더욱이 우리는 남북 냉전이데올로기를 시급히 청산하고 분단시대를 넘어 통일시대로 가는 통일교육을 해야 한다. 그동안 행해져 온 적대성과 배타성을 극복하고 공존과 평화에 바탕을 두며 민족의 통합과 동질성 회복에 집중해야 한다. 그래서 이에 대한 더 많은 교육사회학적 연구가 절실히 요청되고 있는 것이다.

5 교육개혁

교육개혁은 내부적 또는 외부적 동기가 있으나 주로 외부적인 정치적·경제적 이유로 인해 많이 시행되었다. 물론 그 이유는 핵심적인 국가사업 중의 하나가 교육이었기 때문이며, 해방 후 정권의 변화와 함께 다양한 사회문제 해결을 위한 방편으로 활용되었다. 더욱이 세계화에 따라 국민교육체제가 흔들리고 국제경쟁과 직결되면서 각국은 교육제도 개혁에 매달리고 있다. 다만 선진국은 세계 지배권 유지를 위해, 중·후진국은 선진국 자본의 공세에 대한 방어적 입장에서 교육개혁이 추진되고 있는 현실이다.

해방 후 미군정의 교육민주화와 한국화, 1960~70년대 박정희 정권의 국가안보와 경제근대화를 위한 교육개혁, 1980년 신군부가 실시한 7·30 교육개혁, 1995년 김영삼정부의 신교육체제 수립을 위한 5·31교육개혁(1995.5~1997.6), 김영삼정부와 김대중정부 및 노무현정부 그리고 그 이후의 모든 정부들이 모두 자유시장 경쟁논리에 입각한 신자유주의(neo-liberalism, 경제주의에 입각한 교육개혁이데올로기) 교육정책을 펼쳤는데 대체로 발전교육론적인 것들이다.

경제적 수월성과 효율성을 앞세우는 교육개혁은 사회진화론과 기능주의 그리고 공리주의적인 성향이 강하며, 기술적 관점으로 접근하기 때문에 학교선택과 분권화 그리고 교육에 대한 시장의 역할이 강조되고, 교육의 표준화와 규격화 및 민영화가 많이 이루어지기 때문에 시장에 의한 평가가 중시된다. 따라서 사회공학과 시장논리에 기초한 교육개혁이어서 국가역할의 최소화를 주장한다.

반면, 사회적 형평성을 앞세우는 교육개혁은 사회적 정의와 통합적 성향이 강하며, 사회적 신뢰와 공공성을 내세우는 관점으로 접근하기 때문에 교육 기회의 증진을 중시한다. 그리고 공동체주의와 시민사회의 자율적 참여를 통한 교육개혁이기 때문에 복지적 개입국가 중심의 재분배 개혁을 강조하였다.

1980년대에 들어서서 본격적으로 전 세계가 교육개혁의 물결에 휩싸이게 되는데, 소비자 중심, 교육의 질, 경쟁, 자율, 시장, 선택, 효율성, 평가, 직업교육 등이 주된 관심영역이 되었다. 그리하여 영미(英美)를 중심으로 하는 선진 자본주의 국가들은 교육에 대한 공적 지원의 감축, 학습자 선택권의 강화, 교육의 평가 강화, 교육관련 각종 규제의 철폐 및 권한의 대폭적 이양, 공교육의 민영화 등을 실행하기 시작하였다. 이는 사실 신자유주의가 배경으로 자리 잡고 있는 것이었는데, 심각한 재정적자와 경기침체를 벗어나기 위한 대응전략으로 교육개혁이 채택된 것이었다.

이러한 신자유주의적인 교육재편 논리는 세계화와 정보화라는 사회변화의 흐름에 맞춘 것이기 때문에 불가피하다고 하지만, 선진국의 팽창논리와 교육적 불평등을 확대하는 문제 때문에 큰 논란과 저항에 직면하고 있다. 왜냐하면 불평등을 확대시킬 뿐만 아니라 교육을 공익보다는 사익을 중시하는 방향으로 변질시킬 가능성이 높고, 인간적 가치보다 경제발전을 위한 도구적 가치로 교육을 전락시킬 수가 있다고 보기 때문이다.

우리는 이와 같은 교육개혁의 방향과 내용이 과연 교육사회학에 던지는 과제가 진정 무엇인지를 깊이 생각해 보아야만 한다. 개혁은 언제나 그 당위성을 내세우며 새로운 패러다임을 주장하고 있다. 항시 개혁안에 담겨져 있는 새로운 언어라든지 새로운 담론의 구조는 교육사회학이 탐구해야 할 중요한 과제이다. 그간 교사나 국가 등의 교육공급자 중심의 입장에서 논의해 오던 교육문제를 학생과 학부모 등의 학습자나 교육 수요자의 입장에서 논의하는 것은 완전 새로운 담론이기 때문에, 교육사회학의 중요한 과제일 수밖에 없으며, 그래서 더더욱 열린 사고와 새로운 시각이 필요한 것이다.

6 다문화교육

개방화·국제화·세계화가 본격적으로 진행됨에 따라 한국사회는 빠른 속도로 다인종·다민족·다문화사회로 진입하고 있다. 이런 것을 다루는 TV 프로그램이나 영화를 이제는 아주 쉽게 접할 수 있게 되었다.

법무부 자료에 따르면 2017년 6월에 국내체류 외국인이 200만 명을 돌파하였다. 체류사유는 취업, 결혼, 유학 순이며, 국적은 중국 50%, 베트남 8%, 미국 7%, 태국 5%, 필리핀 3% 순이고, 거주지역은 경기 32%, 서울 24%, 경남 7%, 충남 5%, 인천 5% 순이다. 외국인 노동자들은 제조업 51%, 건설업 23%, 숙박·음식업 16%, 가사·서비스업 4% 순이며, 탈북자(2005년부터 새터민)도 2017년 말에 3만여 명을 넘어섰고, 초·중·고 다문화학생 수는 10만 명을 돌파하였다.

이와 같은 다문화사회는 개인적인 적응문제로 언어적 소통문제, 문화적 적응

문제가 있으며, 가족적인 적응문제로 가족관계 및 생활문제, 자녀양육 및 교육문제, 사회적인 적응문제로 편견과 차별문제, 소외와 갈등문제가 있다. 그래서 다문화교육의 과제가 생겨난 것이다. 지금까지 실시된 다문화교육은 체계성 결여, 전문성 취약, 제한적인 참여, 내용의 단조로움, 비합리적인 운영 등의 문제가 있다.

다문화교육은 자유, 정의, 평등, 인간존중의 철학적 사고에 기초한 교육의 철학적 개념이다. 다문화교육 목적은 사회적 다양성의 수용과 사회적 통합성의 형성에 있다. 지역사회에서 다문화교육의 핵심 과제는 소수자 주체화, 다수자 변화, 공동체 형성에 있다. 다문화교육은 이주민에 대한 새로운 인식에서 출발하며, 다문화 공동체교육은 평등 및 평화교육이다. 다문화교육 유형은 정부단체, 지방자치단체, 민간단체 유형이 있으며, 다문화운동에는 1996년에 시작된 '국경 없는 마을 운동'이 있다. 그리고 가장 많은 다문화가족은 1997년 9월 명명한 아시아인과 한국인의 만남이란 뜻을 가진 코시안(Kosian)이다.

이들에게 대안교육과 사회운동으로서 '아시아공동체학교'가 있다. 평화교육, 인권교육, 생태교육을 이념으로 삼고 있으며, 디딤돌학교, 아시아공동체 국제어린이도서관, 아시아공동체 어린이집, 이주여성 재교육프로그램, 다문화사회연구소, 다문화청소년상담센터 등이 운영되고 있다. 이것이 성공하기 위해서는 내부역량 강화와 아울러 공교육과의 협력체제 구축, 다문화교육의 내용과 방법을 정하기 위한 전문가와 교수집단의 참여 등과 같은 외부조언자와 협력자들의 관심과 도움이 절대적으로 필요하다.

세계화시대다, 지구촌사회다 하여 국제이해교육과 다문화교육을 통해 평화와 정의, 공존의 사회를 실현하자는 움직임이 활발해지고 있는 지금, 동아시아 삼국(한국, 중국, 일본)은 여전히 민족의 순수성과 우월성에 집착하고 있다. 국가 주도의 다문화교육은 정도의 차이는 있지만, 그 본질상 '동화주의(同化主義)'를 벗어나기는 어렵다.

동아시아 삼국의 민족정책은 국가주의, 애국주의, 근본주의가 시대에 맞지 않게 지나치게 강조되고 있다. 지나친 국가주의와 근본주의는 배타주의와 그 맥락을 같이 한다. 민간차원의 다문화교육, 기초지역 단위의 생활 다문화교육을 뿌리내리게 하는 것이 21세기의 다문화교육을 준비하는 방법일 것이다.

Chapter 05 교육팽창 이론

1 학교교육의 확대

20세기 후반에는 전 세계의 모든 나라에서 학교교육이 빠르게 확대되었다. 그러나 지역에 따라 다소 차이가 있었는데, 신생독립국들은 제국주의 국가들의 우민정책 탓에 초등교육조차도 제대로 발전되지 못하였기 때문에 초등교육 취학확대정책이 가장 급선무였다. 남아시아와 아프리카의 여러 나라들은 성인을 위한 문맹퇴치교육과 아동들을 위한 초등교육 확대에 치중되었다. 유럽국가들은 제 2차 세계 대전 전에는 정예주의 교육제도를 주로 택하고 있었으므로 초등교육은 보편화되어 있었지만 중등교육은 사정이 달랐다.

종전 후에는 중등교육의 대중화를 위해 초등학교 졸업자격시험(영국의 경우 11^{+} 시험)을 폐지하거나, 완화하고 복선제 중등학교과정을 단선제로 바꾸어 어느 과정에서도 대학진학이 가능하도록 만들었다. 그래서 중등학교 취학률이 상승하고 대학진학 희망자도 늘어났다. 중등학교 졸업자격시험을 강화하여 대학진학자 수를 억제했으나, 1960년대 이후로 대학진학 요구가 급증함에 따라 1970년대부터 대학문호를 확대하기 시작하였다.

1970년에 평균 10% 내외이던 유럽의 고등교육 취학률이 1980년에 22%, 1990년에 28%로 상승하였으며, 영국과 프랑스 및 독일은 40%를 넘어섰다. 이 무렵 미국과 캐나다는 75%를 넘어서는 엄청난 팽창을 기록하였다. 그리고 이 두 나라는 2007년에 80%를 넘어섰다. 한국은 1970년에 8.4%이던 것이 2000년에 80%를 넘어섰고 2007년에 와서는 82.8%로 정점을 찍어 미국과 캐나다를 능가하게 되는 상황이 되었다. 그러나 선진국들끼리도 앞서거니 뒤서거니 하였고, 우리나라도 이후 점차 줄어들면서 2017년에는 69%를 기록하였다. 2015년 통계로는 한국 68%, 캐나다 58%, 영국 49%, 미국 46%, 일본 37%, 독일 28%, 이탈리아 24%였고, OECD 평균은 41%였다.

미국의 마틴 트로우(Martin Trow)는 미국의 중등교육이 소수에 대한 대학준비 기능, 대중에 대한 직업교육기능, 대중에 대한 대학준비기능의 단계를 거치며 발전해 온 것으로 정리했다. 그는 또 고등교육 취학률이 0~15%는 정예주의 단계, 15~ 50%는 대중화 단계, 50% 이상은 보편화 단계로 구분했다.

미국 중등교육의 소수에 대한 대학준비 기능 단계는 남북전쟁이 끝나가는 1870년 이전의 중등교육으로, 중류 및 상류층의 정선된 소수에게만 중등교육의 기회가 주어졌다. 교육내용은 인문중심이었으며 대학에 진학할 것에 대비한 대학준비교육이었다. 대중에 대한 직업교육 기능 단계는 1870년 이후의 급속한 산업화에 발맞추어 나타난 직업준비교육으로서 미국 전역에 실업중등학교가 설립되었고 제 2차 세계 대전이 끝날 때까지 계속되었다. 대중에 대한 대학준비 기능 단계는 제 2차 세계 대전이 끝난 후에 시작되었으며, 대학교육이 개방되기 시작해 고등학교의 성격이 직업준비교육 중심에서 대학준비교육 중심으로 바뀌게 되었다.

고등학교의 성격이 변하게 되자 우수한 학생들은 모두 대학준비를 위해 인문계 고등학교나 종합고등학교의 진학반으로 집중하게 되었다. 따라서 실업계 고등학교와 종합고등학교의 취업반은 모두 열등반으로 인식되어 진학기피 현상이 생기고 말았다. 그래서 우수생은 인문계, 열등생은 실업계, 진학반은 우수반, 취업반은 열등반이라는 등식이 유행하였으며, 이에 따라 능력별 우열반 편성(ability grouping)과 계열별 반편성(tracking system)은 교육불평등 제조장치라는 비판이 일어나게 되었다.

2 학력상승 이론

1) 학습욕구 이론

인간은 기본적으로 본능적인 지적 욕구가 있는데, 이를 충족하기 위해 학교를 활용하다보니 인구증가에 따라 학교가 팽창되고 학력이 상승한다는 이론이다. 다시 말해 학교교육을 통하여 지적 욕구와 인격도야의 욕구를 충족시킬 수가 있기 때문에 기회만 주어지면 누구나 교육을 받는다는 것이다. 고대 희랍시대의 아리스토텔레스도 "모든 인간은 천성적으로 알고자 하는 욕구를 지니고 있다"고 갈파하였다.

미국 하버드대학의 심리학자 매슬로우(Abraham Maslow)는 '동기이론(motivation theory)'을 주장하였는데, 그에 의하면 인간에게는 7가지의 기본 욕구(basic needs)가 있다는 것이다. 즉, 생리적 욕구, 안전 욕구, 소속과 애정 욕구, 자아존중 욕구, 인지적 욕구, 심미적 욕구, 자아실현 욕구가 그것이다. 이렇게 인지적 욕구가 인간의 기본 욕구이기 때문에 생존만 확보된다면 학습욕구가 충족되어야 하는데, 이 욕구를 충족시켜 주는 기관이 학교이므로 학교가 팽창할 수밖에 없다는 것이다.

생리적 욕구(physiological needs)는 갈증, 공기, 배고픔, 배설, 활동, 휴식, 주택, 재산, 성적인 욕구들을 말한다. 이것들은 인간에게 가장 기초적인 것들이기 때문에 이 중 어느 한 가지라도 결핍되면 다음 단계의 어떤 욕구보다도 우선적으로 충족시켜야 한다.

안전 욕구(safety needs)는 몸을 지탱해 주던 것이 갑자기 없어지거나 너무 큰 소리, 통증, 불확실성, 생명의 위협 등에 대한 해소와 안전 및 보호받고 싶은 욕구이다. 또 전혀 낯선 사태에 부딪쳤을 때의 반응도 안전 욕구의 한 표현에 해당된다. 다시 말해 안전과 생명을 위협하는 어떤 사태로부터 자신을 보호하려는 욕구를 말하는 것이다.

소속과 애정 욕구(belongingness & love needs)는 자신이 중요하게 생각하는 개인이나 집단으로부터 인정과 사랑받는 것, 대인관계와 같은 사회적 욕구를 말한다. 사람은 누구나 사회성을 가지고 있기 때문에 이 욕구에서 벗어날 수가 없다. 생리적 욕구와 안전 욕구가 충족된다 해도 소속 욕구와 애정 욕구가 충족되지 않는다면 사회 부적응과 심리적 질병이 발생하기 쉽다.

자아존중 욕구(esteem needs)는 사회적 유능감(social competence), 적당한 지위를 차지하려는 욕망, 타인으로부터 인정과 존경을 받고자 하는 욕망, 직무를 잘 성취하여 칭찬과 상을 받으려는 욕망, 타인으로부터의 좋은 평가 등이 이에 속한다. 이 욕구가 충족되면 자신감과 자부심을 갖게 되고, 새로운 사태에 과감히 도전할 수 있는 힘이 생기지만 그렇지 않으면 열등감과 무력감에 빠지게 된다.

인지적 욕구(recognition needs)는 알고 이해하려는 욕구로서 소박한 호기심과 사물을 알고 설명하고 분석하고 체계화하고 발견하고 이해하려는 욕망이다. 지적 욕구의 충족은 그 자체로서 만족감과 희열을 가져 온다.

심미적 욕구(esthetical needs)는 추한 것보다는 아름다운 것, 대칭이나 질서, 균형, 완전성 추구 등에 대한 욕구로서 미적인 기쁨을 말한다. 심미적 욕구는 자아실현의 욕구와 안전 욕구와도 밀접한 관련을 가질 수가 있다.

자아실현 욕구(self-actualization needs)는 자기의 가능성, 재능, 꿈, 포부 등을 실현하고자 하는 것을 말한다. 사람들은 일반적으로 끼가 있으면 연예인이 되고 싶어 한다. 또 과학에 흥미가 있으면 과학자가 되고 싶어 한다. 이와 같이 자신의 잠재적인 재능과 능력을 표현하고 발휘하고 싶어 하는데, 이것이 저지당하거나 실패하면 좌절과 낙망과 분노를 느끼게 된다.

이 일곱 가지 욕구들은 순서대로 위계구조를 가지고 있으며, 욕구불만이 행동에 영향을 미치기 때문에 욕구가 만족되면 그것은 더 이상 동기를 유발하지 못한다는 것이다. 그리고 인간의 욕구가 중요한 순서대로 배열이 되어 있는데, 가장 기본적인 것에서부터 복잡한 것으로 되어 있다. 또한 이들은 일반적으로 다음 단계의 욕구가 충족되기 전에 전 단계의 욕구부터 충족되어야 하며, 만약 욕구가 충족되지 않는다면 그 욕구는 다시 우선순위가 된다는 것이다.

학교팽창에 관한 학습욕구 이론의 단점은 과연 학교가 학습욕구를 제대로 충족시켜 주고 있는 기관이냐 하는 점이다. 오늘날의 학교가 지적·인격적 학습욕구를 충족시켜 주기에는 적당한 장소가 아니라는 주장들이 많이 늘어났다. 오히려 비교육적인 기관으로 변질되었다고 주장하는 학자들도 많이 늘어났다. 실버맨(Silberman)은 의무교육은 빗나간 교육제도라고 하는가 하면, 라이머(Reimer)는 학교가 죽었다고 주장하고, 일리치(Illich)는 학교 위주의 사회를 벗어나야 한다고 하고 있다.

라이머와 일리치는 한 목소리로 오늘날의 학교는 보호, 선발, 교화의 기능에만 치중하고, 정작 본질적 기능인 학습기능에는 소홀히 하고 있으며, 그나마 학습기능조차도 그 내용에 있어서는 쓸모가 없는 불필요한 지식 그리고 특정 집단의 이익에 봉사하는 지식으로 구성되어 있다고 비판하고 있다. 우리의 학교현실을 돌아보면 밤낮 입시준비를 하고 있는 것을 볼 수 있는데 과연 입시준비 위주 교육이 상급학교 진학을 위한 것이지 참된 교육이냐 할 때는 유구무언이 되어 버린다. 따라서 학교가 진정한 교육기관이라고 내세우기 어려워지는 것이다.

2) 기술기능 이론

기술기능 이론은 1950년대 클라크(Burton Clark)와 커(C. Kerr)가 산업사회에 있어서 교육의 기능을 설명하기 위해 제시한 경제적 관점의 이론으로, 과학기술의 부단한 향상 때문에 직업기술의 수준이 계속 높아지며, 그에 따라 사람들의 학력도 계속 높아질 수밖에 없다는 이론이다. 이런 기술기능주의적 설명은 슐츠(Theodore Schultz), 베커(Gary Becker), 민서(Jacop Mincer) 등의 교육과 경제성장 관계에 대한 인간자본 이론과도 유사하다.

기술기능 이론은 과학의 발달로 높은 수준의 기술이 요구하는 직업의 비율이 늘어나기 때문에 대학교육이 팽창된다는 입장이다. 이 견해의 전제는 학교의 기능이 산업사회의 직업세계와 상호관계가 있다는 것을 의미한다. 사회가 기술의 측면에서 고도화되고, 정보화되면서 기존에 필요하지 않았던 직업도 생기고, 기술도 필요하기 때문에 기존의 고등학교교육만으로 직업수행을 하는데 한계가 있기 때문에 대학교육이 팽창되었다는 것에 동의한다.

즉, 직업세계가 하급 노동직에서부터 소수의 상급 전문직에 이르기까지 피라

미드 형태로 이루어져 있듯이, 학교도 초등학교에서부터 대학원에 이르기까지 같은 모습으로 발전하였다. 따라서 옛날의 선반공은 학교교육을 받지 않고 도제훈련(徒弟訓練)만으로도 충분했으나, 오늘날의 선반공은 최소한 공업고등학교 정도는 나와야 한다. 말하자면 고학력사회는 고도산업사회의 당연한 결과인 것이다.

그런데 기술기능 이론에서 학교가 산업사회의 요구에 상응해 인력을 배출한다는 것은 직업세계의 수준과 학교교육 수준은 일치해야 한다고 하나, 실제 대졸자들이 자신의 학력보다 낮은 수준의 일을 하는 경우도 있고, 자신에게 맞는 일을 찾지 못해 실업자로 전락하고 있는 경우도 있다. 이러한 것은 대학교육에서 배우는 교육이 실제 사회에서 필요한 직업수행능력을 교육시키는 데 실패하고 있다는 것을 반증하고 있다.

대표적인 예로 우리나라의 경우 취업을 할 경우 내가 수행하고자 하는 직업이 영어능력이 필요하지 않음에도, 대학교에서 배우지도 않는 토익(TOEIC)점수를 요구하는 것은 이 이론에 따르면 아이러니(irony)하다. 정말 사회에서 영어가 크게 요구되는 기술이라면 4년 내내 대학에서는 영어를 가르쳐야 한다.

대학교육의 팽창으로 말미암아 직업에 필요한 기술교육을 받으려고 대학에 가는 학생들도 있지만, 적성에도 맞지 않는 대학교육을 받으러 가야 하는 사회 분위기가 형성되는 것이다. 즉, 누구나 대학을 가기 때문에 나도 가야 한다는 압박감, 단순히 학위를 받기 위한 대학교육의 팽창들은 기술기능 이론으로는 설명하기가 어려워 과잉교육(over education) 현상을 초래한다.

우리 사회가 점차 3차 산업중심의 고용구조가 되고 있는데, 이런 변화가 학력상승을 불러일으키는 원인이 되고 있다는 주장이 그래서 가능하다. 그러나 앞에서 말한 것처럼 과잉학력 현상과 직장에서 담당하고 있는 일이 전공과 무관한 경우도 많고, 하향취업도 많으며, 반드시 취업을 목적으로 학교에 다니는 것이 아닌 경우도 있어서 기술기능 이론은 여기에 대해 효과적인 설명을 할 수가 없다.

3) 신마르크스 이론

신마르크스주의자들이 주장하는 일명 상응(대응) 이론은 자본주의 경제체제 구조와 학교교육은 서로 상응관계에 있기 때문에, 자본주의 국가들은 경제발전에 따라 학교교육도 확장·발전된다는 이론이다. 매사추세츠대학 경제학 교수이며 신마르크스주의자들인 보울즈와 진티스가 『자본주의 미국에서의 학교교육』이라는 책을 통해 보다 구체적으로 발전시켰다.

그들은 미국 학교제도의 발달이 자본가 계급의 이익을 위해 시작된 것이라고 주장한다. 즉, 보통 미국의 학교제도는 평등주의에 입각해 모든 사람이 타고난 잠재능력을 최대한 계발하고, 실현할 수 있는 민주적인 제도로 알고 있고, 또 그 바탕 위에서 발전했다고 믿고 있는데, 실상은 그렇지 않고 처음부터 자본주의 경제체제를 유지하기 위해 자본가의 구미에 맞는 기술인력을 공급하고, 동시에 자본주의에 적합한 사회규범을 주입시키는 핵심적인 장치로 시작된 것이었다고 주장한다.

본래 미국의 초기 의무교육제도가 상류층이나 중류층이 자기 자녀들을 위해서 만든 교육제도가 아니라, 공장노동 청소년들의 노동의 질을 향상시킬 목적으로 공장 주변 지역에서 더욱 강력하게 실시되었다는 것을 지적하고 있다. 기업가들과 공장주들은 잘 훈련된 노동인력을 쉽게 얻기 위해 교육위원회에 의무교육 실시를 강력히 요구하기조차 했었다는 것을 실증 사례를 가지고 설명하였다.

보울즈와 진티스는 그들의 저서에서 공장주들이 아이들에게 읽기, 쓰기, 셈하기 등 지적 내용보다는 질서 지키기, 상급자의 명령에 복종하기, 자기책임 다하기 등과 같은 규범적 내용을 가르치기를 원했고, 실제로 노동자들을 채용할 때에는 알고 있는 지식의 수준이나 내용보다는 예의와 태도 및 자세와 같은 것들을 더 고려했다는 교육사학자 마이클 캣츠(Michael Katz, 1975)의 연구를 자주 인용해 설명하고 있다.

그 이유는 규범적 교육을 잘 받은 노동자들이 상급자에게 대들지 않고 열심히 일하는 데 비해, 지식수준이 좀 높거나 지적교육을 받은 노동자들은 말썽을 자주 일으키고 파업에 가담을 잘 하는가 하면 노조결성을 원한다는 것이다. 그래서 초기의 초등교육은 규범적 내용을 더욱 강조했으며, 이러한 경향은 공장 주변의 빈민지역 학교에서 매우 현저했다는 것이다.

이렇게 미국의 초등교육은 하급 노동자들의 훈련에 그 목적이 있었다면, 중등교육은 기능직과 초급 사무직의 훈련에, 고등교육은 중견기술자와 관리직의 훈련에 있었으며, 단지 교육내용의 강조점만 달랐다는 것이다. 특히 중등교육은 20세기에 들어서면서 급속히 확대되기 시작했는데, 산업화로 인한 대량생산체제는 높은 수준의 기술인력과 사무직을 요구해 종합고등학교(comprehensive high school)가 등장하였다는 것이다.

이 학교는 인문계와 실업계를 같이 운영하기 때문에 중상류층의 아이들과 하류층의 아이들이 함께 한 학교에서 공부하는데, 진학준비 계열과 직업준비 계열은 정신노동과 육체노동의 위계적 질서를 학교에 반영시킨 것이기도 하였다. 계층통합적인 측면도 있으나 상이한 계급적 규범과 가치관을 학습하게 되는 차등적 사회화를 통해 자본주의 경제구조에 상응하는 교육의 실시가 가능해졌다.

고등교육 또한 지역사회대학을 비롯한 초급대학이 많은 비중을 차지하는 이유는 저소득층과 하류층에게 상대적 박탈감을 줄여주고, 불만을 해소시키며 하급 직업교육을 실시하기 위해서였다는 것이다. 4년제 대학들은 지배엘리트들을 주로 양성하지만, 2년제 대학들은 직업기술훈련에 치중하는 교육을 주로 하는 것이 그 단적인 증거가 되기도 한다.

신마르크스 이론은 기술기능 이론과 비슷한 문제점을 가지고 있다. 즉, 교육을 자본가 계급의 이익을 위한 것으로만 단정하는 것 말고도 앞서 지적한 기술기능 이론이 가지고 있는 문제, 다시 말해서 교육을 수단 시 하는 문제점들을 고스란히 가지고 있다. 또한 경제적 요인에 초점을 맞추어 학력상승과 교육팽창을 설명하는 두 이론은 얼핏 보면 정반대처럼 보이는데, 일단 기술기능 이론은 기능론적이고, 신마르크스 이론은 갈등론적이어서 그렇다. 기술기능 이론은 기술수준의 향상이 학교교육을 확대시킨다고 하고, 신마르크스 이론은 기술수준의 향상이 학교교육을 확대시키기는 하지만, 그것은 자본가 계급의 이익에 의한 것이라는 것이다.

4) 지위경쟁 이론

지위경쟁 이론은 사회적 요인에 초점을 맞춘 지위집단 경쟁 이론(status group struggle theory)인데, 신베버주의자(neo-Weberist)들인 랜달 콜린즈(Randall

Collins)와 크리스토퍼 헌(Christopher J. Hurn) 등을 대표로 한다. 콜린즈는 베버의 사회 이론에 기초하여 「교육층화의 기능적 및 갈등적 이론, 1971」이라는 논문에서 기술기능 이론과 비교하며 지위경쟁 이론을 체계화하였다.

학력이 사회적 지위획득의 중요한 수단이기 때문에 학력은 계속 상승한다는 것이며, 학교의 팽창은 부, 지위, 권력, 위세, 명예 등을 둘러싼 개인 및 집단적인 경쟁 결과에서 기인한다는 것이다.

현대 시민사회는 과거 신분사회의 귀속주의(歸屬主義)가 아닌 업적주의(業績主義) 또는 능력주의(meritocracy) 사회이기 때문에, 지위구조와 그에 따른 차등적 보상체제를 위해 사회적 선발장치가 필요한데 이를 학교가 담당하게 되었다. 학력이 지위획득을 위한 합법적인 사다리로 자리 잡게 된 것이다.

오늘날 학벌이 모든 사회생활영역에서 중요한 결정적 요소가 되고 있기 때문에, 특별히 학력이 경제적 수입과 어떻게 관련되어 있는가를 살펴보는 것이 필요하다. 우리나라는 소득양극화 현상이 심화되는 가운데 학력 간 임금격차도 계속 벌어지고 있는 것으로 나타났다. 한마디로 돈 많이 벌고 싶다면 대학에 가야 한다는 말이 실증되고 있는 셈이다.

임금격차는 남녀 간에도 엄존한다. 한국 여성임금은 남성의 61%에 불과하다. 여성들은 비정규직이 많기 때문에 빚어지는 현상이다. 이 나라에서는 돈 벌고 싶다면 남자로 태어나는 게 유리하다.

통계청에 따르면 학력별 임금격차는 2015년의 경우, 고졸을 100으로 하면 중졸 이하 72, 전문대 115, 대졸 이상 145였다. 국가 간 비교는 중졸 이하와 대졸 이상의 경우 한국은 72:141, 독일은 76:166, 미국은 68:174, 영국은 76:153이었다. 그리고 남녀격차는 2017년의 경우 표 5-1과 같이 남성이 여성에 비해 1.65배였다. 이 격차는 OECD 국가 중에서 한국이 1위였다.

학력 간 임금 격차가 확대되는 것은 성과주의 기업문화 정착 등으로 고학력 숙련노동자와 저학력 비숙련노동자의 임금상승률에 차이가 있기 때문이다. 아울러 중소기업에 비해 성장속도가 빠른 대기업이나 수출기업들이 주로 대졸 이상의 고학력자를 채용하면서 노동시장의 양극화가 발생하고, 이는 다시 소득양극화로 이어지고 있다는 지적이다.

표 5-1 성별 소득 구간 분포 (단위: %, 만 원)

구분	계	남자	여자
계	100.0	100.0	100.0
85만 원 미만	4.0	2.4	6.6
85~150만 원 미만	19.4	12.9	29.0
150~250만 원 미만	28.4	24.1	35.0
250~350만 원 미만	16.6	19.2	12.8
350~450만 원 미만	11.8	14.9	7.2
450~550만 원 미만	6.6	8.2	4.2
550~650만 원 미만	4.6	6.0	2.4
650만 원 이상	8.6	12.3	3.0
평균소득	329	390	236
중위소득	241	300	179

출처: 통계청 자료(2017).

또 우리나라 여성의 평균임금은 남성의 61%에 불과해 OECD 국가 중 성별에 따른 임금격차가 가장 큰 것으로 나타났다. 이는 여성은 대우가 열악한 임시직과 일용직 비중이 높은데다 육아부담 등으로 경제활동 참가율이 낮다보니 소득상승의 기회가 단절되는 경우가 많은 것으로 풀이된다.

이러한 임금격차는 OECD 주요국 가운데 가장 큰 것으로 뉴질랜드가 남성 평균임금을 100으로 가정할 때 여성은 91로 성별에 따른 임금격차가 가장 작았고, 프랑스(89), 폴란드(89) 등도 여성 임금수준이 남성의 90%에 육박했다. 이어 덴마크(88), 헝가리(87), 스웨덴(85), 호주(84), 스페인(83), 체코(82), 아일랜드(82), 미국(81), 핀란드(80), 네덜란드(80) 등의 여성도 남성 임금의 80% 이상을 받는 것으로 집계됐다.

이와 같이 학력 간 임금격차는 학력이 소득에 미치는 영향을 알아볼 수 있는 1차적 자료이기는 하나, 이것만 가지고 고학력을 얻는 것이 임금격차만큼 반드시 유리하다고 할 수는 없으므로, 고학력을 얻기까지의 비용을 따져보아야 된다. 대학교육 비용이 엄청나다면 대졸학력의 경제적 순이득이 반드시 크다고만

할 수는 없을 것이기 때문이다.

한편, 지위경쟁 이론은 학력상승을 경쟁결과로만 파악하기 때문에 학교교육의 내용적 측면에는 무관심하다. 사람들이 학교교육을 통하여 전문적 직업준비를 한다거나 지적 욕구를 일정 부분 충족한다는 사실을 도외시 하고 있다. 즉, 경쟁의 부정적인 측면만 강조하고 긍정적인 측면을 경시하는 것이다. 또 수요자 간의 경쟁만 강조하고 공급자의 영향력을 전혀 고려하지 않고 있다. 우리나라의 경우 재정적 기반이 취약한 사립대학들이 학생 수를 많이 확보해서 재정난을 해결하려는 구조적 속성이 있는데, 이러한 측면을 지위경쟁 이론은 알지 못한다.

5) 국민통합론

벤딕스(Reinhart Bendix)는 『국가건설과 시민의식(Nation-Building and Citizenship, 1964)』에서 교육이 국민으로서의 정체감(identity)을 형성시키는 기제(機制)라고 하며, 정치적 요인인 국가의 형성과 국민통합의 필요성 때문에 교육이 팽창되었다고 주장한다. 그는 근대국가의 형성과정에서 교육팽창과 교육에 대한 정치적 통제가 이루어졌다고 주장하며, 다양하고 이질적인 문화적·지역적 집단과 계급으로 구성된 국민들에게 일체감을 형성시키는 제도가 교육이라고 주장하였다.

라미레즈와 루빈슨(Francisco O. Ramirez & Richard Rubinson, 1979)도 1950~70년 사이에 세계 각국이 공통적으로 교육팽창을 나타냈는데, 100여 국가를 대상으로 교육체제의 정치적 통합수준을 측정한 결과, 대부분의 국가에서 학교교육제도에 대한 국가통제가 높다는 것을 발견하였다. 교육의 정치적 통합수준은 국가가 교육을 규제하는 정도를 말하는 것으로, 교육에 대한 일반적인 책임의 수준, 교육에 대한 일반적 통제의 수준, 학생입학을 통제하는 정도, 교육과정을 통제하는 정도, 학생에 대한 재정의 원천, 학교에 대한 재정의 원천 등을 측정한 것이다.

메이어(John Meyer, 1983)도 사회가 유지되기 위해서는 이념통합이 가장 중요하다고 하였으며, 18세기 이후 시민혁명을 거치면서 새롭게 형성된 현대국가들은 중세시대 교회가 수행하던 이념통합의 기능을 학교라는 제도가 대신하게 되었다고 주장한다. 그래서 전 국민을 대상으로 하는 공교육제도를 수립하였으며, 우선적으로 초등교육을 의무화하였다고 한다. 다음으로 중등교육을 확대시켜 동일한 규범과 지식을 모든 국민에게 보급하고 시험제도를 통해 학습여부를 확인하였다는 것이다.

따라서 국민통합론자들이 보기에는 교육팽창에 대한 학습욕구 이론과 기술기능주의 이론들이 모든 국가가 비슷한 시기에 교육팽창과 교육에 대한 국가통제가 이루어졌기 때문에 맞지 않는다고 주장한다. 신마르크스 이론과 지위경쟁 이론들도 지위와 계급갈등이 국가마다 다른데, 교육팽창은 전 세계적으로 거의 동시에 일어났기 때문에 틀리다는 것이다. 다시 말해 여타 이론들이 제시하는 현상이 전혀 일어나지 않는 것이 아니라, 19세기 이후와 제 2차 세계 대전 후의 두드러진 교육팽창 현상은 그런 논리로는 도무지 설명이 안 된다는 것이다.

그러나 국민통합론 역시 고등교육 팽창과 과잉교육 문제에 대해서는 설명이 부족하다. 해방 이후 남북한의 교육팽창은 각기 자신들의 이데올로기 통합과 이데올로기 경쟁의 수단으로 학교를 중시하였고 또 학교를 확대시켰다. 각기 초·중등교육을 서둘러 확대시킨 것은 학교교육의 이데올로기적 기능을 크게 중시하였기 때문이다. 그렇지만 우리나라의 1970년대 이후의 급속한 대학인구 폭증은 역시 이 이론으로도 설명하기 어려운 부분이 있다.

3 한국의 학교팽창

교육부의 '2017 교육기본통계'에 따르면 유치원, 초·중·고 학생은 총 646만 8629명으로, 지난해 대비 2.5%(16만 7155명) 줄었다. 유치원, 중학교, 고등학교 학생 수는 전년에 비해 각각 9507명(1.4%), 7만 6156명(5.2%), 8만 2758명(4.7%) 줄었다. 반면 초등학생(267만 4227명)은 지난해에 비해 0.1%(1384명) 늘었다.

유치원, 초·중·고의 전체 교원(49만 2187명)은 지난해에 비해 1035명(0.2%) 늘었으며, 각급학교의 교감·교장 등 관리직 교원 중 여성교원 비율은 전체의

49.5%에 이르렀다. 여성은 유치원 관리직 교원의 94.6%(5829명), 초등학교 관리직의 절반(49.9%)에 이르렀다. 전체 교원 중 여성교원은 70.5%로, 전년 대비 0.4% 늘어났다.

학생 수 감소에 따라 학급당 학생 수, 교원 1인당 학생 수 모두 전년에 비해 줄어들었다. 교육기본통계 자료로 확인되는 1965년 이후 최저 수준이다. 학급당 학생 수는 유치원 19.7명, 초등학교 22.3명, 중학교 26.4명, 고등학교 28.2명으로 나타났다. 초·중·고의 다문화학생 수는 전년 대비 1만 201명(10.3%) 증가한 10만 9387명(전체 학생의 1.9%)으로 집계됐다. 다문화학생 수를 통계에 반영한 2012년 이후 지속적으로 증가해 올해 처음으로 10만 명을 넘어섰다.

부모의 출신국적을 보면 베트남(26.5%), 중국(22.2%), 필리핀(12.0%), 한국계 중국인(11.3%), 일본(10.5%) 순으로 많았다. 교원 1인당 학생 수(교장·교감, 보건·사서교사 등 포함)는 초등학교 14.5명, 중학교 12.7명, 고등학교 12.4명으로 조사됐다. 전년에 비해 초등학교 0.1명, 중학교 0.6명, 고등학교 0.5명 감소했다.

교육부에 따르면 경제협력개발기구(OECD) 기준에 따라 교장·교감, 보건·사서교사 등을 제외한 교원당 학생 수는 유치원 13.3명, 초등 16.4명, 중등 14.0명, 고교 13.2명으로 집계됐다. 고교의 경우 2014년 OCED 회원국 평균(초등 15.1명, 중등 13.0명, 고등 13.3명)보다 낮았다. 고교 졸업자의 대학 진학률(68.9%)은 전년에 비해 줄었다(0.9%↓). 반면 고교 졸업자의 취업률(34.7%)은 상승했다(0.8%↑). 여학생 비율은 유치원 49.0%, 초등 48.4%, 중등 47.8%, 고등 47.7%, 대학 43.3%였다.

일반대·전문대 등 고등교육기관의 재적학생(343만7309명)은 전년 대비 7만 9298명(2.3%) 감소했다. 2011년 이후 지속적인 감소세를 보였다. 반면 외국인 유학생 수(재적학생)는 전년 대비 1만 9596명(18.8%) 증가한 12만 3858명으로, 지난 2년 연속 10% 이상의 증가율을 나타냈다.

해방 후 우리나라는 교육인구가 폭발적으로 증가해 대학까지 합치면 1천만 명에 가까운 학생 수를 가지게 되었다. 이는 우리 민족의 높은 교육열, 중학교 무시험진학, 고교평준화 정책, 대학정원 확대정책, 산업화, 사학진흥정책, 국민통합, 남북경쟁이데올로기 등 여러 요인들이 작용한 결과이다. 초등학교는 1970년대에 완전 취학이 이루어졌으며, 중학교는 1980년대에, 고등학교는 2000년대에 이루어졌다. 결과적으로 학교교육 규모의 확대는 국민들의 학력상승을 가져온다. 그러므로 이제 현재의 대학생 세대들은 '평균학력 대졸'시대가 된 것이다.

우리나라 고등교육 취학률은 2007년 82.8%로 정점을 찍고, 점차 감소하면서 2017년 약 69%가 되었다. 따라서 대학교육의 성격이 과거의 정예주의적 고급전문교육으로부터 이제는 대중주의적 일반교육으로 바뀌고, 고급전문교육은 대학원이 담당하는 새로운 체제로 바뀌어 가고 있다. 따라서 대학들도 대학원 중심의 연구(학문)중심대학, 연구·교육병행대학, 학부중심의 교육(직업)중심대학 등의 스타일로 특화·유형화되는 추세이다.

한국의 고등교육 취학률은 세계 최고 수준이나 다름없다. 왜냐하면 우리나라는 고등학교 졸업 후에 곧바로 정규학위중심대학에 진학하는 청년인구가 대부분이기 때문이다. 이에 반해서 미국은 대학의 계속교육의 확대와 시간제 학생의 증가로 성인고등교육인구가 큰 부분을 차지하고 있어서 우리나라와는 질적으로 다르다. 더욱이 미국은 산업체 현장의 직업기술 훈련이 중심을 이루는 성인교육 성격의 고등교육 인구가 큰 비중을 차지하고 있어 질적으로 우리와는 큰 차이가 있을 수밖에 없다.

특히 학교가 팽창할 때 국가의 재정이 빈약하여 국민의 교육 기회 확대요구와 학력경쟁에 부응하기 위해 정부가 정책적으로 사립학교 진흥정책을 썼기 때문에, 2017년 기준으로 볼 때 유치원이 50%, 초등학교가 1%, 중학교가 약 23%, 고등학교가 약 45%, 전문대가 약 90%, 4년제 대학이 약 85% 정도가 되어버린 것이다. 이 중에서도 사립대학이 유난히 많은 것은 '수익자 부담 원칙'과 학교경영 재원을 주로 등록금을 통해 충당하다보니 정원 확대가 뒤따르게 되어 학생 수가 엄청나게 늘어났던 것이다.

그런데 여기서 교육비의 수익자 부담과 사학에 의존한 학교팽창이 가능할 수 있었던 것은 학력사회가 부추기는 국민의 높은 교육열이 뒷받침되었기 때문이며, 교육열과 수익자 부담 및 사학에의 의존 등은 상보적인 관계에 있다. 이런 함수관계에다가 정부가 교육의 질적 관리를 포기하고 양적 생산정책을 펼쳐왔기 때문에 학교교육이 더욱 확대된 것이다. 정부가 효율적으로 관리를 못하게 된 것은 각 집단의 이해관계, 즉 학교경영자의 무리한 증원 요구, 산업체들의 기술인력 공급 요구, 학부모들의 고학력 획득 욕심 등이 끊임없이 관철된 결과이다.

더욱이 농촌현장에서의 영농기술교육, 공장에서의 기술훈련, 기업체들의 각종 연수교육, 그 밖의 다양한 사회교육들이 학력으로 전혀 인정되지 않았으므로, 모든 국민들은 학교와 대학이 수여하는 졸업장을 얻기 위하여 오로지 학교로 몰려든 것이다. 사회는 학력에 따라 사람을 차별하고 회사에서는 학력에 따라 차별적으로 고용하고 승진시키며, 승급을 관행으로 삼았기 때문에 학력 간 임금격차는 벌어지고 학력경쟁은 심화된 것이다.

표 5-2 학력·연령별 월 임금 격차

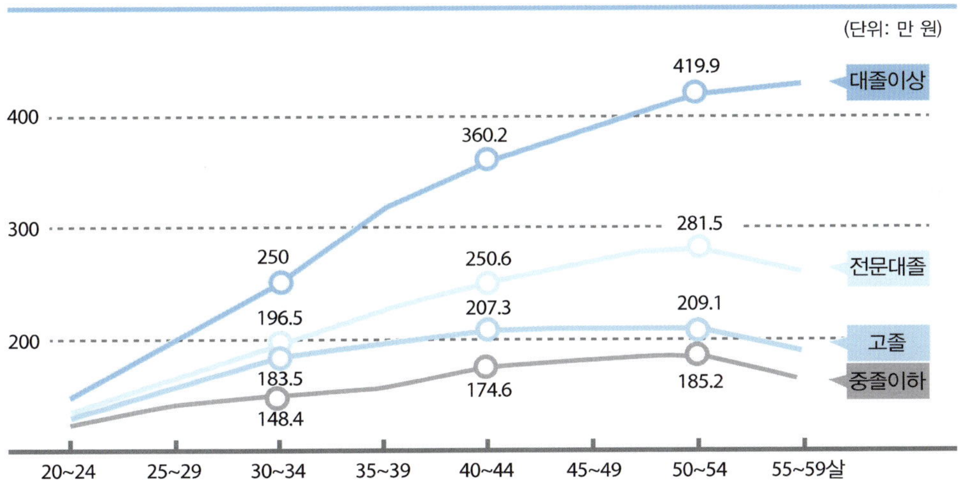

출처: 고용노동부 고용형태별 근로실태조사(2009).

교육의 본질적인 측면을 생각한다면 안타까운 일이 많지만, 학교의 확대와 고학력사회는 그 자체로서는 문제될 것이 없다. 올바른 교육적 가치인 지적·인격적 성숙을 제대로만 구현한다면 많은 사람들이 학교교육을 받는 것이 바람직하다. 과잉교육이나 고학력 실업문제는 교육을 경제적 가치에 종속시켜 보기 때문에 문제가 되는 것이지, 사실 교육적 가치로만 따진다면 낮은 직종에 종사하기 때문에 교육을 덜 받아야 한다는 논리는 성립할 수 없는 것이다.

Chapter 06 교육평등과 불평등

1 교육평등관의 전개

1) 허용적 평등

"모든 국민은 능력에 따라 균등하게 교육을 받을 권리를 가진다"라고 헌법 제31조 ①항에 명문화되어 있다. 또 '교육기본법' 제4조에도 '교육의 기회균등'이라는 제목 아래 "모든 국민은 성별, 종교, 신념, 사회적 신분, 경제적 지위 또는 신체적 조건 등을 이유로 교육에 있어서 차별을 받지 아니한다"라고 규정되어 있지만 현실은 많이 다르다.

참고

헌법 제31조

① 모든 국민은 능력에 따라 균등하게 교육을 받을 권리를 가진다.
② 모든 국민은 그 보호하는 자녀에게 적어도 초등교육과 법률이 정하는 교육을 받게 할 의무를 가진다.
③ 의무교육은 무상으로 한다.
④ 교육의 자주성·전문성·정치적 중립성 및 대학의 자율성은 법률이 정하는 바에 의하여 보장된다.
⑤ 국가는 평생교육을 진흥하여야 한다.
⑥ 학교교육 및 평생교육을 포함한 교육제도와 그 운영, 교육재정 및 교원의 지위에 관한 기본적인 사항은 법률로 정한다.

교육기본법 제4조 (교육의 기회균등):
① 모든 국민은 성별, 종교, 신념, 인종, 사회적 신분, 경제적 지위 또는 신체적 조건 등을 이유로 교육에서 차별을 받지 아니한다.
② 국가와 지방자치단체는 학습자가 평등하게 교육을 받을 수 있도록 지역 간의 교원 수급 등 교육 여건 격차를 최소화하는 시책을 마련하여 시행하여야 한다.

즉, 경제적인 능력이 있으면 학교에 다닐 수 있지만, 그렇지 못한 경우는 학교를 포기하고 생활비를 벌기 위해 직장에 다니는 청소년들을 어디서든 쉽게 만날 수 있다. 이것은 결국 누구나 교육받기를 원한다고 해서 모두 다 학교를 다닐 수 있는 것이 아니라는 것이다. 법이나 제도로 교육 기회를 가로막아 놓지는 않았지만 경제적인 이유로 혹은 신체적·정신적 장애나 질병 때문에 또는 부모나 후견인의 편견 등으로 교육을 제대로 받을 수 없는 경우가 많기 때문이다.

'교육'이라는 공공재(public goods)를 누가 차지하느냐라는 면에서 교육 기회가 어떻게 분배되고 있느냐의 문제는 교육이 사회적 지위의 획득과 관련되기 때문에 매우 중요하다. 더욱이 학교를 출세수단으로 생각하며 신화적인 믿음을 막연히 가지고 있는 사람들에게는 교육 기회의 분배상황과 분배방식은 중요한 관심사가 아닐 수 없다. 그래서 교육 기회분배의 공식적 절차인 입학선발은 그 경쟁이 치열한 것이며, 우리나라의 경우 필사적이어서 항상 잡음이 발생하는 것이다. 해마다 대입수능시험에서 공무원 출근시간까지 늦추게 하고, 듣기평가 시간에 경적을 금지하며(한국, 중국 등), 비행기 이·착륙시간까지 통제하는 나라는 찾기 어려울 것이다.

인간은 각기 다른 배경과 능력을 가지고 태어나는데 교육적으로 평등하게 취급한다는 것은 매우 어렵고 복잡한 일이다. 그래서 교육평등관이 시대에 따라, 국가에 따라 다를 수밖에 없고, 또 다르게 발전되어 왔다. 서구사회의 능력주의 교육평등관은 '지능 + 노력 = 능력'이라는 계몽주의시대에 탄생한 능력관이다. 그런데 지능이 '유전에 의해서 영향을 받는다', '환경에 의해서 영향을 받는다'는 관점들 때문에 교육평등관은 달라질 수밖에 없는 것이다.

미국의 교육정치학자 콜맨(James S. Coleman)은 교육평등관을 다음 네 단계로 정리하였다. ① 산업화 이전 단계이다. 이때의 교육은 전적으로 가정의 책임이었기 때문에 학교교육 평등문제는 관심사가 아니었다. ② 초기 산업화 단계이다. 이 시기는 신분제도가 무너졌지만 아직은 계급적 관점이 남아 있었기 때문에 초등의무교육으로도 충분하였다. 그래서 제 2차 세계 대전 이전까지는 복선형(dual system) 학교제도가 유지된 것이다. ③ 제 2차 세계 대전 이후 단계이다. 무상교육과 각종 교육지원제도를 마련해서 사회경제적 제약 때문에 교육을 받지 못하는 일이 없도록 모든 사람에게 교육 기회를 허용해야 한다는 것이었다. ④ 교육결과의 평등 단계이다. 누구나 다 학교를 다닐 수 있게 교육 기회를 주는 것만으로는 충분하지 않고, 제대로 배울 것을 배우게 하는 교육적 결과의 평등을 이룩해야 한다는 것이다.

화렐(Joseph P. Farrell)은 교육평등 모형을 다음과 같이 네 가지로 정리하였다. ① 접근(취학 기회)의 평등(access)으로 어떤 사회집단이든 사회적·자연적·인지적 속성에 따라 각급 학교에 입학·진학할 수 있는 확률이 일치하는 수준을 말한다. ② 생존의 평등(survival)으로 어떤 사회집단이든 초·중·고등교육기관에서 퇴학·제적 등으로 퇴출되지 않고, 각 단계를 완전하게 마칠 때까지 계속 재학할 수 있는 확률이 일치하는 수준을 말한다. ③ 산출의 평등(output)으로 어떤 사회집단이든 각급 학교에서 교육을 받는 내용과 그 성취수준이 일치하는 것을 말한다. ④ 결실의 평등(outcome)으로 학교를 마치고 성인으로서 사회에 나가 얻는 삶의 모습, 즉 직업·수입·지위·정치적 권력 등이 상대적으로 비슷하게 일치하는 수준을 말한다.

훗센(Torsten Husèn)은 교육평등의 개념이 시대적, 지역적으로 다르게 규정되어 왔다고 보고, 사회철학적인 관점에서 교육평등의 관점 변화를 ① 보수주의적(conservative) 평등관, ② 자유주의적(liberal) 평등관, ③ 보상적(redemptive) 평등관으로 나누었다. 보수주의적 평등관은 하나님이 인간에게 내린 다양한 재능과 능력을 개인의 책임 하에 최대한으로 활용해야 한다는 것으로, 귀속적인 신분사회의 계급 이념에 근거를 둔 것이다. 자유주의적 평등관은 능력주의사회의 이념을 반영하는 것으로, 모든 사람이 자신의 귀속적인 지위에 관계없이 자신의 능력과 노력에 따라 균등하게 기회를 가질 수 있는 권리를 보장하는 개념이다. 보상적 평등관은 자유주의적 평등개념이 결과적으로 가정의 사회경제적 지위에 영향을 받고, 학교교육이 기존의 불평등을 정당화하고 강화한다는 데서부터 출발한다.

허용적 평등의 관점은 이제 신분사회가 아니므로 모든 사람에게 동등한 기회가 주어져야 한다는 관점인데, 즉 법적·제도적 차별을 없애야 한다는 것이다. 그동안 신분, 성별, 종교, 지역, 인종 등을 이유로 차별해오던 것을 철폐시키면 각자가 원하고 능력이 미치는 데까지 교육을 받을 수 있다고 본 것이다.

영국을 비롯한 구미 선진국에서 1920년대부터 제기되었던 인재군(pool of ability) 또는 재능예비군(reserve of talent)의 개념은 이와 같은 허용적 평등관을 잘 반영하고 있다. 이것은 사회마다 일정 정도의 유능한 인재가 존재하므로, 이들을 발굴하여 알맞은 교육을 시킨 뒤에 충분히 활용하자는 것이었다. 실제로 매킨토시(Douglas McKintosh)는 4,400명을 대상으로 한 종단적(longitudinal) 연구를 통해서 각 연령집단마다 11.1%의 인재군이 있는 것으로 결론을 내렸다. 이때의 인재군이란 대학입학 자격시험에 합격할 수 있는 능력을 가진 사람을 의미한다.

그런데 이러한 허용적 평등관을 반영하는 인재군의 개념은 교육 기회를 제한하는 정책을 뒷받침하는 일에 자주 동원되었다. 특히 인재군의 비율을 사회계층별로 계산하는 일이 많았으며, 그 일은 하층계급보다는 상층계급의 두뇌가 더 우수하다는 증거로 활용되었기 때문에, 결국 이것은 계층 간의 차별적인 대학교육의 기회분배를 정당화하는 결과를 낳게 되었다.

2) 보장적 평등

앞에서 설명한 것처럼 교육 기회의 허용적 평등의 접근을 가로막는 일체의 법적·제도적 차별을 철폐함으로써 모든 사람에게 교육을 받을 수 있는 기회를 열어 주는데 기여한 것은 사실이지만, 허용적 평등만으로는 교육 기회가 모든 사람에게 고르게 분배될 수는 없었다. 왜냐하면 학업 능력은 갖추었지만 하류계층과 같이 경제적인 여건이 허락하지 않거나, 깊은 산골이나 외딴 섬에 사는 아이들은 지리적으로 학교가 너무 멀리 떨어져 있어서 취학을 포기할 수밖에 없는 경우가 있기 때문이다.

그렇기 때문에 교육적 평등을 실현하기 위해서는 취학을 가로막는 경제적·지리적·사회적 제반 장애를 제거해 주어야만, 가난한 집의 수재나 두메산골과 낙도에 사는 어린이들도 학교에 다닐 수 있다는 것이 드러났다. 예를 들어, 지리적 장애문제를 해결해주기 위해서 고안된 방법이 통학선이나 통학버스를 제공하고, 곳곳마다 미니학교인 분교를 설치하게 된 것이다.

보장적 평등은 허용적 평등의 한계를 극복하고 보다 적극적으로 교육 기회의 균등한 배분을 꾀하려고 한 입장이었다. 경제적 장애문제를 해결하기 위해서 곧 바로 무상의무교육제도의 확립을 보게 된 것이다. 즉, 구미 선진국들은 19세기 말에서 20세기 초 초등의무교육을 제도화하였다. 이러한 보장적 평등정책은 제 2차 세계 대전 이후 더욱 강력하게 추진되었다. 영국의 '1944년 교육법(The 1944 Education Act)'이 그 대표적인 예이다. 이 법에 따라 중등교육의 보편화, 무상화가 이루어졌으며, 불우계층의 자녀들에게는 의복, 점심, 학용품 등이 지급되었다. 또 1896년에 '분리되었지만 평등하다(seperate but equal)'는 흑백 분리교육이 위헌이 아니라는 대법원 판결이, 1945년에는 미국 대법원의 흑백 인종 분리교육 위헌판결을 통해서 남부의 흑인학생들이 백인학교에 다니게 된 것도 있다.

사회적 장애문제를 해결하기 위한 방법으로는 복선형의 중등학교제도가 지니고 있는 불평등 요소를 최대한 줄일 수 있는 단선형으로의 개편이다. 따라서 중등교육까지는 누구라도 어렵지 않게 받을 수 있게 된 것이다. 그리고 우리의 경우 노비로 있다가 해방되었다 할지라도 주인집 자식들과 부모가 노비였던 자식들이 함께 학교에 다닐 수 있는 사회적 분위기 조성이 시급한 일이었다.

그러나 교육 기회를 보장해주면 계층 간의 교육적 불평등이 모두 해소될 것으로 기대하였지만, 결과는 그렇게 되지를 못하였다. 영국의 경우 귀족학교라고 할 수 있는 오랜 전통의 중등 문법학교(grammar school)에서 노동자계층의 자녀들이 입학할 수 있는 기회를 허용했지만, 1944년 교육법을 실시한 후 10년이 지난 뒤까지 비율이 높아지기는커녕 오히려 낮아졌다. 많은 조사들이 공통적으로 보여주는 결과는 교육 기회의 분배에 있어서 사회적 편파성은 교육인구의 증대에도 불구하고 변하지 않는다는 것이다. 이런 일은 교육 기회를 대폭 확대시킨 거의 모든 나라에서 나타났다.

뿐만 아니라 OECD의 교육관계 보고서에서도 각 나라에서 중등교육의 무상화와 대학입학의 개방정책으로 취학자 수가 현저하게 증가했지만, 취학자들의 사회계층 구조에는 이렇다 할 변화가 없는 것으로 나타났다. 그래서 교육 기회가 확대되는 것과 분배구조가 평등해지는 것은 별개라는 결과가 나오게 되었다. 결국 교육 기회의 새로운 증가분이 각 계층에게 고르게 분배되거나, 하위계층에게 집중적으로 분배된 것이 아니고 상위계층부터 채워져 내려간다는 것을 알게 되었다.

우리나라의 보장적 평등을 위한 법적 규정으로는 '헌법' 제31조 2항에 "모든 국민은 그가 보호하는 자녀에게 적어도 초등학교와 법률이 정하는 교육을 받게 할 의무를 진다"와 제31조 3항에 "의무교육은 무상으로 한다"가 있으며, '교육기본법' 제8조 1항에 "의무교육은 6년의 초등교육 및 3년의 중등교육으로 한다"와 제28조 1항에 "국가 및 지방자치단체는 경제적 이유로 인하여 교육을 받기 곤란한 자를 위한 장학제도 및 학비보조제도 등을 수립·실시하여야 한다"가 있다.

3) 조건의 평등

교육조건의 평등은 교육내용 또는 교육과정의 평등을 말한다. 보장적 평등정책의 추진으로 초등교육과 중등교육의 취학이 보편화되자 이제는 학교의 교육조건의 차이가 새로운 문제로 등장하게 되었다. 즉, 취학기회의 평등여부를 넘어서 실제적인 교육과정의 평등여부를 문제 삼게 된 것이다. 그것은 교사의 질이라든가 학교의 시설 및 교육과정과 같은 제반 교육조건상의 격차가 학업성취의 격차를 가져온다고 생각하기 때문이다. 성적차이뿐만 아니라 비인지적인(non-cognitive) 특성인 행동방식, 태도, 성격 등의 차이도 눈에 띄었다.

교육평등 문제와 관련하여 한때 큰 논란의 대상이 되었던 『콜맨 보고서(Coleman Report: Equality of Educational Opportunity, 1966)』는 학생 1인당 교육비, 교사의 질, 도서관 등 학교의 제반 교육조건의 불평등과 그것이 교육결과에 미치는 영향을 규명하였다. 그러나 이 연구의 결과는 예상을 뒤엎는 것이었다. 학교의 교육조건은 학업성취 격차에 별다른 영향을 주지 않으며, 그것보다는 학생의 가정배경과 학교의 인종구성 등이 훨씬 큰 영향을 미치는 것으로 나타났다. 이후 콜맨의 연구는 여러 학자들에 의해 재분석되었으나, 원래의 연구결과를 뒤엎을 만한 결과는 나오지 않았다. 그리고 학교의 효과에 관해서는 여전히 긍정론과 부정론이 엇갈리고 있다.

참고

콜맨(James Samuel Coleman, 1926~1995)은 미국 사회학자이며 베드퍼드 출생으로 퍼듀대학을 졸업한 뒤 존스홉킨스대학을 거쳐, 1973년 이후 시카고대학 교수를 지냈다. 여러 방면으로 활동하였고, 1966년 '콜맨보고서'로 알려진 흑·백인 간의 교육격차에 대한 전 미국조사 주임을 지냈다. 저서로 『청년기 사회(1961)』, 『수리(數理)사회학서설(1964)』, 『권력과 사회구조(1974)』 등이 있다. 그 가운데 『수리사회학서설』은 사회학의 한 분야로서 수리사회학의 성립을 선언, 발전시키는 계기가 되었다.

제 2차 세계 대전 이후 특히 1960년대에 이르러 불평등에 대한 사회적 관심이 크게 확산되었다. 미국의 경우 1960년대에 사회운동이 활발히 일어나면서 인권의 중요성에 대한 인식이 확산되었고 불평등과 빈곤을 퇴치하기 위한 '전쟁'이 선언되었다. 이러한 상황에서 교육 불평등이 뜨거운 사회적 이슈가 되었고, 교육 불평등의 해소가 빈곤과 불평등의 문제를 해결하기 위한 정책의 주목표가 되었다. 콜맨보고서도 빈곤문제를 교육을 통해 해결해보려는 미국의회와 행정부의 의지에 의해 수행된 연구로, 6개 인종, 소수민족 간의 학교와 지역 간에 존재하는 교육 기회와 효과의 불균등 현상을 규명한 것이다.

이 보고서는 1950년의 'Project Talent' 다음 가는 대규모로서 교육 기회균등에 대한 신해석의 결정판이다. 4000개 학교의 64만 5000명 학생들(1, 3, 6, 9, 12학년)과 6만 명의 교사들을 대상으로 학업성취에 영향을 미치는 103개의 변인들(성장지, 부모교육상태, 부모생존, 가구스타일, 문화여건, 백과사전 유무 등과 같은 가정변인 15개 / 시설과 교육과정, 1인당 교육비, 실험실, 도서관 장서 수, 학교크기, 위치 등과 같은 학교변인 27개 / 교사의 평균연령, 출신학교 등과 같은 교사특성변인 20개 / 전입학생 수, 출석률, 숙제시간, 흑백인종비 등과 같은 학생집단변인 31개 / 언어능력, 비언어능력, 수학성적, 일반정보, 인문과목 성적, 독서능력 등과 같은 종속변인 10개)을 연구(상관관계나 회귀분석법 사용)하였다. 모두 1,300페이지에 달하며, 548페이지의 통계자료까지 삽입한 방대한 보고서이다. 젠크스(Christopher Jencks, 1972)는 학업성취에 영향을 미치는 요인이 가정이 60%, 유전이 35%, 학교가 4%라고 하였다. 영국에서도 1967년 'Plowden Report'가 나왔는데 역시 콜맨보고서와 유사한 결과가 나왔다.

이런 가운데 콜맨은 근래의 교육평등의 개념은 결과의 평등개념으로 확대되어야 하며, 교육결과를 평등화하기 위한 학교의 노력이 더욱 강화되어야 한다고 주장하였다. 더욱이 공립학교야말로 같은 교육조건 아래에서 교육받을 권리가 있기 때문에 교육조건의 평등화는 아주 중요한 것이다.

우리나라의 고교평준화정책은 이론상으로는 교육조건의 평등관을 반영한 것이다. 고교 간의 학교차를 없애고 말 그대로 평준화하는 정책이었기 때문이다. 그러나 실제로는 처음부터 입시제도의 일환으로 입안된 것이기 때문에, 교육조건의 평등화보다는 학생의 학교 간 균등 배정에 그 목적이 있었다. 그렇기 때문에 평준화정책은 학생의 균등배정을 강제로 실시하는 일에 중점을 두었고, 교육조건의 평등화에는 노력을 하지 않은 것은 아니지만, 교육재정 궁핍을 이유로 제대로 시행하지 못하였다.

더구나 교육조건이 상대적으로 불리한 농어촌과 도서벽지학교에서부터 실시되어야 했지만, 대도시지역에서 먼저 시행했기 때문에 오히려 거꾸로였다. 그래서 '평둔화(平鈍化)'니 '하향평준화'니 하는 말들이 생겨났다. 이 평준화 문제 때문에 농어촌특별전형이나 개혁의 이름으로 고교선택제(2개교)와 고교다양화(기숙형공립고 100개, 자율형 사립고 100개, 마이스터고교 50개 / 특목고 143개, 특성화고 499개, 자율형 공립고 164개)를 2009년부터 시행하며 오락가락해 최근까지 쟁점이 되어 왔다. 그러나 아직까지 3불정책(본고사, 고교등급제, 기여입학제)은 고수하고 있다.

4) 결과의 평등

교육평등개념을 교육결과의 평등으로 규정하게 되면 문제가 보다 복잡해진다. 각기 능력이 다른 사람들을 같은 학습수준에 도달하게 하려면 저능력자의 학습결손을 보충해주는 교육 프로그램을 제공하는 등 적극적인 역차별 정책을 도입해야 한다. 즉, 학생 간 격차를 줄이기 위해 능력이 낮은 학생에게는 교사가 더 많은 시간과 노력을 기울여야 하며(개인교수, 보충수업 등), 우수한 학생보다 열등한 학생에게 더 좋은 교육조건(장학금 등)을 제공해야 한다는 것이 역차별이다.

이러한 의미의 보상적 평등주의(redemptive egalitarianism)는 롤즈(John Rawls)의 저서 『정의론(A Theory of Justice, 1971)』에 의해 구체화되었다. 그는 현재의 계층 간 격차는 마치 복권추첨과 같은 우연에 의한 것이기 때문에 상대적으로 불리한 집단에 대한 적절한 수준의 보상책을 씀으로써 격차를 줄여나가야 한다고 주장하였다. 물론 보상적 평등주의는 능력주의로부터 비판을 받고 있다. 타고난 능력에 따라 활용되고 그 업적에 상응하는 분배를 받는 것이 옳다고 생각하기 때문이다.

결과의 평등을 위한 교육으로서는 계층 간 격차를 줄이기 위한 노력으로 저소득층의 취학전 아동들을 위한 보상교육(compensatory education)이 대표적인데, 미국의 "Project Head Start", "Middle Start Project"를 비롯하여 영국의 "Educational Priority Area" 등이 사업이 있다. 이는 모두 불우계층 취학전 아동들에게 기초학습능력을 길러주어서 학교교육에서 뒤처지지 않도록 예비적 조치를 취하는 것이었다. 왜냐하면 기초학습능력 부족이 학교성적을 나쁘게 하는 주요 원인이라는 연구결과들이 많이 나왔기 때문이다.

참고

교육부는 도시 저소득층과 그 지역 학생의 학력향상, 정서발달, 건강증진 등의 교육복지 향상을 위해 '교육복지투자우선지역' 정책 시범사업을 하고 있다. 이 정책은 빈곤아동, 청소년에게 교육, 문화, 복지가 연계된 통합서비스를 제공한다는 점에서 경제지원이나 보조를 위주로 하는 종래의 교육복지정책보다 진일보한 교육복지정책이다. 또한 일괄적 지원이 아니라 도시 저소득층 아동, 청소년에게 개인적 접근과 차별적 지원을 한다는 점에서 교육복지수준을 향상시키는 데 공헌하고 있다. 프랑스의 교육복지정책 'ZEP'의 개념은 소외계층 교육 프로그램의 적용을 위해 1983년 학업실패비율이 높은 도시낙후지역 내에 설정된 우선교육지대(Zones d'education prioritaire)를 말한다. 지역(zone)은 교육적으로 소외된 지역으로 교육 분야에서만이 아니라 사회경제적으로 소외된 슬럼가도 포함한다. 우리나라의 '교육복지투자우선지역'이 광역시의 도시 저소득층지역을 말하는 것과는 달리 프랑스 'ZEP' 지역은 도시근교 및 사회경제적으로 낙후지역 그리하여 교외소외지역이나 농촌지역까지를 포함하고 있다. 프랑스의 'ZEP'이 시행된 지난 20년 간 많은 갈등과 의견대립이 있었음에도 'ZEP'은 지금까지 존재하고 있다.

이밖에도 지역 간 격차를 줄이기 위한 노력으로 읍면도서(邑面島嶼) 지역의 중학교 의무교육 우선 실시, 농어촌학생의 대학입시 특별전형이나 군수추천제, 교사순환교류, 도서벽지 의무적 근무 또는 근무 시 가산점제나 군복무대체방식 등이 실시되거나 고려되었다.

교육결과의 평등관에 대해서는 그것이 교육의 획일성을 초래할 것이라는 우려가 제기될 수 있다. 그러나 교육의 결과를 평등하게 해야 한다는 주장은 모든 사람에게 동일한 교육을 부여해야 한다는 의미로 받아들여서는 안 될 것이다. 이에 대해 콜맨은 모든 학생의 학업성취를 똑같게 하자는 것이 아니라 격차를 보이는 집단 간의 평균성취를 같게 하자는 입장이다.

우리가 지향해야 할 교육평등의 목표를 설정하는 데 있어서 평등이 동일성만을 의미해서는 안 되고, 동일성과 다양성의 적절한 조화를 추구해야 한다. 교육평등은 불리한 조건에 처해 있는 사람들의 교육 기회와 성공적인 학업성취를 막는 장애요인을 제거함으로써, 모든 사람이 일정 수준의 능력을 갖춘 인간으로 성장할 수 있도록 해주는 동시에, 개인의 능력과 적성에 부합하는 다양한 교육통로를 만들어 주는 것이다.

5) 사회개혁에 의한 평등

마르크스주의자들은 자본주의사회의 교육문제는 그 자본주의사회 체제가 지니고 있는 '부익부 빈익빈'이라는 구조적 모순의 반영이기 때문에, 교육의 문제는 자본주의사회 자체의 모순이 해소되어야만 비로소 해결될 수 있다고 보았다. 다시 말해 교육 불평등은 사회 불평등의 반영에 불과한 것이므로 사회가 평등해지기 전에는 교육도 평등해지지 않는다는 것이다. 따라서 최선의 교육평등화 방안은 혁명이나 사회개혁을 통해 교육을 조건 지우고 있는 그 사회 구조를 평등하게 만들어야 한다는 것이다.

특히 보울즈와 진티스 같은 신마르크스주의자들은 자본주의 경제사회구조를 그대로 놔두고서는 교육의 불평등은 언제까지나 지속될 수밖에 없다고 강조한다. 그렇기 때문에 비자본가 계급의 혁명을 통해 자본주의 경제사회를 개혁하는 것만이 유일한 교육 평등화의 길이라고 보는 것이다. 그러나 이러한 주장은 너무 '자본가 계급 대 비자본가 계급'의 경제결정론에 빠져 교육평등의 문제를 지나치게 단순화하는 잘못을 범하였다. 즉, 교육평등의 문제를 교육체계 밖으로 끌어냄으로써 교육으로부터 눈을 돌리게 만들어 버리는 과오를 범한 것이다.

2 교육 기회분배와 결정요인

교육 기회의 분배구조를 알 수 있는 방법은 관련된 각 집단의 교육 기회 점유수준을 비교해보는 것이다. 교육 기회의 점유수준을 말해주는 지표(indicator)에는 취학률, 진급률, 탈락률, 교육선발지수(selectivity index), 지니계수(Gini Coefficient) 등이 있다. 취학률은 한 학교급 또는 학년의 취학해당인구 가운데 실제로 취학하고 있는 학생 수의 비율을 말한다. 진급률은 입학 당시의 학생 수를 기준으로 하여 각 학년마다 진급한 학생 수의 비율을 집단별로 비교·계산하는 것이다. 탈락률은 기준년도의 학생 수에 대한 각 학년별 낙제자와 퇴학자를 합한 수의 비율이다. 진급률과 탈락률은 우리나라에서 큰 쓸모가 없다. 탈락자 없이 거의 100% 진급하기 때문이다.

가장 흔히 이용하는 교육선발지수는 전체 학생에 대한 집단별 학생의 구성비의 전체 인구에 대한 해당 집단인구의 구성비 비율로 인구비례점유율을 말한다. 지니계수는 원래 경제적 소득의 분배상황을 말해주는 지수로, 교육 기회의 분배상황 측정에서 빌려온 것이다. 지니계수는 각 집단이 차지하고 있는 교육 기회의 양과 인구비례로 차지했을 때의 양 사이의 차이를 수치로 표시한 것이다. 그리고 지니계수는 미국의 통계학자 맥스 로렌츠(Max. Lorenz)의 이름을 따서 로렌츠 곡선으로도 나타낸다. 불평등할수록 면적은 커져 지니계수가 1에 가까워진다.

교육 기회의 분배구조는 모든 학교 단계에서 살펴볼 수 있는데, 대학교육 기회의 분배상황이 중등학교보다 큰 의미를 갖기 때문에 고등교육 분배상황을 지역별, 남녀별, 사회계층별로 나누어 살펴보는 것이 좋다. 먼저 지역별 분배상황은

표 6-1 **로렌츠 곡선**

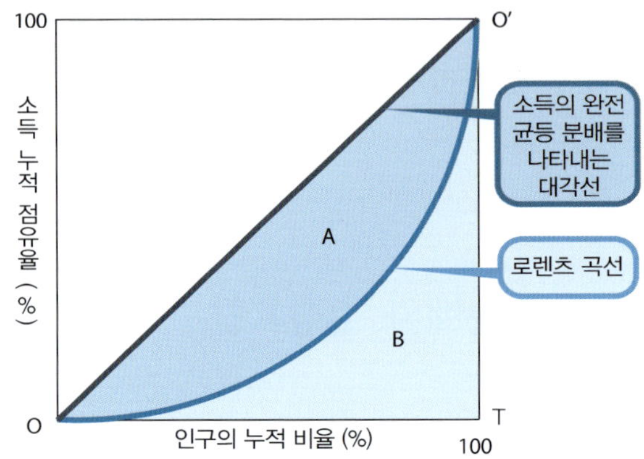

시도별로 대학정원 구성비, 고교졸업자 구성비, 대학진학희망자 구성비, 대학진학자 구성비를 비교하면, 시·도 간에 기복이 있어서 어느 지역은 고교졸업자나 대학진학희망자 구성비에 비해 대학정원 구성비가 높지만, 어떤 지역은 다소 뒤떨어져 있는 것으로 나타난다. 낮은 지역 고교졸업자는 더 많은 수가 다른 지역으로 진학해야 하기 때문에 그만큼 교육 접근 가능성이 낮아진다. 진학을 한다면 하숙비 등 불가피하게 더 많은 경비를 부담해야 하기 때문이다.

그런데 지역을 시·도별로가 아니라 도시·농촌별로 비교하면 그 차이는 훨씬 더 뚜렷해진다. 도·농 간의 이러한 대학교육 격차를 가져온 요인들은 여러 가지가 있는데, 먼저 대학이 도시에 배치되어 있어서 농촌사람들은 가외의 교육비를 부담해야 하는 점이 있고, 농촌부모의 자녀교육 포부수준이 도시에 비해 낮은 점, 농촌학생들의 평균학력이 도시에 비해 떨어지는 점들은 모두 사회경제적 요인이거나 그에 의하여 크게 좌우되는 요인들이다.

한편 서울시 안에서의 지역 간 교육격차를 살펴보면 다음과 같다. 강남지역과 강북지역 간에 교육격차가 상존하고, 강남지역 내에서도 세칭 8학군(주로 강남구와 서초구 지역)지역과 기타 강남지역 간에 교육격차가 많은 것으로 나타나고 있다. 최근 학급규모를 축소하기 위한 정부의 집중적인 교육투자계획이 추진되면서 학급당 학생 수와 같은 교육시설 측면에서는 지역 간 차이가 많이 완화되었다.

그러나 학생들의 학업성취수준이나 대학진학률 등에서는 지역 간 격차가 심한 것으로 보인다. 그래서 학생들과 학부모들은 여전히 강남의 8학군 지역의 학교를 선호하고 있다. 그러다 보니 학생들이 강남학군 학교에 다니기를 원하는 것은 물론, 교원들도 이 지역에서 근무하기를 선호한다고 한다.

또한 입시준비 학원들도 이 지역에 밀집해 있어서 고교취학은 물론 학원수강을 위해서도 너나 할 것 없이 8학군 지역에 주거지를 마련하려고 해 강남지역의 아파트 및 부동산이 폭등하는 결과를 초래했다는 지적도 나온다. 그런가 하면 기타 지역의 교육여건이나 학생들의 학업성취수준은 상대적으로 저조하고, 특히 도시 빈민층이 밀집한 지역의 교육여건이나 교육성취도는 매우 열악한 것으로 나타났다.

이러한 지역 간 교육격차는 교육정책이 추구해야 할 기회균등 원칙에 반하는 것은 물론, 지역주민들 간에 위화감을 조성하고, 때로는 경제불안을 조성하는 요인으로 작용하기도 한다. 이런 측면에서 볼 때 서울시의 지역 간·학교 간 교육격차를 시급히 해소하는 것이 서울시 교육발전은 물론 지역 간 균형발전을 도모하는 첩경이 된다고 볼 수 있다.

학생들이 진학하기를 선호하는 과학고와 외국어고 등의 특목고는 강북지역에 위치하고 있지만, 해당 학군 학생들은 일부만 진학하고, 상당수는 강남지역 학생들이 진학하고 있다. 특수목적고교 중에서도 우수한 학생들이 진학하는 과학고의 경우 당해 학군에 거주하는 학생은 10% 미만이고, 강남학군 학생들의 비중이 월등히 높다. 외국어고에서도 지리적 접근이 비교적 용이한 경우, 강남학군을 포함한 타 지역 학생들이 월등히 많다.

지역 간 교육격차는 여러 가지 교육적 문제와 사회적 문제를 야기한다. 지역 간 교육격차의 교육적 문제로는, 우선 그 자체가 공교육 정책이 추구해야 하는 평등성 이념에 반하는 것이다. 지역 간 교육격차는 교육 기회 및 교육과정에서의 지역 간 불평등 현상을 초래하고, 교육결과인 학력 등에서도 불평등 현상이 초래하게 된다. 이러한 교육 불평등 과정에서 학생들은 주거지역에 따라 우열의식이 조장되기도 한다. 이에 따라 취약지역의 학교에서 학교 부적응 학생과 등교하지 않는 학생이 많이 발생하는 것도 이러한 문제와 무관한 것이 아니다.

지역 간 교육격차로 인한 사회경제적 문제로는 교육격차가 심한 지역주민 간에 위화감이 조성되고, 선호하는 학교와 학원 등이 밀집한 지역으로 이사를 가는 기현상이 나타나고 있다. 또한 '강남의 학교와 학원으로 강남 부동산이 폭등했다'는 말이 나올 정도로 학생들이 취학하기를 선호하는 특정 지역의 아파트와 부동산 가격이 폭등하는 현상을 초래했다고 한다. 그러나 좋은 학교와 학원의 밀집으로 부유층이 밀집하게 된 것인지 아니면 부유층이 밀집한 환경 속에서 좋은 학교가 만들어지고 학원이 밀집하게 된 것인지에 관해서는 속단하기 어렵다. 현재는 이들이 상호간에 영향을 주고 있다고 보아야 할 것이다.

서울시교육은 교원이나 학교시설 등과 같은 학교의 교육여건에서도 지역 간 격차를 보이고 있지만, 그보다는 지역 간에 심한 학력격차를 보이고 있다. 이처럼 지역 간에 심한 학력격차가 나타나게 된 원인은 학교요인도 있겠지만, 이에 못지않게 학생의 가정배경 요인이나 지역사회의 지원 등이 복합적으로 작용한 결과라고 볼 수 있다.

서울의 교육격차를 근원적으로 해소하기 위해서는 기본적으로 지역 간 교육여건을 균등화하는 교육정책이 추진되어야 하고, 보다 더 적극적으로는 교육 취약지역에 보상적 차원의 교육정책이 추진되어야 한다. 이외에도 교육격차를 유발한 학교요인 이외의 사회경제적 요인을 개선할 수 있도록 지역개발정책과 사회복지정책이 추진되어야 할 것이다.

지역 간 교육격차를 해소하기 위해서는 기본적으로 학교 접근기회, 교원, 학교시설 등의 교육여건이 지역 간에 균등화되어야 한다. 이를 위해서는 교육 취약지역에 각급 학교를 균형 있게 배치하고, 이들 지역에 위치한 학교교육여건을 교육여건이 양호한 지역과 동일한 수준으로 개선하는 등 균형적 교육정책이 우선적으로 추진되어야 한다.

성별 구성비에서 대학교육 기회의 남녀 간의 점유율은 서서히 균형을 지향하고 있으나, 그 속도가 매우 느리다. 여성의 고등학교 취학률은 상당히 상승했으나, 남성의 고등교육 취학률도 상승했으므로, 남녀 간 구성비는 크게 개선되지 못했다.

아직도 전국 대학캠퍼스의 남녀비율은 약 3:2로 남학생이 많다. 지난 1980년

표 6-2 여학생 비율 (단위: %)

구분	1970	1980	1990	2000	2010
초	47.9	48.5	48.5	47.0	47.7
중	38.1	47.0	48.5	47.8	47.5
고	37.1	42.6	47.0	48.0	46.8
대	22.6	24.5	32.0	38.5	41.2

출처: 교육부 홈페이지 자료실(2010).

이후로 한국의 대학생 수가 폭발적으로 증가했음에도 불구하고, 여학생 구성비의 증가속도가 그에 미치지 못하는 것은 전체 학생 수의 증가와 구성비의 변화는 일치하지 않는다는 것이다.

한국적인 특징으로서 남아선호사상과 가부장적 특성이 있다. 아직까지 남학생은 교육을 투자로 생각하는 반면에, 여학생은 소비로 인식하는 경향이 남아 있는 것이다. 그리고 학문영역에서도 남학생들은 자연계열, 사회계열, 의학계열, 공학계열로 진학하는 비중이 높은 반면에, 여학생들은 사범계열, 인문계열, 예능계열, 교육대학으로 진학하는 비중이 높은 것이다.

표 6-3 고등교육기관 취학률 (단위: %)

구분	1970	1980	1990	2000	2010
전체	5.3	11.4	23.6	52.5	70.1
남자	7.2	16.0	27.8	57.0	71.5
여자	3.3	6.6	19.1	47.8	68.5

출처: 교육부 홈페이지 자료실(2010).

계층별 분배문제는 교육 기회분배에 강한 영향을 미치는 것으로 알려져 있다. 일반적으로 도시의 상층 교육수준은 대졸수준으로, 도시하층은 고졸수준으로, 농촌의 소작농은 중졸수준으로 나타났다. 또 아버지의 직업에 따라 자녀의 교육정도가 달라지는데, 도시에서는 중소기업이나 행정·관리직 그리고 전문기술직과 사무직이 높게 나타나고, 기능공이나 단순노무직은 아주 낮게 나타난다. 그리고 농촌에서는 부농이 높게 나타나고 소농과 빈농이 낮게 나타난다.

대부분의 연구에서 시간의 흐름에 따라 대학교육 기회의 절대량이 증가해도 보호자의 직업지위별이나 학력별구성비는 별로 달라지지 않는다는 사실이다. 이는 교육 기회의 분배구조가 교육 기회의 확대에 의하여 영향을 받지 않는다는 사실을 말해주는 것이다.

그동안 인구구조의 변화라든지 눈부신 경제성장 및 교육투자의 증대 등 여러 가지 조건들이 좋아졌음에도 불구하고, 교육에 있어서의 계층격차는 변함이 없는 셈이다. 50년 전이나 30년 전이나 대학준비를 위한 일류학교는 거의 중간계급 이상이 독점해 왔으며, 노동계층 자녀들은 대학진학과 무관한 중등학교에 진학하는 경우에도 하류학교로 몰리고 극히 일부만이 대학에 진학하게 된다.

대학이 많이 늘어났지만 상위권 대학으로의 진학 기회는 상류층이 집중적으로 점유하기 때문에 교육 불평등 현상이 발생하고 있으며, 이는 대학이 층화되고 있는 것인데 대학교육의 양적 확대가 대학교육의 평등화를 보장하는 것은 아닌 셈이다. 그리고 이것은 어느 나라에서나 보편적으로 나타나는 현상이다. 미국의 경우 국민 대다수가 대학에 진학하고 있지만 층화현상이 뚜렷해서 하버드, 예일, 프린스턴, 스탠포드, 시카고, UCLA, MIT, 버클리, 존스 홉킨스 등 대부분의 명문종합사립대학들이 최상위에 자리 잡고 있으며, 평균적으로 주립종합대학들이

표 6-4 대학유형별 소득계층분포 (미국, 단위: %)

대학유형	가 정 소 득				
	8,000달러 미만	12,500달러 미만	20,000달러 이하	20,000달러 이상	계
공립2년제	27.2	34.8	26.4	11.5	100.0
공립4년제단과대학	25.4	31.7	28.3	14.7	100.0
공립종합대학	15.1	29.7	32.8	22.3	100.0
사립종합대학	10.6	20.4	27.3	41.8	100.0

출처: Karabel(1977).

그 다음을 따르고, 사립·공립 4년제 단과대학들이 그 다음 최하위에 공립 2년제인 지역사회대학들이 줄을 서고 있다. 즉, 부유층 자녀들이 상위권대학에 입학하고 빈곤층 자녀들이 하위권대학에 많이 입학하고 있다.

지금까지 살펴본 바와 같이 교육 기회분배 결정요인들은 매우 다양한데, 서울대 이종재 교수는 사회계층요인, 가정요인, 본인요인, 교육제도요인 등 4개범주로 나누었다. 사회계층요인으로는 가구주의 직업, 부모의 교육수준, 연령, 출생지역과 성장 및 거주지역, 소득과 재산을 들었다. 가정요인으로는 부모의 지적능력수준, 교육에 대한 기대와 태도, 가정의 심리적 교육환경, 가정의 물리적 교육환경, 투입교육비를 들었으며, 본인요인으로는 자아개념, 성취동기, 환경과 외부상황에 대한 인식, 지능과 초기 학업 능력을 들었다. 그리고 교육제도요인으로는 학교의 종류, 입시제도, 교육정책, 교육재정규모와 사교육비를 들었다.

3 교육과 사회적 불평등

1) 평등화론

평등화론은 능력주의와 평등주의 관점으로서 학교교육을 통하여 사회적 평등을 실현할 수 있다고 보는 시각이다. 이는 프랑스대혁명 이래 진보주의자들과 자유주의자들이 모든 사람의 삶의 기회를 평등하게 만드는 가장 중요한 기관이 학교라고 생각하는 데서부터 시작되었다. 1960년대와 70년대에 구미에서 벌어진 보상교육 프로그램이 바로 이런 신념에서 생겨났던 것이다. 19세기 미국의 호레이스 만(Horace Mann, 1769~1859)은 초등의무교육운동에 앞장섰을 때 학교교육을 '위대한 평등장치'라고까지 주장하였다.

참고

미국교육의 선구자인 호레이스 만은 최초의 사범학교 설립 및 교사양성학교와 공립중등학교설립 보급에 노력하였는데, 주요 업적은 다음과 같다. ① 공교육의 중요성 인식. ② 미국 공립학교 조직의 기초 마련. ③ 학구제도의 폐해개선과 주교육제도 확립. ④ 주교육위원회 설치와 민주적 학교감독제도의 기초 마련. ⑤ 미국 최초의 주립사범학교 설립, 교육강습회 조직. ⑥ 공립학교 교사의 지위와 처우 개선. ⑦ 종교교육을 공립학교에서 배제. ⑧ 아카데미와 사립학교의 귀족주의 배격. ⑨ 학교도서관 장려. ⑩ 자연과학과 실과중시. ⑪ 교과서 통일과 개선도모, 초등학교에 음악체육 교과도입. ⑫ 페스탈로치 교수법 채택, 실물교수와 구술교수 장려. ⑬ 체벌배제. ⑭ 성교육에서 국어법 소개, 도덕교육의 중요성 강조. ⑮ 학교건축과 학교위생 주의환기 및 미국 최초의 남녀공학대학(1852년 오하이오 옐로우스프링스 안티오크대학)을 설립하였다.

학교가 사회평등 장치라는 생각은 사실 두 가지로 나누어진다. 하나는 평등주의 관점으로 불평등 구조를 해소하거나 축소한다는 것이고, 또 하나는 능력주의 관점으로 사회적 지위를 능력본위로 결정한다는 것이다. 학교가 사회적 불평등을 없애거나 줄일 수 있다고 주장하는 초기 연구자 중 하나는 해비거스트(Robert J. Havighurst, 1961)이다.

그는 미국, 영국, 브라질, 호주의 자료를 분석한 후 교육은 사회적 상승이동을 촉진해 사회 평등화에 이바지한다고 주장하였다. 각 개인이 한 계층으로부터 다른 계층으로 이동하는 것을 개인이동이라 하고, 도시노동자들과 같은 집단 전체의 계층수준이 상하로 이동하는 것을 집단이동이라 하였다. 개인이동 요인으로서 ① 중간계급(class)과 기능 인력의 구성비를 높이는 방향으로 노동력 구조를 변화시켜 생산성을 향상시키는 과학기술의 발달, ② 상류계급의 자녀출산력(fertility) 감소를 통한 계급재생산의 약화, ③ 개인의 재능과 노력 등 세 가지를 들었다. 집단이동 요인으로서 ① 생산성을 높이는 과학기술의 발달, ② 증가된 사회적 소득의 분배, ③ 소득증가 집단에 의한 상급지위 상징(가구, 자녀교육, 의복 등)의 구매 등 세 가지를 들었다.

해비거스트는 과학기술의 발전으로 직업구조의 하층이 줄어들고 중간과 상층이 커지는 방향으로 변하는 한편, 교육이 사람들의 직업능력을 향상시키기 때문에 사회는 점차 평등해진다고 주장하였다. 산업화가 진행됨에 따라 직업구조는 종전의 하위직종이 감축되고, 중위 내지 상위직종이 비대해지는 추세를 보이고 있다. 직업을 중심으로 한 계층구조는 한국도 하층의 구성비가 현저히 줄어들고 중간층과 상층이 커지고 있다.

직업결정에 교육이 실제로 작용하는지의 연구는 블라우와 던컨(Peter M. Blau & Otis D. Duncan)이 『미국의 직업구조(The American Occupational Structure)』에서 본격적으로 검증했는데, 지위획득의 결정변수를 사회적 배경요인으로서 아버지의 교육과 직업을 그리고 본인의 교육과 첫 번째 직업 등 네 가지로 구분하였다.

이 네 가지의 변수를 개인의 직업지위에 대해 중다회귀분석을 하고 그것을 근거로 경로분석을 한 결과, 개인이 받은 교육과 초기 경험은 그의 직업적 성공에 큰 영향을 미치며 이러한 영향력은 배경요인보다 더 강하다는 결론을 내렸다.

참고

중다회귀분석(Multiple Linear Regression)은 두 개 이상의 독립변수들과 하나의 종속변수의 관계를 분석하는 기법으로, 단순회귀분석을 확장한 것이다. 중다회귀분석 모형에 있어서도 오류항의 분포에 대한 가정이나 모수에 대한 추정방법, 결과의 해석 등은 단순회귀분석 모형과 동일하다. 사건과 현상들의 예측적 관계성을 밝히는데 사용되는 통계기법으로, 독립변인과 종속변인의 인과관계로 독립변인들이 종속변인을 얼마나 설명하는가를 알고자 할 때 주로 사용된다. 여러 독립변인(IV's)들과 종속변인(DV) 간의 관계를 검증하는 것인데, 특히 독립변인과 종속변인 간의 예측적 관계성을 검증할 목적으로 사용한다.

$$Y' = B_0 + B_1X_1 + B_2X_2 + \cdots + B_iX_i$$

(Y': 예측하려는 종속변인, B_0: 절편, B_i: 회귀계수, X_i: 독립변인)

중다회귀분석은 회귀계수인 β 계수를 산출하고 이를 통해 각 독립변인들이 상대적으로 종속변인을 얼마나 잘 예측하고 설명하는가를 경험적으로 검증한다. β 계수의 사용목적은 최소자승의 원리이며, 관찰된 Y값과 예측되는 Y값 간의 상관을 최적화하는 것이다.

여러 요인 중 어떤 요인이 더 많은 기여를 하는지를 알고자 할 때는 표준화된 점수(β)로 변환한다. 중다회귀분석의 회귀식에 투입되는 독립변인이 증가할수록 전체적인 예측의 오차는 작아지고 예측력이 높아진다. 가장 결정적인 영향력이 있다고 판단되는 주요 변인만을 독립변인으로 상정한다. 경로분석(path analysis)은 상관관계표(correlation matrix)를 바탕으로 구조방정식의 체계를 평가하는 방법으로, 회귀분석과 같은 방법으로써 변수 간 관계를 측정하는 방법이다. 경로계수(path coefficient)는 한 변인의 다른 변인에 대한 중요도를 이해하기 위해 제시되는 통계치로 검증이 가능하여, 두 변인의 관계가 통계적으로 유의미한지를 판단한다, 경로계수는 표준화된 β 계수를 사용한다. 표준화 경로계수(standardized path coefficient)는 일반적으로 하나의 모델 안에서 서로의 값들을 비교할 수 없는 단점이 있다. 이때 표준화된 경로계수를 사용하면 A라는 경로계수와 경로계수 간의 값의 크기를 비교할 수 있게 되어, C변인이 D변인에 미치는 효과보다 E변인이 D변인에 미치는 효과가 2배가 크다는 등의 진술이 가능해진다.

그러나 상이한 연구결과들이 계속 쏟아져 나옴으로써 분명한 결론을 내리기가 쉽지 않았다. 그래서 글래너스터(Howard Glennerster)는 교육의 사회적 불평등에 대처하는 역할을 다음과 같은 다섯 가지 관점으로 정리하였다.

① 구시대적 관점으로 각 신분계층마다 다른 교육을 실시해서 계층질서를 유지한다는 것

② 능력주의(문화환경론)적 관점으로 학교가 능력을 선별하여 수준에 따라 사회적 지위를 배치한다는 것

③ 평등주의적 관점으로 교육 기회를 평등하게 제공해서 모두가 평등한 사회가 되도록 만든다는 것

④ 마르크스주의적 관점으로 자본주의사회의 교육은 사회적 불평등을 재생산할 뿐이라는 것

⑤ 현실적 평등주의 관점으로 모든 사람을 위한 평등교육이 반드시 평등사회를 가져오는 것은 아니라는 것 등이다.

2) 불평등재생산론

불평등재생산론은 마르크스주의 관점으로서 교육이 사회평등에 이바지하기는커녕 오히려 장애가 된다는 관점이다. 교육은 지배계층인 상층을 위하여 봉사하고, 피지배계층인 하층에게는 억압과 불평등을 정당화시키는 수단으로 이용되고 있다는 것이다. 따라서 교육은 기존의 불평등한 사회계층 구조에 변화를 가져오지 못하고, 오히려 재생산하며, 때로는 불평등을 더욱 조장한다고 보는 관점이다.

불평등재생산론자들은 주로 경제결정론에 근거하고 있다. 이 이론은 학교교육이 계층에 따라 불평등하게 분배된다는 점이 확실하게 입증되어야만 하는 단점이 있다. 불평등재생산론자들은 자녀들의 사회적 지위가 학교교육보다는 부모에 의한 사회경제적인 가정배경에 의해 결정되기 때문에, 결국 학교교육이란 사회적 불평등이 반영되어 이를 재생산하는 것뿐이라는 것이다.

신마르크스주의자인 보울즈(S. Bowles)는 교육불평등의 원인을 학교 밖의 계급구조와 그것을 발생시킨 자본주의 경제체제에 두었다. 카노이(M. Carnoy)도 교육은 지배층의 이익에 봉사한다고 하였다. 카노이는 교육수익률 분석을 통해서 교육수익률이 학교발달 초기에는 낮았다가 취학률이 높아짐에 따라 상승하지만, 취학이 보편화되고 상급학교가 발달하기 시작하면서 다시 낮아진다는 사실을 발견하였다. 예를 들어, 초등교육의 수익률이 높을 때에는 초등교육의 기회가 제한되어 경쟁이 치열하고 하류층이 다니기가 어려워 중·상류층이 주로 다니게 된다. 그런데 초등교육이 보편화되는 단계에 이르면 수익률이 낮아져서 경제적 가치는 없지만, 졸업장이라도 따려고 하류층도 다니게 된다는 것이다.

이때는 바로 한 단계 위의 중등교육의 수익률이 높아지지만, 기회가 제한되고 경쟁이 심하기 때문에 하류층은 다니기가 어렵다는 것이다. 그러나 중등학교도 보편화 단계에 이르면 수익률이 낮아지는 데 하류층은 최소한의 교육수준을 유지하기 위하여 다시 다니게 된다. 이와 똑같은 과정이 다시 상급학교에서 반복된다. 그래서 결과적으로 교육은 가진 자에게 봉사하고 못 가진 자에게는 도움을 주지 못한다는 주장이다.

라이트와 페론(Erik Wright & Luca Perrone)도 교육은 기존의 소득 불평등 구조를 재생산한다고 하였다. 이들은 교육수준이 소득에 미치는 영향을 직업집단별, 성별, 인종별로 비교분석해서 교육과 계층구조와의 관계를 밝히려고 하였다. 개인의 소득에 대한 계급, 직업, 지위, 교육수준, 경력의 영향력을 중다회귀분석한 결과, 소득과 교육의 관계가 가장 높은 것이 고용주 계급, 관리자 계급, 노동자 계급 순이었다. 다시 말해 상층계급일수록 학력이 소득액에 영향을 주는 반면, 하층계급에서는 미미하다는 것이다. 관리자 계급에서 교육의 영향력이 남성에 비해 여성이 낮으며, 노동자 계급에서는 인종 간이나 남녀 간의 교육 차이가 소득에 큰 영향을 주지는 못하지만, 흑인여성이 다른 집단보다는 약간 강하게 영향을 받는다고 한다.

미국의 경우 흑인하류층은 흑인집단 내의 교육 기회 불평등 분배와 흑인 전체가 백인집단보다 불리한 분배를 받는 이중의 불평등 구조 속에 놓여 있다. 그러므로 옥부(J. U. Ogbu)는 무너지지 않는 인종계층이 불평등의 지속적인 원인이라고 주장하였다. 이만큼 소수인종이 있는 나라에서는 교육 불평등 문제를 설명하는 것이 유념해야 할 일이라는 것이다.

불평등재생산론자들은 지나치게 소득의 차이만을 가지고 이야기하기 때문에 다른 요인들이 독립변인으로 다루어지지 않으며, 교육의 기능에 대하여 너무 과장하는 경향이 있다. 교육이 모든 것을 결정하는 것은 아니며 교육이 소득 결정에 별다른 영향을 주지 못한다는 연구 결과들도 많이 있기 때문에 불평등 재생산론이 반드시 옳다고 단정하기는 어렵다.

3) 무관계론

무관계론(무관론)은 현실적 평등주의 관점으로서 학교교육 무효과론이라고도 하는데, 이 이론은 교육이 사회의 평등 또는 불평등과는 관계가 없다고 보는 관점이다. 즉, 계층이동은 평등화 방향이든 불평등 방향이든 교육이 아닌 다른 영향을 받고, 교육은 사회평등화보다는 다른 가치를 추구한다는 것이다. 무관론자들은 교육이 사회평등화에 확실하게 이바지하지 못한다는 소신이 뚜렷하다.

무관론자들은 교육을 위한 조직인 학교에 대해 지성의 계발과 인격의 함양이라는 본래의 역할을 제쳐두고, 사회를 평등화시킨다는 교육의 외적 역할에 더 큰 관심을 두었기 때문에 학교의 기능에 관한 논쟁이 비교육적인 문제로 흐르게 되었다고 지적한다. 학교는 지적·인격적 성숙을 목적으로 삼는 조직이지, 소득분배나 사회적 지배분배 등을 위한 장치가 아니라는 것이다. 따라서 교육기관으로서의 기본기능 수행 여부에 더 큰 관심을 기울여야 한다고 주장한다.

버그(Ivar E. Berg)는 교육수준이 개인의 직업생산성에 영향을 준다는 근거를 찾을 수 없다고 주장하였다. 캠벨(Richard Campbell)은 지위획득에 관한 모든 연구를 검토한 후, 교육을 단순히 학교 재학 연수(年數)로만 따지는 방식에서 벗어나 학교 내에서 이루어지는 교육선발의 정확한 과정을 알아낼 수 있어야 한다고 하였다. 페스촤르(J. L. Peschar)는 다수준기법(multilevel techinques)을 도입하여 여러 수준의 맥락 요인을 분리·분석함으로써 각 요인의 영향력을 해명하였다. 즉, 개인요인과 학교요인(계열분리, 학교지명도 등)을 구별하여 분석함으로써 설명의 치밀도를 높이고 있으며, 각 개인의 장기간의 생활사를 분석하는 생활사분석(analysis of life history) 방법을 활용하여 교육과 계층이동의 관계를 구체적으로 드러내고 있다.

치스윅과 민서(Barry Chiswick & Jacop Mincer)는 1950년부터 1970년대 초반까지 미국의 소득분배상황과 교육분배상황을 비교·분석한 후 양자 간에는 아무런 관계가 없음을 확인하였다. 써로우(Lester Thurow)도 비슷한 시기의 미국의 소득분배상황과 교육분배상황을 분석하여 같은 결론을 얻었다. 그는 소득분배 구조의 개선을 학교교육에 기대하는 것은 부질없는 일이라고 하면서 경제적, 사회적 문제의 치유를 위한 사회정책을 교육에 의존하는 것은 부질없고 가장 비효과적인 방법이라고 하였다.

젠크스(Christopher Jencks)도 가정배경, 지적능력, 교육수준, 직업지위를 모두 동원하여도 개인 간의 소득 차이를 제대로 설명할 수 없다고 하며, 학교는 평등화에 관한 한 상관이 없다고 주장하였다. 이미 앤더슨(Harold Anderson)은 일찍이 미국, 영국, 스웨덴 등 3국 자료를 세밀하게 분석하여 교육수준과 사회이동수준 관계가 3국 모두 매우 낮다는 것을 발견하였다. 앤더슨 연구를 조금 더 발전시킨 부동(Raymond Boudon)은 일반적인 조건 하에서 교육 기회의 확대는 사회적 불평등을 감소시키지 않으며, 이것은 교육 기회의 불평등 분배가 호전되어도 마찬가지라는 결론을 내렸다.

이밖에도 유팔무 그리고 간제붐(H. B. G. Ganzeboom, et al.), 헬스(A. F. Health, et al.), 존손(J. O. Jonsson) 등도 비슷한 연구결과를 얻었다. 결국 교육이 사회를 평등하게 만든다는 주장이나 불평등하게 만든다는 주장들을 지지하는 그 어떤 증거도 찾을 수 없다는 것이었다.

학교는 기본적으로 인간의 지적·인격적 성숙을 목적으로 하는 조직이지 소득 분배나 사회적 지위분배 등을 위한 사회평등화 장치는 아니다. 물론 상호관련성이 전혀 없는 것은 아니지만 그렇다고 해서 사회 평등화가 기본 기능은 아닌 것이다. 그러므로 학교교육이 사회의 평등 또는 불평등에 아무런 효과를 발휘하지 못한다고 해서 아무짝에도 쓸모없는 기관이 아니라, 교육기관으로서의 기본적인 기능을 제대로 수행하고 있는지의 여부를 밝히는 것이 더 중요한 교육사회학적 연구과제인 것이다.

4 교육과 지위성취

사람들은 서로를 구별하기 위하여 다양한 특징인 지표를 사용하는데 성, 종교, 인종, 친족, 직업, 거주지, 산업, 결혼유무, 정치적 입장, 국적, 언어 등과 같이 명확한 경계를 바탕으로 하위집단을 구분하는 명목지표와 수입, 교육, 부, 권위, 권력, 사회경제적 출신, 연령, 행정권한, 지능 등과 같이 위계적 서열에 따라 구분하는 등급지표가 있다.

사회구조는 두 가지 지표에 의해 분화되어 있는데, 명목지표는 사회적 위치나 사회집단 간의 수평적 분화, 즉 이질성과 차이를 나타낸다. 등급지표는 사회적 지위 간의 수직적 분화, 즉 불평등을 뜻한다. 사회의 수직적 불평등 구조는 사회계층이며, 이는 비슷한 정도의 사회적으로 희소한 가치를 누리는 사람들의 집단을 말하는 것으로, 사회 불평등이 구조적으로 제도화된 것이다.

오늘날은 직업, 학력, 재산, 소득수준, 가문, 생활양식 등이 사회계층을 나타낸다. 이 중에서도 직업이 다른 지표들이 가지고 있는 속성들을 대부분 내포하고 있어서 문제가 된다. 즉, 어떤 직업을 갖느냐 하는 것은 소득과 명예, 사회적 권한, 생활양식 등을 결정하는 관건이 되는 것이다. 이처럼 현대사회에서 직업은 신분의 의미를 가지고 있다. 우리가 주고받는 명함이 바로 그것을 정확하게 나타내고 있다. 상위의 직업은 희소가치가 있기 때문에 다양한 방법을 동원하여 얻고자 한다.

사회경제적 위계구조에서 사회이동이 일어나는데 이동방향에 따라 수직이동(상향이동과 하향이동)과 수평이동(동일수준) 그리고 시간적 거리에 따라 세대 내 이동(자신의 생애 중)과 세대 간 이동(자신과 부모세대 간)이 있다. 교육사회학이 관심을 갖는 것은 세대 간 수직적 상향이동이다. 상향이동을 위해 사람들은 교육에 매달려 있다. 그래서 학교교육의 효과를 파악해야 하는데 교육의 사회적 효과에 관한 연구는 지위성취결정 연구, 사회적 자본형성 연구, 소득결정 연구 등이 대표적이다.

교육이 직업적 지위를 결정하는데 기여하는 정도를 알아보는 가장 일반화된 방법은 사회계층 형성에 대한 교육의 영향력을 분석하는 일이다. 객관적인 측정 방법은 직업적 지위변동으로 측정되는 사회이동과 교육의 관계를 분석하는 것이다. 즉, 그 영향력이 출신배경인 귀속적 요인이 더 큰가 학교교육에 의한 성취적 요인이 더 큰가 하는 것에 따라 여러 유형으로 나누어진다.

첫째, 귀속적 모형이다. 출신이 교육성취와 직업지위를 모두 결정하기 때문에 학교교육을 통한 사회이동은 어렵다. 이 모형은 귀속적 신분사회에서 흔히 볼 수 있다.

둘째, 능력·계급 결합 모형이다. 학교교육이 출신에 의해 강하게 영향을 받는 사회로, 학교를 통한 민주적 상향이동과 출신에 의한 계급적 이동 결정이 결합하여 영향을 미친다.

셋째, 능력 중시 모형이다. 학교교육이 출신에 의해 상당한 영향을 받으며, 출신에 의한 직업적 지위상속은 없으나 계층에 따라 교육적 불평등이 발생한다. 귀속적 요인이 학교를 매개로 하여 직업지위를 결정하는 것이다.

넷째, 능력주의 모형이다. 학교교육이 전적으로 직업지위를 결정한다. 개인의 능력과 노력 등이 중요하다. 학교교육이 계층구조를 변화시킬 수 있기 때문에 사회화, 선발, 배분기능이 중요한 의미를 가진다.

학교교육 효과 긍정론자인 던컨(O. D. Duncan)은 과학적 방법을 사용하여 체계적으로 연구하였는데, 하지(R. W. Hodge)와 1963년 미국 사회학회지에 '교육과 직업 이동: 회귀 분석(Education and Occupational mobility: a regression analysis)'을 게재해 학교교육이 직업적 지위성취에 중요한 역할을 담당한다는 결과를 발표하였다. 1967년에는 블라우(P. M. Blau)와 함께 '경로분석'이라는 새로운 통계방법을 사용해 사회이동 과정을 분석한 『미국의 직업구조』를 출판하였다. 여기서 사용한 모델은 교육과 지위성취 연구의 기본모델로 평가받는다.

학교교육 효과 회의론자들로서는 콜맨, 보울즈, 진티스, 부동 등을 들 수 있는데, 그들은 모두 직업적 지위획득에 있어서 학교교육보다는 사회경제적 배경요인이 더 중요한 영향을 미치며, 일부 긍정적인 효과는 특정 계층에게만 한정된다고 주장한다. 사회적 불평등을 재생산하고 정당화하는 역할을 학교교육이 한다고 주장하는 보울즈와 진티스에 비해, 부동은 다소 다른 주장을 하고 있는데 그는 학교교육의 효과를 부정하지는 않고 단지 긍정적 효과를 계속 누릴 수 있는 계층은 장기간에 걸친 교육비 부담능력을 지닌 상위계층뿐이라는 것이다.

부동은 중간계층 이하의 사람들은 계속 적극적인 투자를 할 수 없기 때문에 중간에 포기하게 되고, 이렇게 됨으로써 학교교육은 학생의 사회계급에 따라 차별적 효과를 가지게 된다는 것이다. 결국 사회적 불평등이 존재하는 한 교육 기회의 평등만으로 사회적 평등이 실현될 수 없다는 것을 분명히 하고 있다.

그러므로 많은 사람들이 기대하는 사회이동의 희망이 실현하기 어렵다는 것을 교육제도의 개혁이나 교육민주화를 통해서 재차 확인하게 된다는 것이다. 이와 같은 효과를 부동은 교육의 '예기치 못한 사악한 효과'라고 하며, 교육 기회의 평등은 모든 개인의 절대적 위치를 향상시켜 주는 '엘리베이터' 효과를 가진 것이 아니라, 상대적 지위는 늘 그 자리에 머물고 있기 때문에 '에스컬레이터'에 불과하다는 것이다.

5 교육과 사회적 자본

학교교육을 받는 이유 중의 하나가 인맥이나 학맥 또는 학연(學緣)을 형성하고, 이러한 연줄(network) 혹은 연고(緣故)를 통하여 사회적 지위를 성취하려는 문화가 우리에게 있음을 누구나 잘 알고 있다. 그래서 일류대학이니 명문대학이니 하며 일찍부터 출세를 위해 줄서기를 하고 치열한 입시경쟁을 벌이고 있는 것이다.

참고

우리 사회에서 혈연(血緣)·지연(地緣)·학연(學緣)·직연(職緣) 등의 연고주의는 사회적 친화를 확대하는 가장 핵심적인 매개체이다. 그런데 이러한 '연고(緣故)'에 대한 집착이 너무 강력한 나머지, 타인이나 타집단에 대하여 '공격적인 배타성'을 보인다는 점에서 '연고주의'라는 비판을 받기도 한다. 하지만 종친회, 향우회, 동문회 등은 가족적 친밀성을 사회적 수준으로 확대하는 데 기여함은 물론, 계급·계층 간 융화와 공동체적 신뢰를 강화하는 계기가 되기도 한다. 이처럼 연고에 근거한 다양한 결사의 구성도 공동체적 삶에서 불가피할 뿐만 아니라, 민주주의사회의 안정과 지속을 정당화하는 방편이기도 하다.

연고주의에 대한 평가는 이중적이다. 1990년대까지만 하여도 연고주의는 전근대적인 속성으로 치부되었고, 합리적인 사회를 건설하는 데 장애물로 여겨졌던 것이다. 그러나 사회적 자본, 신뢰의 중요성이 부각되면서, 연고주의를 재평가하려는 움직임을 보이게 된다. 보편적인 목적을 가진 시민사회의 경우에도 회원들의 속성을 보면 기존 회원들의 연고를 기반으로 같은 조직의 구성원이 된 경우가 많다. 따라서 시민사회에서 발견되는 연고주의적 사회관계를 어떻게 해석하여야 하는지 의문에 부딪치게 된다. 이에 대한 대답으로서 연고주의를 사회적 관계의 측면과 상징 또는 이념(아니면 사업, 조직의 목표)이라는 두 가지 측면으로 나누어서 설명하는 방식이 등장한다. 보편적인 이념과 연고주의적 폐쇄적 회원 충원구조가 쌍을 이루고 있을 때는 이념의 보편성에 의해 구성원들의 연고주의적 관계도 개방적이고 보편적인 속성으로 바뀔 가능성이 있다는 것이다. 중요한 것은 회원 충원 구조의 개방성 그리고 조직이념의 보편적인 속성이다. 조직이념의 보편성이란 조직이 기존 이익을 옹호하는 조직이 아니라, 상대적으로 높은 사회적 수준에서의 연대를 추구하고, 사회적 효율성과 구성원 전체의 만족을 추구한다는 것이다.

이러한 연결망 또는 연줄을 '사회적 자본'이라고 한다. 프랑스의 부르디외(P. Bourdieu)는 사회적 자본을 "유의미한 타자(他者)와의 다양한 관계", "서로 친숙하고 인정하는 제도화된 관계의 지속적인 연줄의 소유와 관련이 있는 실질적 또는 잠재적 자원의 전체"라고 정의하고 있다. 린(N. Lin)은 "무엇인가 이득을 기대하며 사회적 관계에 투자하고 사회적 관계의 자원을 이용하는 것"으로 정의하고 있으며, 콜맨(J. S. Coleman)은 "집합행동을 촉진하는 사회적 관계에 내재된 자원"이라고 정의하고 있다.

우리나라에서 학벌은 사회적 자본의 형태로 우리의 삶에 깊숙이 영향을 미치고 있다. 일류대학, 일류학과를 향한 진학경쟁은 어제나 오늘이나 내일이나 결코 변함이 없을 것이다. 특정학교·특정학과에 진학한다는 것은 특정한 학교연줄에 편입되는 것을 의미하기 때문이다. 대학 간에도 치열한 서열경쟁이 벌어지고 있는데, 2007년 말 로스쿨(law school-법학전문대학원) 설치 대학과 인원 확정을 둘러싸고 벌어진 교육부와 대학 및 지역 간 갈등들이 하나의 예이다.

콜맨은 학생들의 학업성취를 도울 수 있는 물적 자원인 가족의 부나 소득을 경제적 자본으로, 학생의 학업을 돕는 인지적 환경인 부모의 교육수준을 인간 자

참고

2007년 10월 30일 교육부는 2009년 3월 개원한 법학전문대학원(이하 로스쿨)의 심사기준을 확정·발표했다. 총입학정원 1,500명에서 2,000명으로 수정된 심사기준안에는 노무현 대통령의 '지역균형발전' 발언에 맞춰 전국을 5대권역(서울, 경기, 인천, 강원/ 대전, 충남, 충북/ 대구, 경북/ 부산, 경남, 울산/ 광주, 전남, 전북, 제주)으로 나눠 인가한다는 방침과 세부 인가기준에 대한 점수배점이 포함되었다. 이로 인해 그동안 총정원으로 빚어진 갈등의 양상은 각 학교의 이해관계에 따라 더욱 복잡하게 전개되었다. 2008년 1월 31일 교육부가 로스쿨 선정 대학들을 발표했다. 41개 대학 중 25개 대학이 선정됐고, 16개 대학이 탈락했다. 그 파장은 컸다. 로스쿨 선정이 해당대학의 미래를 좌우할 수 있는 매우 큰 사안이었기 때문이다. 로스쿨 선정에 많은 사안들이 고려되었지만, 사법고시 합격자 실적이 많이 반영되었다. 그리고 지방권 대학에 많은 인원들이 배정됐다. 로스쿨 입학시험(LEET)은 8월에 치러졌다.

본으로, 부모와 자식 사이의 관계를 가족 내의 사회적 자본으로, 부모의 사회적 활동과 각종 모임, 조직에의 참여와 같은 것은 가족 외의 사회적 자본으로 분류하였다. 가족 내의 사회적 자본은 결손가정이나 이혼 및 별거 등의 밀접하지 않은 가족관계이면 자본으로서의 중요한 의미가 없다고 하였으며, 가족 외의 사회적 자본도 잦은 이사라든지 모임 결속력이 약하거나 질이 낮으면 영향력이 적다고 하였다. 사회적 자본은 학생들의 자기존중감이나 자기효능감에 영향을 미치기 때문에 중요하다고 본 것이다.

Chapter 07 교육과 정치·경제·사회·문화

1 발전교육론

발전교육이란 국가발전에 이바지하기 위한 교육을 의미한다. 국가의 정치, 경제, 사회, 문화 각 부문의 발전을 자극하고 촉진시키기 위하여 교육의 양과 질을 계획적으로 조절하는 것을 말한다. 1960년대 개발도상국을 중심으로 발전하였고, 하위 이론으로 성장 이론(growth theory), 근대화 이론(modernization theory), 마르크스 이론(Marxism theory), 종속 이론(dependency theory) 등이 있다. 그 외에도 고전적 순환론, 계몽주의, 낙관론, 진화론, 구조기능 이론, 해방 이론, 세계체제 이론, 인간자본론, 신마르크스주의 이론, 급진적 구조주의, 급진적 인간주의 이론 등이 있다.

성장 이론은 경제규모의 확대(GNP)가 경제발전이고 이것이 국가발전을 가져온다는 것이다. 자본과 노동력이 경제적 산출을 낳으므로 두 요인의 계속적 증가는 계속적 성장을 가져온다는 것이다.

근대화 이론은 사회발전을 이원론으로 바라보는 것으로, 저개발과 개발, 전통성 대 근대성, 농업사회와 공업사회 등으로 이분화시키고, 전자는 발전되지 않은 상태이므로 전근대적 상태에서 전통적인 요소를 버리고 근대적 요소를 받아들임으로써 근대화가 가능하다고 보는 것이다.

마르크스 이론은 인류사회는 원시공동체 단계에서 노예주의, 봉건주의, 자본주의, 사회주의 단계를 거쳐 마지막으로 공산주의사회에 이르게 된다고 본다. 각 단계별 이행이 앞 단계의 생산양식이 지니는 모순의 축적으로 형성된 갈등 때문에 극적이고, 질적인 변혁을 통해서 이루어진다는 주장이다. 따라서 현대사회의 발전은 자본주의의 극복을 통해서만 가능하다는 입장이다.

종속 이론은 라틴아메리카에서 발전한 이론으로, 한 나라의 저발전의 원인을 그 나라의 내적 원인에서 찾지 않고 강대국에게 수탈됐기 때문이라는 외적 요인에서 보는 입장이다. 종속과 발전이 양립할 수 없기 때문에 강대국으로부터의 자립심이 발전의 출발이라고 주장한다. 종속 이론과 관련하여 종속교육, 재생산론, 대응 이론, 의식화교육, 민중교육 등과 같은 다양한 명칭이 등장한다.

그리고 발전교육론자들(Deutsch, Foltz, Inkeles, Lipset, Almond, Asher, Pye, Rostow, Schultz, Anderson, Harbison, Parsons, Clark, Hagen, Spindler, McClelland, Burns, Brembeck)이 주장하는 기본 가정은 다음과 같다. 국가발전은 저절로 이루어지는 것이 아니고 다각적인 전략과 계획을 수립하여 추진해야 한다. 어떤 물질적 자원이나 제도보다도 자원과 제도를 다루는 인적 요소를 중시하여 교육을 국가발전의 중요한 요소로 간주한다. 인간요인은 발전의 수단인 동시에 발전의 목표이기도 하다. 즉, 한 사회가 근대화되기 위해서는 사람들이 근대적 의식을 가져야 한다. 근대적 의식은 교육을 통해서 길러져야만 한다. 발전교육론은 이런 인식의 바탕 위에서 정립되었다.

발전교육에 대한 비판점들은 교육이 발전의 원인 또는 기본 동력이라는 뚜렷한 증거가 없다는 것이며, 경험적으로 입증할 수 없을 뿐 아니라 보기에 따라서는 저해하고 있는 면도 있다는 것이다. 발전교육은 경제성장을 위한 인간요인의 발달만 강조하였다. 발전계획의 경제성장 일변도에 대한 지적으로, 교육이 경제성장에 공헌하는 것에만 가치를 부여한다는 것이다.

허친스(Hutchins)는 교육이 국가발전을 위한 수단이라는 생각에서 탈피해야 교육이 제대로 되는 길이라고 주장한다. 교육을 국가발전의 수단으로 봄으로써 교육을 받는 인간도 하나의 수단으로만 인식하게 된다는 것이다. 학교교육이 경제, 정치, 사회발전에 기여한다는 것을 입증하기 어렵고 발전교육을 도구로 인식하고 있으며, 인간을 도구로 본다는 점이 부정되어야 한다고 주장한다.

2 교육과 정치발전

정치발전 혹은 정치근대화에 대하여 바인더(L. Binder)는 "국가적 통합을 성취하고 경제적·사회적 목적을 달성하는 행동체계의 확립"이라고 하였다. 알몬드와 버바(Gabriel A. Almond & Sidney Verba)는 "한 국가의 구성원들 사이에 분배되어 있는 정치적 대상물에 대한 태도 및 지향 양태(樣態)가 그 국가의 정치문화를 이루고 있으며, 정치문화의 개선이 곧 정치발전에 이바지한다"고 하였다.

알몬드(G. A. Almond)와 버바(S. Verba)는 정치발전을 3단계로 나누었다. 첫째, 향당적(鄕黨的) 정치문화로서 정치적 역할이 분화되지 않은 원시적 정치형태로, 국민들은 국가의 일원으로서의 의식보다는 부족이나 지방의 일원으로서의 의식밖에 가지고 있지 않은 정치문화를 말한다. 둘째, 복종적 정치문화로서 국가로서의 형태도 가지고 있고 국민들도 국민으로서의 의식을 가지고 있으나 국가가 국민 위에 군림하여 지배하는 형태를 말한다. 셋째, 참여적 정치문화로서 정치적 발전의 최고 단계로서, 정부와 국민 사이에 부단한 교류가 이루어지는 사회이다. 국민들이 국가의 정책결정 과정에 참여하고 발언할 수 있으며, 적극적 행위자로서 역할 수행이 존중되는 사회를 말한다. 그런데 이러한 참여적 정치문화는 이성적인 인간형에 의해서 이루어지며, 이는 교육으로 충원된다고 하였다.

교육이 정치에 기여하는 방법으로서 콜맨(James S. Coleman)은 다음과 같이 주장하였다. 첫째, 정치적 사회화(political socialization)로서 정치체제와 관련된 지식, 태도, 가치관 등을 사회구성원들에게 내면화시키는 과정을 말하는데, 교육을 통하여 이루어진다고 하며, 둘째, 정치적 충원(political recruitment)으로서 정치활동을 담당하는 정치가의 배출을 의미하며, 이것 역시 교육을 통하여 이루어진다는 것이다. 셋째, 정치적 통합(political integration)으로서 한 정치체제 내에 존재하는 여러 가지 이해관계의 대립과 갈등을 조정하여 한 나라의 국민으로서 일체감을 갖도록 하는 것을 말한다. 이것이 국민들의 국가의식과 그 나라의 역사와 문화의 이해를 통하여 국민적 일체감이 형성되어야 하는데, 이것 역시 교육을 통하여 달성된다는 것이다.

정치사회화에 대하여 시겔(R. S. Sigel)은 "정치사회화란 세대에서 세대를 통하여 전수되는 정치체제를 수용하기 위하여 정치규범과 행동을 학습하는 과정"이라고 하였으며, 헤스와 토니(R. D. Hess & J. V. Torney)는 "집단과 제도의 젊은 구성원들이 그 집단과 제도의 가치, 태도 및 그 집단이 요구하는 행동을 배우는 과정"이라고 하였다. 즉, 정치사회화는 정치체제의 유지 및 발전을 위하여 사회구성원들이 그 정치체제가 바람직하다고 생각하는 체제규범, 정치적 태도와 가치 및 기술 등을 습득하는 과정이라고 할 수 있다.

개인의 내면화에 작용하는 정치사회화의 기구로는 가정, 학교, 대중매체, 정치엘리트의 선발과 훈련, 정치적인 통합과 국민정치의식의 함양 등이 있다. 1차 사회화 기관인 가정은 가족구성원의 가치관, 태도, 교육량, 종교, 직업, 가족의 크기 및 사회경제적 지위의 경향에 따라서 인생관, 삶의 태도 및 정치적 규범 등을 형성시킨다. 정치사회화 연구에서 가장 많이 사용되는 가족환경은 사회경제적 지위이다. 이는 가족구성원의 삶의 태도와 인생관 및 정치적 행동을 결정하는 가장 중요한 요인이다. 사회경제적 지위가 높은 계층의 가족구성원은 대부분 사회변화와 정치변화를 꺼려하며 안정을 희구한다. 중류층 가정은 호기심과 개인의 행복, 자제 등을 강조하고, 인간완성에 높은 가치를 둔다. 노동자 계급에서는 순종, 단정 등의 외적 규범을 중히 여긴다. 그러므로 아이들은 부모의 직업, 가족의 크기, 교육정도 등에 많은 영향을 받는다.

2차 사회화 기관인 학교는 학생들을 정치사회화시켜서 정치적 안정을 가져오는 데 기여한다. 헤스와 토니는 "공립학교는 정치사회화를 위한 가장 중요하고 효율적인 기관"이라고 하였으며, 알몬드와 버바는 정치참여에 관한 비교연구에서 "정치적인 태도가 결정되는 것 중에서 성, 거주지, 직업, 수입, 연령 등과 같은 인구통계의 변인보다도 학교교육변인이 가장 크다"고 하였다.

학교의 정치사회화 내용들은 형식적 교육과정, 의식생활, 교실활동, 학교의 사회적 환경, 정치적인 조직, 특별활동 등과 같은 것들이다. 예를 들어, 국기에 대한 경례, 국기에 대한 맹세, 애국가 제창, 순국선열에 대한 묵념, 학교장의 훈화 등의 의식생활을 통해 학생들은 애국의식을 함양받게 되는 것이다. 그리고 교육과정을 통하여 기존 질서의 업적과 문화유산을 다루고, 국민, 민족의 자랑스러운 과거와 미래에 대한 발전 가능성을 탐색한다. 뿐만 아니라 청소년 단체활동을 통해 의식교육을 받고 심신을 단련한다. 이러한 것은 모두 학교를 통하여 시행되는 정치교육인 것이다.

대중매체는 보도기능, 비판기능, 오락기능, 교육기능 등을 담당하는데, 정치사회화와 관련시켜 보면 우리 사회의 곳곳에서 일어나는 정치 및 사회문제를 보도하기도 하고, 사설과 해설을 통하여 사회에 대한 비판과 계도의 기능을 수용자에게 전달하여 준다. 현대사회의 대중들은 대중매체가 전달하는 메시지를 그대로 수용하는 경우가 많다. 즉, 수용자의 가치관, 태도, 행동의식, 사고방식 등에 영향을 미치는 것이다.

정치엘리트의 선발과 훈련은 정치체제의 안정과 존속 및 효율성을 위해서 필요하다. 왜냐하면 한 국가 내에서 차지하는 정치엘리트들의 역할이 지대하기 때문이다. 학교교육을 받은 많은 엘리트들이 정치엘리트에 도전하기 시작한 것은 대부분 1970년대 이후였다. 학교의 교과수업에서는 건전한 민주주의 정치가의 자질에 대해서 가르친다. 물론 학교생활 자체는 권위주의적 분위기가 지배적이어서 문제로 인식되고 있다.

정치적인 통합과 국민정치의식의 함양은 국민에 대한 정치교육을 통해서 이루어지며, 정치사회화의 가장 기본적인 목적이다. 국가는 정치체제가 갖고 있는 규범과 문화내용을 국민에게 전달함으로써 정치적인 통합을 이룩하고 정치적인 안정을 유지하려고 한다. 이때 교육은 사회적 통합에 요망되는 인간적 특성으로서 사회문제에 대한 통찰력과 사회적 동태(動態)에 대한 민감성을 길러주어야 한다. 그리고 교육은 자기의 의무와 책임을 다하고, 타인의 권리와 이익을 존중하는 태도도 길러주어야 하며, 공통된 목적의 달성에 적극 참여하는 협동심 등을 배양하는 데 역점을 둔다. 그러나 교육은 단순한 정치적 안정을 위한 보수적 기능 외에도 정치사회의 변혁을 위한 추진기관으로서의 교육적 역할도 수행해야 한다.

3 교육과 경제발전

1) 교육과 경제발전

경제발전이란 경제량이 시간에 걸쳐 늘어나는 방향으로 변화하는 현상을 가리킨다. 발전 또는 성장이란 개념은 순환보다도 훨씬 장기간에 걸친 변화를 나타내는 개념인 추세(trend)와 관련된다. 발전이란 현상은 용어 그 자체의 고유한 의미내용에 따라 언제나 질적 변화, 즉 구조의 변동을 수반하는 것으로 이해하는 것이 좋다. 넓은 의미로 경제발전은 자연, 자본, 노동이라고 하는 계량이 가능한 생산요소와 기술, 체제 및 조직, 태도와 같은 계량이 불가능한 요인들의 상호작용에 의하여 이루어진다. 전자를 외적 성장원, 후자를 내적 성장원이라 한다. 외적 성장원에 근거한 경제발전을 외적 성장, 내적 성장원에 근거한 경제발전을 내적 성장이라고 한다.

경제행위의 주체이며 경제성장의 결정 요인인 인간자원은 훈련받은 노동력, 기술 및 고용 조직력을 말한다. 이와 관련해서 교육은 기술혁신, 노동의 질 향상, 과학적·기술적 지식의 전달, 경영혁신에 필요한 인적 자원을 양성하고 공급해 준다. 따라서 시간, 금전, 인간의 노력이 학교교육의 팽창에 투입되었다. 그러나 교육에 대한 투자와 경제성장과의 관계는 반드시 일치하는 것은 아니며, 국가를 운영하는 지도자, 사회문화적인 배경 및 국민의 의지 등에 따라서 달라진다고 할 수 있다.

넉시(Ragnar Nurkse)는 경제발전은 기획위원회 기획서보다 국민의 창의성, 조심성, 발명 및 예견능력이 뿌리가 된다고 하였다. 로스토우(W. W. Rostow)는 경제성장 5단계설에서 인간의 가치관의 중요성을 역설했다. 경제는 전통사회단계 → 준비단계 → 도약단계 → 성숙단계 → 대량소비단계의 5단계를 통해 성장하며, 이들 중 도약단계가 비(非)성장에서 성장으로 넘어가는 가장 중요한 단계이다. 그런데 도약단계에 진입하기 위해서는 사람들의 가치관이 변화되어야 가능하다는 것이다. 맥클랜드(D. C. McClelland)는 성취동기가 경제성장의 필수요인이라고 주장하면서 성취동기가 높은 나라일수록 경제성장 속도가 빠르다는 연구결과를 얻었다.

슐츠(T. W. Schultz)와 데니슨(E. F. Denison)은 경제성장에 대한 교육의 기여도를 직접 생산 공식(Gy = aGk + bGl / Gy = 경제성장률, a = 국민소득에서의 자본의 몫, Gk = 자본성장률, b = 국민소득에서의 노동의 몫, Gl = 노동성장률)에 의하여 계산하였다. 계산한 결과 데니슨은 약 23%(1926~1957), 슐츠는 17.3%(1929~1957), 보우만(Bowman)은 18%가 교육의 덕택이라는 수치를 얻게 되었다. 우리나라의 경우 경제성장에 대한 교육의 기여도는 배종근은 11.6%(1960~1970), 김광석과 박준경은 9.3%(1963~1976)로 계산하였다.

각 국가마다 근대화 과정에서 교육의 사회적 역할은 같지 않았다. 영국과 일본의 경우 첫째, 학교교육이 영국의 산업화 과정에서는 직접적으로 공헌하지는 못하였다. 사실 산업혁명기의 발명가들은 학교교육의 혜택을 받지 못한 사람들이었다. 교육의 본질은 산업사회로 인하여 생겨나는 사회적 혼란을 어떻게 막을 것인가에 있었기 때문에 인격교육에 중점이 있었다. 둘째, 일본은 동양적인 가치관을 유지하면서 산업화를 달성하였다. 일본의 교육은 서양의 과학기술을 소개하면서 전통적인 도덕규범을 강조하는 두 가지 임무를 성공적으로 동시에 수행하였다. 셋째, 과학기술의 발전이 반드시 가치관을 변화시키는 것은 아니다. 넷째, 교육은 평등화에만 공헌하는 것은 아니다.

교육이 경제성장에 이바지하는가에 대한 또 하나의 연구방법으로는 수익률 계산법이 있는데, 이 방법에 의한 연구에서도 교육은 경제성장에 있어서 필수적 요인이라는 결론이 나온다. 교육수익률은 후진국이 선진국보다 높으며, 후진국일수록 하급학교의 수익률이 높으며, 학력 간 소득격차가 크다. 또 경제성장을 위하여 도움이 되는 인간특성은 필요한 지식, 필요한 기술, 태도와 가치관 등 세 가지로 분류할 수 있는데, 경제성장을 위한 실천과정에서 해야 할 일은 태도와 가치관을 교육내용에 반영시켜 길러주는 것이다.

2) 교육과 소득결정

어느 사회에서나 빈부격차는 사회갈등의 중요한 요인이 되며 사회문제가 된다. 전통사회의 자급자족 경제시대나 공동생산 경제시대에는 모든 것이 단순했으며, 사회와 경제 전반의 문제들이 자연스럽게 해결될 수 있었을 것이다. 그러나 사회가 발달하고 경제구조가 복잡해지면서 인간들에게 있어서의 가장 큰 문제 중 하나는 계층 간의 불균형이다. 그로 인한 경제발전의 왜곡으로 우리 사회는 심각한 문제에 부딪히고 있다. 이러한 경제 전반에 걸친 문제들을 인식하며 우리의 경제 상황을 살펴보도록 한다.

1970년대 우리나라의 급속한 경제성장은 재벌을 형성하였고, 부의 집중과 분배구조의 왜곡을 가져왔으며, 정치와 경제가 유착하여 부정부패와 온갖 특혜로 특정 계층의 집단만이 부를 더 축적하였기에 우리 경제는 심각한 불균형의 위기에 처해 있다. 경제문제는 인간이 중심이 되어야 하며 궁극적으로 그 목표는 모든 사람들의 복지를 증진시키는 데 있어야 한다. 이에 우리는 분배의 측면을 강조하지 않을 수가 없으며 그 해결책을 강구해야만 한다.

개인의 소득이 어떤 요인에 의해서 결정되는가는 시대마다 다르다. 자본주의 사회에서는 개인의 소득이 시장을 통해서 결정된다. 그러나 그 시장에 어떤 요인들이 작용하고 어떤 법칙에 의해서 소득이 결정되는가에 대해 많은 주장들이 있다. 크게 주류경제학의 견해와 마르크스경제학의 견해가 정면으로 대립된다. 그러한 요인들 중에는 교육도 포함되는데 학력이 높을수록 소득이 높은 현상은 세계 각국에서 발견된다.

교육과 소득의 상관관계는 이론뿐만 아니라 정책적으로도 함축하는 바가 크다. 첫째, 교육과 소득분배의 관계이다. 교육이 확대됨에 따라 소득분배가 개선되는가의 여부에 대해서는 확실한 것이 없으며, 실증적 연구도 의견의 일치를 보지 못하고 있다. 둘째, 경제성장의 원천이 무엇인가를 밝히는 데에도 중요한 역할을 한다. 성장회계(growth accounting)에서 경제성장의 원천을 노동, 자본 등의 몇 가지 요소로 환원시킬 때 설명이 불가능한 잔여부분이 크게 나타나는데, 이 중 상당부분을 교육이 설명할 수 있다고 한다. 셋째, 특히 후진국에서 중요한 문제가 되고 있는 고등교육자의 실업문제와 관련해서 중요한 의미를 가진다.

왜 학력이 높을수록 소득이 높은가 하는 문제에 대해서는 몇 가지 접근방법이 있다. 이에는 인간(인적)자본론, 교육의 선별 이론 그리고 급진경제학의 교육에 대한 시각이 있다. 또한 일반적 가설인 후발성을 강조하는 로널드 도어(Ronald Dore)의 견해가 있다.

인간자본론은 슐츠(T. W. Schultz)와 베커(G. S. Becker), 민서(J. Mincer) 등 시카고학파의 경제학자들에 의해 발전된 이론인데, 교육과 훈련 등에 대한 투자지출에 의해 형성되어 인간에게 구체화된 지식 및 기능을 인간자본으로 보고 있다. 이처럼 인간자본론은 교육을 인간자본에 대한 일종의 투자로 보는 것이 다른 이론과 구별되는 특징이다. 교육이 생산성을 높이는 효과를 갖게 되고, 따라서 교육을 받은 사람은 그렇지 않은 사람에 비해 높은 소득을 누리게 된다는 것이다.

인간자본론에서는 교육이 사람들의 인지능력(cognitive ability)을 제고시키거나 지식이나 기능을 습득시킴으로써 노동자의 생산성이 높아진다고 보았다. 결국 인간자본론은 고학력 → 고생산성 → 고소득이라는 구조적 메커니즘(mechanism)을 통해 학교교육이 소득에 영향을 미친다고 보는 것이다.

민서(Mincer)는 학교교육 및 훈련 모델을 만들었는데, 이는 인간자본론을 정식화한 모델로서 분석의 단순화를 위해 몇 가지 가정이 전제된다.

첫째, 노동시장은 경쟁적이며 실업은 없다.

둘째, 교육받는 기간 동안 소득을 벌지 못하며 그런 기회비용을 제외하고는 교육의 직접비용은 없다.

셋째, 교육받기를 원하는 사람은 자본시장에서 누구든지 일정 이자율로 자금을 차입할 수 있다.

넷째, 교육기간에 관계없이 모두 같은 기간만큼 일한다.

다섯째, 각 직업은 서로 다른 수준의 학교교육을 요한다는 것 이외에 모든 점에서 비금전적 이득의 차이는 없다.

위에서 열거한 여러 가지 가정에서 출발한다면 소득격차는 사람들이 받은 교육의 차이에 기인하지만, 각자는 그만한 투자를 한 대가를 받는 것이 되므로, 각 개인의 평생소득의 할인된 현재가치는 교육수준에 관계없이 모두 같아진다. 이런 불평등은 충분히 합리화될 수 있는 성질의 것이며, 매년의 소득은 차이가 있을지 몰라도 평생소득은 모두 같기 때문에 소득의 불평등은 존재하지 않는 것과 마찬가지가 된다. 이 점은 자본주의체제에서의 경제적 불평등은 사실 눈에 보이는 것만큼 크지는 않다고 보는 시카고학파의 체제긍정적 세계관에 잘 부합하는 것이라고 할 수 있다.

인간자본론은 인간자본의 공급측면만을 강조하고 있기 때문에 개인 능력의 차이를 무시하고 있으며, 가정배경에 따라서 교육 기회가 균등하지 못한 점을 간과하고 있다는 두 가지 비판을 받았다. 이에 베커(J. S. Becker)는 인간자본의 공급측면과 수요측면을 동시에 고려하여 인간자본에 대한 수요 및 공급곡선이라는 분석수단을 가지고 적정 인간자본 투자량, 수익률 및 소득결정을 분석하는 보다 정교한 분배모델을 제시하였다.

베커에 의하면 한계수익률을 나타내는 수요곡선은 우하향(右下向)하는데, 그 이유는 인간에게 체화(體化)되는 인간자본은 정신적·육체적인 능력의 한계로 인하여 한계수익률이 체감하기 때문이다. 한편 인간자본투자의 한계비용을 나타내는 공급곡선은 우상향(右上向)의 기울기를 가지며, 인간자본투자에 필요한 비용과 가족배경, 기회 등 자금차입의 비용 차이를 반영한다. 한걸음 더 나아가 베커는 평등주의적 접근방법과 엘리트주의적 접근방법으로 나누어 설명하였다.

인간자본론 부분적으로 소득의 불평등을 설명하는 데 상당한 성과를 거두기도 했지만 많은 비판이 따르는 것도 사실이다.

첫째, 인간자본이란 개념 자체에 대한 근본적인 비판으로서 미국의 급진파 보울즈와 진티스(S. Bowles & H. Gintis)는 자본가와 노동자 사이의 계급관계를 무시하고 있다는 점을 지적하며, 인간자본론은 자본주의체제의 현 상태를 유지하려는 보수적 이데올로기에 불과하다고 한다.

둘째, 노동의 공급측면만을 중시한 나머지 수요측면을 무시하고 있다는 비판이 있다.

셋째, 노동시장에서의 차별을 충분히 설명하지 못하고 있다.

넷째, 개인의 능력 차이로 인한 소득의 차이를 설명할 수 없다.

다섯째, 사회경제적 배경이 소득에 미치는 영향을 무시한 점에서 인간자본론은 교육의 영향을 과대평가하고 있다.

여섯째, 교육이 사람들의 인지능력을 증진시킴으로써 생산성을 높인다고 하는 가정에 대한 비판이 있다.

일곱째, 환경적 요인, 제도적 요인, 가정에서의 유아기 투자 또는 양육방법의 차이를 무시하고 있다.

선별 이론은 교육이 사람의 능력을 제고시키는 기능은 없고, 다만 능력이 있는 사람을 가려내는 역할을 한다고 본다. 채용을 할 때 고용주는 노동자에 관해 두 가지 유형의 특징을 관찰하게 되는데, 이것이 지표(index)와 신호(signal)이다. 지표란 성별, 인종, 나이 따위와 같이 개인이 의도적으로 바꿀 수 없는 성질을 가지고 있는 데 반해, 신호는 교육이나 건강과 같이 개인이 비용을 들여 투자할 수 있고 바꿀 수 있는 성질을 가진다. 이 유형에 속하는 학자들은 버그(I. Berg), 애로우(K. Arrow), 스펜스(M. Spence), 타우브만과 웨일즈(P. J. Taubman & T. J. Wales), 스티글리쯔(J. E. Stiglitz) 등이 있다.

선별 이론 또는 선별가설(screening hypothesis) 혹은 신호 이론(signal theory) 및 체 이론(filter theory)에 의하면 교육의 기능은 반드시 바람직한 것은 아니다. 유능한 노동자의 입장에서 보면 교육은 소득을 높이는 유리한 방편이 되지만, 반대로 무능한 노동자의 경우에는 오히려 소득을 평균이하로 낮추는 결과밖에 되지 않고, 고용주의 입장에서 보면 선별이 있건 없건 생산량이나 이윤은 변화가 없고 다만 소득을 무능한 노동자에게서 유능한 노동자에게로 재분배해 줄 뿐이다.

선별 이론의 문제점으로는 첫째, 사람의 능력을 그냥 주어진 것으로 보는 것은 옳지 않다는 점이다.

둘째, 교육이 전혀 생산성을 높이지 않고 있다는 것도 무리가 있다.

셋째, 생산에 있어서 외부요인을 고려할 필요가 있다.

넷째, 교육이 정말로 생산성은 증대시키지 않고 사람을 선별하는 기능밖에 없다면 그것은 자원의 엄청난 낭비를 의미하는 것이 된다.

그리고 사회에 있어서 교육의 기능을 적극적으로 긍정하는 것이 인간자본론이고, 소극적 긍정 내지 소극적 부정의 입장에 서는 것이 선별 이론이라고 한다면, 급진파경제학은 적극적 부정의 입장에 선다.

급진파경제학(신마르크스주의)에서 볼 때 소득의 불평등을 가져오는 것은 근본적으로 불평등한 계급구조 또는 사회경제적 배경의 차이이다. 학력이 높은 사람은 사회경제적 배경이 남보다 우월하기 때문이지, 교육 그 자체가 소득을 높이는 것은 아니라고 하는 것이다.

그 증거로서 보울즈(S. Bowles)는 첫째, 사회경제적 배경이 교육에 미치는 영향이 매우 크다는 점을 든다. 둘째, 교육이 소득에 주는 영향은 사회경제적 배경을 고려하면 무시할 만큼 작다. 셋째, 계급에 따라 교육에 대한 대가가 다르게 나타난다는 이유를 제시하며, 교육 기회의 균등화는 사회경제적 평등의 실현 없이는 달성될 수 없다고 한다.

도어(R. Dore)는 인간자본론, 선별 이론, 급진경제학 이론을 모두 비판하며, 동일한 메커니즘이라도 그 나라의 발전 정도에 따라 그 작용은 달라질 수 있다고 한다. 후진국의 교육이 시험 위주의 형식적인 것으로 전락한 이유를 후발성과 밀접한 관련이 있기 때문이라고 하였다.

그 이유로서 첫째, 실업률이 높고 근대와 전(前)근대 부문 사이의 소득격차가 워낙 크기 때문에 시험성적이나 학위가 개인에게는 사활이 걸린 문제가 된다.

둘째, 학교에서 배우는 서구문화가 후진국의 전통문화와는 거리가 멀기 때문에 교육이 형식화된다.

셋째, 후진국의 학교는 가난하여 유능한 교사, 도서, 시설이 부족하기 때문에 자연히 주입식 교육이 될 수밖에 없다.

넷째, 선진국의 학교는 순수학문의 오랜 전통이 있는 데 반해 후진국의 학교제도는 출발 때부터 취직 수단의 성격을 가진다고 보며, 도어는 언제 어디서나 성립하는 이론은 없으며, 그 나라의 후발성의 정도에 따라 학력과 소득의 상관관계도 서로 다른 의미를 가지게 된다는 것이다.

이외에도 이중노동시장론이 있는데, 노동시장 분단론자들로부터 나왔다. 이 개념은 사회학자와 경제학자들이 빈곤, 비자발적 실업, 산업 간 임금격차, 성 및 인종차별 등의 문제를 설명하고자 할 때 이용된 개념으로, 1960년대의 도시 저소득층에 대한 경제연구로부터 나왔다. 도링거와 파이어(Doeringer & Piore)는 노동시장은 1차, 2차 시장으로 나뉘어 있다고 주장하였다. 1차부문은 상대적으로 높은 보수와 수당, 좋은 작업환경과 연수, 연공제 승진기회, 인위적 해고로부터의 보호를 특징으로 한다. 2차부문은 저임금, 저훈련, 승진기회의 부족, 열악한 작업환경, 잦은 해고 등을 특징으로 한다.

이중노동시장론에서도 선별개념을 적용한다. 교육과 소득과의 관계가 인간자본론에서 말하는 생산성의 차이가 아니라 고용주가 교육자격증 내지 학력을 선발장치로 활용함으로써 발생하는 것이라면, 이중노동시장론에서는 교육과 노동시장 간의 관계 그 자체를 의문시한다. 왜냐하면 2차 노동시장에 편입된 사람에게는 그러한 관계는 유효하지 않기 때문이다.

즉, 인간자본론은 특정 노동력 부문에게만 맞고 빈곤계층 및 소수집단에게는 적용되지 않는다는 것이다. 이중노동시장은 비슷한 생산성을 지닌 노동자들이 전혀 다른 기회와 직업보상을 받을 때 존재한다. 미국 연방정부의 연수프로그램, 각종 보상교육 프로그램 등이 흑인과 기타 소수집단의 열악한 상태를 개선하는 데 실패한 것은 이중노동시장 구조를 고려하지 않고 인적자본만 개선하려 했기 때문이라는 것이다.

이중노동시장론은 몇 가지 점에서 비판을 받고 있다. 우선 신고전경제론을 대체시킬 수 있는 노동시장론을 제공하지 못하고 있다. 또한 이 이론의 가설이 엄격한 양식으로 기술되어 있지 않기 때문에 검증하기가 어려우며, 노동시장을 이분하기도 어려운 일이다. 이 이론에 의해서 이루어진 실증적인 분석의 결과도 인간자본론에서 주장하는 노동시장의 전통적인 기능을 배척하는 데 실패하고 있다는 점이 이 이론의 취약점이다.

우리나라의 경우에도 학력에 따른 소득 격차는 표 7-1과 같이 매우 크다. 근본적으로 학력이 갖는 사회경제적 층화(層化)라는 역기능이 있는 한 교육에 대한 과잉수요를 막을 수는 없을 것이고, 과잉수요가 있는 한 우리나라의 교육문제는 해결되기 어려울 것이다.

따라서 한편으로는 사회경제적 불평등을 축소하는 개혁에 박차를 가함과 더불어 민주적이고 평등한 방향으로 개혁하여 참교육을 이 땅에서 실현하여 배우

표 7-1 직종별학력별 월급여액 수준 및 차이 (단위: 천원, %)

구분	중졸 이하	고졸	전문대졸	대졸 이상
전체	1,692(83.2)	2,034(100.0)	2,204(108.3)	3,132(154.0)
관리자	3,419(93.1)	3,673(100.0)	3,426(93.3)	5,221(142.2)
전문가 및 관련 종사자	1,891(86.5)	2,187(100.0)	2,177(99.5)	3,314(151.5)
사무종사자	2,400(102.4)	2,343(100.0)	2,231(95.2)	2,948(125.8)
서비스종사자	1,347(87.2)	1,546(100.0)	1,792(115.9)	1,949(126.1)
판매종사자	2,026(104.1)	1,947(100.0)	2,295(117.9)	2,889(148.4)
농림어업숙련종사자	1,549(77.7)	1,993(100.0)	2,348(117.8)	2,206(110.7)
기능원 및 관련기능조사자	2,064(96.8)	2,131(100.0)	2,252(105.7)	2,635(123.7)
장치, 기계조작 및 조립종사자	1,998(96.4)	2,073(100.0)	2,249(108.5)	2,575(124.2)
단순노무종사자	1,300(85.9)	1,514(100.0)	1,760(116.2)	1,869(123.4)

출처: 고용노동부 「2011년 고용형태별 근로실태조사」 임금구조부문. ( )는 고졸의 월급여액을 100으로 할 때 학력별 월급여액 수준임. * 월급여액(2011년 6월 급여 기준)은 정액급여+초과급여로 ( )는 고졸의 월급여액을 100으로 할 때 대졸이상 학력자의 월급여액 수준임.

지 못한 사람도 사회에 기여하면서 인간 대접을 받는 세상을 만들어야 할 것이다. 21세기에 선진사회로의 도약의 관건이 여기에 있기 때문이다.

4 교육과 사회발전

1) 교육과 사회발전

사회발전에 필요한 근대화의 태도에는 정의성이 아닌 공식성, 전통성이 아닌 합리성, 귀속성이 아닌 업적성, 분파성이 아닌 보편성, 권위성이 아닌 평등성, 폐쇄성이 아닌 개방성 등으로 정리할 수 있는데, 이와 같은 근대적 태도를 기르는 일은 역시 학교교육에 의존할 수밖에 없다.

사회발전을 위한 학교교육의 역할로서는 교육받은 인구의 증가로 사회구조적 변화에 기여한다. 그리고 학교에서 전수하는 새로운 문화내용으로 인한 가치관 및 문화의 내용을 변화시키고 수용한다. 또 사회문제에 대한 지식과 이해를 길러 주고 적절한 태도와 가치관 형성에 영향을 미친다.

사회발전은 발전의 개념에 따라 그 정의가 다르다. 발전은 흔히 경제적 성장을 뜻한다. 1950년대 이전에만 하더라도 국가의 경제성장을 추정할 수 있는 GDP나 GNP 등의 지표를 통해 특정 국가 또는 사회의 발전을 설명하였다. 그러나 그 후 경제성장뿐만 아니라 빈곤, 불평등, 실업 등 사회문제의 정도 및 그에 대한 대처 여부 또는 정도 등을 고려해서 사회발전 개념을 설명하였다. 세계은행이 정의한 바에 따라 간단히 정리하면 발전은 사회구성원의 삶의 질을 개선하는 것이다. 즉, 사회발전은 단순히 경제성장 차원을 넘어서 사회구성원들이 계급이나 성(性) 등의 요인으로 일어난 갈등으로 인해 삶에 지장을 받는 차원들까지 다양하게 고려한 개념이다.

그렇다면 교육과 사회발전 간의 관계는 어떻게 이루어지는가? 이 관계는 교육의 기능으로 인하여 형성된다. 교육의 기능에는 본질적 기능과 수단적 기능 두 가지가 있다. 교육은 사회계층 상승의 요인이 되고, 국민들에게 사회구성원으로서의 가치관을 형성시키며, 급격한 인구증가, 환경오염, 가치관의 갈등, 핵가족문제, 청소년비행 등 여러 가지 사회문제를 예방하고 지도하는 역할을 한다. 그러므로 교육은 사회발전의 원동력이 된다고 할 수 있다.

사회적 학습의 유형에는 모방학습이 있다. 사람은 자기에게 유리한 타인과 보상을 받을 수 있는 타인을 모형으로 삼게 되며, 칭찬과 보상을 받기 위하여 타인의 행동을 모방하게 된다. 또 모형학습은 모방학습과 비슷하나 좀 더 넓은 의미를 가지는 것으로, 모방할 타인을 어떻게 선택하느냐의 과정까지를 포함하기 때문에 흔히 동일시(identification)라고도 한다. 그리고 역할학습은 어떠한 지위를 차지한 사람이 그 지위에 요구되고 기대되는 행동을 학습하고 수행하는 과정이다. 역할학습의 내용은 역할기대의 내용과 동일하다. 기타 보상과 벌, 암시, 경쟁, 사회통제, 인지학습 등도 있다.

교육은 사회적 기능을 수행한다. 먼저 보수적 기능은 사회통합의 기능(= 개인의 사회화기능, 보수적 사회화기능)을 말한다. 두 번째는 문화전달 및 창조의 기능인데, 발전은 궁극적으로 물량적이고 경제적이 아닌 인간의 가치와 인간의 욕구 및 삶의 질의 지향에 목적이 있다고 할 수 있다. 그러므로 사회발전의 의미 또한 이런 개념과 상통한다고 할 수 있다. 즉, 발전이라는 개념을 질적 변화와 물적 성장을 포함하는 가치지향적 과정으로 이해하고, 이를 정치적·경제적·사회적 등 여러 측면에서 밀접하게 연관되어 있는 다차원적 현상으로 이해해야 한다.

그러나 정작 사회발전의 개념정의에 대해서는 논란이 많다. 이는 '사회적'이란 지극히 다원적 개념의 해석에 따라 사회발전의 개념이 크게 달라지기 때문이다. '사회적'이란 의미를 파악하자면 크게 광의의 측면과 협의의 측면으로 나누어 살펴볼 수 있다. 광의의 측면에서 사회적이란 전체 사회적 내지는 '사회전체로서의'란 뜻으로 이해된다. 즉, 정치, 경제, 사회, 문화가 다 포함된 넓은 범위에 걸쳐 쓰이는 단어이고, 국가적인 의미로 해석이 가능하다. 협의의 측면으로는 다음과 같은 세 가지 측면에서 축약해 볼 수 있다. 사회적이란 의미를 사회구조라는 시각에서 포착하고 사회발전을 사회적 계층구조와 사회적 이동성의 변화 내지는 이로 인한 국가공동사회 내에서의 참여의 확대로서 해석하는 입장이다. 즉, 사회구조가 발전적인 방향으로 변하는 과정을 뜻한다. 대표적인 학자로는 뒤르껭(E. Durkheim), 스멜서(N. J. Smelser) 등이 있다.

2) 교육과 사회변동

사회 내부에서 일어나는 변화를 사회문화적 변동이라 한다. 사회변동의 특징은 집합적 현상이어야 한다. 즉, 한 개인의 차원을 넘어선 전체 사회의 사고방식, 생활양식의 변화이어야 한다. 또 사회변동은 구조변동이어야 하는데 사회제도의 수정을 그 전체성 혹은 뚜렷한 구성요소 내에서 관찰할 수 있어야 한다. 그리고 사회변동은 영구적인 현상이다. 관찰된 변화가 피상적·일시적이어서는 안 된다. 마지막으로 사회변동은 사회의 역사진로에 영향을 미치는 것이어야 한다.

사회변동에 대한 관점으로는 다음과 같은 여러 사회학자들의 견해가 있다. 꽁트는 모든 사회가 군사형사회, 법률적 사회, 산업사회의 3단계를 거친다고 하였으며, 지식도 신학적 단계, 형이상학적 단계, 실증적 단계로 발전한다고 하였다. 스펜서는 사회가 생물유기체처럼 단순한 형태에서 조직구조가 점점 분화되고, 통합되어 복합적인 형태로 변화·발전한다는 사회진화론을 주장하였다. 뒤르껭은 동질적인 사회인 기계적 유대사회에서 이질적인 사회인 유기적 유대사회로 변화한다고 하였으며, 마르크스는 생산양식의 변동에 의해서 사회계급의 갈등, 모순, 투쟁에 의해 역사의 발전과 사회가 변화되어 왔다는 유물변증법적 진화론을 주장하였다. 이상은 진화론적 관점이다.

순환론적 관점에서 쉬펭글러(Osward Spengler)는 살아 있는 생명체와 같이 사회는 흥망·성쇠와 전진·후퇴의 규칙적인 과정을 겪게 된다고 하였으며, 토인비(A. J. Toynbee)는 세계문화를 21종류로 분류하고, 도전과 응전으로 풀이하였다. 빠레토(Vilfredo Pareto)는 두 종류의 엘리트, 즉 전통과 관습을 존중하는 보수적인 사자형 엘리트와 혁신적이고 적응성이 강한 여우형 엘리트가 권력을 번갈아 장악하면서 사회변동이 일어난다고 하였다. 이 외에 균형론자인 파슨스(T. Parsons)는 사회의 항상성(homeostasis)을 중시하며 사회체제의 균형이 파괴되면 자동적으로 원상복귀하는 메커니즘이 있다고 봄으로써 사회변동은 점진적으로 질서 있게 변화한다고 주장하였다. 또 갈등론자들인 코저(L. Coser)와 다렌도르프(R. Darendorf)는 사회의 구조 자체가 이권을 위한 투쟁과 갈등을 불가피하게 하고, 그 갈등의 결과로 변동이 일어난다는 입장을 취하였다.

사회변동을 일으키는 요인들로는 외국문화와의 빈번한 접촉, 현재의 문화수준, 사회구조와 사회구성원의 태도 및 가치관, 필요성, 자연환경의 변화, 인구증가, 새로운 자원의 공급 등이 있으며, 이들이 복합적으로 작용하여 사회변동을 일으킨다. 오그번(William F. Ogburn)은 이러한 사회변동이 문화지체, 사회문제, 사회해체 등의 모습으로 나타난다고 하였다. 문화지체(cultural lag)는 문화의 한 면이 다른 한 면에 뒤떨어져 있을 때를 나타내는 말로, 기술적인 것과 인간적인 것이 비동시적이고 이원화된 데서 일어나게 되고 사회발전의 저해현상이 발생한다.

사회문제는 주택문제, 공해문제, 교통문제, 청소년비행문제, 성문제, 노인문제 등과 같이 많은 사람들의 가치관에 바람직하지 못한 영향을 미치게 되는 것을 말한다. 이러한 사회문제들은 사회변화가 가속도적이고 급격하기 때문에 긴장, 갈등, 불안의식을 피할 수 없게 하며, 가치갈등과 규범갈등을 야기한다. 또한 사회균형을 유지할 수 없게 하여 정상적인 사회발전을 저해하기도 한다.

사회해체 현상은 규범과 소통과 집단목표에 대한 몰입과 헌신 등이 무너지는 상태로서, 한 사회의 부분이 변동하여 다른 부분에 영향을 미침으로써 사회의 유대관계가 파괴되거나 약화되는 현상으로 행동의 무질서 상태인 아노미(anomie)를 말한다. 사회변동은 사회조직의 해체현상에 영향을 미치고 사회조직의 해체는 사회문제를 야기한다.

이러한 사회변화에 따라 가치관이 달라지고 규범이 변화되며 사회구조가 바뀌게 됨에 따라서 교육이 중요하게 된다. 즉, 가치에 따라 인간은 어떤 행동을 하고 어떤 수단을 취하느냐를 결정하기 때문에 가치교육이 중요해지는 것이다. 또 사회구조가 전통사회와는 다른 가치관을 요구하기 때문에 가치갈등 상태를 피할 수 없게 되는 것이다.

가치관의 중요성과 교육적 문제를 강조하지만 실제로 가치관이란 그 자체가 인간에게 어떻게 행동하라고 지시해 주는 것은 아니기 때문에, 무엇을 어떻게 해야 하고 어떤 행동은 안 된다는 것을 안내해 주는 역할은 사회규범이 하게 된다. 이 사회규범이 행동의 기준이 되기 때문에 규범이 자주 바뀌거나 일정하지 않으면 규범갈등을 면하지 못하고 가치갈등을 불러일으키게 되는 것이다.

표 7-2 전통적인 가치관과 근대적인 가치관 비교

구분 / 특징	전통적인 가치관	근대적인 가치관
인간관계	불평등관	인격적 평등관
자연관	순응	조화
시간관	과거지향적	현재·미래지향적
노동관	귀천 있음	귀천 없음
문화관	정신문화 우월	정신·물질문화 균형 강조
본성관	선·악관	이기성 인정 및 역할중시
생활관	존재·전통지향적	업적·타자지향적
집단관	집단지향적	개인지향적

사회규범으로는 관습(falkways), 습속(mores), 법규(law and regulation) 등이 있다. 관습은 사회적 관습과 예의범절에 속하며 습속은 관습과 도덕과는 다른 사회적 도덕률로서 행동의 엄격한 지침이다. 법규는 정치·행정적 제도로서 규범을 위반한 자를 다스리기 위한 것이다. 이러한 사회규범들은 교육을 통하여 내면화시키고 생활화시킬 수가 있다.

산업구조, 인구구조, 계층구조, 정치구조, 행정구조, 가족구조 등과 같은 여러 종류의 사회구조들은 인간의 의식구조에 영향을 미칠 뿐만 아니라 교육구조에 직접적으로 영향을 미친다. 따라서 학교교육의 문제들은 끊임없이 사회의 다른 구조적 변화에서 생겨나는 것이다. 산업구조가 달라지면 학교교육에 대한 기대가 달라질 수밖에 없다. 즉, 도시화는 가족제도를 변화시키며 이는 학교교육에 새로운 문제를 제기하게 된다.

그러므로 급격한 사회변동은 다음과 같은 교육적 과제를 필요로 하게 된다. 첫째, 전통적인 것과 새로운 것의 균형 및 조화가 필요하다. 둘째, 수월성 추구와 계속적인 자기교육 능력을 길러야 한다. 셋째, 학급 재조직 및 학생 중심 수업이 필요하다. 넷째, 하드웨어와 소프트웨어 및 대인관계의 변화가 필요하다. 다섯째, 확고한 가치체계 확립과 정련된 가치판단 및 도덕적 판단 능력을 길러주어야 한다. 여섯째, 새로운 스타일의 학교가 필요하다. 일곱째, 전문적인 지식과 기술 및 태도교육이 더욱 필요하다. 여덟째, 평생교육 진흥이 필요하다.

5 교육과 문화발전

1) 문화의 특성과 기능

문화의 본질을 이해하기 위하여 다음과 같이 몇 가지 특성으로 나눌 수 있다. 첫째로 문화는 사람이 창조하는 것이다. 인간이 자연환경 속에서 적응·생존하는 데에는 신체적으로 많은 약점을 지니고 있기 때문에 이를 극복하기 위하여 문화를 만든 것으로 풀이할 수 있다. 이를 위해서 가장 핵심적인 능력은 상징하는 힘, 즉 생각하는 힘이며, 기호들을 만들어 말을 할 수 있었다는 점에서 다른 동물들과 차이가 나는 문화의 창조자가 되었다.

둘째로 문화는 사회생활을 통해 만들고 공유하는 것이다. 인간이 비록 문화 창조 능력을 지녔다 해도 그것이 문화를 이룩하는 데에는 한데 모여 사는 사회적 삶이라는 여건을 필요로 했고, 그것을 구성원들이 공유할 수 있는 상징적 언어가 있었기에 성립할 수 있었다.

셋째로 문화는 습득·전승하는 것이다. 문화는 인간이 만든 것이지 선천적·본능적으로 타고나는 것이 아니다. 이것은 인간이 그것을 배워서 자기 것으로 만들어야 한다는 뜻을 내포한다. 인간에게는 상징력뿐만 아니라 그것을 이용, 교신, 의사소통해 무엇을 학습하는 능력도 있다. 그래서 사회생활의 맥락 속에서 문화를 습득하는 것이다. 그뿐만 아니라 문화는 학습과정을 통해 대대로 전승할 수 있다.

넷째로 문화는 보편적이면서도 동시에 다양하다. 모든 인간 사회에는 문화가 있다. 이 점에서 보편성을 띠며, 그 문화 속에는 의식주와 생활양식을 비롯하여 종교, 정치, 언어 등 공통된 것들이 많다. 그러나 사회마다 그 구체적인 형식과 내용은 각양각색인 것이 또한 특색이다. 인간은 고도의 융통성과 적응력을 갖고 있어서 그의 기본적인 욕구들을 여러 모양으로 충족할 수 있다. 그래서 인간은 잠재하는 인간적인 목적과 동기로 가득한 커다란 방면으로부터 선택할 능력을 갖추었다. 그리고 여러 문화의 측면에서 어떤 것은 버리고, 어떤 것은 취하며, 그 취한 것을 더욱 정교하게 다듬는 경향이 있다. 그리고 문화의 큰 덩어리는 실질적인 관점에서 보면 실존의 기본적인 짜임새에다 놓은 수(繡)라고 할 수 있다. 이 수놓은 부분이야말로 바로 문화의 다양성이라고 하겠다.

다섯째로 문화는 변화한다. 세대에서 세대로 이어지는 사이에 사람들은 과거의 것을 받아들이면서 거기에 나름의 창의적인 변용을 가미하기 때문에 언제나 변하기 마련인 것이 문화이다. 즉, 문화는 새것을 보태고 낡은 것은 버리면서 끊임없는 변화를 겪는다. 다만 그 변화의 속도나 폭, 깊이 등은 사회마다, 시대에 따라 다를 수 있다. 그러나 이런 차이가 아니더라도 한 사회 안에 있는 갖가지

집단들이나 범주들 때문에 나타나는 문화의 다양성도 있다. 어떤 부분집단이나 범주에 속하는 사람들이 그 사회의 지배적인 문화유형과는 다른 것을 지닐 때, 이를 부분문화(sub-culture, 하위문화)라 한다. 경우에 따라서는 지배적인 문화에 정면으로 반대하고 적극적으로 이에 도전하는 부분집단이 있는데, 이를 반문화(counter- culture)라고 한다.

문화의 기능을 대별해 보면 정기능(순기능)과 역기능으로 구분할 수 있다. 인간 욕구의 충족 면에서 가치, 생활방식, 지식 등의 발전을 촉진하는 것이 정기능이며, 개인의 창의력을 저해하고 사회질서의 유지에 도움이 되지 못하는 것이 역기능이다. 그러므로 대중문화가 역기능으로 작용할 때 문화를 보편화시킴으로써 정신내용을 저하시키는 현상이 있는데, 이를 '문화의 그래셤(Thomas Gresham, 1519~1579. 영국의 재정가) 법칙' 이라고 한다.

사회란 특정한 문화를 공유하고 그 안에서 상호작용하는 사람들의 비교적 지속적이며, 독립적인 집단이라고 할 수 있다. 따라서 사회가 다르면 그 문화도 다르고 문화가 서로 다르면 사회도 서로 다르다는 관계가 성립될 수 있다. 하나의 민족이나 국가가 하나의 사회를 형성하는 경우가 많지만, 같은 민족이나 같은 국가라 하더라도 그 안에 서로 이질적인 문화형태가 공존하는 경우에는 다시 여러 개의 사회로 나눌 수 있게 되는데, 이러한 사회나 문화를 하위사회 혹은 하위문화라고 한다. 그리고 각 사회는 그 사회를 구성하는 사회적 기관을 조직하여 사회의 삶과 지속성을 보장하게 되는데, 이런 사회적 기관으로서는 가정, 학교, 정당, 종교단체, 경제단체, 행정기관, 복지기관, 사회봉사단체 등이 있다.

문화란 하나의 사회가 가지고 있는 표현방식, 행동방식, 사고방식, 가치관을 포함해서 그 사회가 이룩해 놓은 기술적, 예술적, 학문적 업적에 이르기까지의 유형, 무형의 모든 생활양식을 총칭하는 것이다. 하나의 사회가 존속한다 혹은 발전한다는 말은 그 사회가 지니고 있는 문화가 존속한다, 발전한다는 말이 되므로 그 문화를 보존하고 발전시키는 일은 그 사회의 가장 본질적인 임무에 속하는 것이라고 할 수 있다. 그런데 이러한 문화는 자연스레 전승된다기보다는 의도적이며 계획적인 노력에 의해서만 효과적으로 계승되는 것이다.

교육의 과정은 인간의 사회적 상호작용에 의한 학습과정으로서 한편으로 그 사회의 문화를 내면화하는 과정이며, 동시에 다른 문화를 학습하는 과정이다. 문화인류학에서는 두 가지 다른 용어로 이 과정을 설명한다. 전자는 문화전계라고 하여 한 문화 안에 태어난 개인이 그 사회의 문화를 내면화하는 과정을 말하며, 후자는 문화접변이라 하여 둘 이상의 문화가 서로 만나서 한쪽 또는 양쪽이 변하는 과정을 말한다. 교육의 과정은 바로 한 지역의 구성원으로서, 한 사회의 일원으로서의 문화전계 과정이기도 하고, 다른 한편으로는 새로운 문화에 접하여 새로운 문화를 획득해가는 과정이기도 하다.

2) 교육과 문화발전

교육제도는 인간이 자신의 문화를 창조적으로 계승하기 위해 만든 것이다. 문화의 발전은 그 집단구성원에게 학습해야 할 내용의 양적·질적 증가를 의미한다. 문화의 발전과 함께 사회의 기능적 분화의 결과로 형식을 갖춘 학교교육이 발생된 것이다. 이에 따라 배움이나 학습 위주에서 가르침 위주의 교육이 형성되기 시작하였고, 교육의 개념도 의도성과 조직성을 강조하는 것으로 변하게 되었다. 즉, 오늘날에 이르러서는 교육이라고 하면 형식적·의도적 교육을 중심으로 생각하게 되었다. 그래서 오늘날의 학교는 인간처치(human processing)와 지식처치(knowledge processing)를 위한 문화적 발명품인 것이다.

교육과 문화와의 관계는 첫째, 교육의 기능은 문화전승이다. 둘째, 교육목표와 교육내용은 문화이며, 학교는 문화의 전달과 통제의 기관이다. 셋째, 학습은 문화적이며 교육의 과정도 사회문화적이다. 넷째, 문화는 인성형성의 요인이다. 다섯째, 교육은 문화통합의 기능을 수행하며, 갈등의 장소이기도 하다. 여섯째, 교육체제와 교육현상은 문화적 분석 대상이다. 일곱째, 교육은 문화의 혁신과 변화에도 영향을 미친다. 이처럼 교육은 하나의 사회문화체제이다. 따라서 교육의 과정은 문화전계(enculturation)의 과정인 것이다.

문화전계의 주요 내용은 사고방식, 공식화된 습관(formal customs), 문화적 자산이다. 그래서 교육의 과정에는 전통문화와의 만남, 외래문화와의 만남, 성인문화와의 만남, 계층문화와의 만남, 미래문화와의 만남이 일어난다. 학교교육의 문화전계 과정에서는 교사와 교육내용이 가장 중요한 문화매개자이다. 교사의 문화매개자적 역할은 첫째, 학생의 생활 전체에 관여한다. 둘째, 칭찬과 상벌기준에 문화가치가 반영되어 있다. 셋째, 학생에 대한 교사 개인의 평가기준은 문화적 가치를 반영한다. 넷째, 훈화와 충고내용에도 문화가치가 반영되어 있다. 이처럼 교사활동은 본질적으로 문화매개적 활동으로서 스핀들러(Spindler)는 교사에게 문화요법자(culture therapist)로서의 역할을 기대하였다.

교육이 문화에 미치는 영향과 문화가 교육에 미치는 영향은 매우 광범위하고 보편적이다. 따라서 그 영향에 대한 교육적 의미의 해석도 단순하지가 않다. 교육과 문화에 대한 접근 유형으로는 첫째, 민족문화적 접근이다. 19세기 시대상황에서는 국민국가의 형성이 중요하였다. '문화교육학(kulturepedagogik)'을 주창한 쉬프랑거(E. Spranger)는 "한 나라의 교육은 그 역사와 문화와 민족의 이상에 뿌리를 두고 있으며, 그에 맞게 운영되고 개혁되어야 한다. 특히 국민교육은 그 나라의 문화적·사회적·역사적 과제를 풀 수 있는 그리고 그것을 푸는 과정에서 삶의 의의와 보람을 느끼는 인간형성의 작용이다. 따라서 교육은 그 민족, 그 국가의 역사와 전통 위에서 이루어져야 한다"고 하였다.

둘째, 이질문화 통합적 접근이다. 다문화·다민족 국가인 미국과 산업화 이후 발생한 급격한 사회문화 변동이 배경이다. 이는 문화가치와 교육목적 간에 불일치 현상이 발생하는데, 예를 들어 개인주의 이념이 지배적인데도 교사는 사회 전체의 이익을 강조하는 것이다. 휴웨트(E. L. Hewett), 베네딕트(R. Benedict), 미드(M. Mead), 린튼(R. Linton), 스핀들러(G. D. Spindler) 등이 계속 연구하는 주제이기도 하며, 학교를 문화통합의 수단과 중핵문화전계의 전략지로 보는 경향이 강하다.

셋째, 문화갈등적 접근이다. 20세기 후반에 나타난 불평등의 증대와 불만의 폭발, 평등의식의 확산이 이 접근법을 만들었다. 1960년대 미국에서 일어난 민권운동과 소수민족 권리의식 증대에 따라 그리고 급변하는 20세기 사회문화적 환경에서 국제적으로 다양한 문화와의 접촉빈도가 높아지며, 국내적으로 급격한 문화변동에 따른 교육적 문제에 대한 인식이 그 배경이 되었다. 결국 문화적 불일치가 사회적 불평등과 연계되어 있음을 파악하는 데 관심을 두고 있다. 그래서 교육에서 문화의 문제는 지배계층과 지배문화, 사회계층과 계층문화, 문화자본, 문화실조, 문화적 억압과 불이익, 문화적 희생 등으로 표현된다. 이는 문화의 문제가 근본적으로 권력의 문제와 결부되어 있다는 것을 암시한다.

학교교육에서 문화전계 과정에 관한 연구는 첫째, 바람직한 문화선택과 관련된 문제가 있다. 어느 집단의 문화유산이 전달되어야 하는가? 어떤 문화적 가치와 어떤 기술들을 교육내용으로 선택하고 가르쳐야 하는가? 학교현장에서 표면적 교육과정, 잠재적 교육과정, 학급에서의 상호작용을 통하여 중핵문화를 얼마나 신장시키려 하고 있고, 또 비중핵 문화집단의 사람들은 얼마나 무시당하고 불이익에 처해 있는지 등과 같이 가르쳐야 할 규범적 문화의 선택문제는 매우 복잡하게 얽혀 있다.

둘째, 선택된 문화를 가르쳤을 때 발생하는 문화갈등이 어떻게 나타나는가의 문제가 있다. 다종족·다문화사회에서 문화적 충돌·갈등·지배의 문제, 다원화·전문화되는 사회에서의 문화적 갈등문제 등 다양한 문제들이 문화적인 원인을 갖고 있는 것으로 파악된다. 이러한 갈등은 학급에서의 언어적·비언어적 상호작용과 교육평가에서부터 사회의 계층구조와 지배구조에 이르기까지 다양한 수준과 다양한 장면에서 발생되고 있다.

셋째, 문화의 단절이나 갈등의 결과로 생기는 경제위기·문화적 희생·불평등의 지속 및 심화 등의 문제에 대해 어떻게 대응할 것인가의 문제가 있다. 이는 두 가지 문제점을 가지고 있는데, 먼저 국가 간의 관계에서 나타나는 문제로서 문화단절과 왜곡이 심하다고 느끼는 사회에서는 문화중흥운동이나 전통문화의 보존과 회복운동이 일어나게 된다. 당연히 교육에서도 전통문화의 어떤 요소를 어떻게 가르칠 것인가라는 과제를 안게 된다. 그리고 국제화·세계화·지구촌화시대에 적응하기 위해 '국제이해의 교육' 내지 '지구촌화 교육(global education)'에 있어서 세계문화와 한국문화에 대한 인류학적 교육을 어떻게 할 것인가의 문제가 또 하나의 당면 과제가 된다.

한편 한 국가사회 내에서 발생하는 계층·종족·성별·집단 간의 문제인데, 문화실조론과 문화다원론으로 나뉜다. 문화실조론은 중산층 백인문화를 우수문화로 전제하고, 농촌·하층·흑인 등의 집단에게는 우수문화가 결핍된 문화실조 현상이 나타나며, 이것이 원인이 되어 그들의 학업성취도가 낮다고 본다. 그래서 보상교육적인 교육정책 대응이 나왔고 교육평등관은 보상적 평등관이 유행했던 것이다.

문화다원론은 여러 집단의 문화를 대등한 것으로 취급한다. 그래서 학교교육 내용은 우수문화가 아니라 선택된 문화라고 본다. 그러므로 백인 중산층 문화가 선택되었기 때문에 사회이동과 사회평등화를 촉진시키지 못하고 기존 계층질서를 유지한다고 비판한다. 이 입장에서의 교육정책은 문화 차이에 따른 문화적·교육적 불이익과 희생에 대한 처방으로 이중언어교육, 다문화교육, 문화공정성 보장 검사지(culture fair tests) 개발이나 몰문화적 검사지(culture free tests) 개발 등의 해결방안을 시행하고 연구해왔다.

교육은 인간의 이상과 사회적 이상에 부합하는 문화와의 만남을 촉진시켜야 한다. 그리고 스핀들러가 말하는 전통적 가치와 신생적 가치(emergent values)의 조화도 도모해야 한다. 뿐만 아니라 현대와 같은 다원적 사회상황에서는 중핵문화만이 아니라 여러 종류의 하위문화도 함께 성장하고 번영할 수 있도록 허용하여 '공동체 문화'를 추구해 나가야 하며, 문화의 차이로 인한 학습자의 불평등은 해소되어야 한다. 또 문화적 편견도 배제하고 문화적 공정성의 확보, 전통과 현대의 조화, 한국화와 세계화의 병행, 외래문화와 전통문화의 조화, 문화적 주체성의 확립 등도 만들어 나가야 하는 것이다.

Chapter 08

교육선발과 시험의 기능

1 교육선발제도의 변천

교육체제는 능력에 따라 학생을 선발하고 선발된 학생을 여러 종류의 범주로 나누어 적절한 형태의 교육을 제공하며, 교육을 마친 학생들을 직업세계로 내보내는 역할을 담당한다. 결국 산업화된 사회에서 교육체제는 선발기능, 교수기능 그리고 분배기능을 담당하고 있다. 그리하여 입학, 진급, 졸업, 상급학교 진학은 모두 자격을 갖춘 사람만 하게 되어 있는 것이 원칙인데, 우리나라는 느슨하게 되어 있는 편이다. 학교의 교육선발은 제도와 방법이 사회마다 일정하지 않으며, 선발기준이 아주 다양하다. 선발의 특징은 결국 그 사회와 국가의 성격과 밀접한 관련이 있게 된다. 대개 입학, 진급, 졸업, 진학들이 시험을 통해 이루어지기 때문에 학생들은 시험공부에 매달리게 되고, 시험이 교육을 이끌어가는 상황이 만들어졌다. 특히 우리나라가 더욱 그러한 형편이다.

이렇게 한 사회의 교육제도의 특징을 가장 잘 드러내는 교육선발에 대해 호퍼(Earl Hopper)는 그 유형분석을 하는 것이 효과적이라고 생각하고, 선발의 형식, 선발의 시기, 선발의 대상, 선발의 기준 등으로 구분하여 연구하였다. 선발의 형식은 선발의 중앙집권화와 표준화의 정도에 따라 형식성이 강한 것에서 약한 것(지방분권화)으로 나누었다. 프랑스, 스웨덴, 구 소련(러시아)은 강한 편이고 옛 서독, 호주, 영국은 중간, 미국, 캐나다는 약한 편으로 분류하였다.

선발의 시기는 조기선발(초등학교 과정이나 초등학교 졸업단계)과 만기선발(대학단계)로 나누었다. 프랑스, 영국, 옛 서독은 조기선발로, 호주, 구 소련은 중간,

미국, 캐나다, 스웨덴은 만기선발로 분류하였다. 선발의 대상은 특수주의·정예주의(특별한 자질을 구비한 사람)와 보편주의·대중평등주의(누구나 교육을 받은 자)로 나누었다. 영국, 프랑스, 옛 서독은 특수주의로, 미국, 캐나다, 호주, 스웨덴, 구 소련은 보편주의로 분류하였다. 선발의 기준은 집단주의(사회의 이익 우선)와 개인주의(개인의 자아실현 강조)로 나누었다. 영국, 프랑스, 스웨덴, 구 소련, 구 서독은 집단주의로, 미국, 캐나다, 호주는 개인주의로 분류하였다. 우리나라는 중앙집권과 표준화, 만기선발, 대상의 보편주의, 기준의 개인주의에 해당된다.

해방 후 지금까지 변화무쌍한 우리나라의 중등학교 입학 선발제도의 변천을 정리하면 다음과 같다.

① 개별학교 관리제(1945~1950): 각 중학교 필답고사와 초등학교 내신
② 국가연합 고시제(1951~1953): 전 과목 객관식 출제
③ 개별학교 관리제 환원(1953~1956): 필답고사와 내신
④ 선발방법의 다양화(1957~1961): 무시험 전형, 필답고사, 연합출제 병행
⑤ 국가고시제(1962~1963): 임시조치법에 의한 국가공동출제, 중·고등학교 진출 거주 시·도내로 제한, 체능검사 점수화
⑥ 시·도별 공동출제제(1964~1965): 중학교는 국어·산수, 고교는 국·영·수
⑦ 공동·단독출제병행(1966~1968, 고교 1973년까지): 교육감, 학교장 책임
⑧ 중학교 무시험추천입학제(1969~): 초등학교장 추천
⑨ 고등학교 연합고사에 의한 배정제(1974~): 대도시 연합고사, 고교평준화(1973. 6. 28), 비평준화지역은 학교별 선발 / 후기 인문계 학군 설정, 전기 실업고 및 2부 임의지원, 체육특기자, 특목고, 평준화 1980년까지 20개 지역 확대, 1995년 14개 지역으로 축소
⑩ 연합고사 폐지(대도시 1997, 기타 지역 2001): 중학교 내신성적으로 고교진학(특목고 제외), 1998년 특성화중학교 설립, 2007부터 실업계고교는 전문계로 명칭 변경 사용
⑪ 자립형사립고 우선 선발권(2010~): 학생선발권, 교육과정편성운영권, 수업료책정권 등

현재 우리나라 고교평준화가 시작된 이유는 교육적 측면에서 중등교육의 비정상화와 학교 간 격차의 심화 및 학교 서열화로 인한 병폐를 개선하기 위해서였다. 또 사회경제적 측면에서 공교육의 위신 실추, 사교육비 부담으로 인한 계층 간 위화감, 명문고에 입학하기 위한 도시로의 인구집중, 재수풍조의 만연 등과 같은 문제점들을 개선하기 위해서였다. 그러나 세월이 흐르면서 다양한 형태의 학교들과 입시제도가 달라져 평준화가 무색해졌다.

고등교육(대학) 입시제도의 변천을 정리하면 다음과 같다.

① 대학별 단독시험제(1945~1953)

② 대학입학 국가연합고사제(1954): 대학입학자격 시험제 도입

③ 대학별 단독시험제, 무시험 내신제 병행(1955~1961)

④ 대학입학 국가자격고시제(1962~1963): 필답고사와 대학적성검사에 의거해 전 대학입학 정원의 110% 선발

⑤ 대학별 단독시험제(1964~1968)

⑥ 대학입학예비고사와 본고사(1969~1980): 국가출제 예비고사에 의해 전국 대학입학정원의 130~150%를 선발해 입학자격을 부여하고 대학별 본고사

⑦ 대학입학예비고사, 고교내신 병행(1981): 주 전형자료는 예비고사(50~80%), 고교내신(20~50%), 전형 보조자료는 신체검사와 면접(예체능 입시는 총점의 20%내 실기고사 성적, 예체능 특기자와 실업계 동일계 진학자 및 산업체 근로자 특별전형), 선시험-후지원으로 무제한 복수 지원 가능, 예비고사 과목은 14개 교과 및 선택 1교과, 졸업정원제(130% 모집) 채택

⑧ 대학입학 학력고사, 고교내신 병행(1982~1985): 학력고사(50% 이상)와 고교내신(30% 이상), 예체능계는 실기성적 합산, 1982학년도부터 2개교 지원 가능, 1983학년도 이후 1개교만 지원, 전기 합격자 후기 응시 제한, 1984학년도 15과목, 1985학년도 인문 16과목 및 자연 15과목

⑨ 대학입학 학력고사, 고교내신 및 논술고사 병행(1986~1987): 학력고사(50% 이상), 내신(30% 이상), 논술(10% 이내), 예체능계 실기, 특기자와 학력고사 면제자 특별전형 기준, 복수지원불가, 전기 합격자 후기 응시불가, 1986학년도 인문 17과목 및 자연 16과목, 1987학년도 필수 5과목 및 선택 4과목

⑩ 대학입학 학력고사, 고교내신 및 면접 병행(1988~1993): 학력고사, 내신(30% 이상), 면접(10% 이내), 논술폐지, 선지원 후시험, 주관식 30% 내외 출제

⑪ 대학수학능력시험, 고교내신 및 대학별고사 병행(1994~1996): 수능, 내신, 대학별고사, 계열별 면접, 적성·인성검사, 실기고사, 신체검사, 고교내신 40% 이상 반영 의무화, 성적 등급 10등급에서 15등급으로 확대, 내신 이외는 반영여부와 비율을 자율적으로 결정

⑫ 대입전형 완전자율화(1997): 종합생활기록부(40% 이상), 수능, 대학별고사(국·공립대학은 불가, 논술은 가능), 복수지원가능, 기타 보조자료, 1995. 5. 31. 김영삼정부 교육개혁안(1997~2001 적용)에 의해 내신제 폐지

⑬ 비교내신제(1998): 생활기록부와 종합생활기록부 함께 사용, 수능, 학교장 추천제 26개 대학실시, 특목고 비교내신제 시행, 인문계·자연계 교차지원 가능

⑭ 비교내신제폐지(1999~2001): 종생부 사용, 특목고 비교내신제 적용 폐지

⑮ 2002개선안(2002~2007): 무시험전형 확대, 추천제 확대, 수행평가, 3불정책(본고사, 고교등급제, 기여입학제), 2002년 석차폐지, 수능 9등급, 수시모집, 논술, 심층면접 / 2005년 선택형 수능, 7차교육과정에 맞는 맞춤형 시험, 실업계 학생들을 위한 직업탐구영역 신설과 한문 추가, 표준점수제 도입 등

⑯ 이명박정부(2008~2012): 노무현정부 3불정책 단계별 개선, 2008학년도만 수능점수 폐지하고 9등급제 실시, 2009학년도부터 등급제 개선, 수능 A, B 수준별 선택, 학생부, 입시사정관제 도입, 기회균등할당제, 동일계진학촉진, 수능, 논술, 심층면접

⑰ 박근혜정부(2013~2016): 2016년 수준별 수능폐지, 입학사정관은 학생부종합전형으로 변경

⑱ 문재인정부(2017.5~): 2017 한국사 필수, 2018 영어 절대평가 등

표 8-1 대학입시의 시대별 주요 변화 내용

학년도	개정의도	내용	문제점
1945~53		대학별 입학시험	부정입학
1954	학사부조리예방	대입연합고사+본고사	연합고사결과백지화
1955~61	연합고사실패시정 대학자율	대학별본고사+내신(권장)	학사부조리 대학간 격차 입시위주교육
1962	학사부조리예방 교육의 효율성	대입자격국가고사	성적우수자탈락 비인기대학정원미달
1963	학사부조리예방 교육의 효율성 대학자율	대학입학자격국가고사(대학입학 정원의 100%만 합격)+대학별본고사	대학(학과)간 극심한 학력차
1964~68	국가고사 실패시정 대학자율	대학별고사	학사부조리 일류대집중 입시위주교육
1969~72	학사부조리제거 교육의 효율성	대입예비고사(자격시험)+대학별 본고사	입시이중부담 과열과외
1973~80	자격시험부작용해소 교육의 효율성	대입예비고사(합격선상존)+본고사+내신	입시이중부담 과열과외
1981	과열과외해소 교육의 효율성	대입예비고사(선시험)+내신	대학선발기능약화
1982~85	내신문제점보완 합격선폐지	대입학력고사+내신	입시혼란 적성무시지원
1986~87	내신문제점보완 교육의 효율성	대입학력고사+내신+논술	대학선발기능약화 편중지원 및 미달
1988~93	선시험부작용시정 논술문제점개선	대입학력고사(선지원)+내신+면접	대학선발기능미흡 면접기능미흡
1994~96	학력고사개선 대학자율	대학수학능력시험+내신+본고사	과열과외 수능과 본고사중복
1997~2001	대학자율	수능시험+학생부+논술	학생부반영미흡 사교육과열
2002~07	대학자율확대	수능시험+학생부+논술+추천서+심층면접 등	학생부반영미흡 사교육과열
2008	대학자율확대	수능등급제도입	수능변별력저하
2009~	대학자율확대	수능등급제폐지 과목축소	경쟁심화 사교육과열

현재 1994학년도부터 실시되고 있는 대학수학능력시험은 본래 대학 자율성의 증대, 입학시험의 공공성 증진, 암기위주 교육탈피, 입학시험 부담경감, 적격자 선발의 타당성 개선, 합리적 진학지도, 중등교육 정상화를 위해서였으나, 입시위주교육에서 여전히 벗어나고 있지 못하며 사고력을 측정하는데 한계가 있다. 또한 학교교육을 다양화·전문화·특성화시켜 주지 못하고 있다. 더구나 시험이 끝난 후부터는 목표를 상실하여 졸업할 때까지 수업이 제대로 진행되지 못하고 온갖 파행을 겪고 있는 것이 현실이다.

2 한국 입시제도의 특징

우리나라의 교육선발제도는 변화에 변화를 거듭하여 오늘날에 이르렀다. 해방 이후에 이루어진 대학입학선발제도의 거시적 변화만 해도 18차례나 되고, 그 거시적 변화에 딸린 미시적 변화가 그 이상인 것은 두말할 나위가 없다. 우리나라 교육선발의 주요 특징들은 ① 입학단계에서의 선발, ② 집중선발, ③ 상대적 경쟁선발, ④ 상급학교에 의한 선발, ⑤ 객관적 시험선발, ⑥ 획일적 선발 등이 있다.

우리나라의 교육선발은 비평준화 고등학교와 대학교 입학단계에만 이루어진다. 교육선발은 입학단계에서도 실시될 수 있지만, 매 학년 진급할 때마다 진급선발을 실시할 수도 있고, 각 학교의 졸업단계에서도 실시될 수 있다. 대다수 국가에서는 주로 진급과 졸업단계에서 교육선발을 실시한다. 그래서 일정 수의 학생들이 유급을 하거나 졸업할 자격을 가지지 못하곤 한다. 그러나 우리나라는 비평준화 고등학교와 대학교 입학단계에서의 선발만 실시함으로써, 초등학교 때부터 중학교 때까지는 각 단계에서 제시하는 교육목표를 달성하든 못하든 진급하고 졸업할 수 있고, 평준화 고등학교의 경우는 고등학교까지 그와 같게 된다. 그리고 심지어 대학교에서도 진급선발이나 졸업단계에서의 선발제도가 없어서, 일단 입학하기만 하면 졸업까지는 아무런 문제가 없는 교육체계를 가지고 있다.

대부분의 나라들은 진급선발을 실시하는데 유급률은 진급선발에서 엄격성의 수준을 나타낸다. 저학년에서 엄격하고 고학년으로 갈수록 유연해지는 유형의 국가들은 인도네시아(2~16%), 태국(4~19%), 아르헨티나(3~21%) 등이며, 저학년에서 유연하고 고학년에서 엄격해지는 유형을 가진 국가는 싱가포르(3~27%)이다. 그리고 매 학년마다 비슷한 유형의 국가는 케냐(4~5%)와 자이레(18~27%)인데, 케냐는 유급률이 적으나 자이레는 많다. 세계은행(World Bank) 교육부의 1980년 조사에 의하면 조사 대상국 70개국 중 유급이 없는 나라는 4개국에 불과하였다.

한편 졸업선발도 대다수의 나라가 실시하는데 우리나라는 입학단계에서의 선발만 실시한다(중학교 입학선발 1969년 폐지). 현재 고등학교와 대학입학선발만 남아 있는 것이다. 그래서 우리나라 교육은 '품질관리'가 이루어지지 않고, '품질증명'이 없는 교육이라고 비판받고 있다. 영국은 대학입학 자격시험인 16⁺시험, GCSE(General Certificate of Secondary Education)와 GCE상급수준시험(General Certificate of Education A level)이 있고, 프랑스는 바까로레아(Baccaleaureat)시험, 독일은 아비투어(Abitur)시험과 같은 인문계 고등학교 졸업자격 시험이 있다. 제 2차 세계 대전 전까지도 영국은 11⁺시험이라는 초등학교 졸업자격시험이 있었다.

또한 우리나라는 교육선발이 분산되어 있지 않고 한 시점에 집중되어 있다. 사실 모든 나라들은 거의 초·중·고 학교 단계에서 모두 12차례의 선발이 이루어지고 있다. 그런데 우리나라는 고등학교와 대학 입학단계 2차례만 선발을 실시하는데, 고등학교 입학은 대부분 하기 때문에 실질적으로는 초·중·고·대학 16년 과정 중에서 대학에서만 1회 하고 있는 셈이다. 그래서 과연 정확히 선별되고 있는 것인가 하는 의문이 드는 것이며, 한 차례 선발에 의해 일생의 운명을 걸어야 하는 것이기에 학생과 학부모들은 대학입시에 사생결단을 걸 수밖에 없는 것이다.

그리고 우리나라는 상대적 경쟁선발이기 때문에 성적에 대한 관심이 치열하다. 다시 말해서 얼마나 학습을 하였느냐가 중요한 것이 아니라 상대적인 성적, 즉 석차가 어느 정도냐 하는 것이 가장 중요하다. 유일한 선발 포인트인 대학입시가 어느 단계에서도 절대기준평가에 의한 자격선발을 하지 않고, 상대적 성적으로만 학생을 평가하기 때문에 학생 간의 경쟁이 조장될 수밖에 없다. 각자가 일정한 기준에 도달하기 위한 싸움이 아닌, 남보다 앞서는 것이 목적이기 때문에 상호경쟁을 부추기게 되어 있어서 교육이 상대적 경쟁으로 변질될 수밖에 없는 것이다.

그러므로 학생들의 자아정체감이 형성되기가 매우 어렵고 정신적·정서적 불안감이 높아지며, 자신과 타인에 대한 공격적인 성격과 성향을 형성하게 되는 것이다. 서열이 중요한 상대적 평가는 평가기준의 질적 다양화를 억제하며, 단순화시키는 경향이 있다. 상대적 평가제도 하에서는 주관식 평가보다 객관식 평가가 지배적일 수밖에 없다. 그 이유는 질적으로 단순화된 기준이라야 서열을 정하기가 쉽고 또 반론의 여지가 적기 때문이다.

다음으로 상급학교에 의한 선발문제인데, 이는 하급학교에 영향을 줄 수 있으므로, 선발제도는 하급학교와의 연관 속에서 운영되어야 한다. 대다수의 국가들은 대학입학시험이 없고 고등학교 졸업자격시험이 있다. 즉, 고등학교가 대학입학자격을 결정하는 것으로 대학의 간섭 없이 고등학교가 독자적으로 교육과정을 운영할 수가 있는 것이다. 우리나라와는 정반대이다. 그래서 고등학교 교육정상화를 위해서는 속히 바뀌어야만 한다.

또한 객관식 시험선발의 문제인데 객관식은 채점자의 주관적 채점을 방지하지만, 수험생의 주관적 답안작성을 철저히 배제하기 때문에 주체적이고 창의적인 사고방식을 제한시키는 문제점이 있다. 이러한 평가와 선발방식은 교육의 성격을 결정하는 것이기 때문에 권위주의적인 사회구조에 쉽게 순응하는 인간을 형성하는 일밖에는 할 수가 없게 된다. 1997년부터 논술고사가 도입되어서 객관식 일변도의 선발시험을 개선하는 계기가 되기도 하였다.

마지막으로 획일적 선발의 문제인데, 중학교 입시가 없어지고 고등학교가 평준화되면서 선발기능이 약화되었다. 그리고 대학입시가 전국 단위의 학력고사·수능시험이 이루어지면서 학생들과 대학의 서열화가 만들어져 획일적인 경쟁이 고착화되었다. 이는 개성과 특성이 중시되지 못하고 권위주의적인 통제가 발휘되는 역사를 만들어왔기 때문에, 비민주적인 교육풍토가 교육민주화의 큰 걸림돌로 작용하고 있는 것이다. 이처럼 시험제도는 정치성이 강한 제도이며 결국 선발제도는 사회적·정치적 질서유지 원리를 반영하는 또 하나의 질서유지 장치로서 기능하고 있는 것이다.

3 시험의 교육적 기능

보통 학교에서 실시하는 중요한 행사 중의 하나는 시험이다. 일제고사, 쪽지시험, 주말시험, 월말시험, 중간고사, 기말고사 등이 그것이다. 시험은 고사, 평가라고도 하는데 모의고사, 대학수학능력시험, 학습평가 등이 흔히 쓰이는 용어이다. 시험과 고사에 비하여 평가는 어떤 기준에 의한 가치판단의 의미가 강하지만 구별하지 않고 사용하고 있다.

시험은 흔히 한 단위의 교수활동 끝에 실시한다. 교수활동 시작 전 단계에 실시하는 진단평가와 교수활동 중간에 실시하는 형성평가도 있지만 교수활동 종결 단계에 실시하는 총합평가가 가장 일반적이다. 물론 총합평가는 교수활동의 종결 단계에서 실시되기 때문에 이미 이루어진 교수활동과 학습을 확인하는 기능만 가지고 있는 것처럼 보이지만, 사실은 교수활동과 학습의 방향을 정해주고 그 내용을 통제하는 기능을 수행하는 면이 훨씬 더 강하다. 즉, 시험은 이루어진 교육의 결과를 확인하는 기능도 있지만, 교육의 방향과 내용을 결정하는 기능을 더 크게 가지고 있다.

시험의 교육적 기능에 대하여 몽고메리(Robert Montgomery)는 '교수와 학습과정의 핵심적 부분'이라 규정하고 6가지로 정리하였다. 즉, 자격부여, 경쟁촉진, 선발, 목표와 유인(誘因), 교육과정결정, 학습성취의 확인과 미래학습의 예언 등인데, 선발과 학습성취의 확인 및 미래학습의 예언을 가장 강조하였다. 입시 위주인 우리나라는 과열경쟁으로 인해 교육 전체가 비교육적인 상황에서 헤어나지 못하고 있다. 또 시험에 나오는 것만 가르치고 배우는 문제 때문에 시험이 교육과정을 결정하는 전도된 상황이 우리의 현실이다.

아시아지역유네스코보고서(APEID)는 시험의 순기능을 네 가지로 정리하였다.

첫째, 질적 수준을 유지할 수 있다. 둘째, 학교 간 비교를 가능하게 한다. 셋째, 각 단계별로 이수해야 할 최적 학습수준을 지시한다. 넷째, 교수의 개별적 평가가 범할 수 있는 편견에서 탈피(전국적 또는 지역적 표준화시험인 경우)할 수 있다. 또 시험의 역기능도 다음 여섯 가지로 정리하였는데, 첫째, 암기력 위주로 테스트하게 된다. 둘째, 교육과정의 일부분만을 다루게 된다. 셋째, 선택적 학습과 선택적 교수를 부추긴다. 넷째, 시험기간에 공부를 집중시켜 정상적인 공부습관을 약화시킬 수 있다. 다섯째, 시험의 결과가 사회적으로나 경제적으로 중요해짐에 따라 학생들의 불안감을 조성하고, 시험에 관련된 사람에게 비정상적 행위를 유발시킨다. 여섯째, 교육과정, 교수방법 등에 관한 교육개혁을 가로막는다.

시험으로 인한 스트레스, 노이로제, 두통, 복통, 가출, 자살 등이 발생하고, 정신적·정서적 불안이 육체적인 질병까지도 가져온다. 시험은 시험당사자뿐만 아니라 교사, 학부모, 교육행정가들에게도 온갖 비교육적이거나 비정상적인 부조리를 발생시킨다. 예를 들면, 성적을 높이려고 소위 컨닝과 같은 부정행위를 저지르거나 뇌물, 청탁, 시험문제 빼돌리기, 답안지 조작, 성적 부풀리기 등 많은 문제를 야기한다.

참고

조선시대 과거부정에는 응시자가 과거시험장에 필요 이상의 많은 수종(隨從)을 데리고 들어가는 부정한 방법, 즉 시험지를 빨리 내려는 협잡 행위인 한정(旱呈), 초집(抄集)을 비롯한 각종 책들과 몰래 만든 커닝 페이퍼를 옷 속이나 필기도구에 숨겨가지고 들어가는 협서(挾書), 자기 것을 보여 주고 또 남의 것을 훔쳐보는 상통(相通), 남의 글을 완전히 베껴 쓰는 차술(借述), 아예 대리시험을 치르는 대술(代述), 시관(試官)과 짜고 특정인의 시험지를 알아보게 하거나 시험문제를 미리 가르쳐 주는 혁제(赫蹄), 역서(易書)할 때 서리(書吏)를 매수하여 시험지의 내용을 고치게 하는 역서용간(易書用奸), 봉미관(封彌官)이나 서리를 매수하여 감합(勘合)할 때 합격자의 시험지에 자기의 피봉(皮封-겉봉투)을 바꿔치기하는 절과(竊科), 심지어 시험장을 습격하여 시관을 구타하는 과장난동(科場亂動), 그 외에도 표절이나 협박, 뇌물, 청탁, 사전입수, 소란피우기, 떠들기, 과장 밖에서 작성한 답안을 안으로 건네주기가 있었다.

4 시험의 사회적 기능

시험은 위와 같은 교육적 기능 외에도 사회적 기능을 가지고 있다. 왜냐하면 시험은 그 사회가 가지고 있는 지식과 가치관의 가장 명시적인 공식화 절차이기 때문이다. 시험의 사회적 기능은 교육자들이 흔히 간과하는 기능이기도 하지만, 사회 전체의 시각에서 보면 시험의 교육적 기능보다도 훨씬 더 중요한 의미를 지니고 있다고 할 수 있다. 그 이유는 시험이 상급학교 진학을 위한 선발에 있어서 가장 결정적인 역할을 담당하고 있는데, 학력의 사회적 가치가 높은 학력사회일수록 시험은 사회적 선발의 주요한 핵심기제가 되므로, 그것이 지니는 사회적 의미는 대단히 중요할 수밖에 없기 때문이다.

사회적 선발기제로서의 시험은 시험의 절차, 방법, 내용, 측정방식 등의 성격에 따라 전체 사회의 성격이 결정될 수 있다. 우리나라 대학입학선발을 위한 시험이 교육적 관점보다 오히려 사회적 관점에서 더욱 문제시되는 것은 바로 그 때문인 것이다. 시험은 그것이 지니고 있는 사회적 기능 때문에 교육적 기준에 의해서만 좌우되지는 않는다. 오히려 각종 시험은 정치적 요인, 경제적·기능적 또는 문화적 기준에 의하여 지배되는 경우가 더 많기 때문이다.

정치적 변화가 시험의 제도와 방법, 내용에도 많은 변화를 가져오는 것은 여러 나라에서 흔히 볼 수 있는 현상이다. 이처럼 시험은 정치, 경제, 문화의 지배를 받지만, 사실 양자의 관계는 상호적이다. 또 시험은 사회의 어떤 특성을 존속 또는 강화시킬 수가 있고, 반대로 약화·소멸시킬 수도 있다. 그래서 시험은 아주 중요한 사회적 기제의 하나가 되는 것이다.

시험의 사회적 기능을 다섯 가지로 정리할 수 있는데, 첫째는 사회적 선발기능이다. 이 기능은 학교본위의 공교육제도가 등장하면서 아주 뚜렷해진 기능이지만, 이미 옛날 중국과 한국의 과거제도가 이런 역할을 했었다. 즉, 과거제도라는 시험을 통하여 지배엘리트를 충원한 것이었다. 막스 베버(Max Weber)는 서양은 19세기가 되어서야 관료제도가 등장하였고, 이를 위해 학교의 시험이 전문관료의 선발기제로 중요해졌는데, 중국은 이미 오랜 옛날부터 관료선발 시험기제인 과거제가 있었다고 설명하였다.

둘째는 지식의 공식화와 위계화기능이다. 시험에 출제되고 정답으로 규정되는 지식은 사회가 공식적으로 인정하는 지식이다. 그래서 시험에 출제되는 지식과 그렇지 않은 지식 사이에 자연스레 위계화가 이루어진다. 부르디외(P. Bourdieu)는 "시험이 학문적으로 무엇이 가치가 있으며 교육제도가 선택적으로 가르치고자 하는 것이 무엇인가를 가장 극명하게 표출시키지만, 지식의 사회적 의미규정과 표현방식을 학교 시험을 통하여 학생들에게 강요함으로써 지배문화와 지배문화의 가치관을 주입시키는 가장 효과적인 도구로 이용되고 있다"고 하였다.

셋째는 사회통제기능이다. 지식뿐만 아니라 규범과 가치관 전체를 통제함으로써 사회를 보다 효과적으로 통제할 수 있게 된다. 역사적으로 보면 독재체제 사회를 유지하기 위해서 흔히 하는 일이 지식과 규범을 통제하는 일이다. 지식과 규범을 통제한다는 것은 사고방식과 행동을 통제하는 것이기 때문이다. 이처럼 시험은 지식과 규범의 기본적인 통제기제이다.

넷째는 기존 사회질서의 정당화와 재생산기능이다. 정답을 고르는 문제는 모두가 기존 사회질서의 규범과 가치에 부합되는 것을 골라야 하는 것이기 때문에, 그 자체가 이미 지배문화이고 또 그것은 지배문화를 정당화하는 것이며 재생산하는 것이기도 하다. 학교가 이미 역사적으로 지배층에 의하여 만들어진 것이어서 학교는 지배문화를 대변하는 성격을 가지고 있다.

다섯째는 문화의 형성과 변화의 기능이다. 어떤 형태의 시험에서든 객관식, 즉 4지선다형 또는 5지선다형들은 개방적인 가능성이 전혀 없는 오로지 출제자가 규정한 조건을 파악하고, 그 조건 안에서 정답을 고르도록 유도하는 것뿐이다. 특정한 관점만 허용되고 수험생의 다양한 관점과 가능성은 전적으로 무시되기 때문에 자유로운 사고방식을 제한하게 된다. 따라서 자유롭고, 개방적이며, 능동적이고, 주체적인 인간을 길러낼 수 없다. 오히려 수동적이고, 독선적이며, 감정적이고, 충동적인 성격을 배양할 가능성이 높다. 흑백논리는 지적 풍토를 황폐화시키고 정신적 폐쇄성을 양성할 뿐이다.

시험은 그 자체가 교육이다. 교육의 결과를 단순히 확인하는 작업만이 아니다.

시험의 내용과 방법에 내재해 있는 교육적인 기능은 교육으로 끝나지 않고 사회의 질서, 사회의 통제, 사회의 문화적인 풍토 등을 유지 또는 변화시키는 결정적인 역할을 한다. 따라서 시험의 내용과 방법뿐만 아니라 전반적으로 시험제도가 가지고 있는 교육적·사회적 기능을 밝히기 위하여 교육사회학적인 폭넓은 연구가 더 필요하다.

Chapter 09 학업성취격차 결정요인

1 학업성취도와 접근 모형

1) 학업성취와 연구경향

학업성취(school achievement)는 학교교육을 통해 학습한 지식, 지적 능력, 태도, 가치관 등 모든 학습결과를 총칭하는 것이므로, 지적 영역의 학습결과만이 아니라 정의적·신체적 영역의 학습결과도 당연히 포함된다. 그런데 학업성취는 통상 학력(學力)이나 성적과 같은 비교적 좁은 의미로 사용되고 있다. 등수, 점수, 내신, 수능 성적 등이 주로 인지적인 학업성취를 나타내는 지표들인데, 사회성 함양, 심미적 태도, 비판적 능력, 건강한 정신 등을 도외시하는 사회적 분위기가 큰 문제이다.

성적은 개인의 객관적인 학업 능력을 평가하고 판단하는 자료이지만, 동시에 매우 다양한 기능을 한다. 즉, 성적은 자신감 여부, 정신적·육체적 건강 좌우, 진학과 취업의 결정, 사회적 지위, 경제적 부, 정치적 권력, 국가 경쟁력 등에 많은 영향을 미친다. 그래서 학생들의 학업성취도는 정치적으로 항시 민감한 문제이다. 왜냐하면 학업성취가 가지고 있는 사회적인 효과가 크기 때문이다. 언제나 새 정권이 들어서면 새로운 교육정책을 세우게 되는 데, 항상 학업성취도 향상 문제를 거론하게 되며, 지금까지 교육개혁에서 이 문제는 빠질 수가 없었던 것이다.

대개 학업성취도 문제를 정치적 슬로건으로 다룰 경우에는 교육계의 도덕성과 무능을 탓하게 된다. 학업성취를 결정하는 다양하고 복잡한 과정에 대한 논의는 하지 않고, 교사나 교육과정, 교육내용, 교수방법 그리고 학교 전반에 문제가 있다는 식이다. 그래서 명확한 근거나 경험적 자료에 기초하기보다는 정치적 권력자와 집권세력에 의한 자의적 선택과 판단에 좌우되어 교육정책이 춤을 추게 된다. 이처럼 학업성취도는 정치·사회적 의미를 많이 내포하고 있기 때문에, 교육정책은 온 국민의 관심사가 되고 기득권세력과 비기득권세력, 찬성파와 반대파 등으로 나뉘어 계속 갈등을 빚게 되는 것이다.

학업성취는 교육에 관련된 모든 집단에게 중요하다. 학업성취의 수준은 그 학교의 교육능력을 나타내기 때문에 교장과 교사로서는 더욱 민감한 반응을 할 수밖에 없다. 그것이 자신들에 대한 정확한 평가자료로 활용되기 때문이다. 학생과 학부모들도 성적이 교육 기회의 분배와 직결되는 요인이어서 성적에 대한 관심에서 벗어날 수가 없다. 국가적·국제적 문제이며 관심사이다.

그런데 학업성취에 미치는 변인들은 매우 복잡하고 다양하다. 이에 대한 외국의 연구들은 지능이나 적성과 같은 학생 개인의 변인, 가정의 사회적·경제적·문화적인 배경의 변인, 학교의 교육환경과 같은 변인들에 집중하였다. 학생의 능력차이에서 연유되는 성적 격차는 지능의 유전적인 결핍이나 저소득계층에 속한 학생들이 학교생활이나 교사관계에서 타 학생에 비해 빈약해서 결과적으로 학업성취에서 실패하거나 저조하게 된다는 것인데, 지능격차에 대해서는 아직도 유전우위론과 환경우위론이 대립하고 있는 가운데 두 가지의 상호작용을 내세우기도 한다.

젠센(A. R. Jensen)은 인간의 생태적 소질에 관한 논문에서 유전요인이 약 80%, 나머지 20%는 사회적·문화적·신체적 환경요인이라고 하였다. 아이젠크(H. J. Eysenck)도 유전된 지능이 80%, 환경이 20%라고 했으나, 라이트와 스미스(R. J. Light & W. R. Smith)는 측정방법의 오류를 지적하고 유전 45%, 환경 31%, 유전과 환경의 상호작용이 20%, 오차 4%라고 주장하였다.

부모의 사회경제적 수준과 학생의 학업성취와의 상관성은 콜맨(J. S. Coleman), 젠크스(C. Jencks), 모스텔러와 모이니안(Frederick Mosteller & Daniel P. Moynihan), 하우저(R. M. Hauser)와 스웰(W. H. Sewell) 및 엘윈(D. F.

Alwin), 영국의 플라우덴(R. Plowden) 등이 실증연구를 수행하였다.

학교 특성요인이 학업성취에 직접적으로 미치는 영향에 관한 연구는 맥딜과 릭스비(Edward L. McDill & Leo C. Rigsby)가, 학교 자체가 학업성취 차이를 유발한다는 연구는 마이에스키(F. W. Mayeske), 위슬러(C. E. Wisler), 바인펠트(F. O. Weinfeld), 프로쉑(J. M. Proshek), 타블러(K. A. Tabler), 오카다(T. Okada), 코헨(W. M. Cohen), 비튼(A. E. Beaton)이, 학교의 사회심리학적 요인을 중심으로 분석한 연구는 브루코버와 슈나이더(Wilbur B. Brookover & J. Schneider)가 수행하였다.

국내 연구로는 학생 개인적 측면에서 황정규의 '개인차와 학교학습: 접근의 대안탐색'이 있다. 이 연구는 학교학습 상황에서 관찰할 수 있는 학업성취의 개인차를 극소화 또는 극대화하기 위해 개인차를 어떤 시각에서 이해할 것인지를 연구하였다.

이종승은 『학교학습의 결정요인』에서 학교학습의 미시적·거시적 모형을 중심으로 학교학습의 격차요인을 연구했는데, 학교학습과 1차적으로 관련된 변인군은 학습자, 교사, 교육내용으로 보았다. 2차변인군으로는 가정환경과 학교환경을, 3차변인군으로는 사회와 문화환경을 제시하였다. 그는 학습상황에서 벌어지는 교수–학습활동이 학업성취에 가장 직접적인 영향을 주는 요인으로, 학교학습에 관련된 다른 많은 요인들의 작용을 학업성취와 연결시켜 주는 매개변인으로 상정했다. 그리고 교사–학습활동이라는 매개변인을 통해서만 학업성취에 영향을 준다고 보았다. 교사와 학습자는 학급에서 학습과제 및 수업매체를 두고 상호작용한다. 또한 가정환경과 학교환경은 학습자와 교사에게 영향을 주며, 그 일부는 교수–학습과정에 직접 관련되어 있는 것으로 생각하였다.

학생의 가정·문화적 배경에 관한 연구는 한정신의 '한국 청소년의 교육격차 연구'가 있다. 그는 교육의 기회균등에 관한 역사적·철학적 기원과 발달과정을 고찰하고, 개념 모형을 정립하여 학교학습의 결과로 나타나는 인지 격차와 정의적 격차의 정도를 사회·문화적 변인을 중심으로 연구하였다. 김유경은 '교육의 기회균등과 사회계층 이동에 관한 연구'에서 가정환경의 차이와 학업성취의 불균등, 사회계층에 따른 교육 기회의 불균등, 학교교육과 사회계층 이동에 관한 문헌연구를 하였다.

학교환경을 중심으로 한 연구로는 강상조, 이준옥, 이상주의 '한국의 학교문화: 학교의 사회·심리적 특성에 관한 연구'가 있다. 이 논문에서는 학력을 포함한 산출변인의 학교차 형성에 작용하는 사회·심리적 환경변인과 그 선행 결정요인을 규명하였다. 유기섭은 '학생들의 학습활동에 미치는 학습풍토의 영향'에서 학습풍토 요인을 앤더슨(B. D. Anderson)의 조직 모형을 토대로 15개 요인을 선정해 측정도구를 만들어 학급풍토와 학급의 지능수준 및 성취동기 그리고 학업성취와의 관계를 분석하였다.

김병성은 '교육의 균형발전: 그 문제와 과제'에서 교육격차의 인과관계를 포괄적으로 접근·분석할 수 있는 준거변인을 찾았다. 이 모형을 중심으로 교육의 균형발전을 저해하는 교육격차나 불균등의 근원적 요소를 규명하고, 이 요소들이 어떻게 사회문화의 구조, 학교사회체제, 학급 내 대인지각적 측면까지 연결되는가에 대한 접근방법과 관련변인에 관한 연구결과와 방향을 제시하였다.

구병두는 '학업성취 관련변인에 대한 메타분석'에서 1980~1988년까지 진행된 학업성취와 관련된 학위논문을 수집하여 학업성취에 미친 다양한 변인들을 분류하고, 메타분석으로 알려진 통합연구를 하여 학업성취가 어떤 상황에서 어떤 변인에 의해 또 어느 정도의 효과를 갖는지를 연구했다. 차경수는 '한국에 있어서 교육의 기회균등을 측정하기 위한 모형'에서 투입요인과 산출요인을 중심으로 그리고 그 중개요인으로 부모, 학생, 교사의 태도 및 지각요인을 포함하였다.

2) 학력격차의 접근 모형

첫째, 거시적 접근 모형은 퍼셀(C. H. Persell)이 제시한 관점으로 사회적 지배구조 모형이다. 마르크스나 베버의 사회지배 구조개념을 도입해 교육도 필연적으로 경제나 정치와 같이 사회의 다른 제도와 관련, 의존적인 것으로 본 것이다. 그는 교육불평등이 생기는 과정을 사회구조적 단계–학교의 제도적 단계–학급 내의 상호작용 단계–교육결과의 4단계로 제시하였다.

사회구조적 단계에는 사회의 지배구조와 사회이념, 학교의 제도적 단계에는 사회구조와 교육이념, 학급 내의 상호작용 단계에는 교사의 기대와 학급 내 상호작용, 교육결과는 인지적·비인지적 영역으로 구분하였다. 이 모형에서는 사회의 지배적 구조가 학교까지 깊숙이 파고들어 교육격차를 불가피하게 해 준다는 것이다.

둘째, 미시적 접근 모형은 브루코버와 그의 동료들(W. B. Brookover et al)이 제시하였다. 그들은 학교에서 학생들의 학습행동은 학교사회체제에서 파생되는 사회적·문화적 특성과 함수관계가 있다고 하였다. 학교의 사회적 체제를 분석하기 위한 준거로 투입–산출과정 모형을 도입했는데, 투입요인으로는 학생집단의 특성과 교직원 배경, 과정요인으로는 학교의 사회적 구조와 학교의 사회적 풍토, 산출변인으로는 성적, 자아개념, 자신감을 제시하였다.

이 모형은 학생의 학습행동이나 결과의 차이는 학교의 사회적 체제에서 연유되며, 학교의 사회적 체제는 학교의 학생구성과 인적 배경의 특성이 주는 영향이 크다고 하였다. 또한 투입요인은 학교의 사회적 체제나 학습풍토, 즉 구성원의 심리적 규범, 상호기대평가 및 지각의 특징에서 수정된다는 것에 강조점을 두었다.

셋째, 교육균형 발전모형은 김병성이 제시한 것인데, 교육결과에서의 격차를 초래하는 투입요인의 격차, 교육체제에서 파생될 수 있는 교육과정과 운영에서의 격차를 함께 고찰해야 한다고 하였다. 학교사회를 중심으로 그 내·외적 관련요소의 격차, 즉 학교 외적 배경 특성의 격차와 학교 자체의 특성 그리고 교육효과에서의 격차를 상호관련시키는 것이다.

이 모형은 교육결과에 작용하는 학교 내·외적 관련요인을 학교의 체제적 요인, 즉 교육의 투입요인에 관련된 사회구조 및 배경적 측면, 교육과정의 조직과 운영에 관련된 학교의 제도 및 이념적 측면, 학급 내의 대인지각적 측면 등을 중심으로 상호관련지어 고찰하는 것이다.

2 학업성취격차

1) 남녀 간 격차

남녀 간의 학업성취도 격차는 1973년 초등학교에서는 남학생이 높은 편이었으나(국어: 52>48 / 산수: 43>38 / 사회: 49>41 / 자연: 42>35, 한국행동과학연구소), 1998년에는 중학교에서 여학생에게 유리한 쪽으로 격차가 더 뚜렷해졌다(초등 국어: 67<70 / 산수: 65.3>65.1 / 사회: 67<68 / 자연: 67.7>67.6, 중학 국어: 64<69 / 수학: 63.7<64.4 / 사회: 57.5>56.8 / 과학: 56<57 / 영어: 66<70, 한국교육과정평가원). 남녀 간의 학업성취의 차이는 지역 간이나 계층 간의 격차에 비해 복잡한 성질을 가지고 있고, 남녀 간의 고등교육 기회분배가 남자에게 편중되어 있다. 또한 남녀 간의 성적격차가 그렇게 크지 않은 사실을 보면 남녀 간의 교육 기회 분배는 성적차이보다는 다른 요인에 의하여 영향을 더 받고 있는 것으로 추측된다.

2016년 12월 6일 교육부에 따르면 OECD는 35개 회원국과 비(非)회원국 37개국의 만 15세 학생 약 54만 명을 대상으로 실시한 '2015 국제 학업성취도평가(PISA)'(한국은 고등학생 5201명, 중학생 548명 참여)에서 우리나라는 OECD 회원국 가운데 수학 1~4위, 읽기 3~8위, 과학 5~8위를 차지했다. 수학의 평균점수는 524점으로 OECD 국가 중 두 번째로 높았다. 수학 평균점수가 가장 높은 국가는 일본(532점)이었다. 읽기의 평균점수는 517점으로 캐나다, 핀란드, 아일랜드, 에스토니아에 이어 다섯 번째로 높았다. 과학의 평균점수는 516점으로 일본, 에스토니아, 핀란드, 캐나다 다음을 차지했다. 남녀 간 성취도 격차를 보면 읽기와 수학, 과학에서 모두 여학생의 평균점수가 남학생보다 높았다. 수학에서는 여학생의 평균점수(528점)가 남학생(521점)보다 높게 나타났다. 남녀 간 성차는 7점으로 OECD 평균 성차(8점)보다 1점 낮았다. 읽기는 여학생의 점수가 남학생보다 41점 높았다. 지난 조사 때의 23점보다 남녀 간 성차가 18점 더 벌어졌다. 과학에서 여학생 평균점수는 521점으로 남학생(511점)보다 10점 더 높았다.

PISA는 읽기, 수학, 과학 등 인지 영역의 성취를 국제적으로 비교하고, 교육맥락 변인과 성취도 사이의 관계를 파악하기 위해 3년 주기로 시행되고 있다.

한편 '남학생들의 수학·과학 능력이 선천적으로 뛰어나다', '남성은 여성보다 과학자나 기술자가 되기에 더 적합하다'라는 말들과 우리나라 남녀 학생의 과학·수학 점수 격차가 다른 나라에 비해 유독 큰 이유는 교사들의 잘못된 성 고정관념 탓이라는 분석이 제기됐다. 한국여성개발원 정경아 전문연구원은 2004년 5월 18일 교육부의 의뢰로 전국의 중·고교 과학교사 356명을 조사한 결과, 전체의 58%는 '남학생의 과학능력이 전반적으로 뛰어나다'는 인식을 보인 반면, '성별차이가 없다'는 교사는 36%에 불과했다고 밝혔다. 교사들은 성차(性差)가 나타나는 주된 이유로 '생물학적으로 타고난 성향과 능력의 차이'(57.3%), '과학교육이 남녀학생의 상이한 관심과 흥미를 반영하지 않고 있기 때문'(12.9%) 등으로 답했다.

전국의 남녀 중·고교생 2134명을 조사한 결과에서도 '과학과목을 좋아한다'는 남학생은 38.5%, 여학생은 그보다 10%포인트 낮은 28.5%로 나타나 남학생이 여학생보다 과학에 흥미를 느끼는 비율이 높았다. 반대로 '싫어한다'는 비율은 여학생(34.8%)이 남학생(25.4%)보다 10%포인트 정도 높았다. 장래 과학기술 분야의 직업을 선택하기를 희망하는 학생들은 남학생 28.2%, 여학생 15.0%로 남학생이 두 배 가까이 많았다. 과학·수학과목의 남녀 점수격차가 큰 것은 우리나라에만 적용되는 독특한 현상이다.

그녀는 "과학·수학은 남학생에게 적합한 과목이라는 교사들의 성 고정관념이 실제 교수행동을 통해 학생들의 성 정형적인 태도를 강화하는 악순환을 낳고 있다"며 "지식기반사회가 요구하는 창의적인 인재를 키우려면 양성평등적 교육기반을 갖추기 위한 정책적 노력이 절실하다"고 지적했다.

2) 계층 간 격차

학업성취의 사회계층 간의 격차는 뚜렷하다. 상위 성적은 상류층이, 하위 성적은 하층의 계층이 차지하는 비율이 높다. 이 계층 간의 성적차이는 학년이 올라감에 따라 더 커지는 경향이 있어서 입학시험이든 내신성적이든 교과성적으로 상급학교 입학을 하든지 간에 낮은 계층이 계속 불리할 것으로 예상된다.

IMF를 경험한 이후 한국사회는 많은 변화를 겪었다. 이 가운데 최근에 급속하게 진행되고 있는 사회양극화는 매우 심각한 사회문제가 되고 있다. 그런데 더욱 심각한 문제는 한국사회에서 전통적으로 계층 간 간극을 메우고 사회이동을 가능케 하는 가장 효과적인 수단으로 인식되어 왔던 교육이 이제는 계층고착화 또는 양극화의 핵심요인으로 여겨지고 있다는 사실이다. 즉, 계층 간 교육의 빈익빈 부익부 현상의 심화로 사회양극화가 더욱 강화될 개연성이 그 어느 때보다도 높아져 있는 것이다.

2015학년도의 서울대 신입생 40.0%가 서울 출신, 경기·인천 포함 수도권 출신은 63%, 서울 합격생 중 강남 3구가 33%를 차지했다. 수시·정시 합격생 3261명 중 서울 출신은 40.0%(1306명)로 전국에서 가장 높은 비율을 보였다. 이어 경기 620명(19.0%) 부산 157명(4.8%) 대구 151명(4.6%) 인천 138명(4.2%) 순으로 집계됐다. 서울·경기·인천 등 수도권 출신이 63.3%(2064명)를 차지한 것이다. 서울 25개 자치구 가운데 합격자를 가장 많이 배출한 곳은 강남구로 전체 1306명 중 18.3%(239명)를 차지했다. 이어 종로구 14.1%(184명) 광진구 9.3%(122명) 서초구 8.95%(117명) 송파구 5.8%(76명)가 그 뒤를 이었다. 이른바 강남 3구가 432명으로 33%를 차지하는 것으로 나타났다. 이 같은 현상은 자치구 내 특목고와 자사고가 있느냐에 따라 희비가 엇갈렸다. 영재고가 있는 종로구와 외고가 있는 광진구는 합격생 배출 성적에서 2위와 3위를 차지했지만, 특목고·자사고가 없는 중랑구와 금천구는 각각 10명과 6명의 합격자를 내는 데 그쳤다.

사실 모든 학생들이 동일한 학업성취수준에 도달할 수는 없다. 오히려 개인의 능력과 적성에 따라 상이한 결과가 나타나는 것이 당연하다. 그러나 개인의 능력이 아닌 거주지나 가정배경과 같은 요인으로 말미암아 처음부터 다른 출발선에서 있음으로 인해 발생되는 격차는 시정되어야 한다. 저조한 학업성취는 학생개개인에게 열등감과 심리적 위축감을 초래하는 등 정서발달에 부정적인 영향을 미칠 뿐만 아니라, 궁극적으로는 낮은 사회적 지위로 귀결되어 계층고착화의 중요한 단서로 작용하기 때문에 더욱 그러한 것이다.

표 9-1 경제력 대물림에 미치는 교육비중과 소득별 학원비 지출액

교육이 부자(父子) 간 경제력 대물림에 미치는 비중

- 월평균 임금 ······ 48.2%
- 월평균 소득 ······ 43.2%
- 가구 연소득 ······ 46.9%
- 가구 순자산 ······ 24.5%

소득별 도시가구의 학원비 지출액

(월평균, 단위: 원, 자료: 통계청 · 한국은행)

※1~3분기 월평균

	하위 20% 가구	상위 20% 가구
2003년	3만7221	19만444
2004년	3만7197	21만7751
2005년	4만478	23만4040
2006년	3만8977	25만2194
2007년	4만8322	25만3318
2008년	5만5	31만3206
2009년	4만2715	33만2511

출처: KDI(2009).

3) 지역 간 격차

지역 간의 학업성취격차는 도시와 농촌으로 구분하면 뚜렷이 나타나며, 이는 1970년대 도시학생들이 농촌학생들에 비해 학업성취 수준이 월등히 높았다(한국행동과학연구소). 그런데 1998년 한국교육과정평가원의 연구결과에 의하면 도시와 농촌의 성적격차가 크게 줄긴 하였지만, 여전히 남아있고 초등학교보다 중학교 단계에서, 학년이 높아감에 따라 격차의 폭이 더 벌어지는 현상은 여전했다. 학습도달률 비교와 교육격차 비교 및 학교성적의 계층 간의 격차를 비교한 다른 이들의 연구들도 결과는 거의 비슷했다. 이는 지역 간의 학업성취에 있어서의 격차는 교육 기회분배에 있어서 농촌학생들이 도시학생들보다 불리함을 만들고, 소득수준이 같은 경우 대학재학비율에 있어서도 차이가 나는 원인도 학업성취의 차이라는 것을 알 수 있다.

한국교육개발원의 '지역 간 교육격차 실태분석 및 격차지수 개발연구' 보고서(2007년)에 의하면 서울·광역시·경기지역 시·군·구와 나머지 8개 도 지역 시·군·구 사이에 초·중·고교 교육환경·재정여건의 격차가 심각한 것으로 나타났다. 경기 과천시가 학교들에 지원한 교육경비보조금은 경북 칠곡군의 15000천배나 됐다. 기간제 교사가 많거나 특별교실이 전무한 학교는 도 지역 시·군·구에 많은 반면, 수도권과 대도시엔 적었다. 즉, 서울과 부산·인천·대구·광주·대전·울산, 경기지역 시·군·구의 교육환경·재정여건은 상대적으로 양호했으나, 경남·북, 전남·북 등 농·산·어촌이 대부분인 도 지역 시·군·구는 열악한 것으로 나타났다.

이 연구진은 초·중·고교와 유치원의 교원·시설·재정, 사회경제적 여건 등 30여 가지 지표를 조사하고, 핵심지표들로 '교육격차지수'를 만들어 시·군·구별로 비교했다. 이처럼 전국 234개 기초자치단체별로 교육격차를 확인해 순위를 매긴 연구는 처음이었다. 비정규직인 기간제 교원 비율은 경남 거창군(초 23.5%), 전남 보성군(중 24.6%) 등 도 지역이 높은 반면, 보건교사 확보율은 서울과 경기·광역시 지역이 높았다. 특별교실이 하나라도 있는 학교비율은 강원·충북지역이 가장 낮았고, 체육실·도서실·보건실도 지역 형편이 열악하였다. 건물안전이 위험한 학교건물 비율은, 초등학교는 서울 중랑구(10.5%), 중학교는 충남 아산시(8.11%), 고교는 대전 유성구(40.0%)가 가장 높았다.

그 결과 교육환경 여건지수 상위권은 대부분 서울·경기, 대도시 기초단체들이 차지한 반면, 하위권은 전남·북, 경남·북, 강원지역 기초단체들이었다. 또 사회경제적 여건차를 반영하듯 중식지원을 받는 학생은 수도권·광역시보다 도 지역에 많았다. 교육재정여건의 격차는 극심했다. 과천시는 2001~2004년 교육경비보조금으로 학교당 2억 2854만여 원을 지원해 경북 칠곡군 15000원보다 무려 15000여 배 많았다. 연구 책임자인 류방란 한국교육개발원 선임연구위원은 "기초지자체 간 교육격차가 예상보다 심각했다"며, "중앙정부는 뒤떨어진 지역에 지원을 집중해 균형추 구실을 해야 한다"고 하였다.

3 학업성취결정의 학교 내 요인

1) 학급과 학교의 규모

대개 학급규모가 작을수록 교육효과가 커질 것으로 예상한다. 교사들이 학생들을 지도하거나 관리하는데 있어서 수월할 것으로 생각하기 때문이다. 그래서 교육자들의 일반적인 열망은 학급규모의 축소와 작은 학교를 만드는 데 있다. 학급당 학생 수가 20여 명 안팎의 선진국에 비하면 30~35명 정도인 우리나라는 아직 갈 길이 멀지만, 이른바 1950~60년대의 70여명에 달하는 '콩나물교실'이나 '과밀학급'은 많이 해소되었다.

예상과는 달리 학급규모와 학업성취의 관계에 대한 연구결과들은 엇갈리고 있다. 학급규모가 작을수록 학업성취가 높아진다는 것들(Furno, Collins, Glass 등 미국 내 연구물의 15%)과 클수록 학업성취에 도움이 된다는 것들(Church, Farrell, Schiefelbein 등 연구물의 13%) 그리고 학급규모와 학업성취와는 아무런 관계가 없다는 것들(Johnson, Scriven, Comber 등 연구물의 72%)이 있다(Eric Alan Hanushek). 선진국들과 우리나라와는 학급규모 자체가 커다란 차이를 가지고 있어서 어느 한편을 손들어 주기가 어렵다.

또한 학교규모가 학업성취에 미치는 영향에 대한 연구들도 그 결과들이 서로 엇갈리고 있는데, 대규모 학교가 학업성취를 향상시킨다는 것들과 그렇지 않다는 것들이 있다. 전자는 학교규모가 크면 다양한 학습경험을 할 수 있다는 것이며, 후자는 소규모 학교가 더 집중적인 학습경험을 가질 수 있어서 학업성취를 높일 수 있다고 한다. 그래서 역시 이 문제도 단정적으로 말하기가 어려워진다.

2) 능력별과 계열별 편성

능력별 반편성은 학생의 학업 능력에 따라 우수반과 열등반으로 편성하여 지도하는 방법을 말한다. 학급을 편성할 때 모든 교과목의 우열에 따라 구분하는 방법(streaming)과 국어·영어·수학 등의 특수교과목을 별도로 구분하여 편성하는 방법(setting)이 있으며, 학급 내에서 편성하는 방법(banding)도 있다. 이러한 반편성은 한 학급 내의 심한 개인차를 고려하여 수업능률을 높이기 위해 우수집단과 열등집단을 별도로 구성하여 지도하자는 것으로 많은 논란이 있어 왔다.

능력별 편성 옹호론자인 핼리난(M. T. Hallinan)은 능력별 편성의 관건을 학생들의 능력수준에 따라 교사들이 수업하는 것을 가능하게 하느냐 하는 점이라고 하였다. 그녀는 학생들의 수준과 수업의 수준이 잘 맞으면 수업과정의 효과성과 효율성을 극대화할 수 있고, 인지적 발달을 촉진할 수 있다고 하였다. 오욱스(J. Oakes)는 그녀의 주장을 다음과 같이 네 가지로 정리하였다.

① 학생들은 학습능력이 비슷한 학생들과 함께 편성될 때 더 잘 배운다.

② 학습지진아들은 자신보다 우수한 학생들과 함께 배치되지 않을 때, 자신이나 학교에 대하여 더욱 긍정적인 태도를 갖는다.

③ 다양한 계열로 학생들을 배치하는 것은 학생들의 이전성취나 타고난 능력 등을 반영하기 때문에 기본적으로 공정하다.

④ 동질학급에서 학생들을 가르치고 관리하는 것이 더욱 용이하다.

그녀는 능력별 편성 그 자체가 문제가 아니라 교사와 학교가 제대로 운영하지 못하는데서 문제가 생기는 것이며, 능력별 편성에 대하여 사회적·정서적 영향을 문제로 삼아 비판하는 것은 초점을 벗어나는 것이라고 하였다.

이에 대한 비판론자들은 능력별 반편성이 학교 내에서 또 다른 계층구조를 만들어 갈등을 일으킬 수 있으며, 동질집단이 이질집단에 비하여 교육효과가 있다는 주장에 대하여 반론을 편다. 한 번 편성된 학급에 계속 머무르는 자기고착화 경향이 있으며, 표준화된 시험성적, 학생에 대한 견해와 평가, 인종적·경제적·사회적 계층과 같은 편성기준 때문에 학교 내 분화는 사회의 지배구조와 밀접한 관련을 가지게 된다는 것이다.

영국의 하그리브스(David H. Hargreaves)는 대체로 실력이 부족한 교사가 낮은 학급을 가르치게 되며, 열등반 학생들은 학교의 가치와 규범을 위반하는 하위문화를 형성한다고 했다. 즉, 반학교 태도, 비행행동, 학교에 의한 동기의 좌절 등을 나타낸다는 것이다. 뿐만 아니라 교사들은 열등반에서는 기본적인 사실과 기술, 기법을 강조하는 반면에, 우수반에서는 개념학습과 자기주도적 학습계획을 세우도록 교육한다는 것이다.

로젠바움(James E. Rosenbaum)은 "교사의 편견은 수업상황에서 교사 개개인이 자신의 관심을 배분하는 방식에 있다"고 했다. 즉, 교사들은 비진학반보다는 진학반을 위해 더 많은 준비를 하며, 더 열심히 공부시키기 때문에 진학반 학생들이 혜택을 더 많이 받게 된다는 것이다. 결국 학생들은 학업성적에 의해 나뉜 학급에서 상이한 교수형태, 교육내용, 교사의 노력, 교육적 자원을 달리 공급받기 때문에 불평등한 교육이 이루어진다는 것이다. 즉, 능력별 학급편성을 "감추어 놓은 불평등 제조장치"라고 하였다.

지니 오욱스(J. Oakes)는 1970년대 후반부터 1980년대까지의 미국 중등학교 25개의 297개 학급을 연구한 결과, 능력별 편성과 동질집단화(tracking)는 낮은 단계의 트랙에 있는 학생들을 학교교육에서 소외시키고, 학생들의 사회적 포부나 자아존중감을 훼손시킨다는 것을 확인했다. 또한 낮은 트랙의 학생들은 사회경제적으로 교환가치가 거의 없는 지식을 배우게 되며, 이들의 대부분은 가난하거나 소수인종 배경을 가진 아이들일 경우가 많다는 것을 확인했다. 게다가 소위 상위 트랙의 학생들조차 의미가 있는 성과를 거두지 못하였다고 보고하고 있다.

따라서 차별화된 능력별 교육과정 운영에 대해 반대의견을 표시하는데, 학교교육의 기술적 측면이 아니라 규범적·정치적 영역의 구조적 변화가 있어야 한다는 것이다. 즉, 능력별 편성문제에 대한 반대는 사실 지식, 지능, 능력 그리고 자질 등에 대한 이데올로기적 투쟁인 것이며, 권력, 통제 그리고 정당화와 같은 문제를 의미하는 것이라고 하였다.

계열별 편성(tracking system, 영국에서는 streaming)은 인문계와 전문계 그리고 진학반과 취업반 등으로 나뉘는 것을 말하는데, 미국에서는 학생들의 과목별 성적순위에 따라 공부해가는 트랙이 다르도록 여러 개의 트랙을 수준별로 만들어 제공하는 차별적 교육과정을 말한다. 이런 동질집단화의 문제점은 이미 앞에서 모두 능력별 편성과 함께 다루어졌다.

그 외 인지사회학자 시쿠렐과 키츄스(Aron V. Cicourel and J. I. Kitsuse)는 같

은 성적이라도 계층이 높으면 진학반에, 낮으면 비진학반에 편성될 가능성이 높다고 했으며, 알렉산더와 맥딜(Jeffrey Alexander and Edward L. McDill) 등도 학생들의 적성이나 성적이 학급편성의 중심적 자료이기는 하지만, 학생들의 행동, 언어습관, 학교에 대한 태도, 부모들의 압력 등과 같은 계층배경이 적지 않게 작용한다고 주장하였다.

3) 학교의 교육여건

학교의 교육여건은 시설, 교육기자재, 재정, 자원, 교사(교사의 수, 경력, 재직연수, 학위정도 등), 교육 능력 등과 같은 모든 교육 투입 요인을 말한다. 도시와 농어촌 간에 교육여건 차이가 있어서 학업성취 차이를 가져온다는 생각은 꽤나 일반적인데, 이런 생각에 대하여 미국의 환경결핍론자인 젠크스(Christopher Jencks et al.)는 여러 연구결과와 자료들을 분석한 후 학업성취의 차이는 학교의 교육여건 때문이 아니라 학생들의 타고난 지적 차이 탓이라고 주장하였다. 그는 유전인자를 같게 한다면 33~50%, 환경을 동일하게 하면 25~40% 가량 점수 차이를 줄일 수 있다고 하였다.

시몬즈(John Simons)도 각국의 학업성취결정요인에 관한 연구결과들을 분석한 결과, 학급의 규모, 교사의 교육수준, 학생 1인당 교육비 등과 같은 교육여건 요인들은 학업성적과 무관하고, 부모의 행동특성, 학생의 영양상태, 성격 등 학생들이 학교로 가지고 오는 요인들이 학업성취 차이에 더 큰 영향을 준다고 하였다.

스탠포드대학의 교육경제학자인 하누쉑(Eric Alan Hanushek)은 미국과 개발도상국에서 수행된 수많은 연구들을 종합·분석한 결과, 학교시설이 학업성취에 도움이 된다는 연구는 9%에 불과하다고 했다. 나머지 대부분은 어떤 결론도 내리기 어렵다는 것이었으며, 교사교육도 86%의 연구가 학업성취에 도움을 준다고 하기가 어렵다는 것이었고, 학생 1인당 교육비 문제도 66%의 연구들이 도움이 된다고 결론내리기가 어렵다는 것이었다. 그렇다고 해서 학교가 학생들에게 아무 쓸모가 없다는 것은 아니고, 유전 및 환경의 차이에 의한 지적 차이를 줄이기 어렵다는 뜻으로 해석해야 한다.

우리나라의 경우 농어촌지역에서의 상대적인 교육 기회의 상실은 농어촌을 떠나는 주된 원인이 되고 있다. 그 결과 학생 수의 감소 및 학교 규모의 과소화가 이루어지고 있으며, 사회문화적·경제적 여건은 더욱 열악해지고 있다. 또한 사교육시설 등이 부족해 방과 후 교육 기회가 상실되고 있으며, 저소득계층과 결손가정은 더욱 늘어나고 있는 실정이다. 그동안 도시와 농촌 간의 교육격차를 해소하고자 많은 노력이 있었으나 여전히 교육문제로 인한 이농(離農)현상이나 교육만족도 등은 개선되지 않고 있다. 따라서 이제까지의 교육격차 해소방안이 아닌 새로운 교육혁신 방안이 요구되며, 이는 교육혁신모형 개발을 통해 정책적 지원방안을 수립할 필요가 있다.

그래서 정부 주도의 범지역적 지역균형발전과 형평성 차원에서의 접근이 필요하며, 단위학교와 지역주민 등의 요구를 반영한 교육혁신 모형 개발이 시급하고, 농어촌지역을 발달의 정도에 따라 유형화하여 지역 간 특성의 차이를 반영하여 향상시킬 필요가 있다. 이를 위한 교육혁신지원은 도농 간 교육격차 해소를 위한 교육혁신 실현으로 머물러 살고 싶은 농어촌지역 구현을 비전으로 삼고 도시수준의 학습기회를 제공해야 한다. 또한 농어촌형 수월성교육을 추구하며 지역 인적자원개발을 목표로 한다. 이를 위한 추진과제로는 학습지원, 학교교육환경의 개선, 교육비지원, 우수고교 집중육성, 소규모학교 운영의 활성화, 지역 인적자원 개발의 인프라 구축, 평생학습마을의 구축 등이 요구된다.

이와 같은 농어촌지역 교육혁신을 위한 지원방안들이 효과적으로 이루어지기 위해서는, 혁신주체 간의 파트너십이 중요한 성공 요인이므로 통합적이고 체계적인 정책집행체제를 구축할 필요가 있다. 또한 여러 혁신을 위한 추진사업 중 마을공부방의 건립 및 운영, 학습도우미지원, 특기적성교육의 강화, 지역기숙사의 건립 및 운영, 평생교육 프로그램의 개발 및 운영 등이 중점적으로 추진되어야 한다.

실제 도농 간의 교육격차를 해소하기 위해서는 우선적으로 농어촌지역의 부족한 교육 기회를 충족시키는 데 초점을 두어야 하며, 특히 저소득층이나 결손 혹은 조손(祖孫)가정 등 소외계층의 교육 기회를 실질적으로 보장하기 위한 노력이 절실히 요구된다. 농어촌지역의 교육혁신과 관련된 정책에 있어서 지역별 발전수준 및 특성을 고려해 획일적인 정책이 아닌 다양성에 입각한 정책이 추진되어야 한다. 뿐만 아니라 농어촌의 다양한 어메너티(amenity: 즐거움, 쾌적함)를 발굴하고, 이를 개발함에 있어서도 교육적인 요소들 역시 함께 다루어져야 할 것이다.

농어촌지역의 교육혁신을 위해 정부는 이미 갖추어진 정책기반을 토대로 적극적인 개입을 통해 농어촌지역의 문제점을 실질적으로 해소하도록 해야 할 것이다. 또한 농어촌지역 교육혁신 모형의 본격적인 적용에 앞서서 시범사업을 추진해야 하며, 농어촌지역 교육혁신 모형이 시·군별 농림어업인의 삶의 질을 향상시키기 위한 기본계획 중 특히 교육여건 개선부문의 계획에 반영되도록 적극 권장해야 할 것이다.

그리고 농어촌지역의 교육혁신 모형을 실제로 적용할 때에는 환경이나 발전수준에 따라 상이한 유형들의 내용을 참조하거나 지역 전체적인 접근과 세부지역 접근을 병행하는 등의 융통성을 발휘할 필요가 있다. 각 지역별 농어촌지역 혁신 지도자들을 대상으로 농어촌지역 교육혁신에 대한 워크숍(workshop)이나 연수프로그램을 개발해 제공하고, 각 지역별 사례를 공유할 필요가 있다. 농어촌지역의 교육문제 해소를 위한 연구를 전담하고 지역별 교육혁신 모형의 적용을 모니터링(monitering)할 수 있는 '농어촌교육연구센터'를 구축해야 하며, 도농 간 교육격차를 객관적으로 측정할 수 있는 지표를 개발할 필요가 있다.

4) 교사와 학생의 기대

교사가 학생의 능력이나 성격 등을 어떻게 판단하고 기대하느냐에 따라 학생들의 학업성적은 물론이고, 학교와 학급생활의 적응에도 영향을 미친다고 할 수 있다. 이런 것을 '자기충족예언·자성예언·자기성취예언(self fulfilling prophecy)'이라 하는데, 이는 원래 미국의 기능주의 사회학자 머튼(Robert K. Merton)이 사용하기 시작하였다.

자성예언은 『교실에서의 피그말리온: 교사의 기대와 아동의 지적 발달(Pygmalion in the Classroom: Teacher Expectation and Pupils' Intellectual

참고

머튼은 1910년 필라델피아의 노동계급 가정에서 태어나 1927년 장학생으로 템플대학에 들어갔다. 처음에는 철학을 공부했으나, 2학년 때 사회학자 심프슨의 영향으로 전공을 사회학으로 바꾸었다. 1931년 템플대학을 졸업한 후 하버드대학에서 소로킨, 파슨스 같은 사회학자뿐만 아니라 과학사학자 사튼, 생화학자 헨더슨, 과학 철학자 화이트헤드, 곤충학자 휠러에게서 배웠다. 이들의 영향으로 머튼은 초기부터 과학사 및 과학과 사회의 관계에 관심을 가졌으며, 17세기 영국에서 일어난 근대과학의 사회적 기원에 관한 논문으로 1936년에 박사학위를 받았다. 그 후 하버드대학 강사와 튜레인대학 교수를 거쳐서 1941년부터 뉴욕에 있는 컬럼비아대학 교수로 재직했다. 1963년에는 기딩스 석좌교수로 임명되었고, 1974년에는 컬럼비아대학 전체에서 4명밖에 없는 University Professor의 직위에 오른 후 명예 University Professor를 역임하기도 했다. 머튼은 1956~57년에 미국사회학회 회장을 비롯한 많은 학술단체의 회장을 역임했으며, 하버드, 예일, 시카고, 컬럼비아, 옥스퍼드 등 20여 개 대학에서 명예박사학위를 받았다. 그 외에도 많은 상을 받았고, 여러 분야의 고문이나 위원을 역임했다. 학술적으로는 12권의 저서, 11권의 편서, 130여 편의 학술논문, 120편 이상의 서평이 있으며, '80세가 넘었을 때도 학술활동을 계속했다. 사회학뿐만 아니라 고전문학과 역사에 관한 광범위한 독서와 불어, 독어, 이탈리아어 등 뛰어난 외국어 실력은 그의 학문의 깊이를 더해 주었다. 그의 글은 동서고금의 다양한 자료의 인용으로 가득 차 있으며, 많은 용어를 옛 문헌에서 발굴하여 새로운 의미로 사용하거나 새로 만들어내기도 했다. 사회학에서 지금은 보편적인 학술용어로 사용되는 잠재적 기능과 현재적 지능, 자기완성예언, 은둔주의, 중범위 이론, 역할집합, 전략적 연구장소, 시회구조, 마태효과 등은 머튼이 만들어낸 용어이다.

Development, 1968)』이라는 연구를 통하여 로젠탈과 제이콥슨(Robert Rosenthal & Lenore Jacobson)이 검증했다. 그들은 '공부를 잘하는 사람'이라고 표지(label)를 달아놓은 학생들의 지능은 그 교실 내의 다른 학생들보다 향상된 것을 발견했다. 그런데 실제 이 학생들은 공부를 잘하는 학생들이 아니었고 무선표집(무작위선정)을 한 학생들이었을 뿐이었다. 그들의 지능은 확실히 향상되었는데, 이는 교사들이 그들을 총명한 학생들로 생각하고 또 특별히 취급했기 때문이다.

교사의 기대효과는 주로 저학년과 하류계층 학생들에게 뚜렷하게 나타났기 때문에 자성적 예언 이론을 지지해 주었다. 그러나 너무 알려졌기 때문에 반복된 후속 연구결과들은 첫 번째 연구와 일치하지 않았다(W. Fielder et al). 그래서 실험이 아닌 실제 수업장면을 관찰하는 연구로 바뀌게 되었다(R. Rist). 비록 본래의 피그말리온 연구는 몇 차례 비판을 받았지만, 다음과 같은 질문으로 검증되는 데 많은 증거를 제시해주고 있다. 교사기대수준은 학생성취수준에 영향을 미치는가? 즉, 높은 기대는 높은 성취를 초래하고, 낮은 기대는 낮은 성취를 초래하는가? 많은 연구에 기반을 둔 대답은 분명히 '그렇다'이다. 그래서 교사들은 자기충족예언이 전달되는 특정한 기제(機制)를 알아둘 필요가 있다. 이것을 알게 됨으로써 낮은 성취를 초래하는 낮은 기대가 전달되는 것을 의식적으로 피할 수가 있기 때문이다.

사실 자기충족예언은 사람이나 상황에 대한 왜곡된 판단이나 평가가 마치 진실인 양 취급되는 과정이라고 정의할 수 있다. 왜곡된 판단에 근거한 그 다음의 계속되는 행위들은 문제의 사람이나 상황을 왜곡된 평가와 일치하도록 만든다. 또한 왜곡된 판단을 한 사람으로 하여금 원래의 평가가 옳았다는 것을 확신시키는 것이다. 교육에 있어서 이 과정의 가장 전형적인 예는 한 교사가 어떤 학생의 능력이 열등한 것으로 간주해버리는 것이다. 이 판단으로 말미암아 학생에게는 적정수준 이하의 수업이 주어지게 된다. 그 학생은 보다 높은 수준으로 가르침을 받은 학생에 비해 그 후의 시험성적이 좋지 않게 된다. 즉, 이 결과는 처음의 잘못된 능력진단을 확신시키게 되는 것이다. 정리하면 다음과 같다.

① 자기충족예언은 예언 혹은 잘못된 평가 그리고 잘못된 예언이 발생되는 과정의 두 부분으로 나누어진다.

② 잘못된 평가와 그것이 발생되는 기제는 무의식적으로 이루어진다. 이 때문에 자기충족예언은 종식되거나 발견하기 어렵다.

③ 왜곡된 판단은 편견이나 상투적인 태도 때문에 생기며, 보통 그러한 성질은 잘 의식되지 않는다.

④ 일반적으로 자기충족예언은 그 효과면에서 긍정적이라기보다는 부정적이다.

⑤ 자기충족예언은 집단수준, 개인수준 모두에게 작용한다. 교육에 있어서 개

인, 학급 전체, 모든 학년에도 학급 전체가 그 희생물이 될 수 있다.

⑥ 자기충족예언은 대개의 경우 지속적인 효과를 초래하고 누적적인 결과로 이어진다. 따라서 시간이 지남에 따라 이전의 왜곡된 판단에 근거하여 새로운 판단을 왜곡시키는 효과가 지속된다.

핀(J. D. Finn)은 차별과 평가를 야기하는 학교와 사회의 힘은 너무 강해 왜곡된 판단에 입각해 사람을 판단하고 다루는 과정에 영향을 받지 않고, 진정한 능력을 평가한다는 것은 불가능할지 모른다는 것을 제시하였다. 특히 그 과정이 유아기부터 시작되기 때문에 이것은 사실이다. 다시 말해 우리가 능력이며 태도라고 지각하고, 측정하는 것들이 실제로 누적적이고 장기간의 자기충족예언이라는 효과가 되는 것이다.

참고

피그말리온이라는 명칭은 그리스신화 속의 피그말리온 왕에서 유래되었다. 피그말리온 왕은 자신이 조각한 여성상을 진심으로 사랑하게 되었고, 이를 지켜본 미의 여신 아프로디테가 그의 소원을 들어주어 조각상을 인간으로 만들었다. 이 이야기는 그리스신화를 수록한 고대 로마의 오비디우스의 『변신이야기』 제10권에 수록되어 있다. 그래서 피그말리온 효과는 무언가에 대한 사람의 믿음, 기대, 예측이 실제적으로 일어나는 경향을 말한다. 1964년 미국의 교육심리학자 로버트 로젠탈에 의해 실험되었다. 교육현장에서의 실험은 1964년 봄, 샌프란시스코의 초등학교에서 하버드식 돌발성학습능력예측 테스트라는 보통의 지능 테스트를 했다. 담임에게는 앞으로 수개월 간에 성적이 오르는 학생을 산출하기 위한 조사라고 설명했다. 그러나 실제 조사에는 아무런 의미가 없었고, 실험시행자는 조사의 결과와 관계없이 무작위로 뽑은 아동의 명부를 학생 담임에게 보여주고, 명부에 기재된 아동이 앞으로 수개월 간에 성적이 향상될 학생이라고 알려주었다. 그 후 학급 담임은 아이들의 성적이 향상될 것이라는 기대를 품었고, 확실히 그 아이들의 성적은 향상되었다. 학급담임이 아이들에게 한 기대가 성적향상의 원인이었다고 생각할 수 있다. 게다가 아이들도 기대를 의식하였기 때문에 성적이 향상된 것이라고 생각할 수 있다.

비슷한 이야기로서 위약(僞藥)은 심리적 효과를 얻기 위하여 환자가 의학이나 치료법으로 받아들이지만, 치료에 전혀 도움이 되지 않는 가짜 약제를 말한다. 영어로는 placebo라고 한다. 위약과 관련하여 잘 알려진 현상으로 심리현상 중 하나인 위약효과(placebo effect)가 있다. 이를 플라시보 효과라 하며, 샤피로(Shapiro)가 검증하였다. 의사가 환자에게 가짜 약을 투여하면서 진짜 약이라고 하면 환자는 좋아질 것이라고 생각하는 믿음 때문에 병이 낫는 현상을 말한다. 이것은 제 2차 세계 대전 중 약이 부족할 때 많이 쓰였던 방법이다. 또한 호손효과(Hawthorne effect)는 근로자의 행동을 관찰함으로써 그들의 행동이 변하며, 일시적으로 효율이 변화하는 현상을 말한다. 이 현상은 1924년에서 1932년 사이에 시카고 외곽에 위치한 웨스턴일렉트릭사 소속의 호손웍스라는 전구공장에서 수행된 일련의 실험에서 얻어진 결과를 처음 관찰된 데서 유래한다.

블룸(Benjamin S. Bloom)은 거의 모든 학생이 그 나이수준에 맞는 목표를 성취할 수 있다고 제안했다. 이것은 많은 학생들이 그들의 잠재능력 이하로 평가되고 있음을 시사한다. 크라노와 멜론(W. D. Crano & P. M. Mellon) 그리고 리스트(Ray C. Rist)는 학생들이 교사가 설정한 기대수준에 일치된다는 증거를 제공해주고 있다.

퍼셀(Caroline Hodges Persell)은 교사기대 경향성의 원천을 네 가지로 제시하고 있다. 즉, ① 낮은 기대를 갖게 하는 교사의 인성 특성, ② 사회적 편견과 학교에서의 경험, ③ 지능이나 문화실조와 같은 교육적 개념, ④ 집단편성과 시험계획과 같은 교육구조를 들었다. 그리고 이런 것에서 비롯되는 편견의 종류에 대하여 브로피와 굳(Jere E. Brophy & Thomas L. Good), 퍼셀이 제시한 것들을 요약하면 다음과 같이 16가지나 된다.

① 성(性): 초등학교의 남자애들과 나이 든 여자애들에 대한 낮은 기대인데, 이는 남자애들이 여자애들에 비해 대개 성숙이 늦다는 관념과 나이 든 여자애들의 성역할 분화와 조숙함에 대한 관념에서 비롯되었다.

② 경제적 배경: 낮은 사회경제적 지위(부모의 교육수준, 직업의 종류, 거주지 등)에 대한 낮은 기대를 말한다.

③ 인종: 백인 이외의 소수인종(민족)에 대한 낮은 기대를 말한다.

④ 검사점수의 결과(영구기록): 고정된 능력이라는 관념으로 인하여 발전 가능성은 배제된다.

⑤ 학생에 대한 부정적 언질: 교사휴게실에서의 대화, 다른 교사들과 교장의 질책은 낮은 기대를 초래한다.

⑥ 학교의 형태: 시골, 도심 혹은 교외학교 중에서 시골학교는 더 낮은 기대를 하게 한다.

⑦ 외모: 뒤떨어진 유행차림과 싼 옷차림은 낮은 기대를 하게 한다.

⑧ 말투: 표준말을 사용하지 않는 것은 낮은 기대를 유발시킨다.

⑨ 문장이나 글씨의 단조성: 비조직성, 형편없는 글씨는 낮은 기대를 유발시킨다.

⑩ 후광효과(halo effect): 한 가지 특징에 입각하여 학생의 전체적인 능력을 평가하는 경향(가령 가난을 나타내는 행동이 전반적으로 부정적인 평가의 근거가 되는 것)을 말한다.

⑪ 준비도: 성장속도나 이전의 지식과 경험의 결핍은 변하지 않는 현상이어서 향상될 수 없다고 가정해 버리는 부정적인 관념 효과를 말한다.

⑫ 좌석위치: 교실의 측면·뒷좌석에 대해서는 낮은 기대를 유발시킨다.

⑬ 경력교사에 의한 사회화: 신참교사에게 선배교사들이 학생의 부정적인 한계를 강조하는 경향은 낮은 기대를 유발시킨다.

⑭ 학생의 행동: 가난한 티가 나는 학생에 대한 낮은 학구적인 기대를 말한다.

⑮ 교사양성기관: 교대, 사대, 교직과정, 교육대학원 등에서 학생 능력의 한계를 굳게 믿도록 가르치는 경우에 낮은 기대치가 만들어진다.

⑯ 능력별 학급편성과 진단분류: 학생능력의 등급화와 학생 개인차를 강조하는 경향은 낮은 기대를 초래한다.

이와 같은 편견 때문에 만들어지는 낮은 기대는 다음과 같은 수업형태로 연결된다.

① 정확한 대답에 대한 칭찬의 양과 질을 줄이게 된다.

② 학생이 실제로 받은 수업의 양이 줄어든다.

③ 다루는 학습내용이 줄어든다.

④ 반응기회 요인을 줄인다. 즉, 학생의 이름을 부르는 횟수, 질문을 하는 범위나 정도, 질문의 수준과 같은 인지적 요구의 정도 등.

⑤ 학구적 내용의 비중이 줄어든다(대신 비학구적 활동의 비중은 늘어남).

⑥ 언어적·비언어적으로 학생들을 따뜻하게 수용하는 정도가 줄어든다.

⑦ 비언어적 단서가 줄어든다. 즉, 눈 마주침(eye contact)의 양, 옆으로 다가오는 정도, 긍정을 표시하는 머리 끄덕임, 웃음의 횟수, 신체적 접촉(어깨를 토닥거려줌, 가벼운 스킨십(skinship) 등이 줄어든다.

⑧ 일반적 격려와 지지가 줄어든다.

⑨ 교사의 보조와 자발적인 도움이 줄어든다.

⑩ 기다리는 시간이 줄어든다. 즉, 학생이 질문에 답하기 위해 주어진 시간 혹은 다른 학생에게로 질문을 넘기기 전에 주어진 시간들이 줄어든다.

⑪ 높은 수준의 학력평가가 줄어든다. 즉, 기술을 마스터하리라는 기대, 고교교육을 마칠 수 있다거나 대학에 갈 수 있다는 기대, 높은 등급의 성적을 얻을 수 있다는 기대 등이 줄어든다.

⑫ 실패상황에서 학생들을 재교육하는 것이 줄어든다. 즉, 학생이 정답에 도달하기까지 세심한 관찰 혹은 탐색, 질문의 반복, 힌트(hint) 주기 등이 줄어든다.

⑬ 평가결과에 대한 피드백(feedback)과 학업에 대한 건설적인 비판이 줄어든다.

⑭ 교사의 역할정의(role definition)가 비학구적 경향을 띠게 한다. 낮은 기대는 사회적 통제나 다른 비학구적 목표가 적절한 교사목표나 신념과 관련되어 있다.

⑮ 학생에 대하여 부정적 언질이나 부정적인 표현횟수가 많아진다.

⑯ 훈육기법이 거칠어지고 벌에 의존하는 경향이 많아진다.

⑰ 부적절한 행동에 대한 강화(reenforcement)가 많아진다.

⑱ 정확하지 못한 대답에도 보상(報償)을 주거나 칭찬하는 일이 많아진다.

이외에도 서로 다른 학생의 같은 행동에 대해서 상이하게 반응하는 경우도 있는데, 이는 이중적인 잣대를 적용하는 것으로 기대이상이거나 기대이하일 때 학생들의 계층배경에 따라 교사들이 임의로 바꾸는 것이다.

이와 같은 문제점들을 개선하기 위해서는 모든 학생들이 잘 배울 수 있고, 교사들이 잘 가르칠 수 있다는 집단적 기대와 신념을 보편화하는 것이 필요하다. 또한 협동적인 학습과 자율적인 학급체제의 지원과 구축이 필요하며, 학생 개개인을 편견과 차별 없이 대하는 평등주의에 입각한 수업의 실천이 요구된다.

학생들도 교사처럼 다양한 방식으로 교사들을 평가하고 판단하며 범주화한다. 실력 있는 교사와 실력 없는 교사, 친절한 교사와 불친절한 교사, 엄한 교사와 부드러운 교사, 전공과 가르치는 과목이 일치하는 교사와 그렇지 못한 상치(相馳)교사, 신임교사와 베테랑교사, 명문대학을 나온 교사와 비명문대학을 나온 교사 등이 학생들에 의한 교사범주화들이다. 하그리브스(D. H. Hargreaves)는 상위권 성적의 학생들은 경험이 풍부한 교사들과 만날 때, 하위권 성적의 학생들은 신임교사들과 만날 때 성취도가 높아진다고 하며, 다음 표 9-2와 같이 교사에 대한 학생들의 태도를 분류하였다.

표 9-2 학생들이 좋아하고 싫어하는 선생님 유형

영역	좋아하는 선생님	싫어하는 선생님
성격의 특징	친절함, 이해심 많음, 명랑쾌활함, 인내심 많음, 유머감각 풍부, 학생 개개인에 대한 관심과 사랑을 표현함 등	잔소리가 많음, 냉소적임, 빈정댐, 불친절함, 딱딱함, 개인차 무시 등
수업 스타일	재미있게 함, 잘 설명해주고 도와줌	지루하게 함, 교과내용에 대해 잘 모름, 제대로 설명해주지 않거나 잘 도와주지 않음
처벌 유형	인자한 통제, 공정한 대우, 편애하지 않음, 극단적이고 무자비한 체벌을 하지 않음	지나치게 엄격하거나 느슨함, 편애하거나 특정 학생을 괴롭힘, 지나치게 자의적으로 학생들을 위협하거나 체벌함

교사결핍론의 기본 가정은 교육 격차가 학교자체의 사회적 특성이나 교사와 학생의 대인지각(對人知覺)의 차이에서 기인된다고 하는 것이다. 콜맨(J. Coleman)은 학교의 학업성취격차는 주로 가정배경에 의한 것이라고 주장했으나, 최근에는 교

사의 교육효과에 대한 신념, 가치체계, 학급 내에서의 교사와 학생의 상호작용, 학교구성원의 학구적 규범 등과 같은 학교의 사회·심리적인 환경이 학업성취에 더 큰 영향을 준다고 하였다.

맥딜과 릭스비(McDill & Rigsby)는 학업성취는 학생의 학업적성, 학구적 가치지향성, 가정의 사회경제적 배경, 학교풍토, 학생집단의 지위구성요소 순으로 영향을 미친다고 주장하였다. 여기서 학생 개인적 투입변인을 통제할 때 학습풍토 요인(학교의 학습환경특성)이 성적에 큰 영향을 주는 것이라고 했다. 브루코버와 슈바이처(Brookover & Schweitzer)는 학교의 심리적 풍토가 학교 간의 성적차를 설명하는 중요한 요소라고 하였다. 블룸(Bloom)은 『완전학습』에서 교수-학습방법만 적절하게 제시한다면 학급 안의 95%의 학생이 90% 이상의 학습효과를 달성할 수 있다고 주장하였다. 따라서 학습격차는 교사의 교수–방법상에서 기인되었다는 것이다. 로젠탈과 제이콥슨(Rosenthal & Jacobson)의 연구에서는 교사의 기대차가 성적차이를 가져온다고 하였다.

5) 학생과 학교풍토

학교에 따라 학구적(academic) 분위기(climate)는 사뭇 다르다. 역사와 전통에 따라서도 다르며, 학교가 위치한 장소와 학교구성원들의 특징에 따라서도 다르고, 학교의 등급과 종류에 따라서도 다르다. 이러한 학교 분위기가 학생들의 학업성취와 많은 관계가 있을 것이라고 누구나 기대할 수 있다. 그래서 학교의 분위기와 학업성취의 관계에 대해 설명한 연구, 즉 학생문화에 대한 연구의 효시는 미국의 정치학자 콜맨인데, 그는 『청소년사회(The Adolescent Society)』에서 1950년대 중반 미국 중서부 지역 10개 고등학교의 학생집단 가치풍토를 조사하였다.

그는 청소년 세계의 존재, 즉 교사나 부모의 기대와는 다른 청소년집단 특유의 가치패턴을 확인했다. 청소년들은 같은 또래(peer group)끼리 학교에 모여 있기 때문에 성인문화와는 다른 학생문화를 형성하며, 그것이 학교에서의 생활과 태도에 영향을 주어 학업성적에 영향을 미친다고 하였다. 학생들은 학구적인 성공이

전부가 아니었으며, 그들이 선택한 것은 운동경기 시의 용맹, 육체적인 탁월성, 춤추는 방법, 자동차의 소유, 좋은 평판과 인기, 친구들로부터의 인정과 수용, 유머와 농담, 멋진 데이트와 파티, 여자에게 베푸는 친절, 사내다움 등이었다.

따라서 놀이와 재미를 지향하는 학생문화가 학생들의 학업성적을 저하시키는 주요한 요인이라고 주장하였다. 동년배집단은 대다수의 학생들이 달성할 수 있는 수준에다 그들의 학업성취수준을 설정하고서 그 수준을 넘는 학생들이 동년배집단에 참여하는 것을 거부한다는 것이다. 즉, 운동선수와 학생회장과 같은 인기 있는 것들을 가치 있게 여기고, 학구적인 활동을 오히려 낮게 평가하는 문화를 가지고 있기 때문에, 학생들의 학업성적을 향상시키려면 비학구적인 문화를 깨뜨리거나 약화시켜야 한다는 것이다. 이런 콜맨의 주장은 학생문화를 지나치게 부정적으로 본다는 비판을 받았으나, 놀이지향의 학생문화가 성적을 저하시킨다는 지적은 사회적 관심을 크게 불러일으켜 학생문화에 대한 실증적 연구를 촉진시키는 계기가 되기도 하였다.

맥딜(Edward McDill et al)은 학생문화는 성적에 영향을 주기는 하지만, 그리 큰 것은 아니라고 했다. 즉, 학생들의 태도점수와 수학성적 간에 극히 낮은 상관관계가 있었고, 지능지수와 사회경제적 지위 및 소망수준이 학생문화보다 학생들의 학업성적에 더 큰 영향을 준다고 했다.

김병성은 학생문화의 유형을 세 가지로 구분했다. 첫째, '학습지향형'인데, 명문학교 진학률이 높은 학교에 많으며, 교칙을 잘 준수하지만 개인주의적이고 집단활동에 잘 참여하지 않는다고 하였다. 또한 또래집단을 잘 형성하지 않으며 가치패턴은 금욕주의적이고 미래지향적이라고 하였다. 둘째, '저항형'인데, 어떤 학교에서도 존재하며 소수파의 자리를 차지한다고 하였다. 그리고 대개 학업성적이 낮으며 교칙과 사회규범에 대해서도 반항적이라고 하였다. 셋째, '놀이지향형'인데, 양적으로 가장 많으며 유행과 패션 등 상업적 청소년문화에 관심이 높고 사회생활에 필요한 규칙의 습득과 공식적인 집단활동에 참여하려는 의욕이 비교적 높다고 하였다. 복장이나 두발과 같은 외모에 대한 규칙에 대해서 반발하기는 하지만, 전면적 일탈로 진행되지는 않는다고 하였다.

하그리브스(D. H. Hargreaves)와 레이시(C. Lacey)는 각기 영국 중등학교 남학생들이 하위문화(sub-culture) 속에서 두 개의 대조적인 문화 유형을 확인하였다. 그들의 연구결과와 주장에 따르면 하위문화들은 엄격하게 구분되는 학생집단(streams)을 형성하고 있다는 것이다. 하그리브스가 연구한 럼레이(Lumley)학교에서는 4개의 다른 가치를 지향하는 집단들이 존재하였다.

첫째 유형의 집단은 A를 4개 받은 학구적 집단이다. 이들은 수단지향성(instrumentality), 높은 출석률, 정확한 시간관념, 단정한 옷차림과 깔끔한 위생 상태를 보이며, 나쁜 행실, 신체적인 폭행, 남의 것 베끼기 등을 비난한다.

둘째 유형의 집단은 B를 4개 받은 '까불기', '장난치기' 등을 좋아하는 집단이다. 이들은 공부 자체를 완전히 거부하는 반학구적(anti-academic) 집단이라기보다는 비학구적(non-academic)인 집단일 뿐이다. '까부는 행위(messing)'는 힘든 공부로부터 다소의 위안을 얻기 위한 것이지 공부를 포기하는 것은 아니다.

셋째 유형의 집단은 C를 4개 받은 반학구적 집단이다. 이들은 공부하는 일의 의미를 완전히 상실한 집단이며, 공부 대신에 '까부는 것'으로 일관한다.

넷째 유형의 집단은 D를 4개 받은 집단이다. 이들은 반항적, 반학구적이며, 자주 무단결석과 '땡땡이'를 치는 집단이다.

이상과 같은 하위집단의 성향은 학생집단의 경향성이 공식적인 학교의 가치체계로부터 명백하게 분리되어 있음을 나타낸다. 이와 같이 다양하게 하위문화를 구분하는 것은 학생을 보는 관점을 범주화하기 위한 기제가 아니라, 학교의 학생문화가 여러 집단으로 나누어진 결과 때문이다. 결국 학교는 학교에 동조적인 하위문화(pro-school)와 반항적인 하위문화(anti-school)를 조성한다. 학교에 대해 긍정적인 학생들은 상위집단을 형성하고, 학교에 부정적인 성향을 나타내는 학생들은 하위집단을 형성한다.

학생집단의 구분을 강력하게 유지하는 학교는 시간이 흐를수록 학생집단의 양극화를 심화시킨다. 2개의 하위문화는 각기 자기 문화의 통합을 진전시켜 자기문화의 내부결속을 다지는 한편, 상대방 문화를 혐오함으로써 서로 멀어져 간다. 또한 두 집단은 서로 다른 길을 추구하며 학교에서 서로 다른 취급을 받는다. 즉, 반학교문화집단은 학교에서 인정을 받지 못하고 실력 없는 교사, 허름한 교실 등을 배정받는다. 이러한 분화는 집단구성원들이 지닌 본래의 성향과 어떤 관련이 있을 수 있다.

그러나 레이시는 집단의 분화에 학교가 상당한 기여를 하고 있다고 주장하였다. 왜냐하면 두 집단은 학교에서 본질적으로 다른 문제를 부여받고 있다고 보기 때문이다. 한쪽에서는 성공의 문제를, 다른 한쪽에서는 실패의 문제를 학교가 제시한다는 것이다. 학교에 동조적인 학생들은 학교문화의 지속적인 강화를 수용하는 반면, 반항적인 학생들은 '학생의 역할 대신 자율적인, 독립적인 동료문화를 택함으로써' 자신들의 문제를 해결한다. 학교 동조문화에서는 경쟁에서 개인적인 노력의 정도에 따라 보상을 받는 반면, 반항적 문화에서는 오직 동료집단으로부터 지위의 보상을 받기 때문에 집단적 행동과 그 입장에 우선순위를 부여한다.

하그리브스와 레이시는 문제를 단순하게 분석하였다. 즉, 그들은 반학교문화가 부분적으로 노동계급의 가치관과 10대의 문화로부터 영향을 받고 있다고 보았다. 설령 그렇다 하더라도 상호작용론자들의 분석 결과에 의하면 그들은 하위문화의 영향력을 지나치게 과장하는 한편, 개인들의 의미 구성과 상황 정의를 충분히 고려하지 못했다고 비판을 받는다. 즉, 개인들의 의미 구성과 상황 정의는 집단에 따라 다르며, 집단 내에서도 매우 다양한 결과를 가져올 수 있다는 것이다(Peter Woods).

한편 브루코버(Brookover et. al.)에 의하면 학생의 학업적 성공에 대한 교사의 기대, 학생의 학습능력에 대한 교사의 평가, 교사의 평가와 기대에 대한 학생의 지각(知覺), 학생의 무능력감 등을 중심으로 측정한 학생의 풍토지수가 학업성취에 뚜렷한 영향을 주는 것으로 나타났다. 그는 학교풍토(school climate)를 학생풍토, 교사풍토, 교장풍토로 나누었으며, 이런 요인들이 복합적으로 작용하여 학업성취에 영향을 준다는 것이다.

① 학생풍토: 학구적 무력감, 장래의 평가 및 기대, 학생이 지각한 현재의 평가 및 기대, 교사의 기대압력과 규범에 대한 지각, 학업성취를 강조하는 학구적 규범.

② 교사풍토: 대학진학에 대한 능력·평가·기대·교육의 질, 고교졸업에 대한 현재의 기대와 평가, 실력향상에 대한 교사와 학생의 기대일치도, 교장의 기대에 대한 교사의 지각, 학구적 무력감.

③ 교장풍토: 질적교육에 대한 학부모의 관심과 기대 및 지각, 실력 향상을 위

한 노력, 학교의 질적 상태에 대한 학부모와 교장의 평가, 학생에 대한 현재의 기대 및 지각.

교사문화는 학교의 지배적인 가치패턴과 규범을 만들어내는데, 첫째 제도화된 교육의 전반적인 규범, 둘째 학교가 가져오는 제도적·조직적 구속으로 인한 가치패턴과 규범, 셋째 교사의 집단적·개인적 이데올로기 등으로 구성된다. 교사문화는 완벽하게 통합된 조화체(cosmos)라기보다는 분열과 갈등을 내포하고 있는 일종의 혼돈체(chaos)이다. 물론 학교조직은 교육활동을 질서정연하게 수행하고 지도에 일관성을 부여하기 위해 교사집단의 의사통합을 도모한다. 그러나 이와 같은 통합과 조정이 어느 정도 가능한가는 학교상황에 따라 상당한 차이가 있다. 그렇지만 일단 통합되고 조정된 교사문화는 학생이 생활하는 학교집단의 근본적인 가치패턴과 규범을 구성한다.

이와 같은 학생문화와 교사문화를 포함하는 학교문화, 즉 학교 학습풍토란 학교의 사회적, 심리적, 교육적 분위기라고 할 수 있다. 학교 간의 분위기 차이는 어느 나라 어느 수준의 학교에서도 쉽게 느끼고 그 차이점을 발견할 수 있다. 또한 학교의 풍토가 학생의 학교에 대한 태도, 학생의 성적, 학습목표에 지대한 영향력을 가진다는 것도 오래 전부터 실증적 연구가 뒷받침해 주고 있다. 모든 학교는 각각 독특한 학습풍토를 갖고 있다. 어떤 학교의 학습풍토는 학생의 학업성취를 촉진시키지만, 반대로 어떤 학습풍토는 학업성취를 저해하기도 한다. 다시 말해서 효과적인 학습풍토를 가진 학교는 높은 수준의 학업성취를 가져오고, 비효과적인 풍토를 가진 학교는 낮은 학업성취를 초래한다.

학습풍토의 개념은 사회심리학의 조직풍토로부터 비롯되었다. 조직풍토는 모든 조직적 요인들과 조직구성원의 모든 개성적 특징들의 조합이라고 정의된다. 인성 이론에 근거한 접근에서 머레이(H. A. Murray)는 조직풍토는 외적으로 통제하는 상당한 요구인 압력과 자체적인 인성적 경향이 결합되어 나타난 것이라고 하였다. 즉, 조직풍토는 구성원의 인성적인 특질과 가치가 반영되며, 학생, 행정가, 교사에 대한 압력과 같은 조직적인 압력의 형태로 규정되기도 한다. 백맨과 세코드(C. W. Backman & P. F. Secord)는 조직풍토에 관련된 요인을 세 가지로 요약했는데, 첫째는 인성적 특질이나 동기, 능력, 가치, 과거경험과 같은 것, 둘째는 준거나 역할기대 및 학교 자체의 특징을 의미하고, 셋째는 학교 내의 비형식적인 조직의 가치와 준거라고 하였다. 이처럼 학교 학습풍토는 인성적 특성과 학교사회의 조직적 특성으로 대표되는 개념으로서 이들이 상호작용하는 것으로 파악할 수 있을 것이다.

학교 학습풍토의 관련 요인들을 정리하면 다음과 같다. 첫째 학교의 역사적 전통, 둘째 교육목표, 교육내용, 교육활동, 셋째 학교의 물리적 환경과 지역사회의 특수성, 넷째 학교구성원의 특성, 다섯째 구성원 간의 상호작용 형태, 여섯째 교훈, 교가, 교복, 기타 등이다. 이와 같은 것들이 복합적으로 작용해 학생들의 학업성취격차를 만들어낸다. 우리나라에서 수행된 학업성취에 대한 연구들을 살펴보면 다음과 같다. 메타(meta) 분석한 오성삼·구병두의 연구에 의하면, 교수–학습변인이 가장 많은 영향을 미치며, 다음으로는 학생변인, 교사변인, 가정변인, 학교변인 순으로 나타났다. 따라서 이제는 개인의 능력, 학교, 교사, 가정 등의 요인들이 어떻게 상호작용하면서 학업성취에 영향을 미치는지 보다 진보된 연구방법을 활용해 분석할 필요가 있다.

4 학업성취결정의 학교 외 요인

1) 개인변인

교육격차 인과론에서 우선적으로 제기되는 것은 지능결핍론(IQ deficit theory)이다. 지능결핍론의 기본 가정은 학업성적의 격차가 학생의 능력(지능) 차이에서 연유된다는 것이다. 지능에는 인종 간 차이가 있다고 주장한 인종차별론자인 젠센(A. R. Jensen)은 유전요인이 80%이고, 나머지 20%가 사회적·문화적·신체적 환경의 영향이라고 하였다. 또한 그는 지능지수와 사회경제적 지위 간에 .35 내지 .40의 상관관계가 있다고 주장하였다. 아이젠크(H. J. Eysenck)는 지능은 유전이 80%, 환경이 20%의 영향 그리고 라이트와 스미스(R. J. Light & P. V. Smith)는 유전적 요인은 45%, 환경은 31%, 유전과 환경의 상호작용이 20%, 오차 4%라고 제안했다. 이렇게 아직도 유전우위론과 환경우위론이 논의되고 있는 가운데 그 결정요인으로는 유전, 환경 그리고 유전과 환경의 상호작용 세 가지로 간주되고 있다.

지능에 관한 정의는 네 가지로 분류할 수 있다. 첫째, 지능의 적응적 성격을 강조하는 입장이다. 지능이란 '한 개인의 전체 환경에 대한 적응'이며, '생활의 새로운 문제 및 새로운 상황에 대한 전반적인 정신적 적응성'이라고 보는 견해이다. 둘째, '학습하는 능력'이라고 보는 입장이다. 한 마디로 지능이란 '개인이 교육을 받을 수 있는 능력'이라는 견해이다. 셋째, 일반적 추상성과 구체적 성격을 결부시키고 연관시키며 응용하는 능력을 강조하는 입장이다. 넷째, 웩슬러(D. Wechsler), 스토다드(G. D. Stoddard), 해거티(M. E. Haggerty)와 같이 종합적·포괄적·집합적·합승식(合乘式) 정의를 하려는 입장이다.

근래에 성행하는 쌍생아의 실험에서 유전의 현상은 지능이나 신체적인 면에서 유전적 소질이 같으면 지능과 신체적인 면도 비슷함을 알 수 있다. 지능이 어느 정도 유전되느냐 하는 것은 일란성 쌍생아와 이란성 쌍생아가 지능검사에서 성취한 정도를 비교해 본 많은 연구에서 나타났다. 뉴만(Newman), 프리만(Freeman), 홀징거(Holzinger)의 공동연구 결과를 보면 이란성 쌍생아에는 평균 IQ 9.9의 차이를 보여 주었고, 일란성 쌍생아 간에는 평균 IQ 5.9의 차이를 보여 주었다.

이같이 일란성 쌍생아가 이란성 쌍생아들보다 그들의 지능이 훨씬 유사하다고 하는 것은 다른 연구에서도 많이 나타났으나, 이것은 일란성 쌍생아가 이란성 쌍생아보다 유사한 생활을 했고, 자라나는 동안에 비교적 같은 경험을 많이 했기 때문이라고 생각할 수 있다. 그러나 이들의 연구에서는 일란성 쌍생아를 따로 떼어서 서로 다른 환경에서 길렀고, 이란성 쌍생아는 같은 환경 속에서 같이 기른 뒤에 이들 쌍생아에게 각각 지능검사를 실시해서 얻은 IQ 결과를 비교해 보았다. 그 결과 다른 환경 속에서 양육된 일란성 쌍생아 간의 IQ 상관은 .76으로 나타났고, 같은 환경에서 자란 이란성 쌍생아의 경우는 IQ 상관이 .53으로 나타났다. 이 사실은 역시 유전이 우리의 지적 능력을 결정짓는 중요한 요인이 되고 있음을 잘 설명해 주고 있는 것이다.

2) 가정 변인

문화환경결핍론(cultural deficit theory)의 기본 가정은 교육격차는 부모의 사회경제적 배경에서 기인한다고 전제한다. 즉, 학생가정의 문화환경, 언어적 그리고 지각과 태도에서의 차이나 상대적 결핍 때문에 학교에서 다른 학생들에게 뒤쳐지게 되고 결과적으로 학업성취에서 차이를 가져온다는 것이다. 이에 대한 실증적 연구인 콜맨 보고서는 1950년대의 'Project Talent' 다음 가는 미국 사회과학 역사상 두 번째로 거대한 규모의 연구였는데, 학생의 가정배경은 학업성취에 미치는 가장 중요한 요인이며, 이것은 학생이 학교에 다니는 동안 계속하여 영향을 미친다고 하였다.

또한 학교의 물리적 시설, 교과과정, 교사의 질 등은 성적에 매우 미세한 영향을 주며, 이 중 교사의 질은 학교의 다른 특성요인에 비해 상대적으로 성적에 주는 영향이 크다고 하였다. 학생집단의 사회적 구조는 가정환경과는 별도로 학교의 다른 어떤 요인보다는 학생의 성적과 매우 관계가 깊으며, 학생이 환경을 통제할 수 있다는 신념과 태도도 학생의 성적과 관계가 깊다고 하였다. 그리고 학교특성변인 중에서 학생구성 특성과 교사의 질이 성적에 주는 효과가 있으나, 전체적으로 10% 정도의 변량 밖에 설명해 주지 못한다고 하였다.

젠크스(Jencks)는 인지능력의 불평등은 가정배경요인이 60%이고, 유전요인이 35~50%이며, 학교의 질이 4%라고 하였다. 그리고 학업성취에 영향을 주는 원인의 순으로 가정배경, 인지능력, 인종차이, 학교의 질(2%)의 순이라고 보았다. 결과적으로 학교는 학업성취 향상에 거의 영향을 주지 못한다는 것이다. 그는 아버지의 사회경제적 배경과 자녀의 학업성취 사이에 .55의 상관이 있다고 하였다. 우리나라의 한충효는 계층배경 대신에 가정의 심리적·문화적 환경변수와 지능의 관계를 분석해 .77의 높은 계산 결과를 얻었다.

이런 연구결과들은 영국의 플라우덴 보고서(Plowden Report)에서도 입증되었다. 영국의 초등학생 표집연구에서 부모의 태도, 가정환경, 학교특성변인 등 104

개의 변인을 투입한 결과, 사회계층이 높을수록 부모의 자녀교육에 대한 포부수준 및 실현도와 관심도가 높았고, 자녀들이 좋은 학교에 진학하기를 원했다. 결국 학업성취격차는 부모의 태도(흥미와 포부), 가정환경 그리고 학교의 특성요인의 순으로 영향을 미치는 것으로 나타났으며, 나머지 변량 3~5%는 학생 개인 간의 특성 및 격차에서 기인되는 것으로 확인되었다.

IEA(International Association for the Evaluation of Educational Achievement)의 국가 간 학업성취 격차요인을 분석한 연구에서는 6개 교과목에 한정해서 21개국의 10세, 14세, 대학 전 학생의 학업성취와 관련된 가정배경, 학교특성 및 교육 프로그램의 형태, 학교학습 환경, 학습태도와 동기를 채택했는데, 학업성취 70%의 독립변인 중 사회문화적 배경이 40% 이상, 학교환경과 교육 프로그램의 내용이 20%, 기타 태도나 동기요인이 5~10% 정도에 속하였다. 알렉산더와 시몬즈(Alexander & Simons)도 유사한 연구를 통해 비슷한 결론을 내리고 있다.

사회경제적 배경이 학업성취에 영향을 주는 경로는 여러 가지로 밝혀졌으나, 아직도 더 많은 연구가 필요하다. 그동안 지적된 것은 문화적 요인인 소망수준, 문화실조(cultural deprivation), 언어, 상호작용 등이었다. 언어가 학업성취에 미치는 영향은 번스타인(B. Bernstein) 이래 크게 주목받고 있다. 그리고 학교의 교육내용과 전반적 풍토가 중류 내지 상류층 문화를 반영하고 있다는 주장은 새삼스러운 것은 아니지만, 학교교육과정 자체가 계층적으로 편파적이라는 것은 하류층 자녀들이 자신들의 문화가 아닌 다른 문화를 학습해야 하기 때문에, 성적경쟁에서 앞서기 어렵다는 생각을 할 수밖에 없고 학업성취격차는 단순히 학교의 제반여건과 학습자의 특성에 의해 형성된다고 말하기보다는 더 근본적인 사회구조적 문제를 가지고 있는 것이라고 할 수 있다.

3) 지역사회변인

학교를 둘러싸고 있는 사회·문화적, 정치·경제적 환경요인이 학업성취에 직·간접으로 영향을 준다고 볼 수 있다. 즉, 사회적 특성들이 학교특성으로 반영되고 그 결과 학업성취에 영향을 준다는 것이다. 학교환경으로서의 사회적 특성은 여러 측면에서 관찰할 수 있는데, 이글스톤(J. Eggleston)은 생태학적 접근(ecological approach)을 제안하고 있다. 그는 인간유기체가 환경과 어떻게 관련을 맺으면서 행동하고, 생활해 나가는가를 밝히는 생태학을 교육연구에 응용해 교육행동과 교육생활이 환경과 어떻게 관련되어 있는가를 밝힐 수 있다는 것이다. 그는 교육관련 환경요인을 여섯 가지로 소개하였는데, 원래는 테일러와 에이레스(Taylor and Ayres)가 정리한 것이었다.

① 지역사회 주민들의 신체적·정신적 건강의 수준
② 주택·의료·사회복지를 비롯한 생활의 수준
③ 주민들의 개인별 소득수준과 지방자치단체의 예산규모를 종합한 지역사회의 경제적 수준
④ 학교 졸업생과 일반 성인들을 위한 취업 기회의 규모와 다양성
⑤ 인구의 증감과 이동 및 밀도, 계층구조, 출산력 등과 같은 인구의 동태
⑥ 각계각층 지역주민의 지식수준

위와 같은 생태적 환경요인들이 학업성취에 영향을 준다는 연구들이 있는데, 보일(R. P. Boyle)은 지역사회의 규모, 즉 인구 수가 학업성취에 작용한다는 것을 확인했다. 그는 동질화되어 있는 캐나다의 학교에 대한 연구를 통해 각 학교의 학생들의 사회계층 구성이 성적에 영향을 주지만, 사회계층 구성의 영향력이 지역사회의 크기에 따라 뚜렷이 다르게 작용하는 것을 발견했다. 즉, 학교의 교육조건이 동일한 상황에서도 학생들의 사회계층 배경에 따라 학업성취가 달라지지만, 달라지는 정도가 지역사회의 크기에 의해 영향을 받는다는 것이다(S. S. Boocock).

벅헤드(Jesse Burkhead)는 지역사회 전체의 경제수준에 따라 학업성취에 대한 요인들의 영향력이 달라지는 것을 발견했다. 즉, 가정의 소득이 1000달러 높아짐에 따라 읽기성적이 시카고에서는 21%씩 상승하지만, 애틀랜타에서는 8.5%씩밖에 상승하지 못한 사실을 알아냈다(Boocock). 이 의미는 가정소득수준이 학업성취에 영향을 주는 것은 사실이지만, 양자의 관계는 단순관계가 아니고 전체 사회의 맥락에 의해 영향을 받는다는 것이다.

Chapter 10 교육과정사회학

1 교육과정사회학의 발전

교육과정(curriculum)에 대한 사회학적 관심은 그리 오래되지 않았다. 우리가 흔히 '교과서적이다'라고 말할 때 이 말의 뜻은 경전(經典)처럼 원칙에 어긋남이 없이 완벽한 경우를 두고 하는 이야기이다. 뿐만 아니라 현실적인 임기응변은 약하나 고지식하고 믿을 만하다는 뜻도 있다. 이것이 교과서에 대해 일반사람들이 품고 있는 관념이다. 그래서 학교가 학생들에게 가르치는 것은 보편적 가치를 지니고 있고, 믿을 수 있는 지식과 규범이라는 생각을 대부분의 사람들은 가지고 있는 것이다.

그러나 사실상 학교의 교육과정은 사회적 소산물이다. 그렇기 때문에 학교가 가르치는 지식은 절대적인 것도 아니고 또 완전무결한 것도 아니다. 그것은 여러 관련 집단 간의 상호작용을 통해 결정되며, 사회적 구조의 영향을 받는다. 예를 들어, 미국 캔자스 주 교육위원회는 1999년 8월 11일 논란 끝에 6대 4로 진화론을 표준교육과정에서 제외하기로 결정했다. 우주의 기원을 설명하는 빅뱅이론도 역시 삭제했다. 이러한 결정은 기독교의 창조론자들과 자연과학의 진화론자들의 싸움에서 창조론자들이 이긴 것을 의미한다. 캔자스 주의 결정은 같은 싸움이 벌어지고 있는 미국의 다른 주들에도 영향을 줄 것이다. 이처럼 교육과정 속에는 사회갈등과 이해관계의 대립이 숨어 있다. 교육과정을 둘러싼 제반현상에 대한 교육사회학적 연구는 1970년대에 들어와서야 나타나기 시작하였다.

전통적으로 영국에서 교육사회학자들의 주된 관심은 사회적 불평등 문제였다.

영국은 민주주의가 일찍 발전했으나 내부적으로는 계급적 성격이 강한 사회였다. 즉, 중·상류계층과 노동계층이 확연히 구분되는 사회로서, 중·상류문화가 교육을 지배해왔으며 사회적 지위의 상속이 강하였다. 따라서 1950년대 이래로 사회적 불평등은 학자들의 주요 관심대상이었고 불평등 해결노력에 있어서 교육은 늘 중심을 차지했다. 그래서 교육 기회를 평등하게 개방하면 불평등을 줄일 수 있을 것이라고 생각하였다. 그러나 기회의 평등은 기대만큼 성과를 얻지는 못했다. 다음으로 관심을 갖게 된 것이 학생선발과 학교조직 문제였으며, 이는 1960년대의 일이었다. 따라서 차별적인 선발방식을 바꾸고 학교운영을 새롭게 하면 불평등이 개선될 것이라고 생각해 조기선발제도(11^{+}시험)를 폐지하고, 종합학교제도를 도입하며 보상교육 프로그램을 실시하는 등 변화를 시도하였다. 그런데도 사회적 불평등을 해소하는 데에는 별다른 성과를 거두지 못했다.

안타깝게도 교육학적 소양을 가진 사람들이 아니라 사회학적 소양을 가진 사람들에 의해 구조기능론적인 방법과 인구통계학적인 방법으로 진행하였기 때문에 불평등의 문제를 학교 밖의 거시적인 수준에서만 찾았다. 그래서 교육학적 소양과 안목을 가지고 있는 학자들이 해석학적 연구방법으로 학교교육 내부에서 찾고자 해 교육과정을 그 대상으로 삼았는데, 소장파에 속하던 신교육사회학자 영(M. F. D. Young)이 그 첫 발을 내디뎠다. 영을 비롯한 소장파들은 아동의 실패와 학교의 교육적 과정 간에는 어떤 관계가 있는가 하는 점을 탐구하였다. 교육내용, 특히 교육적 지식이 일상생활의 상식적 지식과 분리되는 이유를 밝히고자 했다. 교육적 지식이 어떻게 선택되고 편성되며 사회의 정치적·경제적 구조와 어떤 관련을 가지고 있는가 하는 점을 분석하였다.

교육내용이 가치중립적(value-free)이라는 전통적인 시각을 버리고 교육적 지식에 대해 수많은 물음을 제기하였다. 왜 배워야 하며, 누가 선정했으며, 어떻게 조직되어 가르치며 그리고 궁극적으로 누구에게 도움이 되는 것인가 등에 관한 탐구였다. 그래서 연구방법을 지식사회학, 현상학, 상징적 상호작용론, 민족방법론 등을 사용하였다. 특히 교육과정사회학은 지식사회학의 영향을 많이 받았는데, 지식사회학(sociology of knowledge)은 인간의 모든 의식이나 사고는 계급이익, 즉 그 시대의 사회적·역사적 조건에 의해 결정된다는 점을 강조한다.

이렇게 해서 새로운 방향이 만들어졌는데 기능주의·보수주의에서 지식사회학·급진주의로, 교육 기회와 교육선발의 문제에서 교육과정 문제로, 객관적·실증적 연구에서 주관적 연구로 변화하였던 것이다. 물론 마르크스주의로부터도 많은 영향을 받았는데, 교육이 담당하는 불평등 재생산기능 때문에 교육과정 또한 특정한 이데올로기를 표방하지 않을 수 없다는 것이 신마르크스주의자들의 생각이었다.

알뛰세(L. Althusser)는 학교에서 학생들이 배우는 것은 방법적 지식(know-how)이라고 하였다. 뿐만 아니라 좋은 행동에 대한 규칙도 또한 배운다. 그가 보기에 좋은 행동규칙이란 노동분업체계에서 직업적인 태도, 즉 도덕성, 시민의식, 직업적인 양심 등에 관한 규칙이라는 것이다. 이 규칙들은 계급지배에 의해 확립된 기존의 질서규칙들로 교육내용에 담겨 있으며, 이런 규칙들의 습득을 통해 아이들은 지배이데올로기에 대한 복종을 배우게 된다는 것이다.

결국 교육은 사회적 이해관계를 반영하는 것이며, 교육적 지식으로 간주되고, 가르치는 것은 자본주의적 심성으로 학생들을 길들이는 것에 불과하다는 시각이다. 다시 말해서 교육과정을 자본주의적 가치실현을 위한 방편으로 파악하고 있는 것이다. 그래서 다음과 같은 질문들을 하게 된다.

① 교육적 지식으로 간주되는 것은 무엇이고, 누구에 의하여 어떻게 만들어지는가?
② 교육적 지식은 학급에서 어떻게 전달되고 어떤 평가방법에 의하여 정당화되는가?
③ 교육적 지식은 누구의 이익을 위하여 봉사하는가?
④ 사회적·정치적 모순과 갈등은 교육적 지식을 통하여 어떻게 중재되는가?

영(M. F. D. Young)에 의하면 1970년대 영국교육은 엄격한 지식의 계층화에 기초한 학문적 교육과정에 의해 지배되고 있었다. 이런 제도적 구조 내에서는 ① 공식적으로 평가되는 내용, ② 가장 우수한 학생들에게 가르치는 내용, ③ 우수집단 학급의 학생들에게 가르치는 교육과정영역에 높은 지위가 부여되며, 동시에 그런 내용을 가르치는 교사에게도 눈에 보이지 않는 높은 지위가 부여된다.

현재 높은 지위가 부여되고 있는 지식의 특성으로는

① 문자로 표현되는 것

② 지식을 알게 되는 과정과 제시방법 및 평가방법이 개인주의적인 것

③ 학습자의 직접적인 체험적 지식과는 유리된 추상적인 지식

④ 실생활과 관련이 없는 학문지향적 내용 등을 들 수 있다.

이런 학문중심적 교육과정에서의 교육내용을 잘 성취하는 학생들은 대체로 상류계급 학생들이므로, 교육과정이 사회계층의 유지에 깊이 관련되어 있음을 알 수 있다.

교육과정에 대한 체계적이고 구체적인 분석이 더욱 활발하게 시도된 것은 미국의 비판적 교육과정론자들에 의해서였다. 미국 교육사회학자들은 문화, 지식, 교육과정 등에 대한 정치학적 논의를 교육사회학의 중심에 끌어들였다. 그렇게 해서 사회의 전반적인 민주화 담론과 교육과정 연구를 긴밀하게 연결시켰다. 비판적 교육과정 이론은 타일러(R. W. Tyler) 모형 비판과 잠재적 교육과정의 성격과 기능에 대한 탐구로부터 시작했다. 타일러 모형이 교육목표의 설정, 학습경험의 선정과 조직, 수업진행의 절차와 방법, 학습결과의 평가 등에 있어서 기술공학적 합리성만을 강조한 나머지, 교육과정 논의를 이끌어 갈 수 있는 합리성의 여러 측면, 즉 윤리적·미학적·정치적·과학적·기술공학적 측면을 종합적으로 검토할 수 없게 되었다고 비판했다.

애플(M. W. Apple)은 타일러 모형과 같은 전통적 논의양식은 탈정치적·탈역사적이어서 교육과정선정과 조직의 배후에 있는 복잡한 정치·경제관계를 간과하고 있다고 비판했다. 그는 미국 학교들은 불평등한 경제구조와 관련되어 있는 특정 유형의 문화자본에 정당성을 부여하며, 가장 중요한 것으로 간주하고 확산시키려는 지식은 기술적 지식이라고 주장하였다. 기술적 지식이란 직접적으로 산업발달에 기여하는 것으로 여겨지는 과학·공학·수학 등의 교과지식이라고 하였다.

그래서 교육과정 혁신을 위한 재정투자는 인문·예술교과보다는 과학·수학교과 개발에 집중된다는 것이다. 그렇기 때문에 미국 교육과정의 내용과 조직은 자본주의 경제체제가 요구하는 효율성의 원리에 의해 지배되고 있다는 것이다. 그

리고 사회교과와 과학교과를 분석해보니 명시적인 교과내용과 교육내용의 서술방식 및 설명방식 등을 통해서도 지배이데올로기와 맥을 같이 하는 무언의 이념적 요소들이 학습된다는 점을 발견하였다.

애니언(Jean Anyon)은 미국 중등학교에서 사용되는 역사교과서를 분석하여 교육내용의 선정이 편파적임을 밝혔다. 역사와 현실문제를 이해하고 해석하는데 요구되는 객관적 지식과 정보를 편견 없이 제공하는 것으로 국민들이 믿고 있으나, 실제로는 특정 집단에 유리하게 선정·진술하고 있다고 지적했다. 예를 들어, 경제발전 과정에서 기업가들이 수행하는 역할을 강조하는 반면, 노동자들이 기울이는 노력과 공헌에 대한 언급이나 설명은 누락되었으며, 노동운동 관련 내용은 제외되거나 왜곡 기술되어 있었다는 것이다.

2 교육과정의 사회적 성격

교육의 기본적 기능은 사회화이므로 학교교육과정이 각 사회의 보편문화를 반영하며, 이렇게 만들어진 교육과정은 정치·경제·사회·문화체제를 유지시키는 기능을 한다. 그런데 이러한 교육과정은 정치적 힘의 관계 속에서 결정된다는 사실을 결코 외면할 수 없다. 따라서 이해관계를 달리하는 여러 집단들이 커리큘럼 결정 과정에 개입해 경쟁하고 투쟁하게 되는 것이다. 그래서 베러데이(George Z. F. Bereday)는 교육과정을 통제하는 집단에 따라 교육과정이 상이함을 발견하였다.

그의 연구에 의하면 영국의 경우 교사집단이 교육에 가장 큰 영향력을 행사할 수 있는데, 그 이유는 영국이 지방분권적인 교육행정제도를 가지고 있고, 재정과 교사자격에 관해서는 교육부의 감독을 받지만, 교육과정, 지도방법, 교과서에 대해서는 교장과 교사의 재량권이 대단히 커서 외부간섭을 거의 받지 않기 때문이라는 것이다. 미국은 시민들이 파워(power)를 가지고 있고, 영국과 같이 지방분권적이기는 하지만, 교육정책 결정과정에 사범대학 교수, 교과서 출판업자, 기업인, 노동단체, 지방정부, 학부모 및 각종 압력단체들이 직·간접적으로 영향력을 행사한다고 하였다. 프랑스는 중앙집권적 교육행정조직을 갖고 있어서 중앙관서의 고급관료들이 교육과정과 교사의 선발 및 보수문제들을 결정한다고 했으며, 구소련(러시아)의 경우는 정치성이 강한 당 출신 교육행정 책임자들이 좌우한다고 하였다.

또한 영국과 프랑스의 교육과정에서의 특징은 교육과정을 지배하는 교사집단과 고급관료들이 지적 엘리트들이어서 교육과정이 학문중심적이며, 미국과 구소련은 대중적이며 실용주의적이라는 것이다. 그래서 교육 권력층의 지적 배경이 높을수록 교육 기회를 제한하는 경향이 나타나고, 그럴수록 교육과정이 실제적이기보다는 학문중심 경향을 갖게 된다고 분석하였다. 그런데 베러데이의 주장은 교육과정 통제집단의 성격에 따른 교육과정의 차이를 자세히 언급하고는 있지만, 교육과정의 결정과정을 지나치게 단순화시킨 측면이 있으며, 변화를 자극하는 여타 요인들을 간과하고 있는 한계가 있다.

이에 대해 왈라스(Walter L. Wallace)는 사회의 이념적 변화에 따라 교육과정의 강조점이 달라진다는 사실을 확인하였다. 즉, 사회적 역사는 혁명기, 보수기, 복고기를 거치면서 진행되는데, 혁명기에는 중국과 쿠바 그리고 프랑스대혁명 이후의 여러 나라가 그러했듯이 교육과정에서 도덕성이 강조된다. 왜냐하면 구체제의 사회적·문화적 질서를 부정하고, 새 질서를 수립하기 위해서는, 낡은 이념을 철저히 극복하고 새로운 이데올로기, 새로운 가치관과 철학, 즉 혁명이념을 국민 모두에게 교육시켜야 할 필요가 있기 때문이다.

그리고 혁명이 일단 완수되고 보수기에 접어들면 실용주의가 득세해 규범문화와는 대조적인 실제적 기술과 지식이 가장 우선적으로 교육과정에 반영되며, 복고기가 되면 도덕성 교육이 다시 강조되어 종래의 정치이념과 가치관이 부활해 학교 교육과정에 반영되고, 자유로운 지적 탐구활동에 관련된 내용이 억제된다고 하였다. 그러나 이 모형은 역사의 흐름을 혁명의 과정으로만 인식하는 한계가 있다. 어쨌든 교육과정이 사회적 과정을 거쳐 결정되기 때문에 지배층과 같은 특정 집단의 문화를 주로 반영할 수 있으며, 기득권 집단이 교육과정을 지배하게 되면 변화와 발전보다는 현상유지에 이바지하게 되어 기득권 집단의 도구로 전락할 수 있다.

표 10-1 교육과정 우선순위

	혁명기	보수기	복고기
1	도덕성	기술	도덕성
2	지성	도덕성	기술
3	기술	지성	지성

자료: Wallace(1956).

영(M. F. D. Young)은 교육적 지식이란 학교에서 배워야 할 것과 배워서는 안 되는 것 그리고 더 중요하게 배워야 하는 것과 덜 중요한 것 등과 같이 다양한 모습으로 계층화되어 있는데, 이 지식의 계층화는 두 가지 기준, 즉 위신(prestige)과 소유(property) 차원으로 나누어진다고 하였다. 위신 차원은 교육적 지식에 반영된 사회적 평가를 의미하며, 교과서에 실리게 될 내용을 결정하는 권한을 가진 사람이 무엇을 배워야 할 중요한 가치가 있는 지식으로 정의하느냐에 따라 교육내용이 결정된다는 것이고, 소유 차원은 지식 사용의 자유로운 정도, 즉 특정한 지식에 접근하는 것이 어느 정도로 허용되어 있느냐를 말한다고 했다. 즉, 국어교사가 음악적 재능이 있다하더라도 음악교과를 담당할 수 없는 것과 같은 의미이다.

그러므로 학교지식이란 교육과정 사회학자들에게 다음과 같은 성격을 가지게 되는 것이다.

① 교육적 지식은 사회계층의 이해관계를 반영한다.
② 교육적 지식은 사회계층의 취향이나 경험들을 차등적으로 표현한다.
③ 교육적 지식은 각 계급의 일상적 언어활동을 체계적으로 구조화한다.
④ 교육적 지식은 자본주의사회의 요구에 반응하는 문화적 형식이다.

따라서 교육과정은 특정한 가치와 질서의 표현이고, 지식을 배분하고 표현해 사회통제 역할을 담당하며, 교육적 지식은 지식의 생산과 재생산, 재현, 배분, 수용, 구체화과정과 불가분의 관계를 맺고 있다.

3 교육과정사회학 관련 이론

1) 지배문화 헤게모니론

헤게모니(hegemony)의 개념은 통상적인 의미에서 한 집단·국가문화가 다른 집단·국가문화를 지배하는 것을 이르는 말이다. 그러나 싸움이나 전쟁을 통한 직접적인 지배보다는 '보이지 않는 힘에 의한 지배'라고 할 수 있다. 즉, 우리가 의식하지 않는 상태에서 당연한 듯 받아들이는 것, 지배당하는 쪽에서 암묵적으로 동의하게 되는 것을 헤게모니라고 한다. 예를 들어, 세계 초강대국인 미국이 대표적인 헤게모니 국가라고 할 수 있다. 미국은 세계의 경찰을 자처하면서 이라크나 아프리카 등에 개입하고 있으며, 그 외 쿠바, 북한, 이란 등 자신에게 위협이 되는 나라들을 견제하기 위해서 막대한 군사력과 경제력으로 모든 나라에 압력과 영향을 주고 있다. 여기서 영향이라고 말하지만 사실은 지배나 다름이 없다.

헤게모니 이론의 등장배경은 이탈리아 공산당 창설자인 그람시(Antonio Gramsci)에 의해서 그 개념이 정립되었다. 그람시는 주로 계급 간의 관계, 특히 부르주아계급이 노동자계급에게 행사하는 통제로써의 헤게모니를 설명하였다. 그가 말하는 헤게모니란 단지 힘의 위력만이 아니라 제도, 사회관계 등에서 동의를 이끌어내면서 지배를 유지하는 수단이다. 성공적인 헤게모니란 지배계급의 이해를 표현할 뿐 아니라 피지배계급으로 하여금 이것을 자연스럽게 수용하도록 할 수 있다는 것이다. 경제에만 국한된 것이 아니라 모든 사회의 문화생활 속에 존재하는 통합적 관계망이라고 할 수 있다.

애플(M. Apple)이 자신의 주장을 펼치는데 사용한 윌리암스(R. Williams)의 헤게모니는 실제와 기대의 총체로서, 우리들의 활동을 규정해주고 인간과 세계에 대한 일상적 이해를 제공해준다. 헤게모니는 의미와 가치의 집합체로서 우리가 실제 생활을 통해 경험함에 따라 더욱 더 굳어지게 된다. 따라서 헤게모니는 대부분의 사회구성원들에게 있어서 실제적이고 절대적인 감각으로 경험되며, 그것을 벗어나서는 살아갈 수 없게 만드는 것이다. 교육제도는 현존하는 지배문화를 전수하는 주요 기관이고, 전수현상은 문화적 활동인 동시에 경제적인 활동이다.

교육에서의 헤게모니는 우리가 지니고 있는 사회적 개념들이 학교교육을 포함한 모든 문화적 행위를 통제하고 있는 기존의 경제적 조건에 의해 전적으로 결정된다. 학교는 문화적 헤게모니의 전수자이며, 선택적 행동의 대행자, 즉 문화적 합병의 매개체이다. 따라서 교육제도는 현존하는 지배문화를 전수하는 주요한 기관으로 간주된다.

교육에서의 구체적 현상인 제도로서의 학교는 현존하는 지배문화의 분배기능을 대행할 뿐 아니라, 다른 여러 제도와 함께 지배문화에 알맞은 의미와 가치를 가르친다. 따라서 사람들로 하여금 기존의 경제적, 문화적 체제와는 다른 체제의 가능성을 모색할 수 없도록 만들어 버린다. 학생들은 탐구라는 명목 아래, 사회생활의 통제와 조직을 둘러싸고 일어나는 복잡한 관계와 갈등을 간과하고 있는 합의의 이데올로기를 배우고 있다. 대부분의 학교교육과정을 구성하는 기본적 틀은 합의에 초점을 맞춘다. 그러나 합의된 구성체계 속에서는 계급 간의 갈등, 과학적 관점들 간의 갈등 등 갈등적인 문제들이 제대로 다루어지지 않는다. 노동사, 여성사 같은 교육적 논쟁은 선택의 전통에 의해서 교육과정에서 제외되고, 설사 가르친다고 하더라도 교사가 선별적으로 재해석하여 가르치도록 되어 있다. 하지만 소위 지배계층을 중심으로 한 역사는 필수적으로 가르치게끔 되어 있다. 경제에 관한 내용도 어떠한 내용이든 간에 전경련(전국경제인연합회의 약칭)이나 그와 유사한 기관이 취하는 관점에 의해 지배된다는 것이다. 경제적인 측면에서 볼 때 학교는 중립적인 사업이 아니라 사실상 많은 개인들의 이익과 요구를 위해 봉사하고 있다. 지식사회학적인 측면에서 학교에서 가르치고 있는 지식들은 사회적으로 이미 선택된 것이기 때문에 중립적일 수가 없다.

헤게모니론의 의의는 사회적인 문제점을 드러내서 사람들로 하여금 자신이 지금 어떠한 환경에서 살아가고 있는지를 자각할 수 있게 하는 계기가 된다. 자기도 모르게 사회의 소수 엘리트들에 의해서 생각이 지배당하고 있다는 깨달음을 주는 좋은 계기가 된다. 비판받는 지금의 교육을 정확히 알 수 있게 배워야 한다는 것이다. 지금 처한 상황이 어떠한지를 제대로 알아야만 현실을 극복할 수 있는 것이다. 우리 자신을 통제하고 있는 제도와 문화를 제대로 배움으로써 이것들이 우리들에 의하여 만들어진 것임을 간과하지 않을 수 있기 때문이다. 교육자가 될 사람들에게 우리의 미래를 위한 일이 어떤 것인지 알 수 있게 해준다. 정책적으로 만들어진 교육과정대로 가르쳐야 하지만, 조금은 그 틀에서 벗어나서 지금의 교육현실에 대한 약간의 도전을 해볼 수 있고, 교사 개인의 힘으로 안 될 경우는 교육과정 개선이나 교사의 훈련을 통해 우리가 안고 있는 현실적인 문제들을 변화시킬 수도 있을 것이다.

헤게모니론의 비판은 학교가 단순히 사회 지배계층의 이익을 위해 존재한다는 입장만을 고수한다. 학생들이 학교교육을 통해 자기의 잠재능력을 찾아낼 수 있고, 그 능력을 개발해 나중에 자아실현을 할 가능성도 있지만, 그 점에 대해서는 아무런 언급이 없다. 사회가 지배하는 계층, 지배받는 계층만 존재하는 것처럼 묘사하고 있다.

참고

지식사회학은 지식 또는 정신문화 일반에 관해 역사적·사회적 조건과의 관련에 중점을 둔 사회사상(社會事象)으로서 외재적으로 연구하는 학문이다. 1920년대 이후 지식의 사회적 피제약성 또는 존재피구속성을 주장한 막스 셸러(Marx Schler)와 칼 만하임(Karl Mannheim) 등에 의해 수립되었다. 지식사회학에 직접적인 영향을 끼친 이론은 마르크스(Karl Marx)와 엥겔스(Friedrich Engels)의 이데올로기 이론으로, 허위의식(false consciousness)으로서의 이데올로기에 대한 이해였다. 지식사회학자들은 관념의 체계를 특정한 이해의 표현 또는 결과로 취급하는데, 그런 관념의 체계를 이데올로기라 하고 그 본질이 감추어져 있다고 여긴다. 따라서 지식사회학의 과업은 만하임이 '이데올로기를 생산하는 삶의 조건들'이라 부른 것들을 밝히는 것이다. 미국의 머튼은 만하임의 거시적·역사적인 지식사회학에 대해 미시적·동태적인 경험주의적 지식사회학을 시도했다.

칼 만하임의 『지식사회학』은 1980년대 말 동구사회주의의 연쇄적 붕괴를 바라보면서 세계의 지성인들이 '이데올로기의 종언'과 '역사의 종언'을 선언했을 때도 만하임은 그것이 새로운 갈등과 균열의 시작임을 말하고 싶었을 것이다. 만하임의 불후의 명저 『이데올로기와 유토피아』는 집단경험과 집단의식의 상호충돌을 촉발하는 사회학적·철학적 지도에 계급이념은 단지 하나의 작은 점에 불과하다는 사실을 밝히려는 탐험식

질문과 답변으로 가득 차 있다. 존재와 인식의 상호관계, 그가 후에 '존재구속성(Seinsverbundenheit)'이라고 명명한 인식의 고향과 저항의 메커니즘을 루카치의 관념론, 알프레드 베버와 짐멜의 문화 이론으로 투사하고자 했던 것이다. 관념론과 실증주의 사이를 줄타기하면서 상호주관성을 통한 '담론세계의 이해'라는 20세기 최대의 화두에 가장 냉철한 출구를 만들어 주었다. 산업사회의 합리성과 대중사회의 비합리성이 빚어내는 문화적 불협화와 정신적 피폐를 구제하려는 '시대진단학'이 나치에 의해 추방되어 영국으로 건너간 망명지식인의 시대적 사명이 된 것은 우연이 아니다. 인식론 혁명에서 사회재건, 시대진단학을 거쳐 민주적 기획에 이르는 그의 사상적 궤적은 1946년 런던대학 교육연구소에서 출간된 '사회학과 사회재건의 국제총서'로 집약되었다. 사회철학에서 정치윤리학, 실천과 행동의 사회학으로 나아갔던 만하임의 사상은 도덕교육을 실천(praxis)의 중핵으로 보는 프랑스 사회사상과 맥이 닿고, 지적 영혼에 예술적 형식과 품위를 부여하고자 했던 독일 관념론의 주지주의적 전통과 연결된다. 하이델베르크대학 시절 그의 은사였던 막스 베버가 '상호이해'의 공간으로 관념론과 실증주의의 충돌을 끌어안았듯이, 만하임은 에토스(ethos)에서 문화와 정신, 정신의 힘에서 기획(planning)의 실천 공간으로 상호충돌하는 세계를 포용하고자 했다.

애플(M. Apple)은 헤게모니의 핵심은 이데올로기라고 하면서 세 요소를 제시하였다. 첫째, 사회의 발전이 과학과 산업에 의존한다는 견해, 둘째, 사회는 경쟁시장을 통해 개인이 자신의 능력을 최대한으로 실현시킬 수 있다는 신념, 셋째, 훌륭한 삶이란 한 개인으로서의 상품과 서비스를 생산하고 소비하는 것이라는 신념이다. 이런 이데올로기가 교육과정에서 어떻게 생산되는가에 대해 첫째와 둘째 요소는 내용이 어렵게 조직되고 학생의 능력에 따라 서로 다른 수준을 요구하는 구조화된 교과의 선호를 통해서 표현된다고 본다. 예를 들어, 수학과 과학 교과는 산업에 직접적으로 공헌한다. 그리고 이데올로기의 셋째 요소는 교육자료의 사용을 통해 드러난다. 학습은 몇 가지 방식으로 개별화되어 학생 개개인이 나름대로 학습속도를 지키며, 다른 학생과의 접촉을 피하게 한다. 지식은 개인적 단위와 기능으로 분화되어 습득된다. 따라서 학업성취가 좋은 학생이란 기술적 이익을 위한 기능을 많이 갖고 있는 학생이다. 따라서 사회에서도 사람들의 가치는 물질적 상품이나 기술적 소유 여하에 따라 결정된다.

이처럼 애플은 교육체제가 경제적 재생산과 문화적 재생산을 할 뿐만 아니라 경영자층의 이윤을 증대시키기 위한 자본의 축적에 유리한 전문적·행정적 지식을 만들어내며, 그 역할은 주로 대학에서 담당한다고 하였다. 여기서 전문적·행정적 지식이란 시장의 수요를 자극하고 노동분업과 통제를 위한 새 생산기술을 창출하는데 이용되는 지식을 말한다. 학교는 이런 지식을 위계적 노동시장에서 장차 차지할 위치에 따라 학생을 분류하는 기제로 사용한다. 따라서 지식을 산출할 능력이 있다고 인정된 학생은 전문직이나 정신노동에 종사하도록 하고, 그렇지 않은 학생은 서비스업이나 육체노동직에 종사하게 된다.

애플은 교육제도가 경제적·문화적 재생산을 한다는 사실을 인정하면서도 이같은 재생산과정은 수동적으로 사회화되고 흡수되는 것은 아니라고 보았다. 재생산은 부분적으로만 이루어지며 때로는 일부 학생집단에 의해 거부되기도 한다는 점을 간과하지 않았다. 노동계층 학생들은 사회질서의 유지와 안녕을 위해 제공되는 학교문화나 교육과정에 대해 부정적인 반응을 보이면서도 어쩔 수 없이 그들이 반대하는 이데올로기적 헤게모니를 재생산하는데 참여하거나, 적어도 부분적으로 재생산하는 데 동조한다는 것이다. 애플은 학교를 이미 설계되어져 있는 교육과정을 통해 재생산과정을 효율화하도록 강요함으로써 자본축적을 정당화하는 제도적 장치라는 주장이다. 교육내용, 시험, 교사활동 및 학생의 반응 등이 이미 사전에 계획되어 있으며, 그런 것들 속에 사회통제가 깊숙이 개입되어 있다는 것이다. 단지 교사의 역할은 이미 다른 사람이 계획한 것을 실행할 뿐이다.

베블렌(Thorstein Veblen)은 학교교육에서 강조하는 '학문중심'이라는 것이 '유한계급(leisure class)'을 위한 것이었다고 지적한다. 고전이나 인문학이 유한계급에 의해 유지되는 이유는 그것들이 다른 어떤 지식보다도 유한계급 학문의 장식적 목적을 위해 유용하며 명성을 얻기 위한 수단이 되기 때문이라는 것이다. 그래서 인문학은 공교육체제 하에서 여전히 지배적 위치에 있으며, 학교교육과정은 비실제적이고 추상적이며 현학적인 성격을 띠게 되어 대중과는 유리된 유한문화(有閑文化)의 성격으로 남아 있다는 것이다.

학교교육과정에 계급문화의 갈등이 존재한다는 것은 보울즈와 진티스(S. Bowles & H. Gintis)도 미국 대중교육 발달과정을 분석하면서 지적했다. 미국은 자본주의가 발달하는 과정에서 교육받은 노동자가 필요하게 되었으며, 학교는 자본가의 요구에 따라 노동에 필요한 기초지식과 주의력, 자립심, 질서의식, 단정함, 공손함, 예의, 시간엄수 등의 사회적 행동의 형성에 기여했다는 것이다. 이러한 주장은 학교교육에서 벌어지는 노동자계급과 자본가계급의 문화적 갈등을 지적한 것이다.

우리나라에서도 교육과정 속에 정치·경제적 지배집단의 체제유지 및 재생산을 위한 이데올로기와 가치관이 숨어 있다는 연구들이 많다. 교과서 내용에 대해 학계와 교사운동단체들이 비판적으로 분석하는 일들이 많아진 것이다(윤구병, 1988 / 윤용경 외, 1989 / 윤철경, 1989 / 역사교육을 위한 교사모임, 1989 / 도덕·윤리교육을 위한 교사모임, 1989 / 전국교직원노동조합 교과위원회, 1990 / 한만길, 1989 / 김병욱, 1995 / 이온죽, 1999 등). 대체로 이 연구들의 결과는 교과서 내용이 편향된 이데올로기를 담고 있으며, 지배집단의 가치관과 정권의 정당화와 유지 그리고 국가주의적 관심을 견지하고 있다고 지적한다.

윤구병은 1980년대 교과서를 분석한 결과, ① 봉건적 지배 이데올로기, ② 식민지 지배 이데올로기, ③ 반공(반북) 이데올로기, ④ 군사주의 이데올로기, ⑤ 전체주의·국가주의 이데올로기 등과 같은 편향적 이데올로기들이 나타났다고 분석하였다.

그 외에도 성차별 이데올로기, 친미주의 이데올로기, 친자본주의 이데올로기, 친정부 이데올로기, 백인 중심 이데올로기, 서양 중심 이데올로기, 선진국 중심 이데올로기, 강대국 중심 이데올로기, 도시 중심 이데올로기, 수도권 중심 이데올로기, 중·상류층 이데올로기, 보수주의 이데올로기, 관념철학 이데올로기, 도구주의 이데올로기, 숭문주의 이데올로기, 과학기술 만능주의 이데올로기, 경제제일주의 이데올로기 등이 있다.

2) 문화제국주의론

문화제국주의는 경제적으로 우위에 있는 미국·서유럽 국가 등과 같은 선진국들이 주로 제 3세계 국가와 같은 다른 후진국들에게 문화·정치·경제적 통제를 강화하는 것이지만, 선진국의 문화가 후진국의 생활과 양식 및 가치관 등에 큰 영향이 미치는 것을 의미한다. 흔히 문화제국주의의 가장 비근하고 대표적인 예로는 영어와 성탄절을 들 수 있다. 영어는 1900년대에 이르러 미국의 영향력이 커지게 되면서 그 영향력이 커졌는데, 이에 다른 국가들이 영어를 매우 중요시하는 태도를 갖기도 한다. 이러한 현상은 문화제국주의의 좋은 예이다. 그리고, 성탄절은 원래 서양에서 주로 행해졌지만, 오늘날 대부분의 나라들이 성탄절을 즐기고 있는 것도 문화제국주의의 좋은 예라고 할 수 있다. 소수의 정보를 생산하는 선진국을 후진국들이 그 체제를 일방적으로 받아들이는 것 또한 문화제국주의로 볼 수 있으며, 이것은 미디어를 강조하여 미디어제국주의라고도 한다.

문화제국주의는 제국주의(imperialism)라는 말에서도 알 수 있듯이 어느 정도 제국주의적 성격을 가지고 있다. 강대국이 약소국의 문화에 지배적인 영향을 미치기 때문이다. 이러한 측면에서 볼 때 문화제국주의는 약소국의 자국문화가 외래문화에 침탈되고, 훼손될 수 있다는 점에서 부정적인 모습을 지녔으며, 선진국과 후진국 사이의 지배와 예속관계라는 점에서도 큰 문제가 되고 있다. 이러한 문화제국주의는 다국적기업에 의해 영향을 많이 받는다.

문화제국주의는 1960년대에 출현한 개념이며, 문화제국주의라는 용어가 갖는 혼합적 성격을 고려해야 한다. 문화제국주의의 많은 저작들은 그 중심적 역할을 주로 경제적 행위에 많이 할당하고 있다. 경제적 행위야말로 본래의 의미에서 문제가 되는 것이고, 문화적 요인들은 정치적·경제적 지배를 유지하는 도구에 지나는 않는다는 뉘앙스가 함축되어 있다. 바커(R. G. Barker)는 문화제국주의에 대해 정확한 정의를 내리기는 힘들다고 하였다. 그것은 제국주의적 지배과정이 문화라고 하는 보조적 요인의 수입으로 조장된다는 것을 의미하는 것 같다.

문화적 지배에 봉사하는 경제적인 힘과 경제적 지배에 봉사하는 문화적 힘이라고 하는 두 가지의 대조적인 정의는 심오한 지적·정치적 분할을 내포하고 있다. 문화제국주의를 명확하게 정의하기 위해서는 '문화'와 '제국주의' 각각에 대한 폭넓은 견해가 요구된다. 윌리암스(R. Williams)는 '제국주의'라는 용어에서 두 가지 요소에 주목한다. 즉, 식민지 지배와 관련해 19세기 영국인들이 사용하기 시작한데서 유래한 정치체제 그리고 근대자본주의의 발전단계를 언급한 마르크스주의적 방법에서 유래한 경제체제를 언급하는 경우로 나누어진다.

인류학자 크뢰버(Alfred L. Kroeber)와 클라크혼(Clyde Kluckhohn)은 영국과 미국의 문헌에서만 '문화'에 대한 150개 정의들을 모았다. 우리가 이해해야 할 필요가 있는 것은 문화란 무엇인가가 아니라 현대 담론에서 사람들이 어떻게 그 용어를 사용하고 있는가 하는 것이다. 윌리암스의 문화에 대한 접근방법은 ① 지적·정신적·심미적 발달의 일반적 과정을 기술하는 것, ② 일반적으로 사람들이, 시대가, 집단이 또는 인류가 갖는 특정한 생활양식을 시사하는 것, ③ 지적활동, 특히 예술적 활동의 성과와 실천을 지시하는 것이다.

문화제국주의에 대한 담론(discourse)에서는 ②와 ③이 지배적이다. ②에서 '특정한'이 중요하다. 이는 문화의 복수성을 일컫는 것이다. 인류발전의 '올바른' 유형(문명에 대한 유럽중심적인 개념)은 하나라는 생각에 대한 반박이기도 하다. 즉, 삶을 살아가는 방식의 문제는 다른 어떤 것에 의해서가 아니라 바로 이 문화를 소유한 특정한 집합체가 빚어낸 판단에 의한 것이다. 문화제국주의에 반대하는 많은 사람들은 분명 '생활양식'의 복수성을 존중하는 자유주의 가치에 기초하고 있으며, 이는 복잡한 문제를 지니고 있으나, 거의 연구되지 않았다. 오늘날 사람들이 문화제국주의를 말할 때 종종 윌리암스의 세 번째 형태를 받아들인다. 지적 및 예술적 활동의 실천으로서 고급문화적인 색조로부터 그 의미를 확산시키고, '대중문화'나 오락, 매스미디어까지 포함시키고 있다. 즉, 예술과 철학을 통한 언어로부터 저널리즘, 패션 그리고 광고에 이르기까지 사회의 '상징적 활동'으로서 문화를 보는 것이 현대 문화연구에서 보편적으로 사용되고 있다.

교육과정에서 드러나는 문화적 갈등은 한 사회 내의 집단들 간의 문화갈등 뿐만 아니라 국가 간의 문화적 갈등도 포함된다. 흔히 토착·전통문화와 외래문화의 갈등이 교육내용에서 많이 나타나는 것을 볼 수 있는데, 그것은 주로 제 3세계 국가들에서 나타난다. 이에 대해서 대개 종속 이론(dependency theory)이라고 하는 것들이 있는데, 갈퉁(Johan Galtung)은 중심부(center)와 주변부(periphery)로, 산토스(Theotonio Dos Santos)는 주종관계(主從關係)로, 프랑크(Andre G. Frank)는 수도·위성도시 관계로 풀이하였다. 다시 말해 다소 차이는 있지만, 제국주의 국가에 정치·경제·교육·군사·문화·학문 등이 종속된다는 것으로, 지배엘리트교육이 중심국에서 주로 수행되고, 각종 원조는 종속을 심화시키기 위한 것이며, 교육과정의 변화도 중심국의 변화에 따른다는 것이다.

카노이(M. Carnoy)는 교육의 국제적 관계를 제국주의적 관점에서 파악하고, 국가 간의 갈등현상이 교육에 어떻게 반영되고 있는가를 『문화적 제국주의로서의 교육』에서 분석했다. 즉, 학교교육은 주변국의 노동자들에게 중심국 자본가의 필요를 충족시키기 위한 장치로 도입된 것이기 때문에, 토착민중을 제국주의적 식민지 구조에 편입시키기 위한 노력의 일부라고 했다. 제 3세계의 학교는 서구의 식민종주국가에 대한 수동적인 자세를 요구받게 되며, 주변부의 극소수 지도자들이 반외세주의적 독립을 추구하지만, 주변부의 중심적 위치에 있는 엘리트들의 서구지향적 자세 때문에 좌절된다는 것이다. 따라서 전통적 제국주의와 식민주의가 겉으로는 사라졌으나, 식민지 이후의 교육은 교육제도와 교육내용에 있어서 아직도 식민지시대의 유산을 지속한다고 했다. 또한 불안정한 경제구조로 인해 계속적인 경제원조가 필요하게 되어 불평등구조는 개선되지 못하고 더욱 심화되어 신식민지주의를 강화하게 된다고 하였다.

과거 일제 강점기시대에 그들은 학교교육을 통해 식민통치를 강화했는데, 여러 차례의 교육령을 통해 자생적인 민족교육을 탄압했고, 일본인화와 복종 및 순종을 위한 교육을 실시하였다.

표 10-2와 같이 국어로 표시된 일본어가 전체 수업의 1/4을 차지하고 있다. 수신(도덕)과목을 통해서는 순종의 덕목을 가르쳤으며, 역사와 지리교과에서도 식민지사관에 입각한 열등의식과 패배의식을 가르쳤다. 따라서 식민지시대에 교육을 많이 받은 사람일수록 일본인화가 높았으며, 일본어가 유창하고 일본역사에 능통했다. 그렇게 되고 보니 우리 문화를 잘 모르거나 우리 문화를 열등한 것으로 인식하는 경향이 생겨났으며, 외래문화 지향적이 되어서 수천 년 전통의 유학(儒學)과 한학(漢學)은 자취를 감추고, 우리 미술보다는 서양미술을, 우리 음악보다는 서양음악을 앞세우는 경향이 된 것이다. 그래서 지금도 음악하면 서양음악이고 우리 음악을 말하고자 할 때는 국악이라 해야 하며, 미술하면 서양미술이기 때문에 우리 미술을 말하고자 할 때는 한국미술이라고 해야 하는 상황이 된 것이다.

표 10-2 일제 강점기 고등보통학교 교과과정과 주당 수업시간표 (단위: 시간)

<table>
<tr><th>교과
학년</th><th>수신</th><th>국어</th><th>조선어
및
한문</th><th colspan="3">역사</th><th colspan="2">지리</th><th>수학</th><th>이과</th><th>실업</th><th>습자</th><th>도화</th><th>청체
가조</th><th>계</th></tr>
<tr><td>1</td><td>1</td><td>8</td><td>4</td><td colspan="3">-</td><td colspan="2">-</td><td>4</td><td>3</td><td>-</td><td>2</td><td>3</td><td>3</td><td>30</td></tr>
<tr><td>2</td><td>1</td><td>8</td><td>4</td><td colspan="3">2</td><td colspan="2">2</td><td>4</td><td>4</td><td>-</td><td>1</td><td>3</td><td>3</td><td>30</td></tr>
<tr><td>3</td><td>1</td><td>7</td><td>3</td><td colspan="5">2</td><td>4</td><td>3</td><td>6</td><td>-</td><td>1</td><td>3</td><td>30</td></tr>
<tr><td>4</td><td>1</td><td>7</td><td>3</td><td colspan="5">2</td><td>4</td><td>3</td><td>6</td><td>-</td><td>1</td><td>3</td><td>30</td></tr>
<tr><td>계</td><td>4</td><td>30</td><td>14</td><td colspan="2">2</td><td colspan="2">4</td><td>2</td><td>16</td><td>13</td><td>12</td><td>3</td><td>8</td><td>12</td><td>120</td></tr>
</table>

출처: 한국교육사회학연구회(1983).

3) 재생산 이론

경제재생산 이론은 학교교육체제와 자본주의 경제생산체제가 서로 친화적으로 상응하기 때문에 상응 이론 또는 일반적으로 대응 이론이라고도 한다. 교육을 경제적 맥락에서 이해하여 학교가 경제적 재생산의 사회화기관으로 파악하고, 학교는 자본주의 경제체제를 유지·강화한다는 관점에서 그 이론을 구축하고 있다. 경제적 재생산 이론 학자들은 학교교육의 사회적 기능을 자본주의사회체제, 즉 경제적 관계와 분리해서는 이해할 수가 없다고 한다. 즉, 자본가계급은 노동 생산력의 축적과 계급통제를 통해 그들의 경제적 이점을 고양시키려고 노력한다.

경제적 재생산 이론 학자들은 자본주의 체제에서의 학교교육은 경제적 모순을 은폐하고, 불평등한 구조를 존속·유지·심화했으며, 아울러 지배계급의 위치를 정당화하는 도구적 기관의 역할을 한다고 주장한다. 학교교육의 이러한 기능에 대해 호간(D. Hogan)은 학교교육은 객관적이고, 표면적으로 누구나 공정히 참여할 수 있는 능력주의 메커니즘을 통해 개인을 계급적 지위에 배치시킴으로써 경제적 불평등을 정당화하고 있다고 주장하였다.

경제적 재생산 이론을 분석한 대표적인 학자는 보울즈와 진티스이다. 보울즈와 진티스는 『자본주의 미국사회에서의 학교교육』에서 학교교육의 특징을 다음과 같이 요약해 제시하고 있다.

① 경제적 불평등의 정도와 개인의 인간적 발달은 자본주의체제의 성격을 결

정하는 노동시장, 재산, 권력관계에 의해서 영향을 받는다.

② 교육제도는 사회적 불평등을 제거하는데 도움을 주지 않으며, 오히려 청소년들을 순조롭게 노동시장에 유인함으로써 자본주의적 사회관계의 영속화에 봉사하며, 직업서열에서 차지할 지위를 분배함으로써 사회적 불평등의 정당화에 기여한다.

③ 교사나 교육행정가는 양심적으로 교육을 실천할 수 없다.

④ 교육의 조직은 직업 또는 노동시장의 구조에 상응한다.

⑤ 학교제도는 이익사회와 정치적 안정에 효과적으로 봉사하지만, 고도의 평등사상의 발달 가능성이 있으므로, 지배계층의 완전한 이용물이 되기는 쉽지 않다.

그러나 경제재생산 이론은 여러 가지 측면에서 비판을 받는다. 즉, 학교가 가르치는 규범과 가치는 고용주가 노동자에게 기대하는 자질관계의 인과관계를 제대로 설명하지 못한다는 비판을 받고 있다(C. Hurn). 고용주는 부하직원이 말을 잘 듣고 복종하며, 시키는 대로 일을 잘 해주기를 원하지만, 학교가 그들의 기대를 충족시켜 주기 위해서 복종, 의존성, 질서 등을 반드시 강조하는 것이라고 볼 수는 없다. 왜냐하면 학교도 제도적인 운영을 하기 위해서는 그러한 복종이나 질서를 나름대로 필요로 하기 때문이다. 그리고 그러한 규범과 가치를 가르치는 이유가 자본주의사회에서 성인의 역할을 수행하는데 긍정적인 기능을 갖기 때문이 아니라는 것이다. 다시 말해 자본주의사회에서만 이같은 복종이나 질서를 필요로 하는 것은 아니기 때문이다. 드리번(R. Dreeben)도 학교는 보편성, 특수성, 성취성, 독립심을 사회화하고 있다고 하지만, 그러한 규범과 가치가 과연 학생들 속에서 내면화된다는 증거를 밝힐 수 없다는 비판과 마찬가지로, 보울즈와 진티스도 이런 점에서 보면 좀 더 확실한 근거 없이 주장한 것으로 보인다.

사회재생산 이론은 경제결정론적 관점에서 학교가 수행하는 사회적 기능을 설명하는 이론이며, 사회재생산 이론가들은 학교교육은 경제적 모순을 은폐하고 지배계급의 위치를 정당화·합법화함으로써 불평등을 재생산한다는 것이다. 밀리반드(R. Miliband)는 국가란 다수의 이해집단의 힘의 균형과 갈등 속에서 통제되고 존재하며, 어느 한 집단도 국가를 일방적으로 통제할 수 없다고 하는 기존의 논리에 반대하며, 국가란 어느 특정 한 계급의 지배권을 보호하고 유지시켜 주는 것을 주요 목적으로 한다고 하였다.

비록 그 특정 집단이 직접적으로 국가를 통제하는 것은 아닐지라도, 예컨대 자본주의국가의 경우 국가엘리트들은 국가체제의 근간인 자본가집단을 옹호하고 보호하는 쪽으로 정책을 집행해 간다는 것이다. 즉, 경제영역을 보이지 않게 지배한다는 것이다.

뿔랑짜(Nicos Poulantzas)는 경제적 영역과 정치적 또는 이데올로기적 영역 간에는 매우 분명하고 결정적인 관계가 존재하는 것은 틀림이 없으나, 정치적 영역이 경제적 영역의 단순한 반영은 아니므로 교육과 교육정책이 경제분야의 단순한 부수현상으로 파악될 수는 없다고 주장함으로써 정치권력구조로서 국가의 중요성을 부각시켰다.

구조주의 마르크스주의자인 알뛰세(L. Althusser)는 『이데올로기와 이데올로기적 국가기구들』에서 자본주의사회의 노동력의 재생산은 이데올로기적 복종 아래서 이루어진다고 주장했으며, 억압적 국가기구(repressive state apparatus, 약칭 RSA)와 이데올로기적 국가기구(ideological state apparatus, 약칭 ISA)는 이데올로기적 복종을 담당하는 것으로 보았다. 그리고 그는 국가를 단순히 부르주아의 이익을 대변하는 경제적 하부구조의 반영물로 보지 않고, 나름대로의 상대적 자율성을 가진 존재로 보았다. RSA는 경찰, 군대, 정부(관공서), 사법부, 감옥 등이며, ISA는 교육, 종교, 가족, 법률, 정치, 노동조합, 매스커뮤니케이션(신문, 라디오, 텔레비전 등), 문학, 예술, 스포츠 등이다.

이데올로기적 국가기구로서 교육의 주요 기능은 첫째, 지배이데올로기를 은폐하고 재생산하는 기능을 수행한다. 둘째, 상부구조인 교육은 지배이데올로기와 가치에 대한 자발적 동의를 유도함으로써 계급질서를 정당화한다. 셋째, 학교는 지배이데올로기와 가치뿐만 아니라 생산수단에 필요한 지식 등을 전수함으로써 계급적 불평등을 유지하는 데 기여한다. 결국 학교는 다른 이데올로기적 국가기구들과 마찬가지로 특수한 이해관계로부터 초월해 있는 것처럼 보이지만, 지배집단의 이해관계에 기초하고 있는 이데올로기를 학생들에게 주입시키는 데 기여한다. 이러한 역할은 업적주의, 부르주아 민주주의 등 학교 내에 널리 퍼져 있는 이데올로기를 통해 수행되는 것이다.

알뛰세의 기계론적인 사회재생산 메커니즘에 대한 비판점은 학교교육에 어떤 특별한 형태의 지배이데올로기가 어떻게 반영되어 있는가를 설명하지 못한다는 데 있으며, 결정론적 입장을 취함으로써 교육을 통한 새로운 변화의 가능성이 완전히 배제되고 있다는 것이다.

문화재생산 이론은 학교에서 가르치는 문화는 지배계급의 문화이며, 계급 중립적이라고 인식되는 학교에서 가르치므로 별 저항 없이 학생들에게 전수된다고 보는 논리이다. 이것은 '상징적 폭력(symbolic violence)'이라는 표현으로도 해석되는데, 계급관계의 문화는 은폐되고 편향적인 계급문화를 학생들에게 강제로 주입한다. 즉, 문화적 지배가 학교교육을 통해 사회의 불평등한 계급구조와 계급관계를 재생산한다는 것이다.

상징적 폭력의 특징은 ① 교육적 행위가 일반적인 사회구성원, 가족구성원, 제도화된 교육기관 등 어떤 주체에 의해서건 지배집단과 피지배집단 모두는 그들 집단의 문화적 자의성을 재생산하려는 의도를 갖고 있기 때문에 자의적인 힘에 의해 문화적 자의성을 강요하는 특성이 있다. ② 교육적 행위가 권력관계를 감추고 정당성을 확보하기 위해 합리적으로 인정된 권위적인 힘을 필요로 한다. ③ 교육은 지속적인 훈련의 결과로서 오랫동안 지속되는 습성을 형성하도록 하여 문화적 자의성이 영속화되도록 한다. ④ 모든 교육체제는 그 체제를 영속화하는 조건을 생산하고 재생산하는 구조와 기능을 가지고 있다.

부르디외(P. Bourdieu)는 "학교교육에서 성공과 실패에는 가정문화가 지대한 영향을 미친다", "학력격차의 원인은 문화실조(cultural deprivation)에 기인" 한다며, 행위자들이 가지는 취향을 선천적으로 물려받은 어떤 것이 아니라 행위자들이 스스로의 경험과 생활 속에서 획득한 후천적 성향으로 보았다. 취향은 "구분하고 평가하는 획득된 성향"이며, "계급의 표시자로 기능한다." 취향은 순수하고, 중립적이고, 개인적인 현상으로 보인다 할지라도, 객관적 계급위치와 함께 변화한다는 것이다. 취향은 객관적 계급위치의 사회적 위계를 반영하는 문화적 위계로 조직화되기 때문에, 취향들 사이의 갈등은 계급갈등으로 간주된다. 이처럼 부르디외는 취향은 결국 소유하고 있는 물적·비물적 '자산(capital)'에 의존한다는 것인데, 이러한 자산의 소유는 각각의 사회계급들에 균등하게 분배되어 있지 않은 것이다.

그는 이러한 사회적 존재조건과 취향 사이의 관계를 인지하기 위해서 각 행위자들의 아비투스(habitus)를 포착해야 한다고 주장하였다. 왜냐하면 아비투스는 행위자들의 실천의 산출원리이기 때문이다. 부르디외는 파노프스키의 『고딕건축과 스콜라철학』이라는 저서를 프랑스어로 옮기면서 그 서문에서 아비투스에 관한 개념을 최초로 소개한다. 아비투스란 구조주의의 객관주의적 편향과 상징적 상호작용론과 현상학의 주관주의적 편향을 비판하면서 제기된 개념이자, 보다 구체적으로는 왜 자의적인 차별적 체계가 지배받는 사람들에게 받아들여지는지를 설명하기 위해 제시된 개념이다.

아비투스는 특정 유형의 환경을 구성하는 조건에 의해 생산되는 것으로, 실천과 재현을 발생시키고 구조화하는 원칙으로서, 지속적이고 치환이 가능한 성향이다. 아비투스는 같은 집단이나 계급구성원 모두에게 공통적인 인지, 개념, 행위의 도식 혹은 내면화된 구조의 주관적이지만 개인적이지 않은 체계로 간주되는데, 경제의 계급구분과 계급구성원들의 문화적 상징 및 생활양식 간을 매개하는 구조이다.

한 계급 내의 사람들은 어떤 분류, 전유(appreciation), 판단, 인지, 행동 양식들을 공유한다. 부르디외는 계급과 개인적인 인지, 선택, 행동 사이를 매개하는 과정을 아비투스로 개념화한 것이다. 개인들이 공통적인 방식으로 세계를 재현하고, 특별한 방식으로 분류, 선택, 평가, 행위할 수 있게 하는 인지적이고 감정적인 가이드라인을 제공하기 때문에, 아비투스는 유사한 위치에 있는 사람들의 집합무의식이라고 할 수 있다. 이처럼 아비투스는 같은 계급구성원들에게 통계적으로 공통적인 초기 경험들에 의해 지배되는 하나의 독특한 통합을 발생시킨다.

부르디외가 취향에 상당한 관심을 쏟는 이유는 그것이 아비투스의 가장 가시적인 표현들 가운데 하나이기 때문이다. 그리고 아비투스는 객관적인 사회구조, 즉 사회의 계급 내지 계층구조를 반영하고 있다. 따라서 계급위계와 그 위계에서의 특별한 위치에 있는 사람들의 문화적 대상, 선호와 행동은 상호관련되어 있는 것이다. 취향을 통해 드러나는 아비투스는 객관적인 계급구조에 따라서 구별될 수 있는 것으로써, 여기에는 지배와 피지배의 관계가 포함될 수밖에 없다. 부르디외는 지배가 강압에 의해서가 아니라 문화적 수단에 의해 암묵적으로 일어난다는 점에서는 프랑크푸르트학파와 유사하다. 그러나 서구 마르크스주의자들과는 달리 부르디외는 마르크스주의의 핵심 개념들을 사용하지 않고, 계급과 지위의 개념, 권위와 지배에 대한 논의에 있어서 베버의 이론에 의존하고 있다.

부르디외는 물질적인 존재조건의 재생산을 보장하기 위해 인간행동들이 조화되는 방식, 즉 생산양식보다는 그러한 조화에 의해 만들어지는 불평등한 계급관계가 정당화되는 지배양식에 주목하였다. 그러면서 부르디외는 사회계층을 하나의 연속체(continuum)로 개념화하게 되고, 그것을 통해 그의 모델을 정교화 하였다. 사회계급 간의 갈등보다는 지위집단 간의 경쟁이 그의 모델의 역동성을 가장 잘 특징짓는다. 이러한 시각은 마르크스보다는 베버에 대한 부르디외의 더 큰 유사성을 나타내고 있다.

부르디외는 객관적 분석이라는 결정론에 귀착되는 바 없이 이러한 상황이나 문맥을 설명하기 위해서 그리고 사회를 하나의 총체로 보는 '방법론적 전체주의'에 반대하기 위해서, 동적이고 다양한 잠재적인 인식의 공간에 대한 개념을 제안하는데 이것이 바로 '장(場, field)'이다. 부르디외의 이론적 모델에 따르면 모든 사회는 여러 개의 장들, 즉 경제적 장, 교육적 장, 정치적 장, 문화적 장 등으로 이루어져 있다. 실제로 사회공간은 다차원적인 공간이며, 상대적으로 자율적인 장들의 열려진 집합이다. 그에 의하면 각각의 장에는 단순히 물적 교환관계로 환원될 수 없는 그 장의 일정한 교환관계(이해관계)가 있다. 각 장의 일정한 '객관화된' 의미체계가 그 교환관계의 기초를 제공한다.

장은 사회적 혹은 문화적 생산영역에 포함된 행위자들과 조직들의 총체 그리고 그것들 사이의 역동적 관계들을 의지한다. 부르디외에게 장은 갈등의 영역이다. 장들 속에서 인간행위의 목적은 서로 다른 종류의 자본들을 축적하고 독점하는 것이다. 여기서 부르디외는 자본의 개념을 확장한다. 자본은 모든 물질적이고 상징적인 대상들로 확장된다. 이해관심의 대상은 항상 물질적인 것만은 아니다. 신성화나 위신에 대한 권위는 순수하게 상징적이며, 많은 양의 경제적 자본의 소유를 함축하지 않는다. 부르디외는 경제자본으로 환원될 수 없는 자본의 다양한 형태를 구분함으로써 경제결정론적인 계급개념을 극복하고자 한다.

첫째로, 경제자본은 상품과 서비스를 소비하기 위해 사용될 수 있는 돈과 물질적 대상을 말한다. 이것은 여타 재정자원과 자산뿐만 아니라 금전적 소득을 포함한다. 둘째, 문화자본은 다양한 형태로 존재한다. 이것은 사회화과정 속에서 획득한 오랜 특성과 습관(체화된 문화자본), 가치 있는 문화적 대상물의 축적(객관적 문화자본) 그리고 공식적인 교육자격과 훈련(제도적 문화자본)을 포함한다. 셋째, 사회자본은 집단과 사회연결망 내에서의 위치와 관계이다. 이것은 사회적 연결망에의 소속을 통해서 동원될 수 있는 실제적이고 잠재적인 자원들의 총합이다. 마지막으로 상징자본은 다른 세 가지 유형의 자본들이 정통적으로 승인된 형식, 즉 위신, 존망, 명예, 명성 등으로 규정된다.

특히 부르디외에게 문화자본은 취향을 구별하는데 있어서 중요한 역할을 담당하게 되는데, 그는 문화자본을 "하나의 지식 형식, 내화된 코드 또는 문화적 관계들과 문화적 가공물을 해독하는데 있어서의 능력, 해독하기 위한 감상력, 해독하는 데 있어서 공감대를 지닌 사회적 행위자를 갖추기 위한 인식의 취득"이라고 규정하였다. 이러한 네 가지 유형의 자본분배는 사회체계의 객관적 계급구조를 결정한다. 계급갈등은 상징을 특별한 자원구성을 정당화하고자 하는 이데올로기로 동원하려는 데서 일어나는 경향이 있다. 따라서 인간 사회에서 대부분의 갈등은 사회적·문화적·경제적 자원들의 특별한 패턴을 가장 적합한 것으로 보이도록 하기 위해 상징들을 조작하려는 노력에서 생겨난다.

부르디외의 이론이 토대를 두고 있는 경험적인 현상은 바로 객관적 계급(계층) 구조와 취향 간의 선택적 친화력(selective affinity)이다. 앞서 논의했던 취향과 아비투스의 관계, 아비투스와 계급구조와의 관계에 관한 논의는 이러한 경험적으로 관찰 가능한 현상을 설명하기 위한 부르디외의 이론 가운데 한 부분이라고 할 수 있다. 부르디외가 토대를 두고 있는 경험적 현상이자 이 연구의 관심대상인 취향과 계급구조에 대해 살펴보면 다음과 같다. 부르디외는 문화와 경제가 상호 구성망 속에서 복잡하게 관련되어 있다고 주장하였다. 경제의 계급구분은 반드시 문화의 상징적 구분을 발생시키는데, 이것은 다시 계급구조를 재발생시키고 정당화한다는 것이다. 마르크스주의 계급분석의 단편적인 유물론을 거부하면서,

부르디외는 상징적 상품의 소비가 정당화와 선택을 통해 계급지배를 재생산하는 데 기여하는 바를 드러내고자 하였다. 부르디외에 의한 이런 종류의 분석은 어떻게 개인들이 특별한 문화적 코드를 구성하는가에 관한 잘 다듬어진 구조주의적 모델을 산출하지는 않지만, 계급문화에 대한 흥미 있는 분석을 제공하는 것으로 여겨진다.

부르디외는 문화적 취향을 세 가지로 구분하는데, 그것은 대체로 교육수준과 사회계급에 부합한다. 첫째는 정당한 취향(legitimate taste)으로서 고전적인 고급예술에 대한 취향을 말한다. 이러한 취향은 교육자본이 가장 풍부한 지배집단 분파에서 흔하다. 두 번째의 중류층 취향(middle-brow taste)은 질이 좀 떨어지는 예술작품에 대한 취향으로서 중간계급에 많다. 마지막으로 대중적 취향(popular taste)은 대중음악이나 경음악 같은 작품을 선호하는 것인데, 노동계급에서 가장 흔하다.

이러한 문화적 취향에 있어서의 계급차이들은 계급체계를 정당화하고 재생산하는데 기여하는데, 이는 지배자들과 피지배자들 모두에 의한 '체계적 오인(systematic misrecognition)'을 통해서라고 부르디외는 설명하였다. 피지배자는 자신이 현실을 오인하고 있다는 것을 알지 못하고, 오히려 그 오인을 올바른 인식이라고 생각하고 의식적·무의식적으로 행위하며 거기에 공모하고 있다는 것이다. 그는 이러한 지배체계의 표현이 모든 문화적 산물, 의류, 스포츠, 음식, 문화, 예술, 언어, 더 일반적인 의미에서는 취향에서 발견된다고 주장하였다. 이처럼 계급차이들이 가시적인 문화차이들을 생산하지만, 이러한 문화차이들은 계급위치보다는 재능이나 성취 같은 개인 특성에 따른 것이라고 잘못 인식되기 때문에, 결국 계급체계를 정당화하는 것으로 끝맺는다고 주장하였다. 비록 예술과 문화적 소비가 계급분류나 불평등을 창조하거나 일으키진 않지만, 의식적으로든 무의식적으로든 사회적 차이를 정당화하도록 미리 성향지으면서 사회적 재생산과정에 공헌하게 되는 것이다. 그래서 부르디외에게는 문화나 미적 논의가 항상 비판의 대상이 되고, 거듭해서 언급할 정도로 중요한 것이다.

특히 이러한 요인을 통한 사회계급의 재생산에서 교육은 중요한 역할을 담당하게 되고, 문화자본은 부르디외의 이론에서 핵심개념으로 등장하게 된다. 부르디외에 따르면 교육제도들은 계급들 간의 문화적이고 지위적인 틈새를 강화시켜 사회계급구조의 재생산에 기여한다. 사회적 위계를 학문적 위계로 바꾸어서 사회적 위계의 재생산을 모호하게 하고 정당화하면서, 민주주의 이데올로기의 원칙을 깨뜨리지 않고 상층계급의 이해관계가 보존될 수 있다는 것이다. 사회화와 교육을 통해서 비교적 영속적인 문화적 성향들이 내면화되고, 이는 다시 기존 계급관계를 재생산하는 방식으로 개인과 집단의 행동을 구조화하는 것이다.

이와 같이 계급 내에서 상이한 사회적 기원을 지닌 다양한 계급들, 분파들 그리고 개인들이 어떻게 구별되는 문화적 취향을 발생시키는지를 설명하면서, 부르디외는 종종 구조주의적인 방식으로 이야기한다. 객관적 위치가 이해관심과 구조적 제약들을 발생시키는데, 이것들이 상이한 문화적 취향을 발생시킨다는 것이다. 그러나 부르디외의 설명이 구조주의적인 것이라고 단정할 수는 없다. 이것은 부르디외가 자기선택의 과정을 강조하는 것에서 알 수 있다. 부르디외는 이 과정을 구조와 실천을 통합하는 순환관계의 체계라는 측면에서 이해한다. 즉, 객관적 구조가 구조화된 주관적 성향을 생산하는 경향이 있으며, 그 주관적 성향은 구조화된 행동을 낳고, 또 이 구조화된 행동은 객관적 구조를 재생산한다는 것이다.

이러한 부르디외의 논의는 전통적인 마르크스주의 계급이론에 대한 수정을 요구하는 것이라고 할 수 있다. 우선 계급을 경제자본으로만 제한하는 것이 아니라, 다른 형태의 자본들까지 함께 고려하는 복합적인 계급분류의 구성을 모색하는 것이다. 또한 경제와 문화 사이의 관계를 토대와 상부구조라는 결정론적인 입장에서 파악하는 것을 극복하고자 한 시도이다. 이처럼 부르디외는 가장 개인적인 영역에 속하는 것으로 간주되어 온 취향의 영역을 사회학적 분석의 주요 대상으로 삼았고, 이를 통해 사회의 지배–피지배 구조가 어떻게 재생산되는지를 설명하였다.

사회계층 간에 문화적 자본의 불평등한 분배가 어떻게 재생산되어 하류계층 자녀들의 학업성취에 불리하게 작용하는지 부르디외는 세 가지로 요약하였다.

① 학업성취는 문화적 배경과 밀접하게 관련되어 있다. 학생들의 학업성취는 그들 부모의 직업적 지위보다는 교육적 배경과 깊은 관련이 있다.

② 학교교육을 통해서 이미 학생이 가지고 있는 문화자본은 학년이 올라갈수

록 현저한 차이를 가져다 준다. 그래서 학교는 제한된 사회이동의 근거를 제공해 줌으로써 능력주의의 이데올로기를 교묘하게 이용하는 제도적 장치이다.

③ 학교교육의 선발과정은 사회계층 구조와 관련이 있다. 사회계층과 학업성취 간의 직접적인 관계는 초등교육과 중등교육 수준에서는 강하지만, 대학 수준에서는 이같은 관계가 거의 없어진다. 교육의 선발과정은 사회계층의 영향을 계속 물려주므로 다른 수준의 학교교육에서는 다른 방식으로 작용하는 복잡한 요소들을 통해 조정된다.

학교에서의 수업방식은 부르주아 스타일에게 유리하고 노동계층에게 불리하므로 문화자본을 향유한 부유층의 특권을 견고히 해주고 있다. 왜냐하면 학교의 수업방법이 대부분 언어전달 위주로 되어 있어서 언어자본을 향유한 상류계층 학생들에게는 유리하지만, 언어자본이 결손된 하류계층 학생들에게는 불리하기 때문이다. 대학에서의 강의중심 수업도 마찬가지이다. 각종 구두시험이나 작문과 논술시험도 언어적 표현능력을 중시하므로 문화자본이 풍부한 사람들에게 유리하다.

참고

아비투스는 일정하게 구조화된 개인의 성향체계를 의미한다. 프랑스 사회학자 부르디외(Pierre Bourdieu, 1930~2002)는 자신의 학문적 연구를 온통 프랑스 시민사회의 불건강성을 폭로하고 공격하는 데 바쳤다. 그에게 학문이란 무엇보다도 투쟁의 무기였다. 프랑스 서남부 피레네산맥 근처에서 태어난 '촌놈' 부르디외는 프랑스의 내로라하는 수재들만 모인다는 파리고등사범학교에 입학한다. 그가 문화적·정서적 이질감 혹은 천출 콤플렉스에 시달린 것은 당연한 일이다. 그러나 그는 촌놈의 자의식으로 규범과 모범, 정상과 보편의 '상징적 권력'을 행사하는 파리의 상층문화를 정면 돌파한 것이다. 1960년대 계급불평등을 유지시키는 교육제도를 신랄하게 비판한 '재생산' 등과 같은 책으로 68혁명에 불씨를 던졌고, 소르본을 비롯한 프랑스 대학제도를 혁신하는 데 중요한 논리적 근거를 제공했다. 부르디외가 만들어낸 여러 독창적인 개념 가운데 가장 널리 인용되고 논의되는 것이 '습속'으로 번역되는 '아비투스'일 것이다. 아비투스를 가장 잘 드러내는 것이 '취향'이다. 어떤 옷을 입고 어떤 음악을 듣는지 등의 취향의 문제는 그야말로 개인적인 문제인 것처럼 보이지만, 사실은 계급적 질서를 반영한다. 즉, 취향은 계급을 가늠케 해주는 지표이다.

아비투스 혹은 아비투스가 드러내는 취향의 차이가 이렇게 계급을 가르고 나누는 기준으로만 그친다면 그렇게 특별히 문제삼을 일이 아닌지도 모른다. 문제는 지배적 위치에 있는 집단이 아비투스를 매개로 지배당하는 위치에 있는 집단에게 '상징적 폭력'을 행사하고, 그 상징적 폭력을 동원하여 지배를 정당화하고 지배질서를 유지한다는 사실이다. 이처럼 권력을 쥔 집단의 아비투스는 권력 없는 집단을 이미 존재하는 위계질서에 자연스럽게 복종하도록 하는 문화적 지배의 효과를 내는 것이다. 그런 상징폭력이 가장 은밀하고도 강력하게 행사되는 공간이 공교육 공간, 즉 학교다. 부르디외는 학교를 '사회적 불평등을 재생산하는 정교한 과정'이라고 확신하였다. 취향을 통해 드러나는 아비투스는 객관적인 계급 혹은 계층구조에 따라서 구별될 수 있는 것으로써, 여기에는 지배와 피지배의 관계가 포함될 수밖에 없다. 부르디외는 지배가 강압에 의해서가 아니라 문화적 수단에 의해 암묵적으로 일어난다고 주장하였다.

부르디외의 이론에 대한 가장 강력한 비판은 구조와 행위를 연결하고자 하는 그의 애초의 의도에도 불구하고, 그의 설명이 구조결정론적이라는 것이다. 이러한 비판들에 따르면 부르디외의 이론은 구조결정론을 회피하려고 하지만, 결국은 사회구조 → 문화 → 사회구조의 도식으로 환원되어 문화는 사회구조에 대해 어떤 독립적이고 창조적인 역할을 수행하지 못한다는 것이다. 왜냐하면 문화적 자본에 대한 투쟁은 주로 지배계급 내에서 일어나며, 아비투스는 결국 계급에 의해 결정되고, 그렇게 형성된 아비투스는 다시 기존의 계급구조를 정당화하고 재생산하는 데 기여하기 때문이다.

이러한 비판과 관련하여 젠킨스(Jenkins)는 부르디외의 도식 내에서 기존 질서에 대한 개인이나 집단, 특히 피지배집단의 동조와 순응은 거의 자동적이고 개혁이나 일탈의 소지는 거의 없어 보인다고 비판한다. 이는 체계의 수준에서는 사회변동을 설명하지 못하고 있고, 개인적 수준에서는 행위자의 능동적 역할이나 과정은 거의 허용되지 않고 있다는 비판과도 연결된다. 이와 관련하여 부르디외의 사회모델이 비역사적이고 자기 영속적인 기계적 모델이라는 비판도 있다. 또한 코넬(Connel)은 부르디외의 모델이 균형과 안정을 강조하는 모델로 기능주의적 사회모델과 유사하다는 비판을 제기하였다.

부르디외에 대한 또 다른 비판은 그가 사용하는 개념들에 관한 것이다. 디마지오(DiMaggio)는 부르디외가 사용하고 있는 주요 개념들이 모호할 뿐만 아니라 모순적으로 사용된다고 주장하였다. 첫째로, 자본개념은 경제자본, 문화자본, 상징자본에 덧붙여 학문자본, 증명된 문화자본, 권위와 신성(consecration)의 자본, 대학자본, 과학자본, 예술자본 등으로 계속 확대된다. 이처럼 자본들의 수가 증가함에 따라 은유적 흐름은 넘쳐나고 그 가치는 감소한다. 둘째, 부르디외는 아비투스가 일차적으로 초기 어린 시절 경험에 의해 가르쳐지고 아비투스의 차이들은 일차적으로 사회계급에 토대를 둔다고 주장하였다. 그렇지만 아비투스는 이후의 경험에 의해 변형되고 가족환경의 모든 측면에 의해 영향을 받는다. 이러한 문제, 즉 인성(personality)의 안정성(stability)과 유연성(plasticity)의 문제에 대해 부르디외는 구체적인 언급을 하지 않았다. 마지막으로 계급위치와 아비투스 사이의 연결도 불확실하다. 부르디외는 사회계급과 초기 어린 시절의 경험 사이의 관계를 경험적으로 구성하지 않기 때문에, 서로 다른 계급들의 아비투스가 근본적으로 다르다고 주장하기에는 부족하다고 하였다.

부르디외의 모델이 모든 사회집단들에 적용될 수 있는 것이 아니라, 어떤 특정 사회집단들에 대한 적용으로 제한될 수도 있다. 부르디외는 개인과 집단의 행동이 계산된 투자합리성에 의해 지배되는 것으로 기술하였다. 그러나 이러한 방법론적 가정은 투자할 자본을 지니고 있는 중간계급과 상층계급에게는 적합할지 모르지만, 많은 자본을 지니고 있지 않고 합리적 투자전략을 통해서 자신들을 재생산하지 않는 하층계급에게는 동일한 모델이 적용될 수 없다. 부르디외의 문화분석은 문화적 생산의 연구가 없다는 비판도 있다. 특히 젠킨스(Jenkins)는 문화적 생산과 소비가 기존의 정당성 영역의 경계와 내용에 어떻게 도전하고, 그것들이 어떻게 붕괴되거나 저해될 수 있는지에 대한 분석이 결여되어 있다고 비판한다. 이외에도 부르디외가 사용하는 지배계급의 직업구성에 대한 비판과 성적인 측면에서 문화적 취향의 분화에 대한 연구의 필요성도 제기되었다. 또한 그의 가장 흥미로운 통찰력과 이론적 공식화들의 상당 부분이 경험적 뒷받침 혹은 경험적 검증의 구체화를 결여한 채로 제시된다는 비판도 있다.

4) 저항 이론

경제재생산론(경제결정론)과 문화재생산론, 기타 사회재생산론(자본주의국가론)은 모두 인간을 지나치게 수동적인 존재로 파악하고 있다. 또한 재생산 이론은 폐쇄적으로 경제와 계급결정론에 빠져 있다. 이 때문에 계급, 성(性), 인종 등을 결정요인으로 인정하는 개방적 이론으로 확대되어야 한다(R. A. Morrow and C. A. Torres)고 비판을 받는다.

애플(M. Apple)은 교육에는 개인적, 집단적 '반헤게모니'운동에 중요한 기반을 제공해주는 요소가 있다고 하며, 재생산 이론의 지나친 경제결정론적 사고를 배격했다. 즉, 마르크스주의자의 한 사람으로서 교사들이 각성하고 사회 각 부문의 민주적 좌파들과 연대해 교육민주화를 쟁취할 수 있다고 했으며, 자신을 사회민주주의자라고 하면서 계급 환원주의와 경제투쟁 제일주의를 배격한 것이다. 또한 신마르크스적 전통들을 보다 비환원적이며 개방적인 것으로 구성하는데 있어서 큰 발전을 이루었으며, 교육과정과 교직연구에서 계급적 문제만이 아니라 성적(性的) 문제를 보다 진지하게 생각하도록 한 점에서 상당한 진보를 이루었다고 자평했다. 따라서 학교교육과정에 대한 논의에서 그 시야를 넓혀 문화의 생산과 유통 그리고 문화정치학에 관한 논의로 확장하고 있다.

참고

환원주의(還元主義, reductionism)

어떤 실체가 더 간단하거나 기본적인 실재들의 결합 또는 집합이나 더 기본적인 실재를 가리키는 표현으로 정의할 수 있다고 주장하는 견해를 환원주의라 한다. 물체는 원자들의 집합이고 사상은 감각인상들의 결합이라는 관념은 환원주의의 한 형태이다. 20세기 철학에서는 일반적인 형태의 2가지 환원주의가 주장되었다. 첫째, 논리실증주의자들은 존재하는 사물이나 사태를 가리키는 표현이 직접적으로 관찰할 수 있는 대상이나 감각자료로 정의할 수 있고, 사실에 대한 어떤 진술도 경험적으로 증명할 수 있는 일련의 진술과 동치라고 주장하였다. 특히 과학의 이론적 실체는 관찰 가능한 물리적인 것으로 정의할 수 있으며, 과학법칙은 관찰보고들의 결합과 동치라고 주장하였다. 둘째, 과학의 통일을 주장하는 사람들은 생물학이나 심리학 같은 특정 과학의 이론적 실체는 물리학 같은 더 기본적인 특정 과학의 실체들로 정의할 수 있거나, 그 과학들의 법칙을 더 기본적인 과학의 법칙으로 설명할 수 있다고 주장하였다. 여러 과학의 이론적 실체를 관찰 가능한 것으로 정의할 수 있다는 점이 모든 과학법칙의 공통 기초를 이루는 한 논리실증주의의 환원주의도 과학의 통일을 함축한다. 이러한 환원주의는 과학에서 이론명제와 관찰명제를 만족스럽게 구별하기 힘들기 때문에 널리 받아들여지지 않고 있지만, 한 과학이 다른 과학으로 환원될 수 있는가 하는 문제는 여전히 논란거리이다.

웩슬러(P. Wexler)는 교육과정사회학자들과 체제재생산 이론에 대한 비판을 함으로써 체제지향적 반영주의를 뛰어넘어 지식을 '변혁의 과정'으로 분석할 것을 주장하였다. 그리고 구조기능주의 사회학과 마르크스주의적 구조주의 교육사회학이 수동적 주체관을 가정하고 있는 것을 비판했으며, 주체(subject)는 부분적으로라도 변혁 행위를 실천하는 능동적 존재임을 주장하였다. 만일 부분적 변혁을 실천하는 능동적 행위가 없다면 인간은 일방적인 지배를 받는 단순한 객체로 전락하게 되고, 자신을 지배하는 존재에 대해 할 수 있는 일이 아무 것도 없는 비극적 피조물에 불과하다고 역설하였다.

그래서 저항 이론(탈재생산 이론)이 등장했는데, 이 저항 이론의 등장배경은 교육에 '저항'이라는 개념이 대두되고 난 후부터, 재생산 이론의 한계를 극복하고자 하는 문제의식이 구체적인 이론적 작업으로 나타난 것이다. 저항 이론의 개념은 ① 학교교육을 통해 사회의 불평등한 구조를 타파할 수 있는 가능성을 암시한다. ② 인간은 사회구조가 요구하는 대로 그 성격이 규정되는 것이 아니라, 사회의 불평등한 구조에 저항, 도전, 비판하는 존재임을 전제한다.

저항개념을 처음으로 부각시킨 학자는 영국의 문화인류학자 폴 윌리스(Paul Willis)인데, 『노동학습(Learning to Labor)』이 특히 유명하다. 그는 학교가 자본주의사회구조를 충실하게 재생산한다는 점에는 동의하지만, 보울즈와 진티스 및 알뛰세가 주장하듯 재생산이 무리 없이 원만하게 이루어지는 것은 아니라고 주장하였다. 노동자계급 아이들이 구조적 상황과 어쩔 수 없는 힘 때문에 노동직을 선택하는 것이 아니고, 자신들의 문화와는 이질적인 학교문화에 적극적으로 저항하며 스스로 노동자의 길을 택하는 것이라고 주장하였다. 따라서 그는 종합고등학교에 다니는 일부 노동계급의 학생들이 어떻게 해서 아버지와 같은 노동계급의 직업을 선택하게 되는지를, 그들이 집단적으로 형성한 하위문화의 특성에 비추어 상세히 기술하였다.

윌리스는 재생산 이론에 대한 대안으로 문화적 저항 이론을 제시했으며, 학교교육이 상대적 자율성을 가지고 있는 것이라고 주장하였다. 그는 교사와 학생, 학생과 학생 사이에서는 어떠한 의견과 의식들이 교환되는지를 포착했다. 보울즈와 진티스의 재생산 관점이 가진 가장 큰 문제점은 압도적인 자본주의 메커니즘에 집중한 나머지, 인간의 의식과 실천문제에 괄호를 쳐둔다는 점이다. 오히려 윌리스는 학생들이 학교생활을 통해 자본주의의 모순을 간파할 수 있다고 주장하였다. 또한 이데올로기의 문제 역시 허위의식으로 단순화되지 않고, 아이들 스스로가 계급관계를 재생산하게 되는 제약조건 중의 하나로서 설명하였다.

여기서 '간파(penetration)'란 특정한 문화 내에서 행위자가 자신의 생활조건과 사회위치를 꿰뚫어 보려는 충동을 말하는 것으로서, 구조를 인식하고 계급의식을 형성할 수 있게 하는 잠재력을 지니고 있다. 그러나 이러한 간파는 그것을 가로막는 이데올로기적 장애요소인 '제약(limitation)'으로 인해서 순수하게 발전하지 못하고 '부분적 간파'로 머무르게 된다. 다시 말해서 윌리스는 간파, 제약, 부분적 간파라는 변증법적 틀에서 이데올로기와 재생산의 문제를 입론하고 있는 것이다. 이는 보울즈와 진티스의 정태적(情態的) 재생산 관점에 비해 역동적 속성을 보이고 있는 것이다.

윌리스는 자신이 참여관찰한 영국의 공업도시 미들랜드(middleland)의 해머타운(hammertown) 고등학교의 '싸나이들(lads; 반학교문화를 가진 학생들이 스스로 붙인 명칭임)'이 구성한 반학교문화(anti-school culture; 개기기, 뻥치기, 까불기, 땡땡이, 제멋대로 하기, 딴전 피우기, 몰래 잠자기, 싸움질 등등)를 통해 그런 과정을 확인하였다. 반학교문화의 의미는 단순히 퇴행적인 일탈행위로 이해되는 것이 아니라, 하위문화론적 관점에서 지배적인 교육패러다임에 대항하여 학교교육이 가지는 맹점들을 간파하는 것이다. 엄밀히 말해 여기서 그는 구조주의적 관점에서 크게 벗어나지 않는다. 그에 따르면 반학교문화 자체가 구조의 산물이다. 왜냐하면 구조는 필연적으로 탈구조화의 계기들을 내재하는데, 그런 면에서 반학교문화는 비단 교육분야에서 뿐만 아니라 사회 모든 곳에서 자연스럽게 나타날 수 있는 현상이다.

그러나 이러한 탈구조화 현상 역시 모든 사회문화적 행위양식이 그러하듯, 구조로부터 절대 자유로울 수는 없다. 물론 탈구조화 현상으로서 반학교문화가 구조에 종속되지만은 않는다. 이러한 일련의 문제설정이 바로 구조의 가변성과 불변성을 함의하는 동학(動學)이다. 어쨌든 "반학교문화는 구조에 의해 영향을 받지만 구성원들의 의지와 행동의 창조적인 역할을 통해서도 이루어지며, 그 스스로 구조를 생산 혹은 재생산하는 상대적인 자율성을 갖고 있다"고 하였다.

반학교문화를 통해 개념화한 간파의 핵심은 학교에서 제공하는 지식이 대다수의 노동자들에게 어떤 점에서도 의미 있는 등가물(等價物)이 아니라는 점을 폭로한다는 데 있다. 이것은 크게 세 가지 근거를 통해 설명하였다.

첫째, '싸나이들'은 자신들이 학교에서 순응하고 복종함으로써 얻을 수 있는 대가가 공평치 못함을 꿰뚫어 본다. 다시 말해 희생의 대가로 얻을 수 있는 사회적 자격은 언제나 이미 제한적임을 알고 있다는 것이다.

둘째, 학교에서 강조하는 것과는 달리 지식노동과 육체노동의 가치는 같다는 점을 파악하고 있다. '싸나이들'은 오히려 '얌전이들·범생이들·순둥이들(ear hole; 직역하면 귓구멍)'을 씹고 비웃고 괴롭히면서 노동에 대한 일반적인 평가를 역전시키기까지 하였다.

셋째, 자유주의체제 내에서 계급이동이 가지는 한계를 간파하였다. 학교에서는 개인의 성공을 위한 순응을 강조하면서 개개인 모두가 성공할 수 있다는 개인논리를 펴지만, 아이들은 이 약속이 허구임을 알고 있고 오히려 우리에게 그 사실을 가르쳐 주고 있다. 즉, 그들은 이미 '무의지적으로' 모든 것을 알고 있다는 것이다.

반면 이 '싸나이들'은 몇 가지 분리의식을 통해 그들의 간파가 분절적인 간파로 머물게 하는 치명적인 약점을 보였다. 육체노동과 정신노동의 분리, 남성과 여성의 분리 그리고 백인종과 유색인종의 분리 등이다. 윌리스에 따르면 이러한 분리의식은 "싸나이들로 하여금 노동에 대한 합리적인 간파를 하는 데 장애요소로 작용한다." 구체적으로 말하자면 학교교육에 대한 거부는 전도된 형태로 나타나서 정신노동을 평가절하하고, 상대적으로 육체노동을 긍정하게 된다. 이는 역설적으로 이들이 졸업 후에 계급이동의 가능성을 차단한 채 노동계급으로 남게 하는 결과를 가져 온다. 이것은 왜곡된 사내다움에 대한 선망으로 드러난 채 여성에 대한 차별의식을 형성하며, 사내다움을 위협하는 이웃동네 이주민 출신 '싸나이들'에 대한 반발감으로 이어지기도 한다. 이러한 분리의식은 얌전이–계집아이–깜둥이라는 일련의 사회문화적 계열을 형성하면서, 싸나이라는 왜곡된 우월감에 빠지면서 스스로를 노동계급 속으로 들어가게 한다.

이러한 문제는 현실적으로 계급의식에 대해 지배이데올로기가 우위에 있음을 폭로하는 것이기도 하다. 윌리스는 간파와 제약의 변증법적 과정이 확정과 교란이라는 행위양식을 통해 작동된다고 설명하였다. 즉, 특정한 사회계급은 자신이 선점하고 있는 지배구조를 유지하는 데 도움이 되는 문화들에 대해서 자연적인 것으로 간주하고 이를 '확정(confirmation)'하지만, 그러한 지배구조를 위협하는 문화들에 대해서는 (그들이 간파했던 것과는 모순적으로) 개인주의를 강조하여 방해하는 '교란(dislocation)'을 무릅쓰고야 말았다.

노동계급 재생산 문제에 관한 윌리스의 문화기술지(cultural ethnography)는 우리에게 적어도 세 가지 점에서 시사점을 제공하였다.

첫째, 아이들의 경험을 통해 노동계급이 왜 계급문제 외의 문제에 있어 보수적이게 되는지를 설명한다.

둘째, 학교교육의 이데올로기적인 계급재생산과정이 행위자 관점에서 어떤 메커니즘으로 전개되는지를 보여 준다.

셋째, 이론적인 관점에서 이데올로기의 문제가 어떻게 구체적인 행위자들과 교섭(negotiation)하면서 변증법적으로 구조화하는지를 알게 해 준다.

이에 대한 사회문화적 결과는 그가 다음 문장으로 표현하는 것처럼 자명하다. "이데올로기는 간파를 부분적으로 확정하고 그것을 교란시킨다. 그것은 '우리'(us)가 집합적 결속을 갖추고 자기선언적인 '우리'(we)로 되지 못하도록 방해한다."

저항 이론의 공헌은 재생산 메커니즘이 결코 일방적인 것도 아니고 완전한 것도 아니며, 그 안에 반대요소를 안고 있다는 점을 찾아냈다는 데 있다. 재생산 이론은 학교교육의 개혁을 위해서 기존의 불평등한 사회관계에 근본적인 변화가 일어나야 한다고 주장하는 점에서 비판적 입장을 가지고 있지만, 기존 사회관계의 안정성을 강조하는 나머지 불평등 구조가 변화될 수 있는 계기나 조건을 포착하지 못했다. 이에 비해 저항 이론은 계급과 문화가 복합적으로 결합하는 방식을 분석하여 비판적 교육학을 구축할 수 있는 가능성을 제시하였다.

그러나 저항 이론에 대한 가장 심각한 비판은 저항의 실체와 본질이 무엇인지에 대한 엄격한 개념정의가 되지 않은 상태에서 남용되고 있다는 점이다. 저항행동을 지나치게 확대설정하고 있거나 반대행동을 낭만적으로 미화시키는 문제들이다. 비판적 교육학자들이 저항 이론에 매력을 느끼고 있는 것은 반학교문화가 학교에 대한 도전과 반항에 그치지 않고, 새로운 사회질서를 창출하는 희망의 싹이 될 수 있다고 보기 때문이다.

저항 이론은 1990년대에 들어와서 문화운동, 환경운동, 여성운동, 소수민족운동 등과 같은 다양한 사회운동이 확대되는 사회적 여건과 맞물려 지배집단에 대한 동시다발적인 비판과 공격의 실천적 이론으로 주목받고 있으며, 거대권력과 권위주의의 변혁을 도모하면서 총체적인 교육민주화운동을 함께 지향하고 있다.

5) 상대적 자율성 이론

학교는 역사상 소수의 가진 자들, 소위 귀족계급을 위한 공간이었고, 교육은 이들만이 향유할 수 있는, 이들에게만 국한된 것이었다. 그러나 서서히 가지지 못한 사람들도 자신의 목소리와 자신의 눈으로 세상을 읽고 함께 삶을 공유하는 방법을 배우는 공간으로 넓혀져 왔다. 다시 말해 교육은 소수를 위한 것에서 모두를 위한 것으로 변화해온 것이다. 그러나 요즘 벌어지고 있는 우리나라의 교육현실을 보면, 과연 우리 교육이 다수를 위한 공공의 교육인지 의문이 들 때가 있다. 왜냐하면 최근 우리 사회의 교육개혁은 모두를 위한 교육을 포기하는 것이 아닌가 하는 의구심이 들 정도로 공공성보다는 자본주의시장의 논리를 좇고 있기 때문이다. 현재 논란이 되고 있는 교사성과급과 교사평가제의 도입, 자립형 사립학교의 설립, 수준별 수업의 시도 그리고 무엇보다도 학생들의 수월성 때문에 끊임없이 논란이 되고 있는 고교 평준화–비평준화 문제 등이 대표적인 예이다.

초기 이론들은 교육체제가 사회경제적인 하부구조에 의해 일방적으로 통제되는 것으로서, 그러한 의미에서 학교는 사회적 힘이나 경제자본 혹은 문화자본을 단순 재생산함으로써 사회계급구조의 재생산을 매개해 주는 중간도구에 지나지 않음을 직·간접적으로 시사하는 것들이었다. 예를 들어, 학교 고유의 자율성을 간과하고 있는 보울즈와 진티스라든지 부르디외와 같은 사람들이다. 최근에는 학교가 가지는 내부적 저항(resistance), 상대적 자율성(relative autonomy) 및 자발성(voluntarism)을 지적함으로써 학교가 가지는 고유의 자율성을 확인시켜 주고 있다. 즉, 나름대로의 독특한 '학교문화'를 파악하려고 노력하고 있으며, 기존의 재생산 일변도의 시각을 대치하고 있는 것이다.

번스타인(B. Bernstein)은 공식적인 교육을 통한 지식전수에 관심을 가지고 '지식의 조직과 분배 및 평가'의 기초를 이루는 사회적 가정들과 권력을 밝히고자 하였다. 외부로부터 주어지는 힘을 사회적 통제, 교육 내부의 자율적 통제력을 통제의 원리라고 구분하였다. 그래서 그는 해석학적 관점에서 중요하게 다루어지는 교육과정, 교수법(pedagogy), 평가(evaluation)에 관심을 기울였는데, 특히 핵심적 개념은 코드(code)이다. 코드는 교과지식의 선정, 조직, 전달, 평가 등 학교의 총체적인 경험을 규율하는 규칙이다. 다시 말해 코드는 학교에서의 일상적 경험, 활동 등을 실제적으로 규제하고 있는 원리를 말한다. 코드는 사람을 사회화하고 통제하는 기능을 담당한다. 코드는 사회구조와 개인의 인식구조를 연결하는 해석수단으로 개인에게 내재화되어 있다. 대체로 코드는 계급에 기원을 두는 사회적 성격을 가진다. 그래서 교육적 상황을 규정하는 코드를 분석하기 위해 타당한 지식으로 간주되는 것의 조직인 교육과정, 타당한 것으로 간주되는 것의 전달인 교수법, 타당한 것으로 간주되는 것의 실현인 평가를 함께 분석해야 한다는 것이다.

또한 그는 학교체제가 사회경제적 힘으로부터 어느 정도의 자율성을 가지고 있다고 보고, 우선적으로 사회언어분석(socio-linguistic analysis)에서 출발해 교육과정의 조직형성과 사회적 지배원리의 관계에 대한 연구를 거쳐 한 사회의 지배가 전수되는 기제(mechanism)를 밝히고자 하였다. 그는 교육과정을 시간의 길이와 그에 담겨 있는 내용들을 조직한 원칙으로 정의하였다. 아무런 원칙이나 규칙 없이 모아 놓은 내용의 집합은 교육과정이라 부를 수 없고, 어떤 원칙에 따라 어떤 길이의 시간으로 묶어 놓아야 교육과정이라고 보았다. 즉, 지식이 사회적 진공상태에서 전수되는 것이 아니며, 권력과 통제가 모든 국면에서 교육과정에 침투한다고 주장하였다. 그의 교육과정에 관한 연구는 내용의 종류, 시간의 길이, 조직된 방식 등을 분석하는 것으로 시작할 수 있는데, 교육과정분석에 '분류(classification)'와 '구획(framing)'의 두 개념을 사용하였다.

분류는 지식의 조직을 말한다. 즉, 교육과정을 구성하는 교육내용들 간의 경계의 선명도를 뜻하며, 교과목의 영역, 전공, 학과 등의 구분을 의미한다. 체제 이론(systems theory)으로 말하면 경계유지(boundary maintenance)의 정도가 높으냐 낮으냐의 문제이다. 이는 권력의 배분과 관련되며 사회적 노동분업에 따라 구분된다. 분류는 교육내용이 높은 수준으로 분화되어 있는 강한 분류와 교과목 간의 경계가 느슨한 약한 분류로 나누어진다. 전자는 집합형(collection type) 교육과정, 후자는 통합형(integrated type) 교육과정이다. 집합형은 교과목의 내용이나 학생 그리고 교사의 구분이 명확하고 다른 분야와 교류가 원활하지 않다. 통합형은 교육내용과 학생 및 교사에 대한 자율성이 높아질 수 있다.

구획(區劃)은 지식의 전달을 말한다. 즉, 구체적인 수업장면에서 교사와 학생이 가르치고 배울 교육내용의 선정, 조직, 진도, 시간배정에 대한 선택권을 어느 정도 가지고 있는가 하는 점이다. 교사와 학생의 선택정도가 약한 경우는 강한 구획이며, 교사와 학생이 교수-학습과정에서 자유롭게 교육과정을 선택하고 다룰 수 있는 경우가 약한 구획이다. 구획이 철저하면 교사나 학생의 욕구를 반영하기가 어렵고, 반대로 느슨하면 욕구를 반영하기가 용이하다. 분류와 구획은 다음과 같은 네 가지 경우로 조합된다.

① 강한 분류·강한 구획: 집합형 교육과정-종적관계, 전문화, 세분화

② 강한 분류·약한 구획: 집합형 교육과정

③ 약한 분류·강한 구획: 통합형 교육과정

④ 약한 분류·약한 구획: 통합형 교육과정–횡적관계, 재량화, 통합화

집합형 교육과정의 주요 특징들을 정리하면 다음과 같다.

① 엄격히 구분된 과목 및 전공분야 또는 학과들로 구성된다.

② 과목 간, 전공분야 간, 학과 간의 상호관련이나 교류는 없다.

③ 횡적관계가 무시되고 종적관계가 중시된다.

④ 상급과정으로 올라감에 따라 점점 전문화되고 세분화되어 학습 영역이 좁아진다(예: 심리학 → 교육심리학 → 학습 이론 → 피아제 이론).

⑤ 학생과 교사들이 어느 학과에 속하는지가 분명하며 소속학과에 대한 강한 충성심이 요구된다.

⑥ 인간관계는 횡적관계보다는 종적관계가 중시되며 상하 간의 위계질서는 엄격하다.

⑦ 타 분야와의 교류는 제한되며 교육과정의 계획과 운영에 학생들이 참여할 기회는 적다.

한편, 통합형 교육과정의 주요 특징들은 또 다음과 같이 정리된다.

① 과목 및 학과 간의 구분이 뚜렷하지 않아 횡적 교류가 많아진다.

② 여러 개의 과목들이 어떤 상위의 개념이나 원칙에 따라 통합된다(예: 역사, 지리, 정치, 경제 → 사회생활).

③ 대학 간의 울타리가 낮아져서 강좌를 상호개방하고 혼합 학문(hybrid discipline)이 생겨난다(예: 생화학, 역사사회학).

④ 극단적인 통합형에서는 학문 그 자체의 경계가 약해져서 상식적 지식과 비상식적 지식이 뒤섞이고 실제 생활문제가 교육과정에 직접 반영된다.

⑤ 인간관계는 횡적관계가 중시된다.

⑥ 교사와 학생의 재량권이 늘어나고 교사와 교육행정가의 관계에서 교사의 권한이 증대된다.

사회부분 간의 분류가 강한 시대에는 교육과 생산 간의 구분이 분명하기 때문에 교육내용 및 교수활동에 관한 결정이 많은 교육담당자들의 영향력 아래 이루어져 교육의 자율성이 어느 정도 보장될 수 있다. 또한 생산과 상징통제의 분업구조가 분명히 구분되어 교육에 관한 원칙, 상황, 가능성을 형성하는 일과 교육내용의 기본단위이며 원칙인 교육의 코드를 형성하고 보급하는 일이 교육담당자들의 손에 놓이게 된다. 반면에 사회부분 간의 분류가 약한 시대에는 교육과 생산관계가 밀착되어 교육은 자율성을 상실하고, 교육내용의 사회적 적합성은 생산구조에 의해 결정되고 교육은 사회경제적인 하부구조에 속하게 된다.

어떤 종류의 지식이 어떤 방식으로 선정되고 조직되는가를 결정하는 기본적인 주체는 국가, 생산부분, 상징적 통제부분이며, 이들 간의 상호작용을 통하여 지배원칙(dominant principles)이 결정되고 그에 따라 가르칠 지식이 선정되고 조직되며 교육현장으로 보내진다. 그리고 학문 영역에서 생산된 지식을 지배원칙에 맞추어 교육과정화하는 단계가 바로 교육과정의 공식적 재맥락화 단계(official recontextualizing field)이다. 이 단계를 거친 교육과정은 다시 실제 교육현장에 들어가서 현장의 틀에 맞도록 재구조화되며, 주어진 지식들을 현장에 맞도록 재조절하고 배열하는 작업이 이루어지는 단계가 교수를 위한 재맥락화 단계(pedagogic recontextualizing field)이다.

번스타인은 분류와 구획의 분석틀로는 교육적 지식이 구체적으로 전달되는 과정을 분석하기 어렵다고 보고, 교수활동을 가시적 교수방법과 비가시적 교수방법 그리고 수업을 지배하는 원리에 따라 시장의존적 활동과 지식의 자율성을 강조하는 시장독립적 활동으로 구분하여 연구하였다. 이 기준에 의해 보수적·전통적 교수방법과 진보적·아동중심적 교수방법으로 구별된다. 가시적 교수법은 지식의 전달과 성취를 강조함으로써 보수적 교수법이고, 교사주도적 교육이고 학교나 학급의 통제원리로서 기능한다. 비가시적 교수법은 학습자의 인지적·언어적·정의적 그리고 동기수준에서의 변화와 같은 내적 변화를 중시하며 학습자 중심적이다.

정리하면 교육을 취업과 관련하여 생각하는 하층계급일수록 가시적 교수방법을 선호하며, 상징적 통제를 중시하는 상층계급일수록 비가시적 교수방법을 중시한다. 또한 가시적 교수방법은 학생비교를 위하여 명확한 기준과 정교한 측정방법에 의한 객관적 평가방법을 중시하고, 특정한 지식과 기술을 평점화하며 학생의 동기와 태도를 평가하려고 한다. 이에 반해 비가시적 교수방법은 객관적 기준이나 방법이 거의 없고 학생의 내적인 상태와 과정을 깊이 생각하려는 경향이 강하다.

4 교육과정사회학 방향논의

비판 이론들은 일반적으로 교육정책이나 실천의 근저에 있는 전략적 가치들의 진면목을 폭로하는 데 치중하고 있다. 실상 비판 이론가들은 교육의 목적, 교육내용, 교육방법에 관한 짜임새 있는 공식 성명서를 개발하지 않고 있다. 그들은 거의 항상 정치적으로 좌파적 성향을 갖고 있으며, 불평등하고 공정하지 않은 사회질서가 학교를 통해 교활하고 은밀하게 재생산되는 현실을 알지 못하고 있는 학부모들과 학생들 그리고 교육자들의 의식을 깨우치는 데만 관심을 가지고 있다. 즉, 학교의 숨겨진 교과과정에 실제적 영향을 간파하는 데 초점을 맞추고 있는 것이다. 숨겨진 교과과정이 지배집단의 이익을 반영하므로 피지배집단의 종속과 복종을 유도한다고 주장하는 것이다. 또 이러한 현상이 지속되는 이유는 오로지 자본주의 경제구조에 있다고 설명한다.

교육과정의 재구조화관점(restructuring perspectives)을 가지고 있는 이글스톤(J. Eggleston)은 미국 학교가 개인적 목적, 생생한 경험, 상상력 있는 생활, 분석과 측정으로 포착되지 않는 이해의 중요성을 간과하고 있다고 주장하였다. 또한 미국 학교를 잘못된 방향으로 이끌고 있는 것들은 산업화된 형식, 학생들에 대한 기계적인 태도, 개인적 경험에 대한 무관심, 도구적 목적의 중시 등이라고 주장하고 있다. 이러한 문제점들을 해결하고 제대로 된 교육을 제공하기 위해서는 교과과정이 무엇이고, 누가 개발해야 하며, 무엇을 추구해야 하는지에 대해 근본적으로 생각을 다시 해야 한다고 주장하였다. 즉, 학생들이 '어떻게 돈을 버느냐'보다 '어떻게 사느냐'를 배워야 한다고 주장하는 것이다.

참고

교육과정재개념주의자들은 교육과정에서 재개념화라는 용어는 교육과정 연구를 근본적으로 다른 탐구 관점과 방법으로 인식하고 연구해 보려는 시도로 보았다. '재개념주의자'라는 용어는 MacDonald에 의해서 처음 소개되었고, Pinar의 『교육과정이론화: 재개념주의자』에 의해서 발전되었다. McNeil은 재개념주의자들이 역사, 종교, 철학, 문학 등 인문과학을 숭상하는 연성학문의 전통을 중시한다고 해서 연성 교육과정학자라고 하였다. 이론적 기반은 실존주의, 현상학, 해석학, 상징적 상호작용론, 문화기술법, 정신분석학, 지식사회학, 신마르크스주의 이론, 인문과학 등이 있다. 그리고 1970년대 이후 개별성, 다양성, 상대성, 창의성을 중시했던 포스트모더니즘 등이 중요한 이론적 기반이 되었다.

재개념주의자의 대표적인 학자는 Pinar로 재개념주의 운동의 실질적인 지도자이다. Apple은 지식사회학의 비판 이론의 관점을 교육과정 현상에 적용하여 사회경제적 구조와 학교지식으로서의 교육과정과의 관계를 분석하였으며, 문화적 헤게모니 이론을 주장하였다. Eisner는 교육적 사고에서 예술적 측면도 중요하게 고려할 것을 주장하였다. 외현적 교육과정 및 잠재적 교육과정뿐만 아니라 학교가 의도적으로 가르치지 않은 영교육과정의 중요성도 주장하였다. Mazza의 개념주의적 탐구 접근의 분류에 의하면 종래의 기술공학적 패러다임에 대하여 역사적 측면에서 비판하는 학자들은 Kleibard, Apple, Franklin 등이고, 주로 교육목표에 대한 비판을 가하는 미학적, 철학적 학자들은 Huebner, Greene, MacDonald, Eisner 등이다.

현상학과 실존주의철학에 바탕을 두고 있으며 개개인의 교육경험, 가변성, 생활세계 속의 존재에 관심이 있고, 교육의 비인간화 현상에 관한 정신분석학적 비판은 Pinar, Grumet 등이 있다. 정신분석학과 현상학적 사회학에 바탕을 두고 있다. 학생 개개인의 자아발달에 영향을 미치는 학교교육의 정신적 측면에 관심이 있고 교육과정의 사회적 기능에 대하여 비판을 가하는 사회적, 정치적 접근은 Huebner, Greene, MacDonald, Bateman, Mann, Pilder, Apple, Giroux, Popkewitz, Anyon, Wexler 등이 있다. 문화와 이데올로기에 관한 신마르크스주의 비판에 이론적 바탕을 두고 있다. 교육과정 이론가들의 관점을 교육과정과 이데올로기의 관계라는 거시적 관점으로 돌려주었고 재개념주의자들은 각기 그들이 기초로 하고 있는 이론과 이에 따른 접근방법을 달리하고 있으며, 탐구의 대상도 다소 차이가 있다.

인지적 다원주의에서는 인간의 독특한 특성 가운데 하나로서 상징을 만들고 조작할 수 있는 능력을 강조한다. 즉, 의미의 탐구가 인간 본성의 한 부분이기 때문에 다양한 유형으로 의미를 표현하고 캐내는 능력은 마땅히 학교교육의 일차적 목적이 되어야 한다고 주장하는 것이다. 또한 인간의 인지유형이 종족과 문화에 따라 차이가 있고, 지능이 여러 가지 요인들에 의해 구성됨을 주장하며, 교과과정은 여러 가지 내용으로 구성되고, 수업과 평가는 학생들의 문화적 배경을 세심하게 배려해 수행해야 한다고 하였다. 결과적으로 인지적 다원주의 이데올로기는 학급에서의 교육적 공평성을 확대시키는 데 기여하고 있다. 인지적 다원주의에 의해 교과과정이 구성되고 수업이 진행되면 학생들은 다양한 내용을 여러 가지 유형으로 배울 수가 있고 적합한 방법에 의해 평가를 받을 수 있다.

후기 구조주의(post-structuralism)는 전통적 서양철학에 대해 비판적 입장을 취하며, 주로 니체(Friedrich Nietzsche)로부터 영향을 받았다. 대표 학자인 미셸 푸꼬(Michel Foucault)는 지식과 권력을 불가분의 관계에 있는 것으로 보며, 지식이 없는 권력의 행사는 불가능하고 권력의 효과 없는 지식도 불가능하다고 보았다(C. Gordon). 다시 말해 푸꼬에 의하면 권력(power) = 지식(knowledge)이다. 지식은 정복한 지식과 정복당한 지식(subjugated knowledges)이 있는데, 정복을 당했다는 말은 통제하고 짜맞추기 위하여 제도화된 권력에 의해 지배되는 것을 말한다. 이런 지식은 기능주의와 과학적 형식주의 때문에 감추어진 지식으로 새로운 비판주의를 통하여 숨겨진 의미를 찾아낼 수 있는 지식이다. 또한 민중들의 지식으로 공식적인 교육과정으로부터 배제되어 있다.

한편 후기 구조주의라는 용어에는 포스트모더니즘(post-modernism)과 해체주의(解體主義)라는 용어가 항상 그림자처럼 따라다닌다. 여기서 해체주의(Deconstruction)는 본래 포스트 구조주의의 문학 이론으로 1960년대 프랑스의 비평가 자크 데리다(Jacques Derrida)가 제창한 비평 이론이다. 해체주의는 주어진 것으로서의 전체성, 즉 신(神)이나 이성 등 질서의 기초에 있는 것을 비판하고 사물과 언어, 존재와 표상(表象), 중심과 주변 따위의 이원론을 부정하고 다원론을 내세운다.

이 세 용어의 상호관계를 올바로 이해하는 것은 후기 구조주의의 본질을 이해하는 데 중요한 출발점이 된다. 이 세 용어는 거의 비슷한 시기에 걸쳐서 발전하였기 때문에 이들의 관계를 규명하는 것은 그렇게 쉽지는 않다. 포스트모더니즘은 후기 구조주의보다 한결 더 포괄적이고 광범위한 개념이다. 다시 말해서 후기 구조주의는 포스트모더니즘이라는 개념적 우산 속에 들어가는 하부개념이라고 볼 수 있다.

포스트모더니즘은 가장 좁은 의미로는 문학을 비롯한 예술분야, 좀 넓은 의미로는 문화 전반 그리고 가장 넓은 의미에서는 20세기 후반의 시대정신이나 정신구조, 세계관에 관련된 매우 폭넓은 현상이라고 할 수 있다. 후기 구조주의는 주로 철학이나 사회과학에 나타난 포스트모더니즘 현상이라고 할 수 있다. 즉, 후기 구조주의는 문학이나 예술보다는 오히려 철학과 사회 이론과 관련된 개념이다. 후기 구조주의가 포스트모더니즘에 포섭되는 하부개념이라면, 해체주의는 후기 구조주의에 포섭되는 하부개념이라고 할 수 있다. 해체주의는 후기 구조주의의 큰 특징이라 할 수 있는 '존재의 형이상학'을 해체함으로써 서구철학을 지배해 온 전통철학에 도전한다.

포스트모더니즘은 보편적이고 절대적인 가치와 진리의 존재를 가정하고 있는 전통적인 지식관의 해체를 주장하는 것이다. 료따르(J. F. Lyotard)는 『포스트모던의 조건(The Postmodern Condition)』을 통하여 절대적이고 보편적인 기준이나 거대 이론을 포기하고, 상대주의와 비역사주의(ahistorical)를 중시하며, 지식이란 일시적이고 불완전하며 관계적이라는 입장을 보인다고 하였다.

포스트모더니즘의 주요 특징들은 ① 이성, 자아, 개념, 언어, 실재가 주어지거나 어떤 불변의 내재적 본질을 가지고 있지 않다. ② 인식, 지식은 선험적이 아니라 관심, 동기, 신념, 가치관, 대화, 합의에 따라 달리 만들어진다. ③ 진리는 없고 지식과 진리는 다원성, 국지성, 상대성을 특징으로 한다.

포스트모더니즘에서 생각하는 교육적 지식은 당연히 내면화해야 하는 어떤 집합체가 아니라 사람 간에 발견되는 차이, 애매함, 불확실성, 갈등 등의 집합이다. 이렇게 교육적 지식의 상대주의를 주장하기 때문에 교육적으로 가치가 있고 객관적으로 확실한 보편적 진리로서의 모음인 교육과정이라는 개념은 존재하지 않는다. 따라서 전통교육이 그 존재의미와 정체성에 있어서 혼란스러울 수 있는데,

이러한 사고는 교육과 교과서의 정체성을 변화시키는 기회가 될 수도 있다.

이제 노래, 게임, 영화, 패션 등과 같은 대중문화는 교과서 안으로 들어와야 하는 시대가 되고 있다. 또한 컴퓨터의 발달로 활자 텍스트에서 디지털 텍스트(digital text)로 이행되고 있다. 정보화시대가 된 만큼 판에 박은 정전(正典)으로서의 교과서가 극복되어야 하는 시대가 된 것이다. 즉, 글로벌시대가 되면서 이른바 순종시대가 가고 잡종시대가 도래하였기 때문에 다원적 가치와 다원적 입장이 반영되어야 하는 교과서가 필요해졌다.

우리나라의 교과서는 지역차별적인 측면이 있다. 왜냐하면 지역은 수평적 개념인데 서울과 지방, 도시와 농촌, 수도권과 비수도권 등은 수직적 개념으로 쓰이고 있기 때문이다. 내 고장보다는 네 고장을 배우며 사투리는 열등한 것으로 간주되는 경향이 있고, 갈수록 지역 간 불균등 발전과 경제적·사회적 불평등 의식이 심화되고 있기 때문이다. 또한 성차별적인 문제도 아직 많이 남아 있다. 현모양처 모델이라든지 불평등한 성별분업 구조를 반영하는 교과서 내용이 많기 때문이다. 반공·반북이데올로기는 아직도 뿌리 깊이 남아 있고, 전형적인 집단주의와 전체주의 가치인 '단일 민족주의', '단군의 자손' 구호가 현존한다. 후천적으로 신체장애가 많이 늘어나고 있어도 교육적 관심은 아직 부족하며, 제 3세계에 대한 교육은 거의 전무하고 다인종·다문화사회가 되어 가고 있어도 인종차별적인 것은 불식시키기가 쉽지 않다.

Chapter 11

학교사회학

1 학교에 대한 관심

학교교실이라는 사회적 환경에서 일어나는 교사와 학생 간의 상호작용은 모든 교육기관의 중심적 요소였는데도 오랫동안 사회학자들은 이상하리만큼 관심이 없었다. 영국의 교육사회학자들조차 교육 기회 접근의 평등을 달성하는 데 실패한 교육제도를 연구하는 일에만 주력하고 있었다. 오로지 교육의 투입과 산출을 분석하는 일에 집중하고 있었으며, 그것은 "학교교육이 무엇을 하는가?(what schooling does?)"에 연구의 초점을 둔 것이었다. 게다가 교육의 과정(process)은 성격상 동일하다고 가정하는 경향이 있었다. 즉, 거시적인 관점의 연구들만 지속되어 온 것이다.

이에 미시적 관점으로 사회심리학자인 월러(Willard Waller)가 1932년에 『교수사회학(The Sociology of Teaching)』에서 학교와 교실에 대한 체계적인 연구를 시작한 이래, 플란더스(N. A. Flanders, 1970)도 교실에서의 담화(談話), 즉 교사와 학생 간의 언어적 상호작용 분석에 온 힘을 기울였다. 델라몽(S. Delamont, 1983)에 의하면 담화분석에 대한 학교연구들은 주로 통계적인데, 첫째로는 교사들이 간접적인 방식을 사용할수록 학생들의 학교생활태도가 우호적이 된다는 것이었고, 둘째, 그럴수록 학생들이 더 많이 배우게 된다는 것이었다. 물론, 초기 연구들은 상호작용을 객관적으로만 파악했기 때문에 행위자들의 주관적 의미 분석은 결여됐으며, 계량적·통계적 방법 때문에 질적분석도 결여됐다.

신교육사회학자들이 1970년대부터 해석적 관점을 도입하면서 위의 문제점들을 보완할 수 있게 되었는데, "학교교육이 어떻게 이루어지고 있는가?(how schooling is done?)"에 연구의 초점을 둔 것이었다. 특히 지식사회학, 현상학, 해석학, 민속방법론 등의 이론들은 큰 도움이 되었다. 이와 같은 연구방법론들은 모두 행위자의 의미 해석 과정을 중시했다. 따라서 교사와 학생들이 사용하는 개념과 범주화, 교사와 학생 간의 상호작용, 교육적 지식의 성격 등이 본격적인 연구대상이 되었으며, "학교에서 교사와 학생들 간에 도대체 무슨 일이 일어나고 있는가?"가 화두였다. 이것이 바로 학교사회학 또는 교실사회학인 것이다.

교실연구는 크게 상호작용 분석, 해석적 분석, 급진적 분석 등 세 가지 관점으로 구분할 수 있다(P. Robinson). 상호작용 분석은 플란더스(N. Flanders), 해석적 분석은 월러(W. Waller), 급진적 분석은 애플(M. Apple) 등이 연구하였다. 학교와 교실의 사회세계가 어떻게 구성되는가 하는 것을 밝히고자 한 학급사회 연구자는 현상학적 관점의 콜린즈(R. Collins), 랜시(D. F. Lancey) 등이 있고, 상징적 상호작용론적 관점의 연구자는 쿠식(P. Cusick), 민속방법론적 관점은 메한(H. Mehan) 등이 있다. 또 위 세 가지 관점의 단점을 지적하고 미시적 차원의 교실 연구와 거시적 차원의 사회구조와의 연계를 주장한 샤프와 그린(R. Sharp & A. Green)이 있다.

교사와 학생의 상호작용 연구에서 상호작용의 구조에 초점을 맞춘 연구자는 폴라드(A. Pollard), 해머슬레이(M. Hammersley), 우즈(P. Woods), 스테빈스(R. A. Stebbins)가 있고, 언어적 상호작용에 초점을 맞춘 연구자는 하임즈(Hymes), 반즈(D. Barnes), 워커와 아델만(R. Walker & C. Adelman), 페인(G. Payne), 스텁스(M. Stubbs), 메한(H. Mehan)이 있다. 그리고 교실 내 범주화과정에 대한 연구자는 맥더모트(R. P. McDermott), 하그리브스(D. H. Hargreaves), 레이시(C. Lacey), 리스트(R. Rist), 케디(N. Keddie), 베커(H. S. Becker), 킹(R. King)이 있다.

우리나라에서는 교사와 학생의 사회적 상호작용을 민속학적 방법으로 연구한 엄기형, 미시사회학적인 관점에서 관찰법을 사용한 최현섭, 설문지와 민속학적 방법을 사용한 최기영, 학급 내 언어상호작용에 대해서 민속학적 방법을 사용한 신혜숙, 노경주 등이 있다.

2 학교의 사회적 기능과 성격

학교교육의 기능은 본질적 기능과 부수적 기능으로 구별할 수 있는데, 1차적 기능인 본질적 기능은 교육적 기능(교양교육과 전문교육), 사회화기능, 선발(선택 및 분류)기능이며, 2차적 기능인 부수적 기능은 보호기능, 개혁기능 등이 있다. 그런데 학교는 다양한 배경과 역할을 가진 사람들이 모여 있어서 구성원 간에 위계적인 사회적 관계가 존재한다. 뿐만 아니라 학교마다 다른 학교와 구별되는 다양한 분위기가 있으며, 나름대로의 문화와 행동양식, 규칙들이 존재한다. 따라서 학교는 다양한 문화적인 경험과 배경을 가지고 있는 사람들이 가르치고 배우는 상호작용을 전제로 만나 교류하는 생태학적인 공간인 것이다.

학교에서의 사회적 관계는 관료제적인 특성에 기초해 교사와 학생의 관계는 지시와 복종, 지배와 통제가 있는 수직적 관계이다. 교수-학습과정에서 교사는 전문지식을 바탕으로 교육적 권위를 누리고 있으며, 연장자 또는 선생님이라는 이유로 합법적 권력을 행사할 수 있다. 학생들끼리도 사회적 관계가 형성되는데 고학년이 저학년을 지배하고 통제하는 관료제적 속성을 갖게 되며, 이는 동급학생들 간에도 유사하게 적용된다.

학교는 수많은 상이한 맥락과 상황으로 이루어져 있으며 사람들마다 해석도 다르다. 그러므로 학교의 구조는 수많은 공간과 영역으로 구성되어 있다. 기능에 따라 수위실, 교실, 교무실, 강당, 운동장, 체육관, 식당, 도서관, 상담실, 보건실, 화장실, 매점 등과 같은 다양한 모습을 나타낸다. 이에 대해 고프만(E. Goffman)은 전면 영역(front region)과 후면 영역(back region)으로 구분하는데, 전면 영역은 한 개인이 공식적인 역할을 수행하는데 필요한 연기가 펼쳐지는 곳이며, 후면 영역은 연기자의 연기에 의해 조성된 인상과는 전혀 일치하지 않는 장소이다. 그래서 후면 영역에서는 다음과 같은 언어와 행동이 발생한다. 즉, 서로 격의 없이 이름 부르기, 협동적인 의사결정, 상스러운 말, 성에 대한 공개적인 언급, 정다운 악수, 흡연, 단정하지 못한 복장, 삐딱하게 앉거나 서기, 은어나 속어의 사용, 수군거리거나 고함지르기, 심한 농담과 장난 등이다.

참고

어빙 고프만(Erving Goffman)은 1922년 캐나다에서 태어났다. 1945년 캐나다 토론토대학에서 인류학과 사회학으로 학사학위를 받은 후 미국 시카고대학 사회학과에서 '일상생활에서의 자아 표현(The Presentation of Self in Everyday Life)'이라는 제목의 논문으로 박사학위를 받았다. 그 후 시카고대학, 버클리대학, 하버드대학, 펜실바니아대학 등에서 일했다. 1961년에는 『정신병동(Asylum)』이라는 책을 출판하여 수용시설이 갖는 사회적 의미를 탐구하였다. 고프만은 1964년 『오점(Stigma)』, 1969년 『전략적 상호작용(Strategic Interaction)』을 저술하였고, 1974년에 출간한 『프레임 분석(Frame Analysis)』에서 상호작용의 틀을 상세하게 설명하였다. 그밖에 10여 권의 저서를 통하여 그의 연극학 이론을 정립하였다. 말년에는 펜실베이니아대학의 사회학 교수로 재직하다가 지병인 암으로 1982년에 60세를 일기로 세상을 떠났다. 그는 금세기 사회과학자 중 가장 감지력이 뛰어난 인물로 평가된다. 그는 일련의 저술을 통해 대면적 상호작용을 독립된 연구 영역으로 개발하려는 독자적인 노력을 기울여 왔다. 그가 지금 다시 떠들썩하게 논의되는 것도 아니거니와 특히 '미시적 분석'을 폄하하는 경향이 없지 않은 한국에선 별로 알려지지 않은 인물이다. 그러나 그가 역설했던 인상관리(impression management)개념은 오늘날 현대인의 삶을 이해하는데 매우 날카로운 안목을 제공해 준다. 고프만만큼 현대사회의 정체성에 대해 예리하게 통찰했던 학자는 없었다. 그 어느 나라보다 대인관계가 중요한 한국사회에서 고프만은 뒤늦게라도 각광을 받을 만한 가치가 있는 사회학자이다.

학교에서 중심공간이 되는 교실은 교수–학습을 목적으로 하는 전면 영역이다. 그런데 이 교실은 평등한 곳이 아니라 권력과 통제 및 복종의 성격을 가진 공간이다. 학생들은 늘 이 교실에서 교사의 통제에 따라야 하고, 교실공간은 교탁과 분단, 책걸상, 게시판, 사물함, 청소함 등으로 분화되어 있다. 교무실(staff-room)은 교사들의 공간으로서 수업준비, 잡담, 휴식, 업무처리, 정보교환, 상담, 학생지도와 훈육 등을 행한다. 학생과 학부모에게는 자연스럽게 출입할 수 있는 곳이 아니다. 왜냐하면 전적으로 교사들의 공간으로서 학교의 중심에 위치하기 때문이다.

운동장은 체육교사들에게는 교실이지만 특별행사가 있을 때에는 학생들도 규칙과 질서를 준수해야 하고, 그 외에는 대개 자연스럽게 활동할 수 있는 놀이공간이다. 따라서 교실이나 교무실과는 다른 비교적 개방적이며 권력의 소재가 명확하지 않고 쉽게 권력의 감시에서 벗어날 수 있는 특징을 가진 공간이다. 또한 화장실의 경우는 교사용과 학생용이 구분되어 있으며, 학생들의 화장실은 교칙을 무시하고 낙서, 싸움, 흡연, 욕지거리 등을 표현할 수 있는 저항과 일탈의 공간이기도 하다. 이에 반해 교사용 화장실은 청소당번 이외에는 학생들이 접근해서는 안 되는 곳이며 교장실은 더더욱 신성한 영역이다.

학교에서의 일과와 수업시간도 조회 → 1교시 → 쉬는 시간 → 2교시 .....종례와 같이 매우 구체적인 단계로 되어 있다. 따라서 학생들은 공부하는 시간과 쉬는 시간, 점심시간 등을 명확하게 구분하여 거기에 맞는 규칙들을 지켜야만 한다. 수업시간에는 여러 가지 욕구들을 참고 견디어야 하기 때문에 쉬는 시간에는 해방감을 맛보는 것이다. 그러므로 학교일상의 반복된 시간의 분화는 학생행동의 차이를 낳게 된다. 즉, 권력의 측면에서 학교시간을 분석해 볼 수 있는 것이다.

학칙이나 교칙으로 부르는 학교교칙(school code)은 학교에서의 행동이나 사고를 규정하는 규칙이나 실행원리이기 때문에 권력분배를 결정하는 기능을 한다. 즉, 학교규칙은 학교의 공식적 권력을 표현하는 것이다. 이는 학교의 교육관과 사회관을 반영하는 것으로 학생 지배전략인 것이다. 물론 근래에 들어서서 교장과 교사들에 의해 일방적으로 정하는 것이 어려워졌고, 학교운영위원회에서 함께 정하도록 하는 추세가 되었다. 학칙은 학생다움을 결정하는 것으로 해야 할 것과 하지 말아야 할 것으로 구분되어 있다. 해야 할 것을 잘하면 상이 따르고 하지 말아야 할 것을 하면 벌이 따른다. 이는 모두 학생통제의 한 방법인 것이다. 그 외에도 교문(정·후문)에서의 등·하교 지도, 단속 등이 있다.

학교건물 역시 학생통제와 관련이 있다. 푸꼬(M. Foucault)는 학교가 공리주의자 벤담(J. Bentham)이 설계한 파놉티콘(panopticon: 원형감시감옥)과 같다고 하며, 사회적 건축물로 고립, 개인화, 감독에 기초한 근대적 처벌 권력 기구라고 생각하였다. 학교와 교실이 규율과 질서가 막힘없이 관철되어 학생들을 효율적으로 통제하기 위한 공간으로 본 것이다. 고프만도 『수용소(Asylum)』에서 전제적 기관(total institution)으로 묘사하고 있다. 재사회화기관인 교도소, 정신병원, 군대, 기숙학원, 수도원 등도 이와 유사하다는 것이다. 이러한 공간에서 학생들은 여러 가지 불안과 공포, 두려움, 긴장, 스트레스, 후회, 죄의식, 가책 등을 겪게 되는 것이다. 가령 지각하지 말아야겠다, 졸지 말아야겠다, 지적받지 말아야겠다, 따돌림받지 말아야겠다, 맞지 말아야겠다 등과 같은 온갖 스트레스와 불안을 겪는다. 따라서 학생들은 거대한 사회의 지배이데올로기에 순치(tamed)되며, 교사와 선배 및 힘센 친구의 감정을 헤아리고 미루어 행동해야 하는 정서적 순치를 경험한다.

학교에서의 시험도 권력기능, 가치결정기능, 서열화기능, 부정적 심성키우기기능, 지적 종속기능, 측정의 고도화기능 등을 하는 것이다. 시험결과는 권력을 담보하며 시장가치를 결정한다. 또한 시험은 교육적 가치와 학습태도 및 교육적 행동을 결정한다. 뿐만 아니라 시험은 다른 학생들과 비교대상이 된다. 그리고 시험은 부정행위(소위 컨닝)의 유혹도 받는다. 그리고 사회적 가치와 질서를 반영한다. 이 밖에도 시험은 과학기술의 발달과도 관계가 있다. 시험대상 집단을 확대하고 시험결과를 분석하며 차이를 세분화할 수 있기 때문이다.

3 교사와 학생의 상호작용

1) 교사의 관점과 문화

교사의 관점은 교수활동에 관한 전통적 견해와 진보적 견해, 학생에 대한 유형화, 학교에서의 일탈행동에 대한 관점 등으로 나누어 살펴본다. 먼저 ① 교수활동의 유형인데 에스랜드(G. M. Esland)는 전통적 유형을 심리측정적 패러다임으로, 진보적 유형을 현상학적 패러다임으로 명명하였다. 심리측정적 패러다임은 지식을 객관적이고 밝혀질 수 있는 것으로 보며, 아동이 한정된 능력을 가지고 있으므로 교수활동은 아동에게 적합한 지식으로 구성되어야 한다고 보았다. 그러나 아동은 본래 사회적으로 무책임하므로 배우고 순응하도록 동기가 부여되어야 한다는 점을 가정한다. 현상학적 패러다임은 학습을 하나의 성장과정으로 보고 지식도 구성된 것으로 보며 아동이 무한한 능력을 가지고 있다고 보았다.

해머슬레이(M. Hammersley)는 교수활동의 유형을 다음 네 가지로 제시했다. ① 교과중심 교수활동으로 심리측정적 패러다임에 해당된다. ② 프로그램식 교수활동으로 권위적인 교사역할을 포함하지만, 가르쳐야 할 지식의 구조보다는 방법을 중시하며 1:1 교수활동을 선호한다. ③ 진보적 교수활동으로 자발적인 학습을 유도하는 측면에서만 교사역할이 권위적일 뿐이며, 통제를 적게 사용한다. 학습은 단순히 듣기결과가 아닌 행함의 결과라는 점을 강조하고, 교육과정을 객관적이고 보편타당한 것으로 본다. ④ 급진적 무간섭주의로 정해진 교사역할이나 교육방법 및 교육과정을 인정하지 않으며, 학습을 지식의 재생산이 아닌 것으로 보고 내재적 동기를 중시한다. 자유학교 전통 속에서 흔히 보는 교사유형이다.

② 교사들의 학생들에 대한 유형화인데, 하그리브스 등(D. H. Hargreaves et al.)은 첫째, 탐색 단계로 교사들은 학생들이 어떤 특성을 갖고 있는지 찾고자 한다. 즉, 외모, 도덕적 측면, 학구적 측면, 취향, 특기, 친구관계, 가정배경, 각종 기록 등과 같은 것들이다. 둘째, 정교화 단계로 검증과정을 거치면서 수정한다. 셋째, 안정화 단계로 학생들에 대해 비교적 분명하고 안정된 정체감을 갖는다.

③ 일탈행동에 대한 교사들의 관점인데, 하그리브스 등(D. H. Hargreaves et al.)은 일탈격리적(deviance-insulative) 관점과 일탈유발적(deviance-provocative) 관점으로 나누었다. 일탈격리적인 교사는 학생들이 선하며 공부하기를 원하고 협조적이라고 믿는 낙관적 교사유형이다. 따라서 학생들을 가르치고 존중하고 신뢰하고 돌보는 것을 특권으로 여긴다. 하지만 모든 면에서 이와 부합될 수 있는 교사란 거의 없기 때문에 이상적 유형으로 지적되기도 한다. 반면에 일탈유발적인 교사는 학생들이 공부하기 싫어하고 교사권위에 대항하고 반항하며, 그릇되게 처신하기 때문에 교사들이 최후 통첩하기, 대립유발, 일관성 없는 벌주기, 폭로, 혹평, 자존심 자극 등의 방법을 쓰게 된다고 한다.

교사문화는 이데올로기, 권력, 역할관리 등 세 가지로 구성된다. 먼저 이데올로기는 신념과 가치체계이지만 상호작용론자에게는 용어 자체에 문제점이 있다고 본다. 그들은 신념이 특정한 상황의 산물이라고 보기 때문에 신념이 반드시 기본태도를 반영하거나 행동의 기저(platform)를 형성한다고 가정할 수 없다는 것이다(M. Hammersley). 교직 전반에 대해 그레이스(G. Grace)는 19세기 영국의 도시학교 교사들 사이에서 전개된 두 가지 이데올로기 발달에 주목했다. 하나는 종교적 이데올로기(missionary ideology)로서 사회문화적인 선교행위(세속적인 성직)라고 보았다. 또 하나는 전문직 이데올로기(professional ideology)로서 존경과 승진에 대한 교사들의 관심을 나타낸다. 진스버그 등(M. B. Ginsberg et al.)은 다음과 같이 구분하였다. 그러나 실제적으로 이런 구분이 명확하게 유지되는 것은 아니라고 하였다.

표 11-1 전문직업주의 이데올로기와 노동조합주의 이데올로기

전문직업주의 이데올로기	노동조합주의 이데올로기
직무나 봉사수행 추구	구성원의 이익 추구
정신노동	육체노동
이성에 호소	감성에 호소
고객지향 서비스	조합원 위주의 서비스
개인주의	집단행동주의

그레이스는 도시지역 학교에서 존재하는 이데올로기들을 보수주의적, 자유주의적, 급진주의적 이데올로기로 구분하였다. 보수주의적 이데올로기는 법과 규율의 준수, 강력한 지도력, 품위유지(standards) 등을 강조한다. 자유주의적 이데올로기는 실용주의와 낭만주의 및 사회민주주의로 나뉘는데, 자유주의적 실용주의는 도시지역 학교에서 발생하는 문제들의 원인이 기술적인 비효율성에 있다고 보고, 보다 나은 관리와 교수법에 의하여 개선될 수 있다는 것이며, 자유주의적 낭만주의는 아동의 요구에 더욱 접근한 진보적이고 적합한 교과과정과 교수법을 기대한다. 자유주의적 사회민주주의는 사회의 불평등이 대개 학교의 적극적인 노력을 통해서 해결될 수 있다고 믿고 있다. 급진주의적 이데올로기는 학교의 문제가 학생들의 저항을 야기하는 문화적 지배의 이해관계 속에서 발생하고 있다고 하였다. 마르크스주의자들은 학교가 자본주의 질서의 사회적 관계를 재생산하는 이데올로기의 전달자라고 주장하며, 교사의 전문직 이데올로기의 신봉을 허위의식(false consciousness)이라고 보았다.

교사문화는 이와 같은 이데올로기에 근거해 형성되며, 이러한 이데올로기는

항시 인간과 사회의 상이한 모델들을 따라 구성되기 때문에 불가피하게 갈등상태에 놓이게 된다. 때로는 이데올로기가 교사들이 처한 상황에 대처하기 위한 가장 유익한 자원도 된다. 교사의 판단은 자신의 부족함을 인정하지 않은 채 학생들의 정신적·행동적 건강에 대한 간단한 진단서로 쓰이며, 학부모들은 이의를 제기할 수 없다. 교사들은 다른 전문가들처럼 이미지를 보호하고 평가의 기준이나 정보에의 접근을 통제한다. 교사들은 학부모들과 천적(natural enemy) 관계인 것이다. '입학식', '졸업식', '공개수업의 날(open day)', '학부모의 밤' 등과 같은 공식행사도 교사의 직업적인 전문성을 보여 주는 예이다.

교무실 이데올로기(staff-room ideology)는 교사들이 자신들의 권익을 위해 집단적 방어를 하는 것이다. 교권을 수호해야 한다고 주장하는 일, 학부모를 소환해 학생에 대한 문제를 처리하는 일, 문제 학생을 다루는 법, 여러 가지 상황에서 빚어지는 당혹감이나 좌절감 및 실패감 등을 해결하는 곳도 교무실이다. 무척 곤란한 상황에 직면했을 때도 교무실은 교사들에게 편안함을 준다. 교사들은 학부모들과 교무실에서 대결하게 되었을 때 그 상황에 맞는 시나리오를 가지고 있다.

권력(권한)의 문제는 교사문화의 보편적 양상이다. 경력이 많은 교사들이 더 많은 권한을 가질 것이며, 높은 지위를 차지하는 특정교과들이 더 많은 권한을 소유하게 된다. 교과목의 정체성은 교사들에게 매우 중요하다. 교양과목 교사보다는 전공과목 교사들이 더 중요하게 취급되며, 단위 수가 적은 교과보다는 단위 수가 많은 교과들이 더 중요하게 다루어진다. 그러나 낮은 지위에 있던 교과가 격렬한 투쟁의 과정을 거쳐 인정받는 교과가 되기도 한다. 교과목의 지위가 높을수록 자원은 더욱 많아지며, 교사의 전망이 좋으면 좋을수록 교사진의 구성비가 좋아지고 보수와 수당도 높아지며, 지위와 승급 그리고 직업적인 전망도 좋아진다. 그래서 교과지위에 관련된 투쟁은 각각의 교과교사 또는 교과공동체의 물적 자원과 직업적 전망에 대한 싸움인 것이다.

교과집단의 강세를 좌우하는 주요한 요인은 그 교과의 지위이다. 그래서 모든 교과집단들이 그 힘을 얻기 위해 투쟁하는 것이다. 대개 이론적 교과들은 실용적 교과보다 높은 지위를 누리는데, 그 차이는 사회에서 정신노동과 육체노동의 차별을 반영하는 것이다. 영어와 수학 및 과학교과는 높은 지위를 지닌 교과들로서 높은 수준의 물적 자원을 요구할 수 있다. 또 음악과 체육 및 미술교과들도 특정한 학교들 내에서는 높은 지위를 누릴 수도 있다.

교사문화는 학교 내에 세대를 기본으로 하여 층화된 하위문화가 또 존재하기 때문에 교과와 이데올로기만 주목해서는 안 된다. 고참들은 높은 직위를 차지하거나 위계질서의 일반적 승인 하에 상위직으로 모셔진다. 이렇게 될수록 학교체제와 자신을 분리하여 생각하는 게 어려워지고 높은 보상과 승급을 위해 학교체제 자체를 수용하게 된다. 따라서 업무과정에서 자연스럽게 공동목표에 협조적이며 높은 현실적 사고방식(pragmatism)의 특성을 갖게 된다. 따라서 교육과 학교의 문제들이 무엇이든지 간에 교사들은 열심히만 하면 되고, 모든 책임은 교장과 부장교사가 지게 된다.

이와는 대조적으로 행정상 책임이 거의 없고 교사양성기관에서 갓 나온 신참교사들은 이상주의적이고 급진적인 성향을 띤다. 그래서 그들은 고참교사들보다 학생 편에 가까우며 가치관도 상당히 다르다. 그러나 신참교사들은 종종 고참교사들의 힘에 의해 좋은 야망이 좌절되거나 왜곡되기도 한다. 한편, 때때로 체제개편에 의해 이러한 일은 역전될 수도 있다. 라이즈버로우(G. F. Riseborough)의 연구에서는 현대중등학교(secondary modern school)가 종합중등학교(comprehensive school)로 바뀌었을 때, 교과지도보다는 학생지도에 더 능숙한 고참교사들이 밀려나고 교과중심적이고 성과를 낼 수 있는 젊은 교사들이 요직에 중용되었다는 사례를 들고 있다.

레이놀즈와 설리반(D. Reynolds & M. Sullivan)도 유사한 사례를 들고 있는데, 새로운 종합중등학교에서 현대중등학교의 교사문화와 고전중등학교(grammar school)의 교사문화가 갈등을 빚고 있다는 것이다. 즉, 고참교사들은 수평적 강등뿐만 아니라 수직적인 강등까지도 당했는데, 학생들과 마찬가지로 능력별로 분류되고 진학반을 담당하지 못하게 되었으며, 직업적 전망을 상실하고 허드렛일과 하찮은 일을 담당하게 되어 교장과 신참교사들에게 고지식하고 낙후된 교육자로 취급되었다는 것이다.

역할관리는 교사들에게 기대되는 행동의 유형을 말한다. 사회적으로 구조화된 역할에 개인적인 포부와 특성들을 적응시켜 교사로서 처신하는 방법을 배워야 한다. 그러므로 역할관리는 교사가 직업적 경력을 통해 대처해 나가야 할 중대한 과업이다. 초임교사들은 교직 자체의 속성과 흔히 말을 잘 듣지 않는 학생들을 다루어야 하는 일 때문에 문화적 충격을 경험하게 된다. 능력을 인정받기 위해서는 잘 가르치는 일보다도 질서를 잘 유지시키는 것이 현실적인 성과로 나타나기 때문이다. 그래서 학생통제의 지배적인 상징물은 매(the stick)가 되는데 이론상 매는 없어도 되는 것이었지만, 실제로는 그럴 수가 없었으며, 매 없이는 자신감도 줄어들고 교사 전체의 성취에까지 영향을 주었다.

학생들도 교사들이 매 없이 자신들을 대하는 것이 오히려 비정상적인 것처럼 생각하였으며, 언제 어느 때 매를 사용해야 되는지 빨리 터득하는 것이 신참교사들의 할 일이었다. 또 교실소음을 줄이는 것이 교사의 능력으로 평가되며, 그의 교육적인 능력과는 상관없이 조용한 수업분위기를 유지시키는 교사에게 영예가 돌아가게 된다는 것이다. 교무실은 이런 여러 가지 문제에 대한 동료교사들의 평가가 행해지는 곳이기도 하다. 교사들이 제 기능을 잘 수행하지 못할 때, 항시 그때그때 긴장을 하게 하거나, 느슨한 상태를 조이고, 평정을 회복시키며, 또 때에 따라서는 긴장을 풀게도 하는 장소이다.

교사들은 박봉과 스트레스에 시달리는 악조건 속에서 안정 및 안전, 자부심의 회복, 인간적인 위엄, 교사로서의 품위, 교사들 간의 단합 등을 요구받는다. 일반적인 시각에서 벗어나는 교사는 개인적 능력은 물론 정신상태까지도 의심을 받게 된다. 그래서 진보적이고 의욕적인 초임교사들이 노련한 교사들에게는 위협적인 존재가 되기 때문에, 일반적인 교사역할과 문화에 동조하도록 노련한 교사들이 몇 가지 전략들을 구사하게 된다. 그것은 학생통제의 절대적 필요성 강조, 대학의 교원양성과정 경시, 학생의 이상적 신념과 노력의 경시, 일관된 주장과 상호 위안을 통한 교사 자신의 상황정의에 대한 확신, 기존 교무실 문화로부터의 (가끔은 암시적인) 배척위협, 상반된 시각을 가진 교사에 대한 비웃음과 조소 등이다.

따라서 일반적 시각에서 벗어난 교사들을 조소하거나, 비웃거나, 비정상적인 생각과 반학교적인 모든 행위들을 배척해서 정착된 교무실 풍습과 규범들을 강화해 나간다. 이런 식으로 교사들은 자기 역할을 수용하거나(take) 수용하지 않기

(break)보다는 만들어나가는(make) 것이라고 했다(R. H. Turner; K. Plummer; P. Woods). 즉, 초임교사들은 교사역할로 사회화되는 것이다. 물론 개인이 가지고 있는 잠재적 문화는 과거의 경험에서부터 비롯된다. 교사가 되기 위한 준비는 대학에서 시작되는 것이 아니라 이미 유치원 시절부터 시작된 것이다. 가르친다는 것이 무엇인지 알기 시작했기 때문이다. 교사사회화의 핵심은 교사양성 교육과정과 그 실행, 교육과정을 합리화하기 위한 상식적인 가정에 끊임없이 영향을 받도록 하는 데 있다. 당연시 된 틀이 교사양성의 훈련과 실천에서 지배(위계의 분할과 종속)와 분화(노동분업)의 원리 아래 현저하게 강화되는 것이다(P. Woods).

2) 교사의 전략과 경력

교사의 전략은 학생에 대한 대응행위 또는 대응방식을 말한다. 해머슬레이는 교사들이 학생들의 지력계발을 위해 행하는 전통적인 수업방식에 대하여 설명하였는데, 먼저 주의를 환기시키고 여러 가지 방법을 동원해 수업의 범위와 당위성을 밝히고, 교실을 정비하고 행동규칙을 명백히 해 지속적으로 학생들의 행동을 감독한다는 것이다.

교사들은 수업환경에서 권위를 유지하기 위해 다음과 같은 세 가지 기본 전략을 사용한다고 하였다.

① 교사들은 참여규칙을 정할 때, 그 규칙들이 보편적인 것임을 말함으로써 권위적인 태도를 취한다.

② 교사들은 어떻게 수업을 운영해 나갈 것이며, 어떤 상황이 용납될 수 있는가를 예시함으로써 자신들의 우월성을 과시한다.

③ 교사들은 가끔 어떤 행동규칙들을 다소 완화시켜 줌으로써 학생들의 고통을 덜어주기도 한다.

수업에의 참여를 위해 질문을 유도하며 질문과 대답을 하는 방법들을 일러주고, 교대로 참여할 수 있도록 세심히 통제한다. 자신은 정답을 알고 있으며 무엇이 지적인 것인지 학생들로 하여금 알게 하려고 힘쓴다. 그래서 전통적인 수업방식의 교실에서는 수업시간의 3분의 2가 교사의 말로 채워진다. 물론 진보적인 수업방식의 교실이라고 해서 반드시 학생들이 스스로 학습하게 하여 교사들이 말을 적게 하는 것은 아니다. 지나치게 이분법적인 사고방식은 많은 문제를 야기시킨다.

우즈(P. Woods)는 교사들의 생존전략(survival strategies)을 다음과 같이 여덟 가지로 구분하였다.

① 사회화(socialization): 열심히 잘 가르침
② 지배(domination): 명령, 처벌, 순화, 장악, 질서유지
③ 협상(negotiation): 호소, 설득, 타협
④ 친애(fraternization): 가담, 동조, 친목, 호감, 관용, 달램, 아첨
⑤ 회피 혹은 격리(absence or removal): 기피, 신경 끊음, 거절, 결근
⑥ 관례화(ritual and routine): 훈계, 설교
⑦ 직업적 처방(occupational therapy): 시간 때움, 분주하게 일함
⑧ 사기진작(morale-boosting): 믿음, 신뢰, 자신감 부여

레이시(C. Lacey)는 교사들이 동일한 일에 대해서도 때로는 지배전략을, 또 어떤 때는 회피전략을 구사한다고 했다. 소음에 대한 허용 수준이 교사마다 각기 다르기도 하며, 한 교사에게서도 때에 따라 다를 수밖에 없다. 그래서 다음과 같은 세 가지 주요한 정향(orientation)을 갖는다고 했다. 첫째, 전략적 순응으로서 개인은 상황에 대해 권위적인 모습으로 규정되는 것에 순응하며, 상황의 속박에도 응하게 된다. 그러나 그것들에 관해 개인적인 유보권을 가지고 있다. 그는 단순히 선하게 보일 수 있다. 둘째, 내면화된 조정으로서 개인은 압력에 순응하며, 상황의 압박은 최선을 위해 있다는 것을 믿는다. 셋째, 상황에 대한 전략적 재정의로서 형식적 권한을 소유하지 않은 개인에 의해 변화가 야기된다는 사실을 함축하고 있다. 그 개별교사들은 형식적 권력을 가진 사람들로 하여금 상황에 대한 해석을 바꾸게 하여 변화를 성취한다.

이러한 개념적 구조틀을 가지고 교생들의 수업에 대한 초기사회화를 조사하였

는데, 어려움에 직면하게 되었을 때 그들은 제도나 선배 또는 학생들에게 책임을 전가했다는 것이다. 그래서 학생단속은 제도적인 책임전가, 즉 제도의 탓으로 돌렸으며, 학생과의 친목은 급진적인 책임전가를 했다. 결국 교사의 생존은 상황을 재정의하고 타당한 순응적 전략을 사용하는 자신의 능력에 달려 있다는 것이다. 교사들은 지배적인 구조의 틀 안에서 자신의 문제를 개별적인 것으로 생각하거나, 좋은 경력을 쌓아나가기 위해 순응하거나 권한이 많은 자리를 선호한다고 하였다.

교사들의 전략을 크게 네 가지 유형으로 나눌 수 있다. 첫째, 동기유발적 전략, 둘째, 통제 전략, 셋째, 정체성유지 전략, 넷째, 교육적 전략 등이다. 우리나라에서 가장 많이 사용하는 전략은 역시 통제 전략이다. 대개 학기초에 엄하게 해야 통제효과가 있다는 것이며, 때로는 민주적으로 또 때로는 독재적으로 적절하게 통제 전략을 구사해야 한다고 생각한다.

하그리브스는 교사 자기개념 유형을 맹수조련사형(lion-tamers), 연예인형(entertainers), 낭만가형(romantics)으로 구분하였다.

맹수조련사형은 거칠고 무지한 학생들에게 필요한 지식을 가르치고 윤리적 행동을 훈련시켜 길이 잘든 모범생으로 만드는 것이 교사의 역할이라고 생각하며, 담당교과에 있어서도 언제나 전문적 지식을 갖추고 있어야 하고, 학생들은 교사의 지시에 충실히 따라야 한다고 생각한다.

연예인형은 학생들이 학습에 흥미를 느끼도록 교수자료를 풍부하게 만들고, 시청각 기법을 활용하는 등 학생들이 즐겁게 배우도록 해주는 것이 교사의 역할이라고 생각하며, 학생들을 친구처럼 대하여 격의 없는 관계를 유지하려고 노력한다.

낭만가형은 학생은 누구나 학습하기를 좋아하므로 학습할 수 있는 여건을 조성해주고, 학습자 스스로 선택할 수 있도록 다양한 학습기회를 만들어주는 것이 교사의 역할이라고 생각한다. 수업내용도 교사가 독단적으로 정하지 않고 학생들과 상의하여 결정한다. 기본적으로 학생들의 학습능력과 학습의지를 신뢰하는 것이 그 특징이다. 이런 유형에 따라 교실분위기 조성과 수업방식이 다르며, 학생에 대한 상호작용과 기대가 달라지고 교사들이 구사하는 전략들이 달라진다는 것이다.

교사경력은 전문직경력의 일부 특징만을 지니며, 전형적인 교사경력은 각각의 교과부서에서 전공한 학문적 계통에 따라 이루어지거나 혹은 학생관리지향적 교내업무분장 조직과 학년조직에서 학생들을 위한 진로와 상담계통에 따라 순환한다. 여기에는 금전적인 자원과 지위가 관계되어 있을 뿐만 아니라 과외활동 책무와 관련해 선임자 우선 원칙(seniority principle)이라는 또 하나의 지위위계로 조직된다. 교과부장과 행정부장들은 선임자가 맡고 시간표 작성, 문구류 구입, 전·입학관리, 바자회 운영, 기타 잡무 등은 나머지 교사들이 맡는다. 그래서 교사들은 스스로 승진시간표와 승급수준점이 있는 경력지도(career maps)를 만들게 된다.

그러나 많은 교사들의 경력은 수직이동을 포함하지 않고 있다. 하지만 그들은 자신들의 근로조건을 개선하기 위해 또 다른 학교로 수평이동하면서 그리고 그 과정에서 개인적 변화를 이루어가며 자신들의 경력을 쌓는다. 또는 계획된 하향 선택으로 승진을 포기하면서까지 자신들의 경력을 만들어간다. 즉, 성공적인 교직 경력을 갖고 있다 할지라도 직책을 사임하면서 개인적인 풍요를 선택하기도 하는 것이다.

교사들의 경력은 헌신의 형태와 수준에 따라 관료주의적 속성을 가지기도 하는데, 세 가지 유형, 즉 소명의식(vocational), 전문의식(professional), 무사안일의식(career continuance)으로 나눌 수 있다. 이는 교직에 대한 애착방식을 말하는 것이며, 정체감에 의해 다른 경력의 경로를 택하는 것이다. 교직이 천직(天職), 전문직, 노동직 속성을 갖고 있는데, 교사들에 따라 생각이 다를 수밖에 없으며, 어떤 교사들은 소명의식을 가지고 평교사로서 일생을 헌신할 수도 있고, 어떤 교사들은 교장이 되기 위해 가르치는 일보다는 행정적인 주요 위치만 차지하려고 할 수도 있는 것이다. 또 어떤 교사들은 이것도 저것도 아니어서 9시에 출근하여 5시에 퇴근하는(9 to 5 teacher) 자리보전 또는 무사안일의식에 젖어 있는 교사들도 있을 수 있다.

또 비학사 출신보다는 학사 출신이, 학사 출신보다는 석사 출신이, 석사 출신보다는 박사 출신이, 비명문대 출신보다는 명문대 출신이, 여자보다는 남자가 더 빨리 더 높게 승진하기도 하며, 학교 특성에 따라 다를 수도 있지만 국어·영어·수학·과학 과목교사들이 우대받기도 한다. 또한 교장이 되기 위해서는 폭넓고 다양한 사회활동에 참여해 자유와 문화의 본질에 깊은 관심도 가져야 한다. 다시 말해 학문적·사회적·정치적 자질 모두가 교사경력에 관계가 있는 것이다. 그런데 교직은 다른 직종이나 타 전문직에 비해 안정성은 높으나, 상대적으로 올라갈 직급이 적어서 수평적 경력패턴임을 빨리 보여 준다. 또한 급여수준이 낮고 인상폭이나 횟수도 더 낮고 더 적다. 그래서 상호작용론자들은 객관적 경력보다는 교사들의 주관적 경력에 더 관심을 갖는 것이다.

주관적 경력은 개인이 어떻게 의미를 구성하는가와 개인 자신의 선택, 의도, 목적에 따라서 자신이 변화되는 지속적인 과정으로서의 경력에 강조점을 둔다. 주관적인 경력들은 객관적인 환경에 의해서 제한받고 또 객관적인 경력구조에 의해서 영향을 받겠지만, 그럼에도 불구하고 개인 자신이 만드는 구성물이다. 일단 이러한 관점을 취하게 되면 교직사회에도 다양한 경력들이 존재하게 되는 것이다. 처음 교직에 입문할 때부터 자신의 궁극적 도달목표를 인식하고 출발하는 것이 아니라, 경력이 진행되면서부터 마음속에서 스스로 협상하고 또 협상하며 끊임없이 목표 자체들을 재설정하고 수정해 나가는 것이다.

3) 학생의 관점과 문화

학생의 관점은 학생들이 학교나 교사들을 평가하고, 등급을 매기며, 유형화하는 일들을 말한다. 교사들이 학생들에 대해 기대하듯이 학생들도 교사들에 대한 기대가 있는 것이다. 예를 들어, 교사들의 유형도 학생들에 의하면 인간적인 교사, 잘 가르치는 교사, 실력 있는 교사, 유머가 있는 교사, 친절한 교사, 민주적인 교사, 엄격한 교사, 권위적인 교사, 시간이나 적당히 때우는 교사, 쓰레기 같은 교사 등이 있는 것이다. 또한 학교를 좋아하거나 싫어하는 이유로 친구를 만날 수 있어서, 맛있는 것을 많이 파는 매점이 있어서, 재미있는 일이 있어서, 체육시간을 좋아해서, 웃기는 선생님이 있어서, 마음에 안 드는 친구 때문에, 자존심 상하게 하는 선생님 때문에, 왕따 당하기 싫어서, 맞기 싫어서, 공부가 싫어서 등일 수도 있다.

학생들은 교사들이 규칙을 적용하는 일에 있어서 일정해야 한다고 생각한다. 일관성 없이 이랬다저랬다 하고 편견과 편애를 가지고 대하며 차별하는 일들을 아주 싫어한다. 교사들이 자기감정대로 하는 것을 좋아하지 않으며, 특히 감정적인 체벌은 몹시 불쾌해 한다. 교사들이 학생들을 인간적으로 대우해주기를 바라며 학생들의 인권을 존중해주기를 원한다. 어느 정도 융통성과 허용성이 있어야 하며, 유머가 풍부해 웃기기도 잘하는 편안함을 주는 교사들을 원한다.

한편 학생들은 일정한 정보에 기초하여 교사들을 범주화한다. 교사의 성(性), 결혼 여부, 나이, 전공 영역, 성격, 이름, 외모, 복장뿐만 아니라 선배들로부터 얻은 다양한 정보를 통해 우호적인 교사, 그렇지 않은 교사, 멋진 교사, 멋대가리 없는 교사, 보수적인 교사, 진보적인 교사, 편안한 교사, 부담스런 교사, 늙은 교사, 젊은 교사 등으로 범주화하여 학교 밖과 학교 안 그리고 수업시간과 쉬는 시간에 각기 그 대응방식을 달리하는 것이다. 학생들이 짓는 교사들에 대한 별명 또한 학생들의 감정을 잘 표현하고 있으며, 교사들의 주요 특징을 잘 드러내기도 한다.

학생문화는 학교의 하위문화로서 교사문화가 성인문화라고 한다면 학생문화는 아동·청소년문화인 것이다. 우즈(P. Woods)는 ① 학교가 특정한 학생문화를 지지하고 후원하는 정도, ② 사회계급, ③ 성(gender), ④ 개인적인 이해관계로 나누어 분석하였다. 개인적 이해관계는 상호작용론자들의 전형적인 관심사이며 학교생활의 세부적인 사항이기도 하다.

학교에는 학생들에 의한 동조적인 하위문화와 반항적인 하위문화가 존재한다. 학교에 대해 긍정적인 학생들은 대개 상위집단을 형성하고, 부정적인 성향을 나타내는 학생들은 하위집단을 형성한다. 두 개의 하위문화는 학생집단의 양극화를 심화시키며, 서로 다른 길을 추구하고 서로 다른 취급을 받는다. 반학교문화 집단은 학교에서 인정받지 못하며 사회적으로도 말썽을 많이 일으킨다.

학교는 학생들의 문화를 폭넓게 사회계층과 성에 따라 양극화시킨다. 반학교문화는 중산층적인 학교가치체계에 대항한다. 대항문화는 상점진열대에 놓인 문화처럼 다채롭다. 즉, 권위에 반항하고, 학교순응적인 학생들을 거부하고, 형식적인 것을 싫어하고, 노골적으로 성차별과 인종차별을 하고, 이성친구를 열심히 사귀고, 조롱하고, 잠자고, 폭력적이고, 공격적이고, 물건을 훔친다. 거리를 활개치고 배회하는 아이들이 되었을 때 그들은 억압적인 국가권력에 투쟁하며, 자신들의 계층문화를 적극적으로 표현하는 것으로 볼 수도 있다.

학생들이 무조건적으로 하위문화의 규범에 따르는 것은 아니며, 또한 반성 없이 남성다움이나 여성다움을 스스로 받아들여 각인하는 것도 아니다. 그들은 선택을 한다. 지위나 삶의 기회 측면에서 가장 낮은 계층의 사람들조차도 일정한 선택의 기회를 갖는다. 모든 노동계급 소년들이 불량한 거리의 아이들처럼 행동하는 것은 아니며, 모든 소녀들이 주로 어머니 역할과 부엌의 잡일을 원하는 것도 아니다. 따라서 다양한 개인적 관심사를 알아보아야 하는 것이다.

학생들은 개인적 관심사에 따라 학교에 대해 순응형(conformity, 목표와 수단 모두 수용), 혁신형(innovation, 목표수용, 수단거부), 관습형(ritualism, 목표거부, 수단수용), 위축형(retreatism, 모두 거부), 식민형(colonization, 목표무관심과 수단양면성), 반항형(rebellion, 모두 거부, 다른 것으로 대치)을 택한다(P. Woods). 이 중에서 식민형은 학교가 공적으로 허용하든 금지하든 학생들이 누릴 수 있는 유용한 만족을 극대화시킴으로써 상대적으로 학교에서 만족스런 상태를 정립하려고 노력한다. 목적달성을 위해 합법적, 비합법적 수단을 함께 사용하여 체제를 운용한다. 저학년에서 낙관적 순응을 하다가 고학년이 되면서 2차적 적응을 하는 것이다. 즉, 학교에서 규정한 역할과는 별도로 잘 처신하고 대처하는 것이다. 현 제도 하에서 학생들이 가장 일반적으로 채택하는 적응 양식이다. 또한 학생들에게 비타협과 반항이 유일한 대안이 되는 상황에서 교사들이 권장하는 양식이기도 하다.

학생들에게 친구관계는 매우 중요하다. 어린 시절부터 또래집단활동의 구조적 기반을 형성하기 때문이다. 친구는 동료가 어색한 순간이나 과도기를 잘 넘기도록 돕기도 하며, 어떤 결정을 내릴 때 일차적인 고려사항이 되기도 한다. 어떤 때는 학교생활은 물론 직업선택에 있어서도 친구는 일차적인 우선순위가 되기도 한다. 친구와 우정을 쌓는 일은 학교생활에서 아주 소중하며 중요한 의미를 가진다. 학생들에 따라 친구를 만나고 사귀는 기회를 학교에서 가장 신나는 일로 여기기도 한다. 그래서 친구 간의 상호작용도 어떤 규칙이 존재한다. 분명한 규칙에 입각해서 교우관계가 이루어지는 것이다. 계층이 같거나, 성적이 비슷하거나, 취미가 같거나, 특기가 같거나, 어떤 공통적인 요소들로 인하여 친구집단이 만들어진다. 이간질하기, 일러바치기, 집적거리기, 주먹싸움, 시샘, 의리 지키기, 과시적인 행동 등은 친구 간에 이루어지는 일종의 전략적인 행동이다.

학생문화와 교사문화는 서로 상이하며 때로는 상반되기도 한다. 일반적으로 젊은 교사는 학생들의 문화, 특히 십대들의 문화를 잘 이해한다. 학교에서 나타나는 가장 큰 문화적 분리는 우수한 학생층과 열등한 학생층, 중류계급 학생들과 노동계급 학생들, 소년들과 소녀들 간의 문화적인 분리가 아니라, 바로 교사문화와 학생문화 간의 분리이다. 세대차, 즉 학생들은 젊은세대이고 교사들은 기성세대이기 때문이다.

4) 학생의 전략과 경력

학생의 전략은 교사들이 직무의 압박감 때문에 전략적 행위를 강요받듯이 공부라는 직무와 관련되어서 발생한다. 베이농(Beynon)은 학생들이 신참교사나 학기초에 처음 교실에 들어오는 교사들을 접하게 되었을 때 떠보기(sussing out) 전략을 사용한다고 하며 다음과 같이 여섯 가지로 분류하였다.

① 집단형성과 의사소통(group formation and communication)

② 농담(joking)

③ 언어적 도전행위(verbal challenging actions)

④ 비언어적 도전행위(non-verbal challenges)

⑤ 끼어들기(interventions)

⑥ 놀기(play)

학생들이 교사에게 도전하는 기반은 집단행동이며, 이는 개인행동보다도 훨씬 강력했다. 중심집단은 대부분 빠르게 결성되었고, 그 집단은 다른 집단을 선동하면서 역동성을 만들었다. 중심집단의 힘은 과잉반응, 오두방정 떨기, 헛기침, 헛

웃음으로 수업을 망치게 하기 위해 많은 애들을 끌어들이는 능력에 달려 있다. 그중에서도 가장 인기 있는 전략은 우회전법으로 교사를 혼란케 하는 것이다.

남자 아이들은 음담패설, 화장실 유머, 재치 있는 대답 및 기지, 욕설, 떠벌이기, 푼수떨기와 같은 농담을 통해 교실을 혼란스럽게 한다. 또 바보 같은 질문, 쓸데 없는 고자질, 수위가 높은 농담이나 몸짓, 교사를 당황하게 하기, 교사를 제 3자처럼 취급하기, 등 뒤에서 대답하기, 빼질거리기, 잡담하기, 딴전피우기, 대들듯이 까불기, 쇼 부리기, 욕하면서 잉크뿌리기, 떠들기, 고함치기, 요상하게 웃기, 꽥꽥 노래하기, 어슬렁거리기, 책상 걷어차기, 쾅쾅 교실바닥 구르기, 볼펜 돌리기, 버티기(개기기), 자막대기 튕기기, '짠!' 하고 출현하기(making dramatic entrances) 등으로 교사에게 도전한다.

학생전략은 표 11-2와 같이 지지형(호응적), 반대형(저항적), 무관심형(분리적)으로 분류할 수 있고, '공부하기'라는 것도 너무 액면 그대로 이해해서는 안 된다. 같은 전략이라도 그 이면에는 학생들의 동기가 다를 수 있기 때문이다. '웃

표 11-2 일부 학생들의 전략과 의도

	저항적 (oppositional)	호응적 (supportive)	분리적 (detached)
공부하기(working)		V	V
땡땡이(bunking off)	V		V
웃기(having a laugh)	V	V	V
꾸물대기(mucking about)	V		V
빈둥거리기(doing nothing)	V	V	V
재빠르게 하기(flirting)		V	
소란피우기(making a noise)	V		
친근하게 대하기(being friendly)		V	
가만두기(indulgence)	V	V	
잡담하기(having a chat)	V		V
위협/매수(threat/bribery)	V		
떠보기(sussing out)	V		

출처: P. Woods(1983).

기'도 자연스러운 웃음이 있고 헛웃음도 있고 파괴적인 웃음도 있다. '웃기기'는 또 하나의 학생행동, 즉 '빈둥거리기'를 낳게 한다. 빈둥거리기는 잡담하기, 농담 따먹기, 음담패설, 괴기야담, 싸우기 등이다. 빈둥거리기는 자막대기 튕기기, 거울 비추는 장난, 도토리 깨부수기, 학교기물 가지고 놀며 절단내기, 시비걸기, 골탕 먹이기, 남의 재수 없는 일 보고 깔깔대기, 약 탄 술 마시기, 어슬렁거리기, 공상하기, 떠들어대기, 야유하기, 신경 끊기(switching off) 등을 수반한다.

이와 같이 지루한 기분과 관련된 것들은 매일 매일의 개인적인 활동들이다. 그러나 다른 종류의 재미, 웃음, 만족 등을 만들어내는 행동들은 강한 동료의식에 의해 형성된 집단활동들이다. 여기에는 일련의 강한 쾌락과 즉각적인 희열이 있다. 어떤 때의 웃음은 그냥 우연히 일어나기도 하지만, 어떤 때는 교묘한 궁리 끝에 일어나기도 한다. 어떤 학생들은 그런 일에 그들의 온 재능을 쏟아붓는다. 단순한 재미나 즐거움 그리고 사회적 존재의 경험에서 얻어지는 순수한 유쾌감에 대한 추구가 적대적 환경의 학생들에게 결합되는 것은 의미 있고 가치 있는 정체감을 위한 하나의 탐색이다. 학생들을 지배하려는 교사들은 재미와 정체감 발달을 방해할 수도 있고, 그렇지 않은 교사들은 의도적이든 비의도적이든 그것들을 증진시킬 수도 있다.

학생의 경력은 1차적 사회화 기관인 가정에서 2차적 사회화 기관인 학교로 옮겨가는 과정에서 일어나는 각 학교위계 단계의 경로이다. 학교에서 처음 받게 되는 수업은 '한 엄마의 아이'로부터 구분되어서 어떻게 학생이 되는가에 관련된 것이다. 유치원은 학교와 가정 간의 관계가 유동적인 융통성이 있다. 초등학교, 중등학교로 올라가는 과정에서 충격적인 전환기가 존재한다. 이전 단계의 학교보다 훨씬 엄격한 훈육, 한층 많은 규칙, 보다 세분화된 분업, 많아지는 교과와 수업시간, 덜 가정적인 분위기, 과업지향적인 일에서 시간지향적인 일로의 이동 등이 2차적 사회화가 가지게 되는 상황이다.

상급학교로 갈수록 성장했다는 감정을 갖게 되고 정서적 흥분과 기대 및 불안과 공포도 같이 나타난다. 정든 친구와 헤어지는 것, 다소 생소한 제도와 규칙 및 낯선 교사들에 대해 불안해하고 당황해하며, 선배들에게 혼날까봐 두려워하기도 한다. 그리고 학교시설과 시간표에 익숙하지 않아 학기 초에는 당황하고 헤매기도 한다. 얼마 지나지 않아 제도와 규칙의 거친 모서리들을 인간화하고 낯선 많은 것들을 친근한 것으로 만들어버리는 노력들도 있다. 또한 초등학교에서 최하위 지위(1학년)에 있다가 시간이 흘러 최상위 지위(6학년)가 되어 대우받다가, 다시 최하위(중 1학년)로 하락하는 과정을 반복하는 경로에서 두려움과 적응 및 평안한 과정이 반복되는 것이다.

사실 학생경력은 그 자체의 출발방향보다는 그것의 지속성과 경로에 더욱 주목할 만하다. 이것은 과목과 직업선택에 관련된 변천에서도 잘 입증된다. 여기서 학생들은 자신의 경력이 취해야 할 방향을 결정하는 기회가 주어진다고 생각할 수 있다. 그러나 그 선택은 매우 제한적이며, 어떤 학생들의 경우에는 전혀 존재하지도 않는다. 만약 스스로 적당한 경로를 택하지 않으면 요구될 수 있다. 교사들이 학생들의 능력에 따라 재경로화를 요구하는데, 자신의 능력에 대한 과대평가자나 과소평가자들은 수정을 해야 하는 것이다. 이때 교사들은 처음에는 누구나 다 가능성이 있다고 격려하지만, 막판으로 갈수록 기회가 줄어들고 상황이 달라졌기 때문에 성적이 최하위권 학생들에게까지 이상적인 이야기만 할 수는 없다. 이 과정에서 각종 설득이나 용기, 격려 등의 방법을 활용하게 되는 것이다.

교사들은 학생들을 학구적·행동적·정서적 문제와 관련하여 유형화하며, 그것은 학업성취미달자(지진아), 우수자, 보통, 가능성을 지닌 학생, 말썽꾸러기, 건달, 비행경력자, 신경질적인 학생, 소극적인 학생, 고립된 학생 등의 표현으로 나타나며 기록된다. 이런 기준을 가지고 학생들의 경로를 대학이나 취업 및 장사 쪽으로 유도하는 것이다. 물론 성적과 소질 그리고 계층과 성별요인이 학생들의 경력유도에 있어서 모두 바탕이 되고 있다는 것을 부인할 수는 없다. 이처럼 학생경력은 직업구조의 계층화된 성격에 따라 공식화되는 것이므로, 학생들이 스스로 옳은 경로를 선택하지 않는다면 교사들이 '적절성의 원리'에 맞추어 그들을 이동시키고 배치하는 것이다.

4 학교교육연구와 개선방안

학교사회학은 학교의 교육적 과정에 대해 사회적 관심을 높이는 데 상당한 기여를 했다. 특히 상호작용론 시각 연구들은 교육상황을 구성하는 행위자로서의 교사와 학생에 대한 새로운 지식을 제공하고, 그들 간의 상호관계를 생생하게 기술함으로써 교실 내의 살아있는 현장에 대한 이해를 증진시켜 주었다. 예를 들면, 교수방법의 개선이라든지 학교에서의 일탈과 갈등의 감소 그리고 그에 따른 수업상황의 개선, 수업을 보다 만족스럽게 이끌 수 있도록 자기 자신의 경력과 타인의 경력에 대한 이해의 증진, 학교와 사회 양자가 불평등이라는 난제에 어떻게 관련을 맺고 있으며, 어떻게 재생산하고 있는가에 대한 이해의 증진 등이다. 또한 교사의 직무를 둘러싼 무거운 제약들이 어떻게 행사되며, 학교에서 부분적으로 그 제약들이 어떻게 창출되는가에 대한 평가를 제공해 준다. 그러므로 교육제도와 교육과정 개혁을 위한 보다 건전한 토대를 제공해 준다.

그러나 이러한 미시적인 연구들은 첫째, 상호작용을 주로 대립과 갈등의 관계로 파악하기 때문에 교사와 학생 간의 관계를 불완전하게 묘사한다. 물론 교사와 학생의 관계는 지배와 복종의 관계이기도 하지만, 협동과 공존의 파트너이기도 하다. 즉, 대립, 대결, 속임, 무시, 무례 등과 같은 부정적인 것들도 있지만 이해, 협조, 존경, 존중, 칭찬, 사랑 등과 같은 것들도 있는 것이다. 다시 말해 교사와 학생 간의 상호작용 전략에는 협력적인 것들도 있음을 알아야 한다.

둘째, 행위자의 입장에서 상황을 파악해야 한다고 하면서도 아웃사이더(국외자)인 연구자의 관점이 개입되는 것을 완전히 제거하기 어렵다. 즉, 연구자의 관점으로 행위자의 언행을 해석하는 것을 완전히 배제할 수 없는 한계를 스스로 지니는 것이다. 셋째, 교사와 학생 각각의 행동 및 상호관계가 일어나는 사회적·역사적 맥락을 경시하거나 무시하는 경향이 있다. 즉, 교사와 학생이 사회적·역사적 진공 속에서 완벽한 자유의지를 가지고 행동하는 것처럼 착각하게 만드는 문제를 지니고 있는 것이다.

우리나라 학생들은 입시경쟁이 치열하기 때문에 공부하는 시간이 많다. 따라서 공부로 인한 스트레스를 많이 받는다. 우리나라 교육환경의 과잉압력은 불안과 공포, 도피와 굴복, 무력감과 무의미감의 대상이다. 이런 심리는 신경증, 정신병적인 증상으로 이어진다. 나아가 만성적인 불안과 공포증, 공부기피와 등교거부, 중도탈락, 인터넷게임중독, 무단결석, 자살과 폭력유발, 약물복용과 성범죄, 본드와 부탄가스 흡입, 음주와 흡연, 가출과 비행 및 탈선 등의 교육병리현상과 청소년문제가 되는 것이다. 학교교육 병리현상은 신체적·정신적·정서적·도덕적·성격적·행동적 장애를 가져온다.

오늘날 학생들에게 가장 만연된 정신적 병리현상인 공포증은 다음과 같이 세분화된다. 저조한 성적으로 인한 학교생활 공포, 체벌에 대한 공포, 차별대우에 대한 공포, 학생폭력에 대한 공포, 많은 학습 부담과 해내야 한다는 성취 공포, 조롱거리가 되지 않을까 하는 낙인 공포, 소외나 왕따에 대한 공포, 싫거나 특정한 사람에 대한 대인 공포, 거대한 학교제도에 대한 공포, 집단생활에 대한 공포, 진로와 미래에 대한 공포 등등이다.

그러므로 이러한 공포들을 없애기 위해서는 교사들과 학생들이 학교를 즐거운 곳으로 또 재미있는 곳으로 만들어야 할 필요가 있다. 교사들과 학생들이 서로 반대편에서 자신들의 이익만을 극대화시키려고 하기 때문에, 상호성(reciprocity)과 형성성(equilibration)을 맞춘 여러 가지 기술적 협상과 합의가 필요해진다. 즉, 모욕에는 모욕으로, 손찌검에는 손찌검으로 똑같이 대응한다면 평행선을 이룰 수밖에 없다. 교사들이 악랄하게 굴면 반항적인 학생들도 악랄하게 굴기 위한 맞대응전략(counter-counter-strategy)을 구사하기 때문이다.

학교에서의 여러 가지 실천적 행동뿐만 아니라 공부도 협상을 거치는 활동이다. 그래서 교사와 학생들은 서로가 자신들의 목적에 가장 적합한 그리고 서로 수용할 수 있는 계약 조건을 찾아내려고 노력해야 한다. 타협 또는 협상을 위해 교사와 학생들은 설득, 호소, 아첨(flattery), 칭찬, 격렬한 열정 표출, 위장, 고집, 정당화, 양보, 협력, 이해, 비교, 면학(hard work) 분위기 조성, 주의환기, 약속, 협박, 선택, 지연작전(stalling), 버티기작전, 속임수, 지원, 우정, 완화(moderation), 웃기기, 놀기, 구슬리기(cajolery), 달래기 등의 기법들을 활용해야 하는 것이다

(P. Woods).

이 중에서 칭찬은 교사와 학습자가 생활하는 가운데 학습자로 하여금 용기와 의욕, 흥미, 성취동기, 적극적인 생활태도, 새로운 가치관 등을 길러주기 위해 관심을 보여 주는 최선의 방법이다.

칭찬의 유형으로는 첫째, 언어적 수단인데 '참 잘한다', '많이 좋아졌다' 등의 표현을 쓰는 것이다. 둘째, 행동적 수단인데, 머리를 쓰다듬어 준다든지 손을 흔들어 준다든지 어깨를 토닥거려 주는 것이다. 셋째, 물질적 수단인데 칭찬받을 행동을 했을 때 말이나 행동에 대한 대가를 물질(사탕, 과자, 학용품 등)로 지불하는 것이다.

효과적인 칭찬으로는 다음과 같은 방법들이 있다.

① 바람직한 행동의 결과로 주어지는 칭찬
② 성취의 세세한 내용마다 각기 주어지는 칭찬
③ 꾸밈없고 다양하며 신뢰의 표시를 보여 주는 칭찬
④ 구체화된 성취 행동 준거에 도달했을 때 보상을 해 주는 칭찬
⑤ 학생들의 능력이나 성취한 것의 가치에 관한 정보를 제공해 주는 칭찬
⑥ 학생들의 과제 관련 행동과 문제 해결에 관한 사고를 보다 잘 이해하게 해 주는 칭찬
⑦ 현재 성취한 것을 칭찬하기 위해 과거에 성취한 것을 활용하는 칭찬
⑧ 어려운 과제에서 주목할 만한 노력이나 성공을 인정해 주는 칭찬
⑨ 성공의 원인을 노력과 능력의 탓으로 돌리고 앞으로도 성공이 기대될 수 있음을 내포한 칭찬
⑩ 내적 귀인(과제를 좋아하고 과제 관련 기능을 발달시키고 싶어서 과제에 노력을 기울인다는 신념)을 촉진하는 칭찬
⑪ 학생들 자신의 과제 관련 행동에 대한 이해 및 바람직한 귀인을 촉진시키는 칭찬

이처럼 칭찬과 같은 보상을 통한 학습강화는 칭찬받는 개개인에게 적합한 것이어야 하고, 지나친 보상 행동으로 인한 학습자들 간의 경쟁의식을 조장하지 말

아야 한다. 칭찬이나 보수의 효과는 고학년보다는 저학년에서 효과적인 것으로 나타난다. 각종 벌과 힐책 및 조롱 등의 효과는 저학년보다는 고학년에서 더욱 좋게 나타나고, 남학생들의 경우는 벌이나 힐책의 효과가 칭찬이나 보수보다 효과적이며, 여학생들의 경우는 칭찬이나 보수가 효과적이다. 마지막으로 오늘날의 한국적 상황에서 기대되는 이상적 교사상은 신체적 건강과 정신적 건전성을 갖춘 교사, 인성적 자질을 갖춘 교사, 아동과 학생에 대한 사랑과 그들에 대한 관심이 높은 교사, 교과에 대한 지식과 교육에 대한 기술이 뛰어난 교사이다.

Chapter 12 교사, 학생, 학부모

1 교사의 유형과 교육개혁

교사는 국가와 사립학교재단에 고용되어 각급 수준의 학교에서 학생들을 가르치는 사람이다. 사회적으로 교사는 어느 나라에서든 매우 다양한 평가를 받고 있는데, 성직(聖職, calling, vocation)으로서 존경과 지성의 표상으로 간주되기도 하지만, 다른 한편으로는 노동직(勞動職, labor)으로서 경멸을 받기도 한다. 또한 헌신적인 서비스로 칭송되기도 하지만, 아무나 할 수 있는 쉬운 일로 폄하되기도 한다. 교직은 전문직(專門職, profession)이라는 수식어로 치장되어 있지만, 중산층의 직업임에도 불구하고 다른 전문직에 비해서 임금수준이 낮다. 그래서인지 점점 공장노동자들이 만든 단체협상 전략을 구사하는 일이 늘어나고 있는 실정이다.

이처럼 교직은 특수성을 가지고 있다. 교직은 인간을 교육의 대상으로 하며, 교사가 하는 일은 교수와 연구가 주된 업무이기 때문에 돈이나 권력을 대상으로 하는 통속적인 직업과는 거리가 멀다. 그래서 사회적으로 존경을 받는 것이다. 또한 교직은 직무와 관련하여 다른 직업에 비해 비교적 자율성을 많이 갖는다. 이밖에도 교직은 다른 직업에 비해 긴 방학과 성장하는 젊은이들을 대상으로 한다는 점이다. 그래서 교사는 학생, 학부모, 동료교사 및 행정가들 사이에서 업무를 수행하며 관료제적인 조직 속에서 일하지만, 교실에서 하는 교육은 다른 사람이 감독할 수 없는 것이다.

교사의 직업적 위신은 '두뇌를 사용하고 인간을 형성하는 일'이라는 인식 때문에 높은 사회적 위신과 안정적인 보수를 받았지만, 급격한 산업화로 인하여 가치관이 흔들리게 되어 과거보다 하락하게 되었다. 교사의 직업적 위신이 낮아지는 이유는 경제적 보수의 수준이 낮고, 근무조건이 다른 직업에 비해 좋지 않으며, 갈수록 물질만능주의적인 사회풍토 때문이다. 교원의 직업적 위신에 관련해 중요하게 인식되는 요인으로는 교직존중의 사회적 풍토, 신분보장 및 직업의 안정성, 교직윤리의 확립, 교직자의 자질, 경제적 보수 등이 있다.

사회의 구성원이 사회구조 속에서 치지하고 있는 위치를 사회적 지위라 한다. 그리고 이러한 사회적 지위에 따라서 그 지위를 구성하고 있는 사람에게 일반적으로 기대되는 행동을 역할이라 한다. 사회가 경찰관에게 기대하는 행동이 경찰관의 역할이며, 사회가 교사에게 기대하는 행동이 교사의 역할이다. 교사의 역할은 개인적인 면과 사회적인 면 두 가지 측면을 가지고 있다. 하나는 교사라고 하는 사회적 지위를 차지하고 있는 사람이 무엇을 해야 할 것인지, 즉 그의 역할에 대해서 그가 개인적으로 내리는 판단이며, 다른 하나는 사회가 전통적으로 교사에 대해서 기대하는 역할행동이다. 개인이 자기의 역할에 대해서 내리는 해석과 사회가 일반적으로 기대하는 역할이 일치하는 것을 역할일치라고 하며, 이것이 가장 바람직하다.

교사의 역할은 지역사회에서의 역할과 학교교실 내에서의 역할 두 가지로 나누어 생각할 수 있다. 지역사회에서의 역할은 지역사회 문제의 참가자, 지역사회의 지도자, 사회적인 이방인, 성스러운 사회개혁의 전위대(前衛隊), 중류사회 대표의 도덕적 모범자, 세계 정세에 밝은 사람, 어린이양육의 전문가 등이다. 학교교실 내에서 교사에게 기대되는 역할은 학습의 중재자, 훈계자, 대리부모, 잘못을 가려주는 재판관, 털어놓고 이야기할 수 있는 친구, 도덕적 모범자, 적대감정 및 애정의 상대자 등이다. 교사의 인성은 교사에게는 어린이를 교육한다는 역할 때문에 특수한 퍼스낼리티(personality)가 요청된다. 언어와 태도 등이 중류사회의 모범자여야 하고, 겸손, 침착, 정직, 성실성 등이 골고루 갖추어져야 한다.

교사의 지도방법과 상호작용에 따른 교사유형으로는 첫째, '전제형' 교사인데, 이는 학생을 지도함에 있어서 체벌이나 질책을 가장 대표적인 수단으로 사용하는 교사이다. 즉, 칭찬이나 격려 및 상담 등의 지도방법보다 교사의 자의나 편의 대로 물리적인 강제적 방법을 사용해 지도하는 유형이다. 그래서 주요 특징으로는 물리적 강제력뿐만 아니라 지도과정에서 학생의 의사를 묵살하거나 의사결정과정에서 학생의 참여를 인정하지 않는다.

결과적으로 피교육자의 자발적이고 능동적인 학습활동을 저해하고, 그들을 맹목적으로 순종하게 하는 피동적인 성격을 길러준다. 아니면 반대로 반항하거나 저항적인 학생으로 변화되게 한다. 따라서 창의성이 없어지고 의뢰심이 강하게 되며, 적극적인 자기반응과 자기평가를 하지 못하게 되어 현실문제에 대해 무기력한 자세를 보인다. 이 전제형은 지도의 능률성이나 효율성이라는 미명 아래 사용되지만, 그 결과는 특정 행동의 일시적인 억제나 정지 또는 위선적인 행동이나 기대되는 행동의 가장이나 위장으로 나타나게 된다.

다음으로 '자유방임형' 교사인데 인간의 자연성, 학생의 흥미나 욕구를 존중해준다는 취지에서 교사가 적극적인 지도를 하지 않고 학생들의 자의에 모든 것을 맡겨버리는 유형이다. 좋게 보면 교사가 자신의 권위를 내세우지 않고 학생의 자율성을 길러준다고 할 수 있지만, 경우에 따라서는 체계적인 지식이나 기술의 전수가 어렵고, 교육목적의 달성이 불가능하게 될 수 있고, 교육의 계획성이나 의도성이라는 본질과도 배치된다. 자유방임적 지도나 그러한 태도는 교육에 대해 열의가 없거나 무책임한 정신자세 또는 학생에 대한 교육적 사랑을 포기하거나 단념한 의욕상실의 결과로 비춰질 수 있다. 자유방임형이 되는 원인으로는 인성에서 비롯될 수도 있지만, 지속적인 업무의 과중이나 개인적인 고민 또는 사생활의 급격한 변화 때문에 생기기도 한다.

마지막으로 '민주형' 교사이다. 원래 정치적 이데올로기로서의 민주주의를 신봉하는 국가에서의 교육목표는 민주적인 시민육성, 즉 민주주의에 대한 확고한 신념과 민주적인 생활양식을 몸에 익힌 민주시민의 육성을 주된 목적으로 한다. 민주형 교사는 현실적으로 가장 인기가 있다.

또한 교사유형을 가상하여 다음과 같이 분류해 볼 수도 있다. 첫째 유형은 '오락형' 교사이다. 이들은 수업보다는 취미생활에 더 관심이 많다. 수업이 비는 시간에는 바둑이나 장기, 컴퓨터게임을 즐긴다. 방과 후에는 친목과 건강을 위해 테니스 같은 운동이나 놀이에도 몰두한다. 승진에도 신경쓰지 않고 학생들과도

적당한 거리를 유지한다. 다른 직장에 비해 이른 퇴근시간과 방학은 그들이 즐기는 오락을 위해서는 더할 나위 없이 좋은 조건이다. 이들은 재테크(財tech)에도 관심이 많다. 학교에 출근하는 대로 신문 경제면을 섭렵하고 교육과 업무용으로 지급된 컴퓨터로 틈만 나면 뉴스와 주식시세를 체크한다. 주식투자를 안하는 교사들은 겉으로는 이들을 경멸하는 태도를 취하지만, 이들의 경험에 바탕한 '비공식' 강의에 귀를 쫑긋 세운다.

둘째는 '출세주의형' 교사이다. 이 유형의 교사들은 교육적 소신이나 학생들에 대한 관심은 제쳐놓고 자신들의 진로에만 신경을 쏟는다. 아첨과 아부는 또 하나의 능력으로 이들의 생존기술이다. 인사고과에서 좋은 점수를 받기 위해서 대학원에 진학하고, 대학원에 가서도 공부보다 교수들과의 회식 같은 사교에 더 관심이 많다. 대학원에서 내주는 과제물은 동료나 후배교사들의 몫으로 넘겨진다. 근무성적 평정에 중요한 영향을 끼치는 교장 등 상급자들과의 술자리에는 무슨 일이 있어도 빠지지 않는다. 과음한 다음날 수업이 비는 시간에는 대개 휴게실에서 어제 일을 얘기하며 빈둥거린다. 이들은 승진을 위해서는 수단과 방법을 가리지 않는다. 자신의 수업과 별 관계도 없는 현장연구나 수업자료, 작품제작에 목숨을 건다. 돈을 주고 업체에다 용역을 맡기기도 한다. 이런 교사들의 넘치는 수요 덕분에 교사들의 현장연구 논문 작성을 대행하는 업체는 호황을 누린다.

셋째 유형은 '개혁형' 교사이다. 이들은 학교의 부조리나 동료교사의 나태함에 분노하고 교육현실을 개선하기 위해 노력한다. 수업과 학급경영에서 나름대로 최선을 다한다. 초임시절의 정열과 소신을 잃지 않고 꾸준히 노력하지만, 뜻을 같이하는 교사들과 손잡고 권위주의적인 교장과 대립해 갈등을 일으키기도 하고, 상급자나 다른 동료들로부터 경원시된다.

지금 우리나라의 교직문화는 오락형과 출세형 교사들이 개혁형 교사들을 포위하고 있는 양상으로 본다면 지나친 일이 될 것이다. 어쨌든 간에 위로부터의 개혁을 완수하려면 교사사회를 효과적으로 통제해야 하는데, 이를 위해서는 출세형 교사들이 필요하다. 그래서 학교에서는 열심히 가르치는 교사보다는 교장 말 잘 듣고, 점수 따기 연수와 전시용 연구에 매달리는 교사들에게 승진과 같은 보상들이 더 많이 돌아간다. 이런 현실을 하나하나 개선하지 않고, 오직 '교육개혁'만

외치게 되면 개혁적인 교사들이 많아지리라는 환상은 깨져야 한다.

그렇게 하려면 왜 교사사회 전체가 문제인가라는 관점에서 접근하기보다는 왜 개혁형 교사들이 학교에서 리더로 부각되지 못하는가에 초점을 맞춰야 한다. 이들을 통해 학교가 스스로 변혁하고, 아래로부터의 교육개혁을 뿌리내리기 위해서는 어떤 정책과 지원이 필요한지 세밀히 살펴보아야 하는 것이다.

또한 교육현장에서 부적격 교사 퇴출제도가 필요하다. 교육부가 정해놓은 부적격 교사 기준 및 징계 수위는 '교육공무원 징계양정(懲戒量定) 등에 관한 규칙'에 의하면, 상습적인 촌지수수, 미성년자를 상대로 한 성폭력, 폭행수준의 체벌, 학교생활기록부 허위기재 및 성적조작, 시험지 유출, 상습적인 도박, 근무태도 불량(상습적인 무단결근 등), 정신적·신체적 결함으로 정상적인 교직수행이 어려운 경우 등을 부적격 교사로 규정하고, 이들에 대해 파면과 해임, 정직 등 중징계하는 규정을 추가하기로 했다.

어떻게 보면 교육개혁은 강압적인 방식이나 성과급제 같은 물질적 보상체계를 정비하는 것보다는, 교직이 갖는 가치와 비전을 공유하도록 돕는 일이 무엇보다 시급하다고 생각된다. 요즘처럼 급변하는 사회에서 새로운 교육의 패러다임을 원한다면 교사들이 마음가짐을 새롭게 할 수 있도록 여건을 만들어줘야 한다. 교사만이 학교붕괴와 교육의 위기를 해결할 수는 없으며, 위로부터의 교육개혁이 낳은 부작용의 책임을 교사에게 전가하는 사회적 분위기는 분명 잘못된 것이지만, 그렇다고 해서 교사들에게 면죄부를 줄 수는 없는 일이다.

교사들은 냉소적인 자세와 관료주의적 병폐에서 벗어나 스스로 자기 주변부터 개혁해야 한다. '교사가 먼저 변해야 학교가 변한다'라는 주장에 대해 일부 교사들은 반감을 갖는 듯하다. 다른 부문이 이미 선도적으로 자기 혁신을 완성했기 때문에 교사의 자기변혁을 촉구하는 것이 아니다. 교사가 개혁의 주체로 나서기 위해서 자기개혁에 나서야 한다는 것이다. 개혁의 주체라 함은 다른 집단이나 세력을 개혁의 대상으로 만들 수 있다는 것을 의미하지는 않는다. 스스로 개혁하고 자기 혁신으로 얻은 힘을 통해 주변을 정화하고 교육의 '기본'을 회복해야 한다는 뜻이다.

물론 이는 교사뿐 아니라 교육관료와 학부모, 학교장에게 모두 적용되는 명제이다. 개혁주체가 된다는 것은 시스템을 지배할 수 있는 권력을 갖추는 게 아니다. 사람의 변화가 선행되지 않은 제도개혁은 반드시 실패한다. 아무리 좋은 제도도 낡은 의식을 가진 사람들이 운영하게 되면 반드시 타락한다. 제7차 교육과정의 선출보직제나 자율학교, 자립형 사학도 그것을 움직이는 사람의 의식에 따라 나빠지기도 하고 좋아지기도 하고 있다. 즉, 제도는 본질적으로 그것을 움직이는 사람의 것이다.

작금의 신자유주의에 입각한 성과중심의 교육개혁은 경쟁과 효율성을 강조하기 때문에 경제논리가 교육현장을 뒤흔들며 교사의 전문성을 크게 훼손시키고 가르치는 일을 점점 탈숙련화(deskilling)시킨다. 뿐만 아니라 변화하는 환경에 대처하도록 재숙련화(reskilling)도 요구받고 있다. 교사들은 유연한 교육시장에서의 적응을 위해 복수전공, 부전공, 각종 연수들을 이수해야 한다. 또한 거대한 입시·교육산업 때문에 점점 교육은 도구화·표준화·상품화되고 있다. 이런 상황에서 교육시장은 개방되고, 국내·국제 간 경쟁도 치열해져서 교직은 개체화·계층화·파편화되어 가고 있는 것이다.

참고

신자유주의(新自由主義, neoliberalism)

1970년대부터 부각하기 시작한 경제적 자유주의 중 하나이다. 신자유주의는 예전의 자유주의와 같이 경제적인 자유를 추구한다. 즉, 자유시장, 규제완화, 재산권을 중시한다. 신자유주의자들은 정치적 방법들을 통해 타국의 시장을 여는 것을 선호하는데, 주로 경제적 압력, 외교적, 심지어는 무력을 이용하기도 한다. 그들은 시장개방을 자유무역과 국제적 분업으로 지칭한다. 또한 신자유주의자들은 세계무역기구, 세계은행, 아시아개발은행을 통한 다자간 압력을 통해 시장개방을 요구한다. 철학적 측면에서 신자유주의는 스펜서의 사회진화론, 즉 적자생존설로 우수한 자들이 살아남아 인류는 계속 사회적으로 진화한다는 생각을 바탕에 두고 있다. 그 논리적 귀결로 적자생존의 결과로서의 불평등도 정당화하는 경향이 있으며, 논리적으로 제국주의, 식민주의와 인종차별주의를 취하게 된다. 한국에서는 주로 노동시장의 유연화, 작은 정부, 자유시장경제의 중시, 규제완화, 자유무역협정(FTA)의 중시, 공기업사유화, 의료사유화, 방송사유화 형태로 나타나고 있다. 김대중정부의 신자유주의는 정리해고와 명예퇴직으로 구조조정에 성공한 대기업들은 노동시장의 유연화까지 성공하지만, 이와 함께 고용이 불안정한 하층민들이 늘어나고 대기업의 시장경제 지배력이 강해지면서 사회의 양극화가 점차 문제되기 시작하였다. IMF 후 글로벌 대기업들이 등장하기 시작하였다. 노무현정부의 신자유주의는 한미FTA의 타결로 신자유주의적인 경제정책을 부분적으로 채택하지만, 신자유주의의 어두운 면을 보완하는 데 역점을 두어 사회양극화 문제를 해소하기 위한 복지혜택을 제도화하고, 시장지배적 사업자의 독점적 횡포를 방지하는 데 주력하였다. 이명박정부의 신자유주의는 시장기능의 중시와 작은 정부론을 바탕으로 다음과 같은 신자유주의 정책들을 추진했다. 예를 들면, 자유무역주의(미국 쇠고기 개방, 한미 FTA의 비준추진), 공기업의 사유화, 학교자율화, 상속세폐지, 법인세 완화, 종합부동산세 완화정책, 의료사유화, 공영방송의 사유화, 복지예산의 축소 등을 들 수 있다.

교원의 근로3권은 이전에는 전면 제한되었으나, 1999년 1월 29일 '교원의 노동조합설립 및 운영에 관한 법률(법률 제5727호)'이 제정(시행은 1999. 7. 1부터) 되면서 근로3권 중 단체행동권을 제외한 단결권·단체교섭권은 인정되고 있다. 교원노조는 시·도 단위 이상에서 결성되며, 복수노조가 인정된다. 단체협약의 효력도 인정되나, 단체협약의 내용 중 법령·조례 및 예산에 의해 규정되는 내용과 법령 또는 조례에 의한 위임을 받아 규정되는 내용은 단체협약으로서의 효력이 인정되지 않는다.

부연하면 '국민의정부'는 1998년 11월 노사정(勞使政) 합의에 따라 1999년 1월 '교원의 노동조합설립 및 운영 등에 관한 법률'을 제정해 교원노조를 합법화하였다. 이는 지난 3년간 교원노조와 동반자적 협력관계를 통한 교직사회의 안정을 위해 적극적으로 노력해왔기 때문에 '교원의 노동조합 설립 및 운영 등에 관한 법률'이 마침내 통과된 것이었다. 1989년 5월 28일 당시엔 불법이었지만 전국교직원노동조합(전교조–진보)이 결성되었고, 1999년 5월 16일에는 한국교원노동조합(한교조–보수)이 창립되어 전교조와 함께 복수 교원노조시대를 열었다.

우리나라에서 교원노조 관계법의 역사를 살펴보면, 1948년에서 1961년 사이 제헌헌법은 교원과 공무원의 노동3권을 제약하는 별도의 규정을 두지 않았었다. 1953년 제정된 노동조합법 제6조도 일반공무원을 제외하고는 해석상 노동기본권

행사가 가능하도록 하였다(당시 노동조합법 제6조: 근로자는 자유로이 노동조합을 조직하거나 또는 이에 가입할 수 있다. 다만, 현역군인, 경찰관리, 형무관리와 소방관리는 예외로 한다). 그러나 1962년에서 1988년 사이 26년 동안은 교원의 노동기본권을 제약하는 법제로 일관하였었다. 그러다가 1963년 박정희정부 때 국가공무원법 제66조에 의해 교원의 집단적 행위가 금지되었다.

1980년대의 마지막 해에 교육민주화와 참교육의 실현을 기치로 하여 전교조가 건설될 당시의 상황과 비교해 합법화를 쟁취한 1990년대 마지막 해의 교육운동은 분명히 이전과는 다른 전혀 새로운 교육적 상황에 직면하였다. 소비자중심의 교육, 열린교육, 새물결운동, 학교운영위원회의 도입, 정보화교육, 교육노동의 유연화 등의 새로운 교육원리와 정책이 교육현실을 휩쓸고 지나갔으며, 이러한 것을 매개로 한국교육의 지형은 질적인 변화를 경험하게 되었다. 따라서 1980년대에 교육운동이 당면했던 주요 쟁점들은 퇴장하고, 새로운 과제들이 중심적 문제로 부상하게 된 것이다.

1990년대 중반 이후 정부 주도로 진행된 교육구조의 개편은 교육현장의 요구에 의해서라기보다는 세계적 차원의 변화와 한국사회 전반의 급격한 변동을 동력으로 하여 진행되었다. 세계적 차원에서 사회주의체제의 붕괴와 초국적 자본을 중심으로 한 세계자본주의의 재편성이 1990년대에 본격적으로 진행되었고, 이에 연동하여 한국자본주의도 세계화, 개방화를 추진하고 있으며, 지속적인 자본축적을 위한 구조조정을 진행하였다. 정치적으로는 국민대중의 민주화 투쟁으로 군부파시즘정권이 퇴장하고, 부분적, 형식적 민주주의의 진전이 이루어졌다. 이러한 상황변화를 조건으로 교육구조의 변동이 자본진영의 요구에 의해 강력하게 추동된 것이다.

새로이 조성되고 있는 상황은 기본적으로 1990년대 중반부터 시작된 신자유주의적 교육구조의 개편과 그것의 본격적인 진행에 의해서 이루어졌다. 그리고 이러한 신자유주의교육 구조개편 작업은 IMF를 매개로 한 한국사회 전반에 대한 신자유주의적 개편의 일환으로 추진되었다. 김대중정부가 진행한 그간의 개혁은 그것이 지닌 가장 중요하고도 근본적인 측면에서 신자유주의 개혁 내지 한국사회의 신자유주의적 구조개편의 완성을 위한 개혁의 성격을 지닌 것이었다. 한국

사회의 신자유주의적 개혁은 김대중정부 하에서 시작된 것이 아니라 1990년대에 들어서서 자본이 기업수준에서 이른바 신경영전략을 추진하고 김영삼정부가 세계화의 구호를 높이 제창할 때부터 이미 본격적으로 착수되었다. 그러므로 이 시기를 1단계로 본다면 김대중정부 하에서 한국사회는 신자유주의개혁의 2단계 내지 신자유주의 개혁의 완성 단계로 진입하였다고 할 수 있다.

신자유주의적 교육구조 개편 또한 김영삼정부 시기부터 교육개혁위원회의 교육개혁안으로 가시화되었다. 한국에서 신자유주의적 교육재편의 기본 구상이 담겨있는 1995년 교육개혁안은 당시의 교육체제와는 다른 시장 논리를 전격적으로 도입하려는 자본의 이해를 그대로 표현하는 것이었다. 새로운 교육체제의 수립을 주장하면서 개혁안은 교육개혁의 필요성에 대한 인식의 출발점 자체를 교육의 인간화, 총체화라는 본연의 근거가 아닌 교육개혁을 국가적 생존전략이자 발전전략으로 규정하고 있다. 개혁안은 교육을 경제종속적 관점에서 바라볼 뿐만 아니라 교육이라는 사안 자체를 시장논리가 관철되어야 할 경제적 문제로 파악하기 시작하였다.

김영삼정부 시기 교개위의 교육개혁안을 중심으로 신자유주의 교육재편의 기본방향과 주요 정책이 과제로 잡혔다면, 김대중정부 출범 이후에는 IMF를 조건으로 교육구조조정과 교원에 대한 경쟁과 시장원리의 도입이 전면적으로 전개되면서 신자유주의적 교육재편이 빠른 속도로 이루어졌다. 따라서 신자유주의교육으로의 재편과정은 이처럼 연속적이면서 김대중정부 이후 전면화되고 있는 것으로 규정할 수 있는 것이다.

김대중정부의 신자유주의적 교육재편의 주요 대상은 교육노동의 유연화 정책에 핵심을 맞추고 있었다. 교육노동유연화 정책은 이미 1998년에 교원의 정년단축으로 시작되었으며, 성과급제의 시행, 연봉제의 도입, 교원자격연한제의 실시 등을 예고하였었다. 그 후 신자유주의 교육은 지향해야 할 인간상으로 신지식인론을 제기하면서 교육철학적 문제로까지 확대하였으며, 이러한 교육적 인간상을 바탕으로 신자유주의적 교육개편을 체계화하고 심화시키려는 시도들이 진행되었다. 즉, 김대중정부는 신자유주의적 교육 구상 단계부터 교육노동에 대한 구조조정작업을 중심으로 하여 실행 단계로 전개하였다.

이와 같은 신자유주의적 교육개편은 동시에 교사들의 강력한 저항을 동반했다. 교원의 신분을 불안정하게 만드는 신자유주의 교육구조조정의 모습이 드러나기 시작하면서 독재적 교육구조의 개혁에 대한 지지를 보이던 교원들도 이로부터 이탈했으며, 교육부에 대한 분노와 적대감을 분명히 했다. 열악한 교육환경과 사회적으로 낮은 지위와 처우를 감수하면서 교육노동에 종사했던 교원들을 교육개혁의 반열에 올려놓음으로써 최후의 자존심마저 훼손당한 교사들의 반발과 저항이 공공연한 형태로 표현된 것이다. 휴게실에서 흘러나오기 시작하던 불만의 목소리는 교무회의 공식석상에서 강력한 비판의 형태로 제기되었다. 바로 이 시기에 전교조의 합법화가 이루어졌다. 전교조는 2013년 10월 해직교원 9명을 노조원으로 포함하고 있다는 이유를 들어 고용노동부가 전교조에 법외노조 통보를 했고, 전교조는 취소소송을 냈다. 1심에서 전교조가 패소했으나, 2심에서 전교조의 위헌법률심판 제청이 받아들여져, 헌법재판소는 2015년 5월 현직교원만 교원노조에 가입하도록 한 '교원의 노동조합 설립 및 운영에 관한 법률' 제2조에 대해 위헌이 아니라는 결정을 내렸다. 2016년 서울고법에서 패소해 대법에 상고하고 철회투쟁을 하는 상태이다.

최근 교직의 여성화 문제가 심각하다고 한다. 우리나라에서 교직의 여성화는 미국이나 유럽보다 훨씬 늦게 시작되었다. 여자교원 수의 증가현상은 1970년대에 들어서서 대도시를 중심으로 나타나기 시작하였다. 1990년대 이후에는 특히 초등학교에서 본격적으로 나타나고 있다. 대도시 초등학교에서의 여자교원 증가현상은 1990년대에 들어서서 80% 이상 수준에까지 도달한다. 이런 여성화 경향은 초등학교에 그치지 않고 중·고등학교 전반에 걸쳐 확대되고 있어 교직 여성화 현상에 대한 우려의 목소리가 대두되기도 한다.

교직 여성화에 대한 우려는 학교경영의 효율성 저하나 남자 아동의 여성화, 전반적인 교육력의 약화 등으로 이어지고 있다. 선진국의 경우 초등학교 교원의 90% 이상을 여성이 차지하고 있을지라도 교직 여성화가 사회적 문제로 인식되고 있지는 않다. 2008 교육정책 분야별 통계에 따르면 초등학교의 여교사 비율은 2004년 70%를 넘어선데 이어, 해마다 증가하여 2008년에는 74%에 이른 것으로 나타났다. 중학교의 여교사 비율도 해마다 늘어나 2008년에 64.5%에 달했다. 고등학교의 경우 초·중학교에 비해서는 낮은 수준이지만 일반고는 43.4%, 전문계고는 39%로 여교사가 절반 가량을 차지하고 있으며, 현재는 초 80%, 중 70%, 고 50%를 넘어섰다.

그러나 교장·교감 등 관리직의 여성 비율은 여교사 비율에 비해 현저히 낮아 여성들의 승진이 어려운 것으로 나타났다. 초등학교의 경우 전체 교사의 3분의 2 이상이 여교사지만 여교장의 비율은 11.3%, 교감은 19.8%에 불과했다. 중학교도 여교장과 교감의 비율이 각각 14.4%, 22.2%로 집계됐다. 고등학교에서는 여교장 비율이 오히려 줄어들고 있다. 전문계고의 경우 2006년 5.4%까지 늘어나던 여성 교사의 교장 진출 비율이 2007년(4.5%)부터 감소하여 지난해는 3.7%로 줄었다. 반면에 같은 기간 여성교원의 비율은 36%에서 39%로 증가했다. 일반고의 경우도 여교장과 교감 비율은 각각 6.5%, 5.6%에 그쳤다. 하지만 서울의 경우 2009년 1월 현재 공립학교 초·중·고 여교장은 36.5%, 여교감은 20.8%, 교육전문직은 38.1%로 다시 급격히 증가하기 시작해 2018년에 와서는 여교장 비율이 40%를 넘어섰다.

교직 여성화가 무엇을 의미하는가를 이해하기 위해서는 교직 여성화의 움직임과 숨어있는 동기를 파악해야 한다. 전통적으로 동서를 막론하고 교직은 남성의 직업으로 여겨졌었다. 교육은 주로 상류계층의 문화, 가치, 생활경험의 전수를 목적으로 '남성' 중심으로 이루어졌다. 플라톤, 루소, 페스탈로치 등의 교육사상을 보더라도 공식적 교육은 남성의 정신능력이나 이성적 능력의 개발을 위한 교육이 중심이었고, 여성은 사회의 재생산을 위한 가정에서의 자녀양육이나 여성으로서의 덕을 학습하는데 제한하였음을 알 수 있다. 이처럼 전통사회에서 소수 엘리트를 가르쳤던 교육자에게 사회적 지위와 명예가 부여되었음은 당연하다고 하겠다.

서구에서 교직의 여성화는 공립학교의 발달과 더불어 시작되었다. 19세기 산업화, 공업화, 도시화가 이루어지면서 사회의 보편적이고 공통적인 가치나 문화적 생활경험의 전수가 필요하게 된다. 사회질서 유지와 변화하는 사회환경 적응에 필요한 지식, 기술, 태도, 도덕, 규범 등의 시민교육이 공립학교를 통하여 확산되었다. 이에 따라 학교에서의 교육내용은 과거 상류계층의 고유한 문화적 내용, 가치, 경험의 전수에서 벗어나 중류계층의 보편적이고, 공통적인 문화적 내용, 가치, 경험 등을 조직하여 가르치게 된다.

그런데 자녀양육과 가사노동에 전념하던 여성은 학교교육이 대중화되면서 아동을 보호하는 기능이 강조됨에 따라 자연스럽게 공립학교에 진출하게 된다. 공립학교에서 여성의 수적 증가현상이 두드러지면서 교직의 여성화가 시작된 셈이다. 교직에 여성이 편중되면서 전통사회에서 여성이 담당했던 아동을 보호하고, 양육하는 일과 관련된 여성적 가치, 경험, 태도가 자연스럽게 여교사의 직무수행방식에 영향을 미치게 되었다. 결과적으로 초등학교에서의 교육과 양육의 경계선이 모호하게 되고, 교직활동이 여성이 집에서 관여하는 재생산적 노동의 연장으로 규정되면서, 교직은 여성에게 가장 적절한 일이라는 이데올로기가 강조되었다. 이는 교사가 계약관계를 맺는 형식에서도 잘 나타나 있다.

교사교육과 임용과정의 문제도 있다. 비판적 교육학에서는 교사교육이 방법적 지식을 중심으로 이루어지기 때문에 효과적인 기술자를 생산하는 것이라고 비판한다. 비판적으로 생각하고 역사적 소명을 인식하며 도덕적·사회적 책임의식을 지닌 교사양성이 필요하다고 주장한다. 그런데 현재의 교사교육과 교사임용은 교사가 '만들어지는(be making)' 과정과 교사가 '되는(becoming)' 과정이 분리되어 있다. 사범대학이나 교육대학 및 교직과정을 잘 이수했다고 하더라도 자동으로 교사가 되는 것이 아니라, 임용시험을 위하여 고시학원의 노련한 시험대비 전문가에게 의존하여 교사가 되는 희극이 벌어지고 있는 것이다. 예비교사 양성교육과는 별도로 개인적으로 시험준비를 하도록 구조화되어 있는 것이 우리나라의 현주소이다.

2 학생의 유형과 인권운동

학생이란 학교를 다니면서 획득하게 되는 사회적·제도적 신분이다. 전통적으로 학생은 어리석고 나약하여 교사에 의해 가르침을 받아야 하는 수동적 존재로 인식되어 왔다. 따라서 학생은 교사나 학부모 등과 같이 성숙한 성인들에 의하여 가치 있는 것으로 판단되고, 선택된 것들을 배워서 사회에 적응해야 하는 소극적인 존재로 여겨졌다. 학교라는 교육적 공간뿐만 아니라 사회적인 삶에 있어서도 학생은 미성년자이기 때문에 많은 권리들이 유보되었다. 그러나 최근에 교육이라는 이름 아래 유보되어 왔던 각종 권리들을 찾는 운동이 일어났다. 학생 유형을 먼저 언급하고 나서 학생들의 교육운동과 인권운동을 살펴본다.

학생들은 장기간 학교에 다녀야 하고 또 학교에서 많은 시간을 보내야 하기 때문에 학교생활을 어떻게 받아들이느냐에 따라 그 존재 유형이 다양하게 구분된다. 하그리브스(D. Hargreaves)에 의하면 중등학교의 경우 크게 네 가지 유형으로 나눌 수 있다.

첫째, 학교에 잘 적응하여 열심히 공부하거나 비교적 학교생활을 성실히 하는 유형이다. 따라서 교사나 부모들에게 이들은 별다른 문제가 없다. 이 유형의 학생들은 학교생활을 미래에 대한 투자로 생각하고, 그럭저럭 공부를 열심히 하며 학교의 규범적 가치를 내면화한다. 미래를 위하여 현실적 욕구를 부모와 교사들이 가르쳐주는 대로 억제하고 있는 학생들이다. 대체로 모범생이거나 아니면 그다지 성적은 우수하지 않더라도 특별히 나무랄 데가 없는 순응적인 평범한 학생들이다.

둘째, 대체로 나태하고 무기력한 유형이다. 늘 학교에 나오지만 공부를 열심히 하지는 않는다. 부모와 가족을 실망시킬 수 없고, 불만이 다소 있다 할지라도 학교에 도전할만한 생각은 별로 없고, 그렇다고 해서 결석 같은 것은 특별히 몸이 아프거나 집안 행사가 있을 때에만 하게 되는 그런 학생들이다. 자발적인 동기나 의욕이 강하지도 않다. 그래서 수업시간에 졸고 있는 경우도 많고 만화책을 보고 있는 경우도 많으며, 때로는 숙제를 철저히 해오지 않아 야단을 맞기도 한다. 가끔은 놀이시간에 특별한 재주를 발휘하는 아이들도 있다. 학교의 규범적 질서를 자주 어기지는 않지만 미래에 대한 큰 꿈은 아직 불투명하며, 졸업장을 얻기 위해 학교라는 공간에 갇혀 있는 무기력한 학생들이다.

셋째, 학교규범을 거부하고 저항하는 유형이다. 평소에도 학생다움이 없고 거창한 명분이나 명확한 의도를 가지고 학교를 거부하거나 교사들에게 반항하는 것이 아니고, 그저 학교가 싫고 공부가 싫고 학교가 자기들에게 큰 의미가 없다고 생각하는 학생들이다. 그래서 이 학생들은 공식적으로 수업을 거부하고 수업의 질서를 파괴하는 행동을 많이 한다. 교사들에게는 큰 골칫거리로서 주된 생활지도와 통제의 대상이다. 이들에게서 발견되는 거부와 저항의 몸짓은 땡땡이, 무단결석, 가출, 싸움, 폭력, 절도, 반항, 교칙위반 등으로 나타난다. 그렇다고 해서 학교를 떠나지는 않는다.

넷째, 학교를 떠나 대안을 추구하는 유형이다. 자발적으로 학교를 떠나는 학생들이 많고 타의에 의해 학교를 중퇴하기도 한다. 이들은 학교를 떠나 학원, 독학, 대안학교 등을 찾는다. 기존 학교와 일반학생들과는 다른 방식으로 자신들의 삶을 만들어간다. 단순히 학교에 저항하고 거부하는 학생들과는 달리 새로운 삶의 공간을 창조한다는 특징이 있다.

하그리브스는 거부와 저항행동을 반학교문화로 정의한다. 대체로 성적이 좋지 않은 노동자계층 학생들에게서 많이 나타난다고 하였으며, 반학교행동을 학교조직의 인과적 산물로 보고 실패로 규정하며 부정적 평가를 내렸다. 이에 비해 윌리스(P. Willis)는 적극적 저항으로 파악하고 노동자계층 학생들이 스스로 선택하는 것이라고 긍정적으로 평가하였다. 물론 윌리스의 주장을 지루(H. Giroux)는 반박하는데 저항과 대항적 헤게모니를 구별하여 반학교학생행동은 윌리스가 말하는 대항적 헤게모니는 아니고 저항이라고 하였다. 그에 의하면 저항은 주관적 차원의 행위로 성격상 비정치적, 비조직적, 비이론적, 비공식적이라는 것이다. 대항적 헤게모니는 지배의 성격과 그것에 대항하는 적극적인 반대행동에 대하여 보다 정치적이고 이론적이며, 비판적인 이해에 기초하고 있으며, 비판수준에 그치지 않고 새로운 사회적 관계는 물론 대안적 공공 영역을 창조하는 역할을 집합적으로 담당한다는 것이다.

이제 학생들의 교육운동은 수동적이 아닌 능동적 학습과 주체적인 학습자라는 인식이 발전되었다. 학생들의 권리운동은 학습내용, 교육방법, 학교운영에까지도 확대되고 있다. 교복착용이나 두발자유화문제, 급훈의 결정, 소풍장소와 수학여행지 결정문제, 아침자습과 야간 자율학습문제에 이르기까지 학생들은 자신들의 견해를 학교홈페이지나 학교신문과 교내방송 및 인터넷 등에 다양하게 제시하고 있다. 점점 학교의 질서와 안전을 위해 학생들의 의견을 전적으로 무시할 수는 없는 현실이 되고 있다. 다시 말해 학생들이 교육의 수동적 객체가 아닌 학교의 적극적인 공동파트너가 되었음을 인식해야 하는 시대가 된 것이다.

학생인권운동은 그동안 교육이라는 이름으로 억제되었다. 1980년대 단초가 시작되어 1990년대에 본격화되기 시작했다고 할 수 있다. 오늘날은 집단적 차원의 새로운 사회운동의 주체로 부상하고 있다. 학생들은 보다 민주적인 학교를 원하고 있으며, 자율성을 확보하려고 노력하고 있다. 또한 학교구성원 모두가 개방적인 의사소통 교육환경을 요청하고 있다. 전통적인 학생관을 가지고 있는 일부 교장과 교사들은 학생들의 역동적인 활동이나 노력들을 학교를 혼란과 무질서로 끌고 가려는 움직임으로 오해하기도 한다.

인터넷은 새로운 학생운동의 가능성을 발견할 수 있는 사이버 공간이다. 더불어 스마트폰과 같은 새로운 정보통신기술은 교사들에게보다는 학생들이 훨씬 빠르고 친숙하며 의사소통이 쉽게 이루어진다. 학생들은 인터넷의 특성을 십분 활용하고 있고, 학교에서 일어나는 일들을 SNS를 통해 빠르게 전파시키며, 민주적 의사소통 무대로 활용하고 있다. 또한 카카오톡이나 페이스북을 통해 쉴 새 없이 친구 간에 대화를 나누고 있다. 이제 이 문명의 이기들은 편리한 점도 많이 있지만 교사의 잘못들이 인터넷에 공개되어 학교를 위축시키기도 하고, 부정행위와 수업방해 등 큰 골칫거리가 되고 있다.

3 학부모의 교육참여와 시민운동

부모는 생래적(生來的) 개념인데 비해, 학부모는 사회적이고 문화적인 개념이다. 즉, 제도화된 신분인 학생을 자식으로 둔 부모가 학부모이다. 자녀에 대한 부모의 기대는 동서고금의 지대한 관심사이지만, 특히 우리나라의 경우 높은 교육열과 학력 간의 임금격차로 인해 학부모들이 엄청난 교육비를 지출하는 것은 일상적인 일이 되었으며, 가계비 지출 중에서도 교육비가 차지하는 비중은 점점 늘고 있다. 사교육비가 1년에 30조 원에 달하는 우리나라에서는 수험생들처럼 학부모들도 고달픈 존재이다. 이렇게 높은 교육열은 우리의 실생활 속에서 왜곡된 발산으로 인해 많은 문제점들을 초래하고 있다. 재수생 문제, 입시중심교육, 과열과외, 치맛바람, 촌지, 교육이민 등이 그와 같은 사례이다. 왜곡된 교육열은 전인적 성장의 저해, 학교교육의 비정상화, 국민들 간의 위화감 조성, 가정경제의 파탄 등을 가져오기도 한다.

교육열은 다양한 사교육 행동으로 표현된다. 한국인의 교육열이란 사실 좋은 대학에 입학시키기 위한 노력이라고 해도 과언이 아니다. 미취학아동 때부터 시작되는 각종 사교육들의 사실 최종 목표는 명문대학의 진학이라고 볼 수 있다. 명문대학을 나와서 좋은 직업과 많은 수입 그리고 사회적인 출세, 즉 사회의 엘리트 계층에 속하게 될 수 있기 때문이다. 이런 특성은 후천적으로 습득된, 사회문화적으로 학습된, 역사적으로 누적된 특성이다.

교육열의 발생원인은 크게 교육적 요인과 사회적 요인으로 나눌 수 있다. 교육적 요인으로는 첫째, 지필시험 위주의 평가 및 학생선발과 경쟁력이 약한 학교수업의 질에 문제가 있다. 둘째, 대입경쟁 심화와 입시 위주의 교육체제가 과외를 발생하게 한다. 셋째, 교육정책의 특징은 일관된 억압과 대중요법을 바탕으로 정치적 고려와 단기간에 성과를 올리려는 업적주의 그리고 획일주의가 밑바탕에 배어 있다. 사회적 요인으로는 첫째, 학력을 중시하는 사회문화풍조를 들 수 있다. 둘째, 사회경제적 변화에 따른 과외수요 확대도 그 원인으로 작용하고 있다. 셋째, 가족 이기주의의 만연도 그 원인으로 지적된다.

한국인의 높은 교육열과 급격한 고등교육 팽창을 바라보는 관점은 역사문화적 관점, 사회환경적 관점, 인간자본론적 관점, 급진론, 지위집단경쟁론, 사회역동적 관점 등이 있다. 역사문화적 관점에서는 교육열과 교육팽창을 야기시킨 주요 변인으로 과거제도, 식민지 경험, 한국전쟁, 전통적 교육관, 사회구조 와해, 사회구조 재형성의 준거로 교육활용, 동질적 사회, 독특한 자녀관–자녀를 위한 헌신, 가부장적 사회제도를 들었고, 사회환경적 관점은 현재의 잠정적·유동적 여건을 초점으로 하고 있으며, 교육열을 야기시킨 주요 변인으로 증가된 국민소득, 학력인구 급증, 인력수요 급증, 하위교육제도 팽창, 교육부의 경험부족 등을 들었다.

인간자본론 관점은 정부의 계획을 초점으로 하며, 국가를 유기적 관료국가로 보고 교육의 역할을 국가발전의 도구로 보았다. 교육열의 주요 변인을 정부계획, 기술발전, 개발도상국의 보편적 현상으로 보았다. 급진론은 지배계층의 의지를 중심으로 하며, 국가관을 도구적 국가로 보고 교육의 역할을 국가의지 실현기구로 보았다. 주요 변인은 지배계층의 이익, 정치권력의 합법화, 학생운동 통제, 신종주국의 이익으로 보았다. 지위집단 경쟁 이론은 지위획득을 위한 경쟁을 중심으로 하고, 국가관은 자율의지 국가관으로, 교육의 역할을 지위획득에 필요한 학위제조로 보았다. 주요 변인은 학력 간 높은 임금격차, 정치력 획득의 가능성, 학위의 가치, 교육자본가의 이익, 취업, 결혼의 기회 등으로 보았다.

그리고 사회역동성 관점은 집단역학관계를 중점으로 하고, 자유주의 혹은 자율의지 국가관을 가지고 교육의 역할을 집단이익 경쟁의 장소로 보았다. 주요 변인은 각 집단 사이의 상대적 영향력의 정도로 보았다. 이 관점의 특징은 한국사회가 처한 상황을 계층 간의 갈등이나 경쟁이 심한 정도로 인식하는 것이 아니라, 생존과 성공을 위한 전쟁터로 인식한다는 데 있다.

학부모의 수입, 직업, 학력에 따라 '교육'에 대한 인식과 학업성취, 학력취득에 대한 가치부여가 다를 뿐만 아니라 학업성취나 교육적인 발달과정에 영향을 미친다고 할 수 있다. 학부모들이 처한 여건과 자녀에게 제공할 수 있는 교육환경은 계층에 따라 차이가 나며, 이들이 자녀에게 기대하고 있는 교육수준이나 이를 실현시키기 위한 부모들의 구체적인 노력도 계층에 따라 조금씩 다를 수밖에 없다. 또한 개인의 직업적 지위, 경제적 지위를 나타내는 사회적 성취를 위한 행동도 다르다고 볼 수 있다.

첫째, 상층계층은 교육의 필요성을 명예와 권력을 얻으려는 경향을 띠고, 생활태도는 전통적인 성향을 띠고 있다. 중층은 학부모가 사회에서 이루지 못한 욕망을 자녀에게 기대하는 미래지향적인 점이 지배적이며, 하층은 경제적 이유 때문에 현실적인 문제해결을 더 생각하고 있다. 둘째, 학업성적 면에서 상층과 중층은 학생의 노력부족으로 성적부진의 요인을 들고, 하층은 가정배경의 원인으로 배경적인 요인을 중시하고 있다. 셋째, 청소년의 생활지도는 청소년 스스로 문제해결을 하도록 조언해 주고 대화의 대상이 되어 주기를 바란다. 하층은 청소년문제를 경제적 빈곤에서 온다고 보고 있고, 용돈문제는 모두 올바른 생활지도와 연결시켜 습관화되기를 바라고 있다.

학부모의 교육적 권리는 첫째, 생물학적 입장에서 자녀를 소유개념으로 보는 것이다. 둘째, 의무론적 입장에서 부모의 가장 신성한 의무라고 생각하는 것이다(J. S. Mill). 셋째, 보호자적 입장에서 부모가 자녀의 장래에 대한 최대의 보호자라고 보는 것이다(J. Locke). 넷째, 교육적 효율성의 관점에서 부모가 자녀의 흥미나 발달상태에 대해 가장 정확한 이해를 가지고 있다고 보는 것이다(UN인권선언).

1967년 영국 플라우덴(Plowden)보고서에서는 학부모의 교육적 권리를 두 가지로 제시하는데, 하나는 교육목적이나 교육과정, 자녀의 학습상황, 과목선택정보 등을 제공받아야 한다는 것이고, 다른 하나는 학교를 방문해 교사와 교육에 관한 의사교환을 할 수 있도록 학교방문을 장려하는 온정적 분위기가 마련되어야 한다는 것이었다. 1994년 영국에서 제정된 학부모헌장(The Parent‘s Charter)은 학부모가 자녀의 학업성취에 관한 정보를 학교로부터 보고받을 권리와 정기적이고 독자적으로 학교의 교육활동을 장학할 수 있는 권리가 있음을 선언하고 있다.

또한 학부모의 교육참여 근거는 대략 세 가지로 요약할 수 있다. 첫째는 자녀들의 가장 큰 관심을 결정할 책임이 먼저 그리고 우선적으로 부모에게 있다는 학부모 권리, 둘째는 가정이 아동의 발달에 중대한 영향력을 미친다는 가정, 셋째는 지역사회기관에 대한 시민참여의 원리이다. 또한 학부모들은 교육의 소비자로서 교육에 적극적으로 참여할 권리가 있다. 흔히 교육자치의 본질적 요소는 교육행정의 지방분권화, 교육행정에 대한 지역주민의 참여와 통제, 교육행정의 일반행정으로부터의 독립, 교육행정 영역의 전문적 관리의 네 가지로 요약되는데, 지역주민의 참여와 통제를 필요로 한다는 것은 학부모들의 참여와 통제를 필요로 한다는 것과 같은 의미로 볼 수 있다. 그리고 제도적인 개선 이외에 민주적 운영을 위해서도 학부모의 교육참여는 필요하다.

해방 이후 학교교육의 팽창은 막대한 교육재정을 필요로 했으나, 당시 국가재정의 많은 부분을 외국원조에 의존하던 상황에서는 학부모들에게 의존할 수밖에 없었으며, 각종 학교후원조직을 통해 재정적 지원을 받아왔다. 1950년 초등학교의무교육제도가 실시되자 교육인구는 급속도로 증가하게 되면서 급격히 늘어난 교육인구를 수용할 교육시설은 부족했고, 이를 뒷받침해줄 수 있는 공교육 재정 역시 부족한 실정이었다. 이같은 상황에서 학교별로 자발적인 후원회(1946~1952)가 조직되어 학교운영을 지원하게 되었다. 후원회는 점차 학부모들에게 과중한 경제적 부담을 강요하는 폐단을 드러내었고, 부모의 경제적 부담에 따라 학생을 평가하는 등 불건전한 풍토가 조성되는 문제를 일으켜 문교부(교육부)는 전국적으로 점점 더 조직화되고 균형잡힌 학부모 조직의 필요성을 느끼게 되어 사친회(1953~1962)가 발족되었던 것이다.

한국전쟁으로 학교시설의 태반이 파괴되었다. 정부는 재정부족으로 학교운영비조차 제대로 지출할 수 없는 형편에 도달하자 문교부훈령(1953년)으로 사친회를 조직하게 되었다. 미국을 모델로 한 사친회는 부족한 교육재정을 보충하였고, 1953년의 경우 중등학교 재정의 53%를, 1955년에는 23.5%를 사친회가 부담하고 있었다. 실질적으로 학부모들은 사친회비와 수업료, 입학금을 포함하면 학교재정의 80%를 부담했던 것이다. 1956년에는 사친회가 중등학교 학급당 경비의 75% 이상을, 1965년의 경우 교사봉급의 74%를 부담할 정도였다. 이렇게 사친회에 대한 학교재정의 의존도가 커지고, 특히 교사인건비가 이와 같은 불안정 재원에 의존함에 따라 학교별 사친회비 징수를 둘러싼 비리, 잡부금 증대 등의 문제가 발생했고, 학부모들의 거센 치맛바람은 비교육적 풍토를 조성하는 결과를 낳았다. 사친회의 폐지는 학원부패의 온상이었던 기부금의 근절 및 학부형의 교문출입금지조치 등과 함께 취해진 5·16군사정부의 학원정상화정책의 일환으로 단행되었다.

이후 기성회(1963~1970)가, 또 육성회(1970~1995)가, 그 후부터는 어머니회가 생겼으나, 모두 부족한 교육재원을 보충하는 역할이었으며, 학교운영에 직접적으로 관여할 수는 없었다. 그러나 1995년 교육개혁안으로 생긴 학교운영위원회는 1997년 12월 13일 제정된 '초·중등교육법'을 통하여 공식적으로 학교운영에 참여할 수 있게 되었다. 학교운영위원회는 학교헌장 및 학칙의 제정 또는 개정에 관한 사항, 학교의 예산안 및 결산에 관한 사항, 학교교육과정의 운영방법에 관한 사항, 교과용도서 및 교육자료의 선정에 관한 사항, 정규학습시간 종료 후 또는 방학기간 중의 교육활동 및 수련활동에 관한 사항, 초빙교원의 추천에 관한 사항, 학교운영지원비의 조성·운용 및 사용에 관한 사항, 학교급식에 관한 사항, 대학입학 특별전형 중 학교장추천에 관한 사항, 학교운동부의 구성·운영에 관한 사항, 학교운영에 대한 제안 및 건의사항 등 학교운영 전반에 관한 사항을 심의하는 기능을 담당한다.

학부모의 교육시민운동이 필요한 까닭은 자녀들이 받는 교육에 대해 부모로서의 권리와 책임을 갖기 때문이다. 자녀가 자신의 교육에 대해 권리를 행사하지 못하기에, 부모는 친권자로서 자녀의 권리를 대리로 행사한다. 또한 학부모와 교사는 학생의 온전한 교육성취를 위해 힘을 합할 필요가 있다. 그리고 학부모와 주민은 주민자치를 실현하는 주체로서, 주민자치 가운데 가장 중요한 과제인 교육문제에 개입한다. 시대의 흐름은 이제 시민자치의 시대로 들어서고 있다. 지난 시대 국가생활에서 '통치'가 핵심단어였다면, 앞으로는 '자치'가 핵심단어가 된다. 마지막으로 학부모는 교육소비자로서 권리를 갖는다. '교육서비스'를 돈을 내고 '구매하는 소비자'로서 서비스 품질에 대해 주장할 권리가 있는 것이다.

'참교육을 위한 전국학부모회'는 1989년 9월 22일 창립되었고, '인간교육실현 학부모연대'는 1990년 4월 28일 조직되었다. '교육개혁과 교육자치를 위한 시민회의'는 1994년 3월 5일 설립되었고, '참교육 시민모임'은 1994년 4월 2일 설립되었다. 이들은 대체로 육성회비 반환운동, 촌지 안 주고 안 받기 운동, 학부모 권리 찾기, 교육정책사업, 학부모교육, 학부모 상담실 운영, 입시위주 교육청산, 민주적인 인간교육 실천운동 등을 하고 있다.

학부모의 교육참여는 학교운영위원회와 교육시민운동에 그치지 않고 교사평가까지 그 영역이 확대되고 있다. 교원평가제는 학교 내의 교원들을 학교장과 교감, 동료교사, 학생·학부모가 평가하는 제도이다. 이것은 2005년 5월 2일 교육부가 발표한 '교원평가제도 개선방안'의 내용이다. 추진방향에 따르면 평가대상은 국·공립은 물론 사립학교를 포함한 모든 초·중·고교 교원이다.

평가내용은 교장, 교감의 경우 학교운영 전반을 평가받고, 일선교사는 수업계획과 실행 등에 대해 평가를 받게 된다. 평가방법은 동료교원은 평소 관찰이나 한 학기에 1회 이상 공개수업을 하여 종합적으로 평가하고, 학부모와 학생은 설문조사서를 작성하여 제출하는 방식으로 이루어진다. 이와 함께 평가결과는 매년 11월 개별 교원에게 통보되고 개인별 결과는 공개되지 않지만, 해당 학교교장과 교감에게는 통보된다.

그러나 평가결과는 교원의 능력을 신장하는 데 활용하기 위한 것이지 인사 등과는 연계하지 않는다. 또한 기존의 평가제와는 달리 결과 공개를 원칙으로 하며, 절대평가가 이루어진다는 것이 교육부의 방침이며, 교원평가의 정식 명칭도 교원능력개발평가로 정했다. 교원평가제의 실시로 공정한 평가를 통한 교원의 지도능력 및 전문성을 강화해 학교교육의 질적 향상을 목적으로 하고, 2010년 3월부터 전면 실시하고 있다.

교원평가제에 대한 사회적 여론은 정부의 정책이 미온적이라는 주장이다. 많은 학부모들은 교원평가제의 평가결과가 공개되어야 하며, 무능력하거나 성품이 바르지 못한 교원에게 퇴출의무연수제 또는 퇴출 등의 방식으로 적극 활용되어야 한다고 생각한다. 이는 기존의 교원의 근무성적평정제도와 교원평가제의 일원화로 이어진다. 또한 교원평가제의 평가방법으로서 학부모의 수업평가보다 학생의 수업만족도를 반영하는 방식으로 이루어져야 한다고 보는 견해도 호응을 받고 있다.

Chapter 13 교육사회학의 새 방향

1 교육사회학의 새 관점

21세기는 교육사회학의 새로운 관점을 요구하고 있다. 세계화의 급속한 진전, 정보공학의 초고속 발달, 금융자본주의의 위기, 다문화주의의 출현, 수많은 국제기구와 국제조직, 다국적 기업의 거대한 영향력, 인터넷에 의한 포스트 모뎀(post-modem)사회 출현, 시민민주주의의 발달과 NGO, 생명공학기술의 발전 등이 교육의 모든 것을 바꾸어 놓고 있기 때문이다. 이제 학교는 산업사회에서의 특권적 지위를 많이 잃고 있으며, 다양한 교육공간 중의 하나에 불과해지고 있는 것이다.

학생들이 학교를 떠나고 학교에서 잠만 자다가 집에 가거나 학교를 거부하는 것은 교육의 위기가 아니라 다만 학교의 위기일 뿐이다. 왜냐하면 학생들은 학교 밖에서 분명히 다양한 방법으로 교육활동을 하고 있기 때문이다. 의무적으로 학교에 다니는 표준적인 삶의 모습은 산업사회에서의 규범이었다. 그러나 이제는 소비자가 왕이며 학습자가 어떤 선택을 하느냐 하는 것이 관건이 되고 있다. 학습을 위해 교육이 존재하는 것이다. 즉, 학습권이 교육권에 우선하는 시대가 되고 있는 것이다.

이제 교육사회학은 사회학의 이론과 방법론을 탈피해야 하는 상황이 되었다. 철학, 역사학, 심리학, 인류학, 정치학, 경제학, 행정학 등과 같은 학문과 독립된 상태로 존재하는 것도 어려워지고 있다. 왜냐하면 교육현상이 어느 한 학문 영역의 시각으로 보기 어려울 정도로 매우 복잡해지고 있기 때문이다. 따라서 다른 학문과의 긴밀한 대화가 필요하며 협력적 관계를 설정하는 것이 불가피하다.

또한 생명력이 있는 교육담론을 통하여 서양의 지적 헤게모니의 우산 아래에서 벗어나 독자적이고 토착적인 이론을 만들어내야 한다. 많은 연구자와 통합적인 연구가 필요하고, 새로운 탐구주제와 연구 영역도 찾아 개발하고 확장시켜야 한다. 점점 더 범위가 넓어질 수밖에 없는 이유는 21세기는 누구나 다 교육과 관계가 있고, 공급자이면서 동시에 학습자가 되는 시대이기 때문이다. 이제 그 어떤 것도 교육과 무관할 수가 없다.

2 포스트모더니즘과 정보화사회

서구 근대화 이후 나타난 대중적 공교육체제는 합리성, 체제성, 보편성, 객관성, 조직성, 효율성 등을 특징으로 하는 모더니즘을 근간으로 발전해 왔다. 교육은 통상적으로 세계와 인간에 대한 객관적 지식과 보편적인 가치체계를 가르침으로써, 학생들로 하여금 이성적인 삶을 영위해 나갈 수 있는 능력을 길러주는 것으로 인식되었다. 그러나 과학기술의 발달로 탈산업사회가 되더니 급기야 정보과학과 컴퓨터의 발달이 공상과학과 같은 정보화사회를 가져왔다. 이 사회의 특징은 컴퓨터와 통신기술이 사회를 선도하는 사회, 지식 및 정보의 수명주기가 단축된 사회, 전통지향에서 미래지향으로 변한 사회, 집중화로부터 분산화가 강조되는 사회, 시간과 공간이 새로운 의미를 갖는 사회, 시민참여가 활성화된 사회, 공급자 위주에서 수요자 중심으로 변화된 사회 등이다.

따라서 교육패러다임의 변화, 즉 교육의 시·공간적 확대, 교육대상의 확대, 교육내용의 다양화와 민주화, 교육주체의 변화, 교육방법의 변화를 가져오고 있다. 그런데 이런 변화는 이미 1960년대에 시작된 포스트모더니즘(post-modernism) 운동이 학교에서 가르치는 지식과 가치체계는 객관적이거나 보편적인 것이 아니며, 시·공간을 초월해 누구나 수용해야 하는 절대적 진리가 아니라고 주장하기 시작한 것과 맞물려 있다.

왜냐하면 객관적이고 보편적으로 간주되는 제반지식과 가치는 실제로는 특정한 역사적·사회적 상황에서 특정한 관점과 세계관에 기초해 형성되었다고 보기 때문이다. 따라서 포스트모더니즘(후현대주의)의 입장에서 볼 때 학교에서 가르치는 지식과 가치체계는 다른 상황에서 혹은 다른 관점이나 세계관에서 보면 전혀 객관적이거나 보편적이지 않을 수 있다. 이러한 포스트모더니스트들의 상대주의적 견해는 교육에 뿌리깊이 박혀있던 신념과 인식체계의 근거를 와해시키고 있다.

참고

포스트모더니즘은 이성중심에 대해 근본적인 회의를 내포하고 있는 사상이다. 제 2차 세계대전 및 여성운동, 학생운동, 흑인민권운동과 구조주의 이후에 일어난 해체현상의 영향을 받았다. 탈중심 사고, 탈이성적 사고가 포스트모더니즘의 가장 큰 특징으로 1960년대 미국과 프랑스를 중심으로 일어났다. 료따르, 푸꼬, 보드리야르 등이 대표적인 포스트모더니즘 철학자이다. 포스트모더니즘은 용어 자체가 역사학적 구분에서의 근·현대에 스쳐간 수많은 것들을 포함하기 때문에 학자, 지식인, 역사가 사이에서 그 정의를 두고 극한 논쟁이 일고 있는 개념이다. 그럼에도 포스트모던적 생각이 철학, 예술, 비판 이론, 문학, 건축, 디자인, 마케팅/비지니스, 역사해석, 문화 등 다방면에 걸쳐 영향을 끼쳤다는 사실에는 대부분 동의한다. 포스트모더니티(postmodernity)는 포스트모더니즘과는 구분되는 용어로 사용되며, 포스트모더니즘이 발생한 시기의 사회·문화의 접변현상만을 가리킨다.

실제로 교육현장에서 교사들은 상대주의적 사고와 가치관으로 이미 무장된 학생들을 가르치는 데 있어서 무기력한 자신들의 모습을 확인하게 된다. 왜냐하면 포스트모던 문화에 물든 학생들이 교사의 지적·도덕적 권위를 예전처럼 인정하려 들지 않을뿐더러, 교사가 가르치고자 하는 지식과 신념의 보편적 의미나 가치를 받아들이려 하지 않기 때문이다. 이러한 상황에서 포스트모더니즘의 교육적 문제의식은 결국 교사 또는 교육학자들로 하여금 교육에 대한 기존의 접근방식을 진지하게 재검토할 것을 요구하고 있다. 교육에 대한 참신하고 새로운 관점이라고 해서 무조건적으로 수용하거나, 기존의 익숙한 이해방식에 적합하지 않다고 해서 혹은 교육현장에 지적·도덕적 혼란을 부추긴다고 해서 감정적으로 대처하는 것은 현실적으로 당면해 있는 교육문제의 해결을 더욱 어렵게 만들 수 있다.

첫째, 포스트모더니즘은 학교에서 가르치는 지식에 대한 전통적 관점을 전환할 것을 요구한다. 학교에서 가르치는 다양한 교육내용 중에서 가장 핵심적인 요소는 무엇보다도 지식이다. 그런데 전통적으로 지식과 관련해 교육현장에서 가장 뿌리깊게 박혀있는 신념은 그것이 객관적 실재세계를 사실적으로 정확하게 반영하고 있으며, 그렇기 때문에 보편타당한 진리라는 믿음이다. 학교에서 이러한 지식은 교과서라는 형태로 체계적으로 조직되어 학생들에게 가르칠 뿐만 아니라 여러 평가에 있어서도 가장 기본적 준거로 작용한다. 따라서 교과서화된 지식은 교사와 학생들에게 절대적인 영향을 미치게 된다고 해도 크게 틀리지 않는다.

그런데 포스트모더니즘은 지식의 보편타당성과 진리성에 대한 전통적 신념을 정면으로 공격한다. 프래그머티즘과 포스트모더니즘의 결합을 시도한 미국의 철학자 리차드 로티(Richard M. Rorty)에 따르면 교육과 지식을 이성이나 진리 또는 보편타당성 등의 개념을 동원해 설명하는 것은, 사실 '특정한 시대의 언어게임이나 사회제도 또는 자기관념을 영속화하려는 시도'에 지나지 않는다. 어떤 지식 또는 신념체계는 완전하며 보편타당한 것이 아니라, 특정한 사회적·역사적 상황 속에서 형성되고 지속적으로 재구성되는 것이다.

따라서 어떠한 지식과 신념체제가 학생들에게 절대적이며 고정적인 것으로 주어지거나, 그것을 수동적으로 내면화하도록 요구해서는 안 된다. 오히려 우리 사회의 특수한 전통과 문화 속에서 형성된 역사적·사회적 산물임을 인식할 수 있도록 가르쳐야 한다. 그리고 역사적 산물로서의 지식과 신념체제가 어떠한 동기와 관심, 가정과 전제 그리고 어떤 방식의 협동적 노력의 과정을 거쳐 형성된 것인가를 이해할 수 있고, 동시에 그것들이 어떤 제한점과 한계를 갖고 있는가를 비판적으로 생각할 수 있도록 가르쳐야 한다.

또한 학생들은 그들이 배운 지식이나 신념체제를 절대 보편타당하고 유일한 것 그리고 당연히 옳은 것으로 생각하지 않고, 다른 대안적인 지식과 신념체계가 가능하다는 것을 인식하며, 다른 관점과 견해에 대해 개방적이고 허용적일 수 있는 태도를 배울 수 있어야 한다. 푸꼬(M. Foucault)의 용어를 빌리자면, 한 마디로 '한계적 인식태도(limit-attitude)', 즉 다원적이고 유동적인 열린 인식태도, 열린 지식관이 요구되는 것이다. 나아가 교과서 혹은 교육과정 역시 학생들로 하여금 다원적이고 개방적 인식이 가능한 방향으로 재구성되어야 한다.

누구나 옳은 것으로 믿고 수용해야 할 신념이나 가치관 그리고 지식을 담은 성전(聖典)으로서의 교과서가 아니라, 학생들의 창의적이고 비판적이며 다양한 사고를 자극하고 주체적인 문제해결 능력을 길러주는 학습자료로서의 열린 교과서가 요구되는 것이다. 이러한 열린 교과서와 교육과정에서는 료따르(J. F. Lyotard)가 지적한 것처럼 경험적으로 검증 가능하거나 논리적으로 논증 가능한 '인지적 지식'뿐만 아니라, 그동안 가치가 없거나 적은 것으로 치부해 왔던 주변적 요소들(기술적 요소, 윤리적 요소, 미적 요소 등)도 인지적 지식과 대등하게 다루어져야 한다. 이러한 요소들로 이루어진 다양한 지식을 가진 사람만이 포스트모던사회에서 다양한 삶의 양식을 창조적으로 살아갈 수 있기 때문이다.

둘째, 포스트모더니즘은 전통적 교육에서 지배적인 지위를 차지했던 교육방법의 전환을 요구한다. 전통적인 교육에서 중심적 교육방법은 당연히 전달과 주입이라는 획일적 방식이었다. 일방적인 전달과 주입이라는 독단적인 교육방법은 결과적으로 학생들의 사고와 행동에 무비판성, 수동성, 경직성을 초래해 왔다. 이러한 교육방법으로는 교사와 학생 간에 밀접한 대화와 토론이 이루어지기란 불가능한 일이다. 파울로 프레이리(Paulo Freire)의 지적처럼 전통적 교육(banking education: 은행저금식 교육)에서 교사는 가르치고 학생은 가르침을 받으며, 교사는 모든 것을 알고 학생은 아무 것도 모르며, 교사는 훈련시키고 학생은 훈련을 받으며, 교사는 선택하여 자신의 선택을 강요하고 학생은 동의하며, 교사는 학습과정의 주체이고, 학생은 단순한 객체일 뿐인 일방적 관계만 존재하게 된다.

지식 및 교육과정의 다원성과 상대성을 기초로 하는 포스트모더니즘은 이러한 전통적 교육의 획일적·일방적 방법을 교사와 학생, 학생과 학생 간의 개방적이고 비판적인 대화와 토론, 협동, 자율적인 참여와 창의적인 탐구의 방법으로 전환해야 한다고 제안한다. 포스트모더니즘에 입각한 교육에서는 무엇보다도 교사와 학생이 한편은 일방적으로 지시하고 다른 한편은 수동적으로 따르는 주종관계가 아니라, 끊임없는 대화와 토론을 통해 공동으로 지식과 가치를 탐구하며 창조하고 재창조해 나가는 동반자적 관계이기 때문이다.

이러한 관계에서 학생들의 지엽적이고 주관적인 경험과 느낌, 흥미와 관심 그리고 판단 등은 더 이상 무시하거나 제거해야 할 몰가치한 것이 아니라, 교사가 갖고 있는 체계적인 지식이나 경험과 동등한 가치와 의미를 갖게 된다. 즉, 학생들의 주관적이고 개별적인 지식과 경험들도 교육의 과정에서 매우 중요한 학습자료가 될 수 있으며, 학습내용 및 경험의 선택에 대한 학생들의 자유가 최대한 허용될 수 있다는 의미이기도 하다.

마찬가지로 포스트모던 교육에서는 학생들 간의 공동학습 혹은 협동학습법을 추구한다. 협력학습이란 학생들이 소집단 활동에 주체적으로 참여해 일정한 역할과 책임을 맡아 공동과제를 해결해 나가는 학습방법이다. 이러한 협력학습은 개개인을 격려하고, 학습흥미를 유발하며, 이론보다는 학습현장의 실제 장면을 중시하고, 토의·토론방법으로 수업을 진행한다는 특징을 가지고 있다. 협력학습을 통해 학생들은 서로의 공통점과 차이점을 확인하고 인정하는 자세와 태도를 익히게 된다. 즉, 포스트모던시대에 필연적으로 요구되는 다원적인 삶의 태도를 배우게 된다는 것이다.

셋째, 포스트모더니즘은 포스트모던사회와 정보화사회에 적합한 새로운 교육체제를 요구한다. 근대의 계몽주의와 함께 성장·발달한 공교육은 합리적 이성에 기초한 보편적 지식 및 가치체제의 전달과 주입에 의존하는 제도이다. 18세기 근대 공교육사상의 제창자인 꽁도르세(M. D. Condorcet)는 인간의 이성을 절대적으로 신뢰하였다. 그는 한 사람 한 사람의 인간이 그 본질인 이성에 눈뜨고 자율적으로 사유하고 행동하는 인격으로 무한히 고양되며 그러한 이성적인 인간으로 고양되는 사람들의 수가 확장되는 것을 진보라고 믿었다.

인간이 본래의 자유를 회복하고 평등을 실현하기 위해서는 편견이나 무지를 극복하고 인간정신의 진보를 실현해야 한다. 바로 여기에 교육의 고유한 임무가 발견된다고 보았다. 다시 말해 합리적 이성을 계발해 편견과 무지를 극복하고, 누구에게나 보편적으로 적용될 수 있는 지식과 진리를 추구함으로써 진보를 실현하기 위해 모든 사람들을 교육받게 해야 한다는 것이다. 바로 이러한 논리에 기초해 교육에 대한 기획과 운영 그리고 통제를 전체적으로 국가사회가 주도하는 공교육이 성장·발달해 온 것이다. 그 결과 공교육체제는 필연적으로 획일성과 경직성을 그 특징으로 가질 수밖에 없었다.

포스트모더니스트들은 시대적·사회적 상황이 변화된 포스트모던사회에서 전통적인 공교육체제는 더 이상 적합하지 않다고 생각한다. 다시 말해 거대서사(grand narrative)보다는 소서사가, 총체성·전체성보다는 국부성·파편성이, 중심성·자아성보다는 주변성·타자성이, 획일성보다는 다양성이 중시되는 사회에서 동일한 교육목표를 위해 동일한 교육내용을 동일한 교육방법으로 가르치는 교육체제는 시대착오적이라는 것이다. 따라서 포스트모더니스트들은 새로운 사회적 조건에 적합한 보다 유연하고 다양한 교육체제가 요구된다고 주장한다.

포스트모더니즘에 입각한 교육이 기존의 공교육체제를 전면적으로 거부하는 것은 아니다. 다만 한편에서는 기존의 공교육체제에 포함되는 학교교육 내에서 경직성과 획일성을 극복할 수 있는 다양한 운영방식을 모색하고, 동시에 다른 한편에서는 기존의 학교교육에 대한 여러 형태의 대안적 교육모델을 지속적으로 실험하고 개발해 나가야 한다는 것이다. 오늘날 우리 사회에서 자주 언급되는 열

표 13-1 근대사회와 포스트모던사회에서의 교육개념 비교

근대사회	포스트모던사회
획일적, 단선적 가치관	다양성, 나선형적 가치관
학교 내에서 교육	현장에서 교육
동일한 교육과정	상이한 교육과정
진학 중시	자아성장 중시
교사중심 수업	학생중심 수업
엄격한 규율	자율성 중시
학습시간 고정	학습시간 선택
학교에 의한 입학과 졸업	학습자에 의한 입학과 졸업
교실학습	재택학습
일정한 학생 수	다양한 학생 수
학교교육	평생교육

린교육, 대안교육, 홈스쿨링 등도 결국 포스트모던사회에 적합한 새로운 교육체제 혹은 학교를 위한 실험들이라고 할 수 있다.

넷째, 포스트모더니즘에 입각한 교육은 학생에 대한 전통적인 견해를 수정할 것을 요구한다. 전통적인 교육에서 학생은 지식이나 가치를 주어지는 대로 배워 나가고 수용해 나가야 하는 수동적인 존재로 간주되어 왔다. 이러한 사고방식은 세계에 대한 이해와 지식을 형성해 나가는 데 있어서 학생 개개인이 발휘할 수 있는 능동적인 역할과 주체성에 대한 올바른 인식을 저해해 왔다.

포스트모더니즘의 문제의식에서 볼 때 그들이 미성숙자라고 하여 학생들의 목소리를 소외시켜서는 안 되며, 그들도 인간 주체임을 잊지 말아야 한다. 학생을 백지(tabula rasa)상태로 보거나, 미성숙을 이유로 단순히 배움의 대상으로 여겨서는 안 된다. 마음대로 휘둘러진 정전(正典)을 받아들이기만 하는 수동적 존재도 아니다. 그들은 단순히 지식을 이해하고 습득하는 수동적 존재가 아니라, 그것을 재해석하고 재창조하는 능동적이며 주체적인 존재이다.

따라서 포스트모더니즘에 기초하는 교육에서는 학생들의 관심과 흥미, 기호, 사유 및 행동양식 등에 관심과 주의를 기울이고 이해해야 한다. 나아가 교육과정에 적극적으로 참여시켜 그들이 지닌 비판적 능력과 창의성 그리고 상상력을 충분히 신장·발현할 수 있도록 해야 한다.

포스트모더니즘 교육학의 특성을 정리하면 다음과 같다. ① 권력과 지식의 공생관계를 통해 학교제도의 아동감시·교정기능을 밝힌다. ② 기존의 교과서에 담겨 있는 가치관·규범 중 남성·백인우월주의의 허구성을 드러낸다. ③ 학교에서 배우고 있는 지식은 진리인가 하는 의문을 가짐과 함께 인간을 해방시키는 진리는 어떤 것인가 하는 본질적 질문을 하게 한다. ④ 교육의 주변부와 타자성을 중시하고, 교사·학생·학부모·교육행정가 등 인간개체를 복원시킨다. ⑤ 엘리티즘(elitism) 문화에 의해 주변에 머물러 있었던 지역문화·대중문화·일상문화를 교육문화에 자리 잡을 수 있는 가능성을 열어둔다. ⑥ 기존의 권위에 조건화된 자아를 확인하고 해체해 본질적인 자아를 회복할 수 있는 여지를 만든다. ⑦ 다원적 사고의 허용과 이질성의 인정으로 교육의 다양화를 열어준다. ⑧ 신사회교육운동(평화·환경·여성해방·소비자교육운동)의 가능성을 열어준다 등이다.

이런 것들이 앞에서 이미 제시한 교육개념의 재정의(페드라고지 → 앤드라고지), 교육전략의 전환(기본기능 발달 → 사고력 발달), 학습환경의 전환(암기·계열화 → 능동적·협동적), 학교관리의 전환(지도·감독 → 지원·조장), 학습결과의 전환(일부 학생 → 모든 학생) 등을 요구하는 것이다. 그러나 포스트모던 교육학은 다음과 같은 가능성과 한계를 동시에 가지고 있다.

첫째, 포스트모던 교육학에 대한 심층적 공론화는 21세기 개방·민주사회에 살고 있으면서도 교육의 봉건성·전체주의성이 여전히 강력한 힘을 발휘하고 있는 한국교육의 경직성을 해체시키는 힘으로 작용할 것이다.

둘째, 해체주의적 사고를 하는 포스트모더니즘의 물결은 왜 교육을 하느냐는 당위적 질문과 교육지표의 방향을 무엇으로 세우느냐는 문제의식의 대전환을 요구한다.

셋째, 포스트모던 교육학은 교육을 문화양식 및 예술양식과 같은 것으로 본다. 교육관을 예술성에서 찾는 것은 지식위주교육, 공학적인 기술주의교육을 극복하는 중요한 시사점을 제공한다.

넷째, 교사가 교실에서 하는 말에 대한 해체적 독해가 필요하다. 말은 권력관계의 표현이기 때문에 학교의 일상생활 속에 스며들어 있는 지배적인 화법을 분석할 필요가 있음을 시사한다.

다섯째, 서구의 이성을 어떻게 평가할 것인가 하는 문제가 남는다. 모더니즘과 포스트모더니즘 논쟁에서 이성옹호와 이성비판이라는 두 가지 대립된 이성을 우리는 어떻게 통합시킬 것인가 하는 문제이다.

여섯째, 포스트모던 교육학은 서구 근대문화의 중심인 고급문화의 쇠퇴와 아울러 대중문화를 강조하고 있다는 점은 청소년문화를 이해하는 하나의 돌파구를 열어줄 것이다.

3 학습사회론

'학습사회'란 문자 그대로 '학습하는 사람, 늘 배움을 추구하는 사람들로 구성되는 사회의 학습화'를 의미하는 개념으로 이해될 수 있다. 학습사회란 모든 사회구성원이 계층이나 성별·연령·주거지·직업·교육수준 등의 사회 귀속적 변수와 무관하게 자유로이 배움을 주고받을 수 있는 사회, 즉 언제 어디서 무엇이든 어떤 방법으로 누구나 누구에게든지 자유로이 배움을 주고받는 '늘 배움'의 사회를 의미하는 것으로 이해된다. 즉, 교육이상사회인 에듀토피아(Edutopia)이다. 이와 같은 학습사회는 기본적으로 평생교육의 이념을 이행하고자 하는 사회건설의 지표라 할 수 있다(S. B. Merriam & R. S. Caffarella).

학습사회에 대한 이론적 논의의 역사는 비교적 길다. 학습사회론은 학교교육의 한계가 드러나기 시작한 1960년대부터 현재에 이르기까지 여타 학자들을 통해 다양한 관점에서 주장되어 왔다. 학습사회론의 대두는 학교교육의 한계를 극복하고자 하는 대안으로 제시된 경우 또는 학교교육과는 별도로 사회교육의 발전을 위해서 제시된 이론들도 있다. 여기서는 허친스(R. M. Hutchins)의 『학습사회론』, 1972년 유네스코의 포르보고서(E. Faure Report)에서 주장하고 있는 『생존을 위한 학습(Learning To Be)』, 1973년 카네기 고등교육위원회(Carnegie Commission On Higher Education)가 주장하는 『학습사회건설론(Toward a Learning Society)』이 시사하는 학습사회건설의 방향을 살펴보고자 한다.

1) 허친스의 학습사회론

평생교육이념이 제창된 1968년 허친스는 저서 『학습사회(The Learning Society)』에서 '학습사회'라는 말을 처음 사용하며 학습사회건설을 주장했다. 그는 학습사회를 모든 사람들이 언제 어느 때라도 교육을 받을 수 있고, 교육의 목표는 인간의 가치실현에 두어야 하며, 모든 제도가 인간의 가치실현을 지향하는 방향으로 가치전환에 성공한 사회라고 규정하였다.

허친스가 주장하는 학습사회는 단순히 교육 기회의 확대만을 의미하지 않는다. 단순히 성인에게 교육제도가 발달되어 있다고 해서 그 사회가 학습사회가 되는 것도 아니라는 의미이다. 학습사회에서의 학습은 인생의 한 시기에 특정 장소, 특정 시간, 특정 내용을 가르치는 것이 중심이 되는 그러한 교육이 아니다. 사회 구성원 전체를 대상으로 정시제 혹은 기타 시간의 융통성을 부여하는 교육이 가능하며, 그러한 교육이 또 하나의 중심이 되는 사회를 의미한다. 이때 학습사회의 목표는 평생학습을 통한 자기실현에 있다. 학습사회의 목적은 직업획득만을 위한 것이 아니다. 인간의 자아실현에 대한 가치가 우선시되지 않고서는 학습사회의 실현이 불가능하다.

1960년대 중반부터 경제발전을 위한 인력교육을 주된 목적으로 하는 교육투자론에 대해 강한 의문이 제기되었다. 교육경제학자이며 교육사회학자인 보울즈(S. Bowls)나 진티스(H. Gintis) 같은 학자들은 슐츠(T. Schultz) 등의 교육경제학적인 논리가 교육을 경제의 도구로 전락시키는 왜곡된 인식이라고 비난하기에 이르렀다. 교육의 인본주의적 인식론자들에 의하면 교육은 교육투자론의 한 유형인 경제발전과 사회적 상승이동이라는 수단이 아니라, 그 자체가 목적이 되는 교육이어야 한다. 이러한 생각들로 인해 이때부터 교육은 자기실현을 의도하는 계속적 혹은 평생학습적인 학습활동이 되어야 함이 강하게 요구되기 시작하였다.

허친스는 교육철학적인 입장에서 인간은 성인기 이후에도 평생에 걸쳐 학습을 계속함으로써 인간성의 상실을 억제하게 될 뿐 아니라, 지금까지의 인생을 통해 겪어 온 풍부한 경험을 통해 새로운 학습능력을 증대시킴으로써, 오히려 교육효과가 아동기보다 훨씬 더 크다는 사실에 주목하여 학습사회론을 주장하게 된 것이다.

2) 유네스코의 학습사회론

유네스코에서는 오늘날 '생존을 위한 학습론'을 소유와 소비의 학습에 대비되는 용어로 제안하고 있다. 포르보고서라고 통칭되는 1973년 유네스코 교육개발국제위원회의 『생존을 위한 학습론(Learning To Be)』은 허친스와 같은 관점에서 교육의 목적과 학습사회의 방향성, 그에 따른 인간상을 규정하고 있다.

가속도가 붙은 기술혁신의 포스트모던사회는 인간을 노동으로부터 해방시키고, 새로운 관점에서 요구되는 생활의 여가를 중요시하는 방향으로 변화하고 있다. 신세대 청소년, 미시족과 같은 신세대 여성론, 전문가 퇴직인과 같은 신세대 노인론이 분야별로 작용하는 새로운 포스트모던의 문화사회로 전환되고 있다. 이러한 문화사회를 가능하게 하는 것이 평생에 걸친 개인의 평생교육이다. 사회제도 및 자원은 이러한 평생학습사회 건설을 지원하기 위해 재편성되지 않으면 안 된다. 이렇게 하기 위해서는 교육의 목적을 자기실존과 자기실현에 두어야 한다.

포르보고서의 핵심은 탈소유의 양식을 위한 학습의 중요성이다. 학습사회에서 학습은 소유하기 위한 학습이 아니라 생존하기 위한 학습이다. 탈소유는 어떤 것에도 구애나 제약을 받지 아니하며, 변화를 두려워하지 않고 지속적으로 성장하는 것을 의미한다. 포르보고서는 학습사회에서 중요한 인간상은 계급과 노동, 이데올로기와 가치 등에 의해 분할된 인간이 아니라, 신체적·지적·정서적·윤리적 통합에 의한 완전한 인간임을 제시하고 있다. 동시에 이러한 인간을 길러주는 것이 바로 학습사회이며 평생학습임을 강조하고 있다.

3) 카네기고등교육위원회의 학습사회론

미국의 카네기 고등교육위원회의 보고서는 보다 실용적인 입장에서 어떠한 교육이든 교육의 목적은 인간실현에 있다는 점을 공감하면서, 교육의 무게중심을 인간의 노동참여에 두고 직업교육을 포함시키는 광의의 입장에서의 학습사회론을 전개하고 있다. 카네기보고서가 강조하는 학습사회는 급속하게 고학력화되고 있는 미국사회에서의 교육문제를 다루고 있다.

카네기고등교육위원회의 관심은 중등교육 이후의 교육, 말하자면 초급 고등교육 혹은 그와 관련된 유사 고등교육의 개혁에 1차적인 관심을 두고 있다. 카네기 고등교육위원회가 주장하는 『학습사회건설론(Toward a Learning Society)』은 중등교육 이후의 1차적인 초급 고등교육이 학습사회의 실현에 결정적이라는 보다 평생교육적인 차원의 개혁안을 제시하고 있다.

학력주의를 부추기는 자격증주의, 즉 직업을 얻기 위해 보다 높은 학교 졸업장이 이유 없이 요구되는 사회적 인식에 의해 1960년대 이후부터 미국에서의 고등교육은 구체적인 방향감각을 상실한 채 급속하게 확대되어 왔다. 그 결과 장기간에 걸친 청소년의 교육은 사회로부터의 격리를 의미하게 되었고, 이것은 청소년과 노동시간 간의 불균형 문제를 만들었다.

이런 현실에 대해 카네기고등교육위원회 보고서는 개인이 노동과 교육, 봉사를 자기 희망에 따라 자유롭게 선택할 수 있으면서도 교육이 가능한 새로운 교육시스템의 도입을 건의했다. 이를 위한 새로운 교육체로서 회귀교육이나 순환교육과 같이 성인이나 청소년들에게 중등교육 이후의 초급 고등교육, 즉 전문대학이나 기술대학 또는 대학교육의 기회를 보장하는 일이 필요하게 되었다.

커뮤니티 칼리지(community college)라는 지역사회대학이나 방송대학 등과 같은 다양한 초급 고등교육기관의 설치가 이때부터 본격화되기 시작했다. 이와 같은 초급 고등교육의 기회 확대 보장은 청소년기에 학교에서 습득하는 자격의 유무로 그 이후의 인생이 구속받지 않도록 하기 위해, 성인에 대해 평생에 걸쳐 다양하고 체계적인 학습기회를 보장하는 첫 단계로서의 중요성을 지닌다.

카네기고등교육위원회보고서가 상정하고 있는 학습사회를 위한 학습의 내용은 허친스나 유네스코의 전략에 비해 보다 광범위하고 실용적이다. 허친스는 단순히 일반교양을 위한 평생학습을 주장했지만, 카네기보고서는 기술훈련과 준학문적 프로그램, 비학문적 프로그램에 대한 학습을 포함하고 있다. 카네기보고서는 그와 같은 폭넓은 학습을 국민에게 보장하는 것이 학습사회건설의 임무라고 보았다.

카네기보고서는 노동에의 참여가 인간 삶의 질을 보장하고, 동시에 그런 활동만이 생활의 중심이 될 것으로 낙관하고 있다는 약점이 있지만, 이 보고서는 인간을 사회와 밀접하게 연결시키면서 인간의 심신을 건전하게 발전시키는 노동을 교육체계 속에 포함시키는 학습사회론을 그리고 있다는 점에서 다른 학습사회 이론들에 비하여 그 목적이 보다 명확하다.

4) 일리치의 학습사회론

일리치(I. Illich)는 『탈학교사회(Deschooling Society)』에서 학습사회에 대한 견해를 제시하였다. 일리치의 학습사회론은 카네기의 학습사회론에 학습방법론을 제공하고 있다. 진정한 교육의 목적은 개인적으로는 자아실현을 도모하고, 사회적으로는 억압적인 요소를 제거하는 데 있다. 그러나 지금의 학교교육은 이와 같은 교육을 외면하고 있는 것으로 분석되며, 국가발전이나 생존을 위한 수단적인 목적에만 치우치고 있다는 점을 지적한다.

이러한 점에서 일리치는 진정한 교육이 이루어지지 못하고 있는 현재의 제도화된 학교교육은 폐지되어야 한다고 주장하였다. 그가 주장하는 것은 학교교육이나 교육 그 자체가 아니라, 인간을 억압하고 있는 제도화된 학교교육의 잘못된 측면의 폐지인 것이다. 지금까지의 학교교육은 교사와 학생의 신분이 하나의 고정된 틀로 굳어져 있어 새로운 학습을 불가능하게 만들고 있다고 비판하는 것이다.

이러한 구조는 사회교육기관이나 고등교육기관에서도 마찬가지이다. 그래서 일리치는 제도화된 학교교육이 없어진 사회를 상정하고 그 대안으로서 사회교육적인 학습망을 제안하였다. 그가 제안하고 있는 새로운 학습망은 다음과 같은 특징을 가지고 있다. 누구든지 학습하려고 생각만 한다면 인생의 어느 때에 있어서도 그것을 위해서 필요한 수단이나 교재를 활용할 수 있는 학습망이 구축되어 있어야 한다. 또한 자기가 알고 있는 지식과 정보를 다른 사람과 공유하고 교류할 수 있어야 한다. 그리고 배우고자 노력하는 모든 사람들에게 학습을 위한 기회가 부여되어야 한다.

이러한 예로는 북유럽의 학습 동아리나 독서회 등이 있다. 스웨덴의 학습 동아리(studiecirkel)는 1894년 오스카 올슨(Oscar Olsson)이 창시하였다. 그는 그것을 지역사회교육의 발전모체로 삼았으며, 1948년부터는 국고보조가 이루어지기 시작하였다. 현재 98%가 국가보조를 받고 있는데, 보조금을 받으려면 다음 조건들을 갖추어야 한다.

첫째, 학습활동을 4주 이상 최저 20시간(1시간은 45분) 실시하거나 주 2회 이내로 1회 3시간을 넘지 않아야 한다.

둘째, 매 학습 동아리 모임 시 지도자를 포함해서 5명 이상 20명 이내의 참여자가 있어야 한다.

셋째, 교육단체에 의해 승인된 기본 학습과제를 사용하며, 교육단체에 의해 인정된 학습지도자가 있어야 한다.

넷째, 특정과목 또는 과목군의 테두리 내에서 체계적인 학습활동이 실시되어야 한다.

현재 스웨덴의 학습 동아리가 채택하고 있는 과목은 예술, 사회과학, 외국어 분야 등이다.

일리치의 학습사회론은 위계중심의 학교교육이나 비인간화된 학교운영 구조를 해체하고, 스웨덴에서 실시되고 있는 것과 같은 식의 새로운 학습망을 건설하는 것이다. 학습을 원하는 사람은 누구든지 그것에 쉽게 접근할 수 있도록 하는 새로운 열린 학습망을 구축한다는 것이다. 학습자가 신원에 대한 증명이나 가계 및 문벌에 관계없이 그것을 자기실현에 최대한 이용할 수 있는 학습경로를 건설하는 것이 바로 그가 원하는 새로운 학습사회이다.

5) 학습사회의 실천과제

학습사회가 실현되려면 학습에 대한 생각이 근본적으로 바뀌어야 한다. 학습장소, 학습대상, 학습방식, 학습매체 등 학습과 관련된 모든 요인들이 전통적 고정관념에서 완전히 탈바꿈해야 한다. 사회 전체가 학습의 장이 되며, 성·연령·계층·직업·교육수준·거주지 등과 무관하게 모든 구성원이 평생학습의 혜택을 누려야 한다. 그리고 다원적 학습활동이 확산되어야 하며, 정보통신 미디어가 활용된 멀티미디어 원격학습의 입체화 학습이 이루어져야 한다.

학습사회가 구축되려면 교육적 소프트웨어가 개발되고 축적되어야 한다. 뷔페식 교육 프로그램과 학습 프로그램 뱅크(bank), 학습프로그램 풀(pool) 등이 운영되어야 한다. 또한 학습사회의 저변 확대를 위해서 자기주도적인 학습 능력과 참여유인체제가 구축되어야 한다. 먼저 자기주도적인 학습을 위한 제반조건을 정비하고, 자율적이며 성취지향적인 긍정적 교육환경을 조성해야 한다. 이를 위해 전문교육 상담체제와 지원체제를 구축하는 일, 자기주도적 학습을 위한 교육정보네트워크를 조성하는 일, 자학자습용 교육자료와 학습매체를 아주 다양하게 개발해 제공하는 일, 교육적 홍보를 강화하고 교육참여 유인가(incentive)를 개발하는 일, 학습정보 및 각종 교육서비스를 제공하는 일, 생생한 학습이 전제되는 참여학습을 확산시켜 나가는 일들을 해야 한다.

학습사회의 실천전략으로서 학습공동체의 조직과 학습네트워크를 강화해야 한다. 즉, 컴퓨터통신을 통한 학습동호회 결성, 학교나 직장 단위로 학습조직이나 학습 동아리 결성, 시민단체나 사회단체 등을 구심체로 하여 지역주민 단위로 또는 전문영역별로 학습운동을 전개하는 방법 등이 그 예이다. 학습공동체는 일부 고학력 전문가집단들의 전유물이 되어서는 안 되고, 일반 대중학습자들에게까지 확대되어야 한다. 모든 학습공동체 조직은 상호 유기적으로 연결되고 교류되며 환원되는 학습네트워크가 되어야 한다.

사실 학습사회로 가는 길은 멀고도 험난하다. 학습사회는 교육유토피아이기 때문이다. 그러나 갈 수 없는 이상향이라고 미리 포기하지 말고 교육실천에 박차를 가해 조금씩 앞당겨야 한다.

4 열린교육과 대안교육

열린교육이란 수요자 중심의 교육으로 교육을 받는 각 학생들이 학습하는 속도, 관심도, 관심의 대상 등의 차이를 전제해 각자의 내재적 동기나 흥미에 의해 자율적으로 학습할 수 있게 하며, 학습의 주제, 교재 등 교육활동의 과정 전반을 유연하게 편성하여 운영하는 교육활동의 형태를 의미한다. 관련 용어들로는 open school, informal education, free school, progressive education, 개별화교육, 개성화교육, 아동중심교육, 상호작용주의 프로그램, 개방주의교육, 개방교육, 개방교실 등이 있다. 한국에서는 1991년 '한국열린교육연구회'가 창립되면서 본격화되었다.

턴넬(I. D. Tunnel)은 열린교육의 원리를 자유의 원리, 환경의 원리, 존중의 원리, 개별화의 원리 네 가지로 제시하였다. 열린교육의 주요 특징들은 정의적인 교육목표, 학습내용의 자기결정, 학습동기촉진, 자아존중감 중시 등이다. 열린교육의 신념은 다음과 같다. ① 학습은 출생과 더불어 시작된다. ② 학습은 연속적이다. ③ 학습은 개별적이다. ④ 학습은 목적이 있다. ⑤ 학습은 스스로 동기화된다. ⑥ 학습이 이루어지려면 자료가 아동의 발달수준에 적합한 것이어야 한다. ⑦ 학습이 이루어지려면 아동은 피동적인 수용자가 아닌 주도자가 되어야 한다. ⑧ 학습은 아동의 적극적인 참여를 필요로 한다.

표 13-2 전통교육과 열린교육의 차이

전통교육	열린교육
공급자 중심	수요자 중심
교사주도형	학생주도형
강의식·일제식 수업	탐구식·문제해결식 수업
결과중심	과정중심
단일교과적인 문제해결 능력배양	종합적인 문제해결 능력배양

열린수업의 방식과 특징은 2명 이상의 교사가 아동집단에 배정되는 팀티칭(team teaching), 연령 구분 없이 학급을 편성하는 무학년 집단편성, 칸막이 없는 교실, 개별학습, 소집단 코너(coner)학습, 주제탐구학습인 토픽(topic)학습, 프로젝트(project)학습, 협력학습(jigsaw, Co-op Co-op, STAD) 등이 있다.

참고

조각퍼즐에서 유래한 직소(Jigsaw)학습법은 집단 내에서 뿐만 아니라 집단 간에도 협력학습을 유도하는 '협력적 프로젝트' 유형이다. 경쟁적 학습분위기를 협동적으로 전환하고, 소집단으로 구성된 이질적인 학습자들이 서로 가르치고 배우는 상호의존적인 학습형태이다. 집단구성은 5~6명의 이질집단으로 구성되고, 각 집단에게 동일한 과제를 부여한다. 그리고 각 집단에서 같은 부분을 맡은 학생들끼리 전문가집단으로서 따로 모여 맡은 내용을 토론하고, 다시 자신이 속한 집단으로 돌아가 학습한 내용과 결과를 그

집단의 학생들에게 가르친다. 단원의 학습을 마친 후에는 퀴즈를 통해 개인별 성적을 받는다. 따라서 직소학습법에서는 과제해결력의 상호의존성은 높지만, 구성원 간의 보상 상호의존성은 낮은 편이다. 코프코프(Co-op Co-op)는 자율학습인데, 학생들 자신이 과제를 선택하도록 하고 자신과 동료들의 평가에 참여하도록 허용하는 학습모형이다. 기본적으로 고차적 인지과정의 학습을 위해 개발되었으나, 기본기능학습에도 적용이 가능하다. STAD(Student Team Achievement Division)는 동기론 관점의 대표적 협동학습인 성취과제 분담학습이다. 그외 팀경쟁학습인 TGT(Teams-Games-Tournaments)가 있다.

열린교육의 목적을 달성하려면 다음과 같은 과제를 해결해야 한다.

① 열린교육의 근본배경을 우리의 전통교육에서 찾아야 한다.
② 열린교육에 대한 개념 및 개념 모형이 더 연구되어야 한다.
③ 단계적이고 점진적인 단기·중기·장기 열린교육 계획을 세워야 한다.
④ 수업집단의 재편성이 이루어져야 한다.
⑤ 수업방법의 변화를 가져와야 한다.
⑥ 평가방법을 개선해야 한다.
⑦ 교육경쟁력 제고를 위한 특별활동 및 방과 후 교육활동을 해야 한다.
⑧ 구체적인 학교시설 및 공간의 활용방안을 수립해야 한다.
⑨ 다양한 학습자료를 개발해야 한다.
⑩ 학교경영, 학급경영 체제를 개선해야 한다.

대안교육으로서 열린교육체제란 '언제, 어디서나, 무엇이든, 어떠한 방법으로나, 누구나, 누구에게서든지 자유로이 배움을 주고받는' 개방적이고도 자유로운 교육체제를 의미한다. 따라서 교육시기의 항상성과 계속성, 교육장소의 광범성과 무정형성, 교육내용 및 프로그램의 다양성과 다원성, 교육방법의 다양성과 입체성, 교육대상의 전체성과 평등성, 교육담당자의 다양성과 탈정형성, 교육접근 및 교육적 의사소통의 융통성과 쌍방성에 기초한 교육을 추구한다.

대안교육이 추구하는 기본 방향은 다음과 같다.

첫째, 교육공급자 간에 다양한 교육 프로그램의 공급을 통해 교육 수요자인 학생과 학부모의 교육선택권을 확대하여 학습자중심의 교육을 지향한다.

둘째, 종래의 획일적·서열화·도식화·규격화된 교육에서 벗어나 다양한 교육 프로그램과 특성화·비정형화된 학교를 설치·운영함으로써 학생의 잠재능력, 창의력 및 인성이 함양되도록 한다.

셋째, 행정규제와 통제중심의 중앙집권화된 교육운영으로부터 벗어나 설립주체·운영목적·학교구성원의 자율성과 책무성중심의 교육운영으로 전환하고, 학부모 및 학교관련 인사 그리고 학생의 자발적 참여에 의해 학교를 효율적으로 운영한다.

넷째, 학교구성원이 자신의 잠재 능력을 최대한 개발할 수 있는 자유 영역과 물리적 공간이 보장됨과 동시에, 교육적으로 불리한 위치에 있는 사람에게는 그 불리한 것이 극복될 수 있도록 결과의 평등화가 가능하도록 한다.

다섯째, 공부가 곧 놀이이고 놀이가 곧 삶이 되며, 공부와 놀이, 노작활동이 어우러져 참인간이 양성될 수 있도록 공동체의식의 함양에 주력한다. 이를 위하여 한 학교의 재학인원이 100명이 넘지 않도록 하며, 학급당 학생 수도 15명 내외가 되도록 조직·운영한다.

대안교육은 '교육'이라는 의미로 고정관념화된 '학교교육적인 학습'이 아닌 늘 배움으로서의 평생학습적인 학습을 지향하는 특징을 지닌다. 그로 인해 학습자의 개념에서부터 학습시기, 학습내용, 학습방식, 학습주체, 학습동기, 학습참여, 학습결과평가 등에 이르기까지 지금까지의 교육과는 본질적으로 차이가 있다. 그래서 대안교육체제는 궁극적으로 학습사회, 즉 '학습하는 사람, 늘 배움을 추구하는 사람들로 구성되는 사회의 학습화'를 지향한다.

5 도구주의 교육관의 문제

교육은 민족의 역사와 관계를 지속하면서 전개된다. 우리 민족은 교육에 대해 남다른 열정과 기대를 가지고 있다. 다른 나라의 교육과는 달리 우리나라의 높은 교육열은 교육발전을 위한 큰 동력이 되지만, 교육에 대한 공공의식의 결여는 교육의 건강한 발전을 가로막는 요소가 된다. 오늘날 한국의 교육문제는 중대한 사회문제 중의 하나이다. 지난 100여년의 역사와 그 역사에 현명하게 대처하지 못한 탓으로 교육은 많은 모순을 지니게 되었다.

우리나라 교육이 지니고 있는 기본적인 문제의 발단은 일제 강점기에 의해 만들어진 것이며, 해방 후에는 분단상황과 미군정기를 거치면서 더욱 악화되었다. 우리나라 교육의 가장 큰 문제는 학교가 본질에서 벗어난 교육을 하고 있다는 것이다. 즉, 비교육과 반교육(反教育)이 정상적 교육을 지배하고 있는 것이다. 그래서 진정한 의미의 교육이라기보다는 길들이기(tamed schooling), 교화(indoctrination), 도구화 훈련, 반지적(反知的) 훈련, 비인간화 등 교육의 이름만을 빌린 교육이 이루어지고 있는 것이다.

도구적 교육은 경제성장 제일주의를 추구하는 과정에서 벌어진 일이다. 경제성장의 추구로 물질적 부는 얻을 수 있었으나, 인간성은 파괴되었고, 정신문화는 쇠퇴하였다. 그러나 21세기 세계화 추세로 인한 국제경쟁에서 살아남기 위해 현재는 교육을 경제정책수단으로 보는 신자유주의 경제적 도구화를 강조하고 있다. 그리고 민족의 분단현실을 직시하고 인식하기 위한 교육이 실패하였고, 분단의 극복에 아무런 이바지도 하지 못하였다. 즉, 분단 후 우리나라 교육은 냉전도구로 전락하여 민족의 이질화에 제대로 대응하지 못하였고 동질성을 유지·확대시키는 데도 실패하여 왔다.

지난날 우리나라 교육은 도구주의 교육관이 지배하였다. 교육을 경제, 정치, 종교의 도구로 보고 각 부문의 가치실현을 위한 도구로 활용하였다. 교육의 대상이 인간이기 때문에 이런 관점에 의하면 교육의 도구화는 인간의 도구화를 의미하는 것이다. 인간이 목적이 아니고 수단인 사회, 즉 인간이 주체가 아닌 객체가 되는 사회를 도구화된 교육은 열심히 유지·강화시켜 가는 것이다. 이는 일제 강점기가 남긴 교육독소(教育毒素)를 비판하고 극복하지 못한 결과이기도 하다.

우리가 일제식민지교육에서 청산하지 못한 것들은 너무나도 많다. 친일파청산을 하지 못했기 때문에 지금도 극우파 보수단체들이 일본우파와 비슷한 식민지 근대화론을 주장하고 있다. 즉, 철도, 도로, 항만, 공업, 보건, 교육, 농업생산성,

인구증가, 총국민생산량 등이 일본제국주의 식민통치로 달성되었다고 주장한다. 이에 반해 식민지근대화론에 대응하는 학설이 내재적 발전론이다. 일제의 식민통치가 없었다면 민족의 독자적인 역량에 의해 근대화되었을 것이라는 것이다.

일제식민지교육의 잔재유산 중에 학력주의가 있다. 일제는 교육통제를 위해서 학교 외 다른 사회적 지위획득의 통로를 폐쇄했다. 식민지통치에 동조할 사람만을 선발하고 '순종적인(길들이기)' 교육을 실행한 것이다. 학교교육이 개인의 지적 능력만을 선발기준으로 삼는 것처럼 식민지 교육제도를 정당화한 것이다. 학력경쟁은 사회적 지위획득의 통로를 학교제도로 단일화시킨 것에서 발생한다. 그래서 우리는 지금도 학력경쟁과 과잉학력에서 허우적대고 있는 것이다.

두 번째 잔재유산은 국가주의교육이다. 식민지교육의 능률적 통제· 감시를 위해서 모든 교육활동을 총독부가 직접 통괄하였다. 사적인 교육활동은 극도로 제한하고 금지시켰으며, 소수 사립기관을 철저하게 통제하였다. 학생선발, 졸업, 교사채용, 교육과정, 교과서, 학사운영 등 총독부가 모두 승인과 취소를 하였다. 지금까지도 이러한 정부의 통제권 확대와 획일적인 통제가 실시되고 있는 상황이다.

도구주의 관점 때문에 교사들의 전문적 자율성이 위축된다. 교육의 본질적 가치보다 도구적 가치에 목표를 두어왔기 때문이다. 국민은 교육의 대상으로만 인식되고, 교육의 주체로는 인정받지 못하였다. 이러한 도구주의적 관점에서 벗어나지 못한 원인은 해방공간에서 정치이념의 성향과도 관계가 깊다. 남북분단 구조에서 남쪽에는 민주주의의 이념을 표방한 이승만정부가 실용주의 노선을 견지하였다. 1960년대에 들어와 '경제건설을 위한 교육', '근대화에 기여하는 교육' 등이 채택되었다. 교육이 그 자체의 본질적 가치로서 인정받았던 것이 아니라 경제정책과 통치를 위한 수단적 가치가 된 것이었다. 1970년대도 마찬가지였다. 1973년 제3차 교육과정 개정에서 경제성장에 기여할 수 있는 교육내용이 포함되어 '생산하는 교육'이 표어가 되었다. 이러한 발전교육론은 도구주의적 교육 이론이며, 교육의 본질적 가치, 즉 인간의 성숙과는 무관한 것이 큰 문제이다.

6 분단극복과 통일교육

분단의 교육현실은 상대편을 부정하고 증오하도록 만드는 방편으로 철저히 이용되었다. 남한은 반(反)공산주의를, 북한은 반(反)자본주의를 교육함으로써 상대 체제를 비난하고 증오하는 자세를 갖게 만들었으며, 적대의식을 한층 높이는 교육을 실시했기에 결과적으로 지금에 와서는 민족공동체의식의 유지와 고양에 큰 장애를 초래하게 되었다. 사라진 냉전체제의 이데올로기와 구태의연한 방식을 아직도 벗어나지 못했기 때문에, 이러한 민족의식 및 민족주의의 약화는 결국 세계 보편주의에 이끌리게 되는 결과를 가져왔다. 그것은 외래문화지향 교육내용이 교육의 중심을 차지하게 만들고 민족문화를 더욱 쇠퇴하게 만들었다.

외래문화적인 교육내용은 거의 모든 교과에 퍼져 있으며, 특히 감성과 정서발달에 영향을 주는 예술교과가 큰 문제이다. 왜냐하면 서양음악과 서양미술이 대부분을 차지하고 있기 때문이다. 우리의 전통가락조차 우리나라의 악보인 정간보(井間譜: 조선 세종 때 소리의 길이와 높이를 정확히 표시하기 위해 만든 악보. '井' 자 모양으로, 칸을 질러 놓고 율명(律名)을 기입하였다)가 아니라 서양악보에 담겨 있는 현실이다. 이러한 교육으로 인해 우리는 음악하면 서양음악이 자연스럽게 생각나고, 미술하면 서양미술이 자연스럽게 떠오르는 것이다. 우리나라의 음악을 말하고자 하면 국악 또는 전통음악이라 하고, 우리나라의 미술은 한국화 또는 전통미술이라고 해야 통하는 세상이다. 어느 나라에서든지 이러한 일은 없다. 음악하면 당연히 자국의 음악을 말하는 것이며, 미술하면 당연히 자국의 미술을 말하는 것이기 때문이다.

서양식 관찰방법과 인식방법은 서양식 자연관과 인간관을 길러주는 것이 된다. 그래서 영어조기교육과 조기유학을 반대하는 것이다. 특히 일제 강점기교육의 유산인 문화적 열등의식이 그대로 남아 있다는 것은 매우 부끄러운 일이다. 학교교육을 많이 받은 사람일수록 전통문화 지향적이 아니라 외래문화 지향적이 된다는 사실은 심한 아이러니이다. 이제는 학교교육이 분단 극복과 민족통합을 위해 철저하게 준비해야 한다. 정치적 통일을 이룬다 할지라도 민족동질성을 이루기 위한 교육적 준비가 되어 있지 않다면 민족통합은 불가능하다.

그런데 여기서 통일교육이란 통일을 준비하고 통일 이후의 삶에 대비하기 위해 통일과 관련된 제반사항에 대한 지식을 습득하고, 합리적인 선택과 비판을 위한 분석 능력과 의사결정을 숙달시키며, 통일문제와 관련된 일에 자발적으로 참여하려는 적극적인 의식을 길러주는 교육을 말한다. 1970년대까지는 반공교육, 1980년대는 통일·안보교육, 그 이후 1990년대부터는 통일교육이라고 할 수 있는데, 지금까지의 통일교육의 문제점들은 다음과 같다. 첫째, 통일교육이 교육논리가 아닌 정치논리에 의해 좌우되어 왔다. 둘째, 통일교육의 개념과 성격이 불분명하였다. 셋째, 통일교육 담당자들이 반공교육세대라는 점이다. 넷째, 통일교육의 자료가 제한되어 왔다. 다섯째, 진부한 내용들을 답습하거나 획일적인 주입식 방식이 이루어져 왔다.

정보화시대인 지금 통일은 새로운 의식의 전환을 필요로 한다. 즉, 시대에 맞는 정보화 통일전략이 요구되는 것이다. 정보의 자유로운 상호교류는 탈장벽화, 개방화를 성공시킬 것이며, 자유시장경제의 원리라는 경제이데올로기가 지배하게 될 것이며, 준비된 통일로서의 내적 통합이 중시될 것이다. 그리고 무엇보다도 남북 양쪽 국민 간의 정서적 통합이 아주 중요한 관건이 될 것이다.

따라서 정보화시대의 이러한 통일의식 및 통일개념의 변화에 따라 통일교육의 방향도 변해야 한다. 첫째, 이데올로기와 정치적 논리를 떠나 시대정신이 요구하는 통일교육이 되어야 한다. 둘째, 상호 적대대상이나 경쟁대상을 떠나 협력대상이나 협조대상으로 인식하는 포용적인 통일교육이 되어야 한다. 셋째, 통일의 당위성과 필요성을 더욱 심도높게 인식시키는 공동체 통일교육이 되어야 한다. 넷째, 국민통일 의식교육을 고취시키는 민족의식 통일교육이 되어야 한다. 다섯째, 국민 모두가 통일의 주역이라는 현실인식을 제고시키는 통일교육이 되어야 한다. 여섯째, 전문가에 의한 통일교육이 되어야 한다.

7 교육민주화와 교육의 본질성 회복

1) 교육의 민주화

교육민주화는 민주화의 완성이다. 왜냐하면 교육의 역사는 소수지배집단의 배타적 교육 단계에서 대중적 학교 단계로, 공교육 단계에서 학습사회 단계로 이행되는 계속되는 교육의 민주화과정이기 때문이다. 교육의 민주화는 학습자, 즉 시민이 교육의 주권자로 등장하는 것을 말한다. 교육의 객체였던 시민이 교육의 주체로 등장하는 것이다. 그동안 종교개혁을 통해 종교의 민주화, 산업혁명을 통해 경제의 민주화, 시민혁명을 통해 정치의 민주화는 달성했고, 이제는 교육의 민주화를 달성할 차례이다. 이제까지 성취한 민주화의 불완전성을 완성시키는 최종 단계의 민주화가 교육의 민주화이기 때문이다.

교육의 민주화는 학습이 교육에 우선하는 것을 말하며, 학습자가 주체자가 되고 교육자가 협조자가 되는 교육관이다. 이미 정보화시대가 되고 평생교육시대가 되어서 학습자가 주체자가 되는 시대, 학습권이 교육권에 우선하는 시대는 개막된 것이다. 이제 국가는 국민 개개인의 지적·인격적 성숙을 위하여 학습을 지원하고 보장할 책임과 의무를 지게 된 것이다.

2) 교육의 본질성

교육의 본질은 인간의 지적·인격적 성숙의 가치에 대한 믿음이다. 인간이 신봉하는 정치적, 경제적, 종교적 가치와 마찬가지로 개개인은 지적·인격적 성숙을 추구할 권리가 있다는 것은 교육적 가치이다. 이러한 교육적 가치를 옹호하기 위해서는 정치적, 경제적, 종교적 가치와 갈등을 빚을 수 있다. 왜냐하면 가치추구 과정에서 자유롭게 사고하고 이해하고 표현하는 활동이 무한정 보장되는 것이 아니라, 상황에 따라 제한이 불가피하다고 주장하는 일이 생기기 때문이다.

개인으로서 그리고 민족으로서 이러한 성숙은 정치·경제·종교의 지배를 벗어나 한 인간으로 자유롭게 지적으로 탐구하고 사고할 수 있어야 함을 의미한다. 즉, 교육은 '알 권리'와 '알 자유'를 신장시키는 데 공헌해야 한다. 사실 교육의 본질적인 성격은 학습에 대한 타인의 간섭과 조정이다. 다시 말해 규범적으로 학습에 대한 타인 또는 집단의 통제이고, 옳고 가치 있는 방향으로 조종·통제한다고 하는 것이다.

교육은 교육을 행하는 입장에서 보면 언제나 가치 있는 것이다. 어느 시대에나 어느 집단이나 자신들이 실시하는 교육은 가치 있다고 믿었다. 그러나 특정 교육의 실시자가 스스로 아무리 가치 있다고 생각해도 사실은 상대주의적이다. 다른 관점과 입장에서 보면 가치 없을 수도 있고, 틀린 교육일 수도 있고, 해로운 교육일 수도 있고, 특이한 교육일 수도 있다. 그렇기 때문에 교육사회학에서는 교육을, 특히 학교교육을 관점과 이해관계가 다른 집단 간의 갈등현상으로 파악하는 것이다. 왜냐하면 학교는 힘이 강한 지배집단이 교육을 지배하는 현장이며, 교육의 목적과 교육의 내용 및 교육결과의 해석을 둘러싼 여러 집단 간의 경쟁과 갈등이 벌어지는 생생한 현장이기 때문이다.

3) 교육권과 학습권

교육권은 교육에 관한 권리, 즉 타인을 가르칠 권리이다. 그렇다면 교육의 권리는 무엇에 의해 부여받는가? 교육권의 근거는 무엇인가? 그런데 타인을 가르칠 권리는 가르침을 받는 사람으로부터 오는 것이다. 그리고 학습의 권리와 교육의 권리 가운데 더 근본적인 권리는 학습의 권리이다. 학습권의 행사는 교육에 대한 선택권으로 구체화된다. 교육과 관련된 권리개념으로서 학습권은 최근까지도 관심을 끌지 못하였고, 교육권만 주로 논의되었다.

교육권은 처음부터 교육할 권리로 이해되었다. 그것도 주로 국가의 교육할 권리로 인식한 것이 일반적이었다. 그러나 교육할 권리를 국가가 국민에 대하여 교육할 권리로만 인식하는 관점부터 지방정부가 주민에 대해 교육할 권리, 교사가 학생에 대해 교육할 권리로 확대되었다. 나카이 겐이치(永井憲一)와 가네코 진(兼子仁)은 교육권을 '국가의 교육권'과 '국민의 교육권'으로 나누었고, 전자는 국가가 국민을 교육할 권리로, 후자는 주민, 교사, 부모가 학생과 자녀를 교육할 권리로 규정하였다.

그러나 중앙집권적인 나라의 국민교육제도 하에서는 교육실시의 최고 권한을 현실적으로 국가가 장악하고 있으므로, '국민의 교육권'을 국민들이 교육을 실시하는 권리로 규정하는 것은 개념상으로는 명쾌하지만, 현실적으로는 논쟁거리가 된다. 교육실시의 주체가 국가가 아닌 일반국민이 되는 것으로 해석하면 교육실시의 자유론으로 연결되고, 교육실시의 자유론은 국민교육제도의 존속 자체에 대한 본질적인 문제가 쟁점으로 제기되므로, 논의의 차원이 달라진다. 따라서 국민교육제도 하에서 국민의 교육권은 실제로는 교육실시의 권리에 관한 것보다는 국민이 '교육받을 권리'로 해석하는 경향을 띠게 된다. 영어문화권에서도 "교육에의 권리"(the right to education)를 교육받을 권리와 같은 뜻으로 사용한다.

호리오 데루히사(堀尾輝久)는 교육권 개념을 좁은 의미와 넓은 의미로 구별하였다. 누구에게 교육할 권리가 속해 있느냐에 따라 부모의 교육권, 교사의 교육권, 국가의 교육권 등으로 규정하는 것은 좁은 의미의 교육권이고, 어린이, 부모, 교사, 국가, 공공단체 등 교육에 관한 당사자들의 권리와 의무관계, 책임과 권한관계를 총체적으로 인식하는 것은 넓은 의미의 교육권이라고 정의하였다. 넓은 의미의 교육권은 국민의 교육권과 국가의 교육권으로 나누는데, 어린이와 국민의 학습권 관점의 유무에 따라 구별된다고 정리하였다. 그는 시민의 학습권, 주민의 학습권, 노동자의 학습권, 어린이와 청년의 학습권 등으로 구분하고, 학생의 학습권, 성인의 학습권, 장애자의 학습권도 거론하였다.

학습권(the right to learn)의 내용은 글을 읽고 쓸 권리, 질문하고 분석할 권리, 상상하고 창작할 권리, 자신의 세계를 읽고 역사를 쓸 권리, 교육자원을 이용할 권리, 개인 및 집단적 기능을 발전시킬 권리 등이다. 인간은 학습동물(Homo Studens)이다. 그러므로 학습활동의 자유가 있으며, 학습기회를 보장받아야 하고, 교육선택의 권리가 있다. 교육에 관한 결정과정에의 참여권도 있으며, 지식과 사상 창출의 자유가 있는 것이다.

학습권이 우선인 시대가 되고 있는데, 교육은 학습을 간섭, 조정, 통제하는 행위이고, 학습의 자유는 가장 근본적인 자연권이므로 학습자의 자유의사에 의한 위임에 의해서만 교육이 인정되는 것이다. 따라서 학습의 자유의 구체적인 행사는 교육에 대한 자유로운 선택권으로 표현된다. 언제나 학습권이 교육권에 우선하고 그 반대는 정당화될 수 없는 것이다.

참고문헌

강상조·이준옥·이상주(1976). “한국의 학교문화: 학교의 사회·심리적 특성에 관한 연구”, 한국행동과학연구소, 9(18).

강희돈(1988). “한국의 사회이동과 학교교육의 효과”, 고려대학교대학원 박사학위논문.

구병두(1989). “학업성취 관련변인에 대한 메타분석”, 건국대학교대학원 박사학위논문.

구병두·김범준(2007). 교육과정 및 교육평가, 경기: 공동체.

김기석(1999). 교육역사사회학, 서울: 교육과학사.

김병성(1990). 교육사회학 관련 이론, 서울: 양서원.

김신일(2007). 교육사회학, 서울: 교육과학사.

노경주(1999). “교사–학생 상호작용에서 교환되는 교실언어의 유형 연구”, 교육사회학연구 9권2호, 한국교육사회학회.

류방란(1992). “육영공원 소고”, 서울대학교 교육사학회, 교육사학연구 제4집.

梅根悟(1955). 김정환 외 역(1990). 세계교육사, 서울: 풀빛.

손준종(2001). 교육사회학, 서울: 문음사.

손직수 역(1998). 학교사회학: 상호작용론적 견해, 서울: 원미사.

신용하(1974). 우리나라 최초의 근대학교, 서울: 문학과 지성사.

안경식 외(2008). 다문화교육의 현황과 과제, 서울: 학지사.

유팔무(1981). “세대 간 사회이동과 교육 기회불평등”, 한국사회학연구, 제5집, 서울대학교 사회과학연구회.

윤구병 편(1988). 교과서와 이데올로기, 서울: 천지.

이광린(1989). 육영공원의 설치와 그 변천, 한국개화사연구, 서울: 일조각.

이소현·박은혜(1998). 일반학급 교사를 위한 통합교육 지침서: 특수아동교육, 서울: 학지사.

이종승(1981). “학업성취에 관련된 변인의 한 인과분석”, 교육학 연구, 19권 3호.

이해명(1984). “개화초기 교육개혁의 두 모형: 1883-1983”, 동양학 제14집.

정민승(2002). 사이버공간과 평생학습, 서울: 교육과학사.

정해숙·정경아(1996). “남녀공학 고등학교 운영개선방안에 관한 연구”, 여성연구, 여름.

조용환 역(1992). 교육사회학: 해석적 접근, 서울: 형설출판사.

폴 윌리스 저, 김찬호·김영훈 역(1989). 교육현장과 계급재생산 – 노동자 자녀들이 노동자가 되기까지, 서울: 민맥.

폴 윌리스 저, 김찬호·김영훈 역(2007). 학교와 계급재생산: 반학교문화, 일상, 저항, 서울: 이매진.

한국교육사회학연구회(1983). 한국교육의 사회적 기초, 서울: 교육과학사.

Alexander, K. and McDill, E.(1976). "*Selection and Allocation within Schools*", American Sociological Review, 41, December.

Alexander, L. and Simons, J.(1975). *The Determinants of School Achievement in Developing Countries*, World Bank Staff Working Paper.

Althusser, L.(1971). *Philosophy and Other Essays*, Monthly Review Press.

Anderson, C. A.(1961). "*A Skeptical Note on Education and Mobility*", American Journal of Sociology, 66(1). Halsey, Floud, and Anderson.

APEID.(1978). *Examination Reform*, UNESCO Regional Office for Education in Asia and Oceania.

Apple, M. W.(ed.)(1982). *Cultural and Economic Reproduction in Education*, Routledge and Kegan Paul.

Apple, M. W.(1982). *Education and Power*, Routledge and Kegan Paul.

Arrow, K.(1973). *Higher education as a filter*, Journal of Public Economics, 2(3) July.

Bereday, G. Z. F.(1964). *Comparative Method in Education*, N. Y.: Holt, Reinhart and Winston.

Blau, P.(1977). Inequality and Heterogenity: *A primitive Theory of Social Structure*, New York: The Free press.

Boli, John and Ramirez, F. O.(1986). "*World Culture and the Institutional Development of Mass Education*", John Richardson(ed.). Handbook of Theory and Research for the Sociology of Education, Greenwood Press.

Boocock, S. S.(1980). *Sociology of Education: An Introduction*(Second Edition), Houghton Mifflin Company.

Boudon, R.(1982). *The Intended Consequences of Social Action*, New York:

Macmillan Press.

Bourdieu, P. and Jean-Claude Passeron.(1977). *Reproduction in Educational Society and Culture*, London: Sage Publication.

Bourdieu, P. and L. J. D.(1992). Wacquant, *An Invitation to Reflexive Sociology*, Univ. of Chicago Press.

Bowles, S. and Gintis.(1976). H. *Schooling in Capitalist America: Educational Reform and the Contradictions of Economic Life*, New York: Basic Books, 이규환 역(1986). 자본주의와 학교교육, 서울: 사계절.

Brookover, W. B., C. Beady, P. Flood, J. Schweitzer & J. Wisenbaker.(1979). *School Social Systems Student Achievement: Schools can make a difference*, N. Y.: Bergin.

Brubaker, R.(1993). "*Social Theory as Habitus*," in Calhoun, C., E. Lipuma, and M. Postone(eds.).(1993). Bourdieu: Critical Perspectives, Univ. of Chicago Press.

Campbell, R.(1983). "*Status Attainment Research: End of the Beginning or Beginning of the End*?", Sociology of Education, 56(1).

Carnegie Commission On Higher Education, *Toward Learning Society*, N. Y. McGraw Hill Co., 1974.

Carnoy, M.(1972). "*The Political Economy of Education*", Thomas Labelle(ed.). Education and Development, University of California, Los Angels.

Chiswick, B. and Erickson, J.(1972). "*Time Series Changes in Personal Income Inequality in the U. S.*", Journal of Political Economy, 80(3).

Coleman, James S. ed.(1965). *Education and Political Development*, Princeton, N. J.: Princeton University Press.

Coleman, James S. et al.(1966). *Equality of Educational Opportunity*, Washington, D. C.: U. S. Government Printing Office.

David Easton and Jack Dennis.(1969). *Children in the Political System*, New York: McGraw-Hill.

Delamont, S. ed.(1984). *Readings on Interaction in the Classroom*, London: Methuen.

DiMaggio, P.(1979). "*Review Essay: On Pierre Bourdieu*," American Journal of Sociology 84: pp.1460~1474.

Doeringer, P. & M. Piore.(1971). *Internal Labour Markets and Manpower Analysis*, Lexington: Heath.

Duncan, O. D., Featherman, D. L., and Duncan, B.(1972). *Socioeconomic Background and Achievement*, New York: Seminar Press.

Durkheim, E.(1977). *The Evolution of Education Thought*, London: RKP.

Eggleston, J.(1977). *The Ecology of the School*, Methuen.

Farrell, J. P.(1982). "*Educational Expansion and the Drive for Social Equality*", in P. G. Altbach, R. F. Amove & G. P. Kelly, Comparative Education, New York: Macmillan Publishing Co. Inc., pp.39~53.

Fielder, W., Coben. R. and Feeney, S.(1971). "*An Attempt to Replicate the Teacher Expectancy Effect*", Psychological Report, 29.

Foucault, M., 박홍규 역(1990). 감시와 처벌: 감옥의 탄생, 강원대학교출판부.

Gabriel A.(1965). Almond and Sidney Verba, *The Civic Culture: Political Attitudes and Democracy in Five Nations*, Boston: Little, Brower & Co.

Ganzeboom, H. B. G., Health, A. F. and Roverts, J.(1992). *Trends in Educational and Occupational Achievement in Britain*.

Gartman, D.(1991). "*Culture as Class Symbolization or Mass Reification?: A Critique of Bourdieu's Distinction*", American Journal of Sociology 97: pp.421~427.

Giroux, H. A.(1994). "*Doing Cultural Studies: Youth and Challenge of Pedagogy*", Harvard Educational Review, Vol. 64, No. 3, , pp.278~308.

Glennerster, H.(1979). "*Education and Inequality*", David Rubinstein(ed.). Education and Equality, Penguin Books.

Gorbutt, D.(1972). "*The New Sociology of Education*", Education for Teaching, No. 89, Autumn, pp.1~11.

Gutmann, A.(1999). *Democratic Education*, Princeton: Princeton University Press.

Hallinan, M. T.(1994). "*Tracking: From Theory to Practice*", Sociology of Education, Vol. 67, No. 2, pp.79~81.

Hallinan, M. T.(1987). *The Social Organization of Schools: New*

Conceptualizations of the learning process, New York: Plenum Press.

Halsey, A. H.(1997). Hugh Lauder, Phillip Brown, Amy Stuart Wells, *Education(culture, economy, society)*. Oxford University Press, Oxford, New York.

Hanushek Eric Alan.(1997). "*Education Production Functions*", Saha(ed.). International Encyclopedia of Sociology of Education, Pergamon.

Hargreaves, D.(1972). *Interpersonal Relations and Education*, London: RKP.

Havighurst, R.(1961). "*Education and Social Mobility in Four Societies*", Halsey, Floud, and Anderson(eds.). *Education, Economy, and Society*, Free Press.

Hopper, E.(1977). "*A Typology for the Classification of Educational Systems*", Karabel and Halsey, *Power and Ideology in Education*.

Husen, T.(1975). *Social Influences on Educational Attainment: Research Perspectives on Educational Equality*, Center for Educational Research and Innovation, OECD.

Hutchins, R. M.(1968). *Learning Society*, N. Y.: New American Library.

Illich. I(1971). *Deschooling Society*, N. Y.: Harper & Row.

Jencks, C. C., and J. Mueser, P.(1983). "*The Wisconsin Model of Status Attainment: A National Replication with Improved Measures of Ability and Aspiration*", Sociology of Education, 56(1).

Karabel, J. and Halsey, A. H.(eds.).(1977). *Power and Ideology in Education*, Oxford University Press. 강순원 역(1983). 교육과 사회구조, 경기: 한울. 최희선 역(1984). 교육의 사회적 구조와 이데올로기, 서울: 교육과학사.

Kneller, G. F.(1965). *Educational Anthropology: An Introduction*, New York: John Wiley & Sons, Inc.

L. Binder.(1964). *National Integration and Political Development*, APSR.

Lamont, M. and A. Lareau.(1988). "*Cultural Capital: Allusions, Gaps and Glissandos in Recent Theoretical Development*," Sociological Theory 6: pp.153~168.

Lin, N.(2000). "*Inequality in Social Capital*", Contemporary Sociology, Vol. 29, No. 6. pp.785~795.

McDill, E. et al.(1967). "*Institutional Effects on the Academic Behaviour of High School Students*", Sociology of Education, 40.

McIintosh, D.(1959). *Educational Guidance and the Pool of Ability*, University of London Press.

Merriam, S. B. & Caffarella, R. S.(1991). *Learning in Adulthood: Comprehensive guide*, San Francisco: Jossey-Bass Publishers.

Meyer, J. W., F. O. Ramirez & Y. N. Soysal.(1992). "*World Expansion of Mass Education, 1870~1980*", Sociology of Education, Vol. 65, No. 2.

Meyer, J. W., F. O. Ramirez, R. Rubinson & J. Boli-Bennett.(1977). "*The World Educational Revolution, 1950~1970*", Sociology of Education, Vol. 50.

Miliband, R.(1969). *The State in Capitalist Society*, Weidenfeld and Nichoson.

Montgomery, R.(1978). *A New Examination of Examinations*, Rouledge and Kegan.

Morgan, R.(ed.).(1971). *System Analysis for Education Change: The Republic of Korea*, Florida State University.

Morrow, R. A(1991). "*Critical Theory, Gramsci and Cultural Studies: From Structuralism to Post-structuralism*," in Philip Wexler,(ed.). Critical Theory Now, London: The Falmer Press.

Oakes, J.(1997). "*Ability Grouping and Tracking in Schools*", in L. J. Saha(1997). Ibid. pp.395~401.

Oakes, J.(1994). "*More than Misapplied Technology: A Normative and Political Response to Hallinan on Tracking*", Sociology of Education, Vol. 67, No. 2, pp.84~89.

Oakes, J.(1985). *Keeping Track: how schools structure inequality*, New Haven: Yale University Press.

Ogbu, J.(1997). "*Racial Stratification and Education in the United States: Why Inequality Persists*", in Halsey, Education, Culture Economy and Society, Oxford.

Olssen Mark.(2004). *Culture Learning, access and opportunity in the class-room*, Information Age Publishing.

Persell, C. H.(1977). *Education and Inequality*, The Free Press.

Peschar, J. L.(1997). "*Stratification in Educational System*", Saha(ed.). International Encyclopedia of the Sociology of Education, Pergamon.

Peterson, R. A.(1979). "*Revitalizing the Culture Concept*," Annual Review of Sociology 5: pp.137~166.

Peterson, R. A. and Simkus, A.(1992). "*How Musical Tastes Mark Occupational Status Groups*," in Michele Lamont and Marcel Fournier (eds.). Cultivating Differences, Chicago: The University of Chicago Press.

Postman, N.(1996). *The End of Education: Redefining the Value of School*, New York: Vintage.

Poulantzas, N.(1979). *State, Power, and Socialism*, New Left Books.

Press, A. L.(1997). "문화적 수용의 사회학," 고영복 편, 문화사회학, 서울: 사회문화연구소.

R. D. Hess & J. V. Torney.(1967). *The Development of Political Attitudes in Children*, Chicago: Aldine Publishing Co.

R. S. Sigel.(1965). *Assumptions About the Learning of Political Values*, Annals of the American Academy of Social and Political Science.

Ramirez, F. O. & R.(1979). Rubinson, "*Creating Members: The Political Incorporation and Expansion of Public Education*", in J. W. Meyer & M. Hannan eds. National Development and the World System Chicago: University of Chicago Press.

Rawls, J.(1971). A *Theory of Justice*, Cambridge, Mass: Harvard University Press. 황경식 역(1985). 정의론, 경기: 서광사.

Reimer, E.(1979). *School is Dead*, New York: Double day. 김석원 역. 인간없는 학교, 서울: 돌베개.

Rist, R.(1970). "*Social Class and Teacher Expectations: The Self-fulfilling Prophecy in Ghetto Education*", Harvard Educational Review, 40.

Rodriguez, F.(1983). *Education in a Multicultrual Society*, London.

Rosenthal, R. & L. Jacobson(1968). *Pygmalion in the Classroom: Teacher Expectation and Pupil's Intellectual Development*, Holt: Rein and Winston.

Rowe, J. & R, Kahn.(1997). *Successful aging*, The Gerontologist 37(4).

pp.433~40.

Schumacher, E. F. 이상호 역(2002). *Small is Beautiful: A Study of Economics as if people mattered*(작은 것이 아름답다: 인간중심의 경제를 위하여), 서울: 문예출판사.

Seidman, R. H.(1982). "*The Logic and Behavioral Principles of Educational System: Social Independence or Dependence*", in M. S. Archer ed. The Sociology of Educational Expansion: Take-off, Growth and Inflation in Educational Systems, Beverly Hills, California: Sage Publications Inc.

Seidman, S.(1999). 박창호 역. 지식 논쟁, 서울: 문예출판사.

Sewell, W. H. & V. P. Shah(1967). *Socioeconomic status, intelligence, and the attainment of higher education*, Sociology of Education, Vol. 40. Winter, pp.1~23.

Shapiro, S.(1984). "*Education and the State in Capitalist Society: Aspects of the Sociology of Nicos Poulantzas*", Harvard Educational Review, 50(3). 이규환, 강순원 역(1980). "자본주의사회에서의 교육과 국가", 자본주의사회의 교육, 서울: 창작과 비평사.

Spindler, G. D.(1959). *The Transmission of American Culture*, Cambridge, Mass.: Harvard Univ. Press.

Stiglitz, J. E.(1975). *The theory of screening education and the distribution of income*, American Economic Review, 65,(June 1975).

Swartz, D.(1977). "*Pierre Bourdieu: The Cultural Transmission of Social Inequality*", Harvard Educational Review 47(4): pp.545~555.

Thurow, L.(1972). "*Education and Economic Equality*", The Public Interest, 28, Summer; Karabel and Halsey, *Power and Ideology in Education*. pp.325~335.

Tunnel, I. D.(1975) "*Open Education*", The philosophy of poem education, Routledge & Kegan Paul Ltd.

Veblen, T.(1995). 이완재 외 역, 한가한 무리들, 서울: 동인.

Walker, R.(1972). "*The Sociology of Education and Life in School Classrooms*", International Review of Education, Vol. 18. pp. 32~43, pp. 21~23.

Wallace, A. F. C.(1956). "*Revitalization Movement*", American Antropologist, 58.

Waller, W.(1932). *The Sociology of Teaching*, New York: John Wiley & Sona, Inc.

Warshay, L. H.(1975). *The Current State of Sociological Theory*, David McKay.

Weber, M.(1968). *Economy and Society*, Berkeley, CA: University of California Press.

Willis, P.(1977). *Learning to Labor: How working class kids get working class jobs*, Westmead: SAXON HOUSE.

Woods, P.(1998). *Sociology and School: An Interactionist Viewpoint*, 손직수 역. 학교사회학: 상호작용론적 견해, 서울: 원미사.

Wright, E. and Perrone, L.(1977). "*Marxist Class Categories and Income Inequality*", American Sociological Review, 42(1).

가네코 진(兼子仁)(1976). 교육권の 이론, 東京: 勁草書房.

가네코 진(兼子仁)(1983). 교육법(신판). 東京: 有斐閣.

나카이 겐이치(永井憲一)(1991). 主權者教育權の 이론, 東京: 三省堂.

호리오 데루히사(堀尾輝久)(1991). 人權としての教育, 東京: 岩波書店.

찾아보기

국문

ㄱ

ㄴ

ㄷ

ㄹ

ㅅ

ㅎ

영문

C

E

F

G

H

I

J

L

N

P

R

S

V

W

저자 소개

장재천(張在天)

성균관대학교 사범대학 교육학과 및 동 대학원에서 문학사, 교육학 석사, 교육학 박사 학위 취득
성균관 유교사상연구원 부설 한림원 학정계제 2년 및 한림계제 3년 졸업

성균관대(학부, 대학원, 교육대학원), 한국외대 교육대학원, 서울교대, 상명대, 한국체대, 강남대, 용인대(학부, 교육대학원), 한국방송통신대, 한국사상문화연구원, 한국청소년예절교육원 강사, 용인대학교 교직과장 및 교수학습지원센터장 역임

현재 용인대학교 교육대학원 교수, 한국교육사학회 이사, 국제교류문화진흥원 이사, 한국사상문화학회 이사, 한국청소년효문화학회 부회장 등

쉬운 교육사회학

초판 1쇄 발행 / 2018년 8월 03일
초판 2쇄 발행 / 2020년 8월 31일

•

저 자 / 장 재 천
발행인 / 이 중 수
발행처 / **동 문 사**

•

서울특별시 서대문구 홍제원 1길 12
(홍제동 137-8)
Tel : 02)736-3718(대), 736-3710, 3720
Fax : 02)736-3719
등록번호 : 제9-17호
가격 : 19,000원

•

ISBN : 979-11-6328-012-5 (93370)
E-mail : dong736@naver.com
www.dongmunsa.com